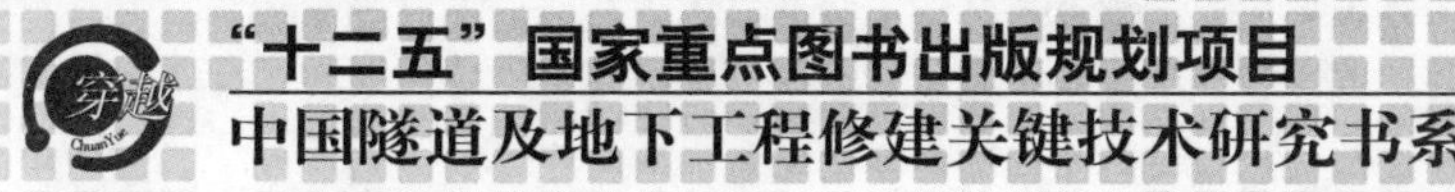

XIANDAI DITIE
ZHUANYONG
WUXIAN TONGXIN

现代地铁
专用无线通信

蒲先俊　韩志伟　戴克平　吉树新　李军军　编著
韩志永　许　琳　占伟辉　主审

人民交通出版社股份有限公司
China Communications Press Co.,Ltd.

内 容 提 要

本书对现代地铁专用无线通信进行了系统介绍,共14章。主要内容包括:系统构成与设计要求、数字集群通信核心设备、地铁场强覆盖器材、地铁传输系统、系统应用开发、话务量估算与规划、基站配置与频率规划、漏缆辐射频率和极化分析、越区切换分析、场强覆盖分析、网管及录音分析、干扰分析、系统发展展望等。

本书可供从事地铁专用无线通信系统设计、建设和运维人员使用,也可作为高等院校通信专业学生的教学参考书。

图书在版编目(CIP)数据

现代地铁专用无线通信 / 蒲先俊等编著. —北京:人民交通出版社股份有限公司, 2016. 1

ISBN 978-7-114-12614-7

Ⅰ. ①现… Ⅱ. ①蒲… Ⅲ. ①地下铁道—无线电通信 Ⅳ. ①U231 ②TN92

中国版本图书馆 CIP 数据核字(2015)第 270776 号

书　　名:现代地铁专用无线通信
著 作 者:蒲先俊　韩志伟　戴克平　吉树新　李军军
责任编辑:张江成
出版发行:人民交通出版社股份有限公司
地　　址:(100011)北京市朝阳区安定门外外馆斜街3号
网　　址:http://www.ccpress.com.cn
销售电话:(010)59757973
总 经 销:人民交通出版社股份有限公司发行部
经　　销:各地新华书店
印　　刷:北京盈盛恒通印刷有限公司
开　　本:787×1092　1/16
印　　张:21.75
字　　数:500 千
版　　次:2016 年 1 月　第 1 版
印　　次:2016 年 1 月　第 1 次印刷
书　　号:ISBN 978-7-114-12614-7
定　　价:68.00 元

序

地铁，作为一种绿色出行手段，一种便捷生活方式，一种新型思维方式的外在表现，曾经深刻地影响着工业时代的城市文明，如今也正在日益深刻地影响着进入后工业时代的城市文明。

1863 年，人类文明步入新的时代，英国伦敦率先建成地铁。尔后，美国纽约和芝加哥、匈牙利布达佩斯、法国巴黎等城市相继建成地铁。一百多年后，中国地铁诞生。

如今，随着城市化步伐的加快，我国地铁建设已进入高潮，线网呈网络化发展。截至 2014 年底，我国内地已有 23 座城市开通地铁，线网长度 2853km，在建及规划建设地铁的城市还有 19 座。快速建设的地铁对 21 世纪实现城市可持续发展具有非常重要的意义。

地铁专用无线通信系统是数字集群移动通信系统在特殊行业的典型应用，主要承载地铁控制中心调度员、车辆段/停车场调度员、车站值班员、列车司机，以及防灾、维修、公安部门之间的指挥调度通信，是保证地铁安全、高效、高密度运营，应对突发事件的重要机电装备。

地铁专用无线通信系统涵盖的移动通信知识比较多，内容较为复杂，如何快速有效地学习掌握这些知识是一个值得思考的问题。本书的作者是国内地铁专用无线通信系统建设的具体参与者，他们亲自参与了多条地铁线路的设计和建设，研制了更贴近中国地铁应用需求的AcroTetra 数字集群系统，他们对地铁专用无线通信系统有着自己独到而深入的理解，在地铁专用无线通信系统产品研发和工程实施过程中，积累了丰富的心得和经验，更难能可贵的是，他们历时一年多将心得和经验逐一进行梳理，编著了本书。

本书涵盖了地铁专用无线通信系统构成与设计要求，对数字集群无线设备、场强覆盖设备、应用开发设备和集成技术，到越区切换、无线干扰及抑制等内容都做了深入浅出的论述，并对未来技术发展方向做了展望，兼有专业性、实用性和可读性。一方面，本书可以作为即将从事地铁专用无线通信系统设计、建设和运维人员的重要参考资料；另一方面，本书也可以作为通信企业开发人员在设备研发过程中应用有关技术的案头用书。相信本书将对推动我国地铁专用无线通信系统技术发展起到积极作用。

中国电子科技集团公司第五十四研究所所长

2015 年 11 月于石家庄

前　言

地铁全称地下铁路交通，是一种独立的有轨交通系统，其正常运行不受地面道路拥挤的影响，能够按照设计的能力正常运行，实现快捷、安全、舒适运送旅客的目的。地铁是一座城市融入国际大都市现代化交通的显著标志。它不仅仅是一个国家的国力和科技水平的实力展现，而且还是解决大都市交通紧张状况最理想的交通方式。目前，西方发达国家拥有百万以上人口的大都市，大多通过修建地铁来缓解和改善交通紧张状况。

随着我国城市化进程的飞速发展，作为城市的重要交通工具，地铁的建设也在快速发展。地铁专用无线通信系统是基于通信技术为支持的现代交通运输系统重要组成部分，对推动整个地铁系统的安全稳定运行发挥着积极作用。在此背景下，在工程技术应用领域，需要加强针对地铁专用无线通信系统的建设研究，为即将来临的地铁大规模建设做好技术储备。

本书作者均亲身经历了地铁专用无线通信系统的研制和工程建设，作为从事地铁专用无线通信系统研究的专业技术人员，长期关注国内外地铁专用无线通信系统技术的发展，参与国内地铁专用无线通信系统的规划、设计、现场开通及测试，对国内地铁专用无线通信系统有较深刻的理解。本书在编制过程中融入了作者在长期从事地铁专用无线通信系统建设工作中的经验和心得，可以使读者较全面地理解地铁专用无线通信系统。

本书共分为 14 章，第 1 章总论，概要介绍了地铁发展、地铁机电设备、地铁通信系统、地铁无线通信系统、地铁专用无线通信系统，列举了地铁专用无线通信系统案例。第 2 章系统构成与设计要求，概要介绍了《地铁设计规范》要求、通用技术要求、专用技术要求、应用开发要求，描述了系统基本构成。第 3 章数字集群通信核心设备，主要介绍了中国电子科技集团公司第五十四研究所远东通信自主研发的 AcroTetra 数字集群通信系统设备，描述了交换管理中心、基站、调度、网管系统、车载台、固定台及车站广播台。第 4 章地铁场强覆盖器材，主要介绍了天线、同轴电缆、泄漏电缆、无源器件以及光纤直放站等器材。第 5 章地铁传输系统，主要介绍了光纤通信基础概念，描述了地铁专用传输系统的业务需求、主要特性及网络拓扑，最后列举了典型案例。第 6 章系统应用开发，主要介绍了地铁通信系统的应用开发需求，描述了调度系统、终端系统、传输系统及网管系统。第 7 章话务量估算与规划，主要介绍了话务理论，描述了话务量与信道数的估算，最后给出了地铁话务量规划。第 8 章基站配置与频率规划，主要介绍了基站信道配置依据，描述了基站配置方案、频率复用方式及频率规划工作流程，最后给出了频率规划中主要考虑的问题。第9章漏缆辐射频率和极化分析，主要介绍了单频段及多频段泄漏电缆辐射频率分析，描述了对泄漏电缆极化方式分析，最后给出了对泄漏电缆的重要看法。第10章越区切换分析，首先介绍了越区切换的基本概念，描述了地铁专用无线通信系统越区切换的基本特性，分析了TETRA标准的越区切换类型、相关参数、重选参数和重选条件，最后给出了越区切换的设计步骤及实现方法。第11章场强覆盖分析，首先介绍了地铁场强覆盖的定义和类型、设计要求与流程、边缘场强分析及上下行平衡分析，分析了泄漏覆盖和天线覆盖，最后介绍了场强覆盖控制、泄漏电缆附加耦合损耗、越区切换数字门限及双基站覆盖。第12章网管及录音分析，主要介绍了地铁专用无线通信系统的网管系统及录音系统。第13章干扰分析，主要介绍了地铁专用无线通信系统面临的无线干扰源、干扰判定准则及抑制方案。第14章系统发展展望，主要从标准化、网络化、国产化、宽带化几方面，介绍了地铁专用无线通信系统的未来发展趋势。

本书由蒲先俊主持编写并提供大量初稿，蒲先俊、韩志伟、戴克平、吉树新、李军军具体负责各个章节的内容编写。本书由韩志永主持审核，韩志永、许琳、占伟辉具体负责各个章节的内容审核。在本书的编写和审核过程中，付志兵、郑庆红、刘俊涛、蒋国华、张松轶、李士东、刘伟、李勇、冯占利、颜文学、张继永、赵贺刚、张成斌、潘景剑、李保全、黄庆祝、王康、刘俊超、李学成、李飞、范林涛、王洪书、张墨渊、孙剑宇、司雷、李鹏、魏永利、康瑕、王艳超、张文虎、党永峰、张军山、邹明、冉德兴、彭盼盼、刘东、刘森、高立伟等同志参与了相关编写、校审或整理工作。封面照片由深圳市地铁集团有限公司提供(周元拍摄)。

特别感谢北京市轨道交通建设管理有限公司、深圳市地铁集团有限公司、中国电信深圳市分公司、中国电子科技集团公司第五十四研究所、河北远东通信系统工程有限公司领导和同事的大力支持和真诚帮助，感谢在地铁工程建设过程中，设计、监理、施工单位和通信集成商的交流与合作，感谢家人对我们编写工作的支持，最后感谢人民交通出版社股份有限公司大力支持和高效工作，使本书得以尽早与读者见面。

本书是基于作者的主观视角和有限学识对地铁专用无线通信系统的理解编写而成，限于作者的水平和能力，书中难免有疏漏和不当之处，恳请各位读者和专家提出宝贵的意见和建议。

编著者

2015年11月

目 录

第1章 总 论

1.1 地铁及其发展

地铁,英文 Metro、Underground 或 Subway,全名地下铁路交通或地下铁路,是城市轨道交通的主要形式。

据《地铁设计规范》(GB 50157—2013)定义,地铁是在城市中修建的快速、大运量、用电力牵引的轨道交通。列车在全封闭的线路上运行,位于中心城区的线路基本设在隧道内,中心城区以外的线路一般设在高架桥或地面上。

1863 年,伦敦率先建成地铁,至今已经超过 150 年。尔后,纽约、芝加哥、布达佩斯、巴黎、莫斯科等城市相继建成地铁。

1969 年 10 月 1 日,北京地铁建成通车,我国开始有了自己的地铁。

1970 年 4 月 7 日,天津地铁建成通车。

1995 年 4 月 10 日,上海地铁建成通车。

1997 年 6 月 28 日,广州地铁建成通车。

2004 年 12 月 28 日,深圳地铁建成通车。

随后十年,重庆、大连、南京、武汉、长春、沈阳、杭州、成都、昆明、苏州、西安、佛山等城市的地铁也相继建成通车。

如今,全球大约 40 多个国家和地区的近 140 个城市拥有地铁。密如蛛网的地铁,在城市地下运行,为城市注入生机与活力。

地铁,是一座城市实力的象征,是城市的生命线和繁荣线。

地铁,是一个浓缩历史的管道,流淌着人们的梦想。

地铁,是一个魔法石,让世界变得五彩缤纷。

地铁,是一个文明的容器,承载了人类的智慧与成果。

地铁,是一个加速器,推进人类放飞了自己的理想。

地铁,是城市发展的引导线,是解决交通矛盾的最佳选择之一。

地铁,改变了城市,改变着城市里的人,也改变了人们的生活空间。

地铁,是现代化城市的重要基础设施之一。

地铁的高速、准时、舒适、节能、省地、少污染等优点,更是令大巴、中巴、电车等交通工具自叹弗如。

地铁是城市投资最大的民生工程，而且总是伴随并标志着城市的现代化进程。地铁站是现代城市的独特建筑，也是国际大都市的繁华象征。地铁建设和运营水平反映城市现代化水平，是高质量城市化的重要标志。

随着城市化步伐的加快，我国地铁已进入建设高潮期和网络化发展期。

截至2014年底，我国内地城市地铁情况统计，见表1-1。我国现已有23座城市开通地铁，线网长度2853km，车站1775座，运营线路97条，规划线路266条。运营线路条数仅为规划线路的36%。

截至2014年底我国内地城市地铁情况统计 表1-1

序号	城　市	线网长度(km)	车站数量(座)	运营线路(条)	规划线路(条)
1	上海市	538	330	14	33
2	北京市	527	268	17	23
3	广州市	260	130	8	20
4	南京市	180	92	5	17
5	深圳市	178	131	5	20
6	香　港	175	152	12	6
7	重庆市	170	94	4	10
8	天津市	136	90	4	9
9	大连市	106	27	3	12
10	武汉市	80	62	3	13
11	昆明市	60	33	3	9
12	苏州市	52	46	2	8
13	西安市	52	40	2	15
14	沈阳市	50	40	2	11
15	成都市	50	43	2	7
16	长春市	48	49	2	10
17	杭州市	48	31	1	8
18	哈尔滨市	30	18	1	5
19	无锡市	29	24	1	6
20	郑州市	26	22	1	6
21	长沙市	22	19	1	6
22	宁波市	21	20	1	6
23	佛山市	15	14	1	6
合　计		2853	1775	97	266

实际上，除2014年底已经运营地铁的23座城市外，我国内地在建及规划建设地铁的城市还有19座，包括石家庄、徐州、东莞、贵阳、常州、温州、福州、太原、乌鲁木齐、南昌、珠海、兰州、厦门、澳门、合肥、济南、南宁、泉州、南通、镇江。这样，我国内地运营、在建及规划建设地铁的城市共计42座。

截至2014年底，从线网长度和车站数量来看，上海居首，有538km和330座车站。北京第二，有

527km 和 268 座车站。这直接反映了两座城市面积之大,需要对应规模的地铁网络来覆盖。

从客运量来看,北京地铁单日峰值超过 1000 万人次,而上海地铁客运量的历史最高峰值是 938.1 万人次。拥挤的地铁需要靠密集的发车频率来疏散人流,但进一步的分流只能依靠合理的地铁网络设计。

作为中国第一个经济特区和改革开放的窗口,深圳是我国内地第五个建成地铁的城市,首期线路于 2004 年 12 月 28 日开通,到 2014 年底营运 5 条线,有 178km。为了实现"轨道交通在公交中分担率达到 50% ~60%"的发展目标,深圳规划建设 20 条地铁线,长度达到 803km。

1.2 地铁机电设备

《地铁设计规范》(GB 50157—2013)指出,地铁的主体结构工程,设计使用年限是一百年。但是,机电设备的设计使用年限远远低于此数,一般在 10 ~20 年之间。因此,如何正确选择、设计、制造、安装、使用、维护、升级、换代机电设备,是一项非常重要的任务。

《地铁设计规范》(GB 50157—2013)将地铁机电设备分为 17 个部分:通风、空调与采暖,给水与排水,供电,通信,信号,自动售检票,火灾自动报警,综合监控,环境与设备监控,乘客信息,门禁,运营控制中心,站内客运设备,站台门,车辆基地,防灾,环境保护。

地铁机电设备,实际分为常规机电设备和系统机电设备两大部分,如图 1-1 所示。

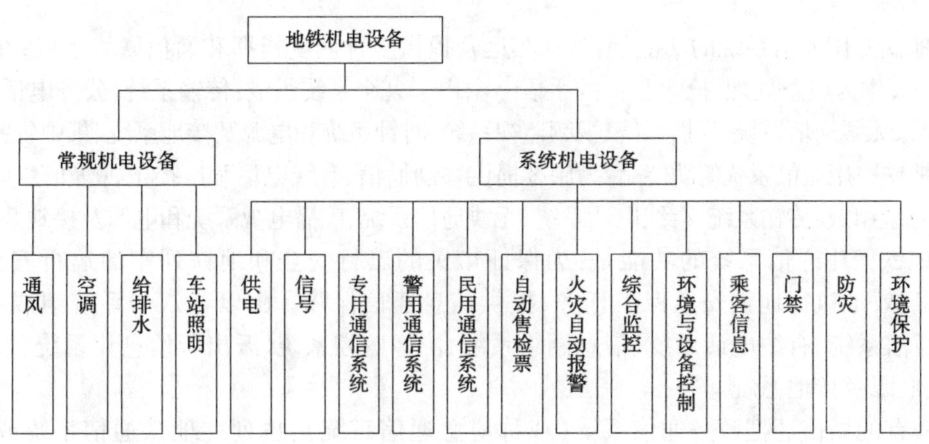

图 1-1 地铁机电设备构成

常规机电设备包括:通风、空调、采暖、给排水与车站照明。

系统机电设备包括:供电、信号、通信、自动售检票、火灾自动报警、综合监控、环境与设备控制、乘客信息、门禁、防灾、环境保护等。

系统机电设备中,通信系统包括专用通信、警用通信和民用通信三部分。

1.3 地铁通信系统

地铁通信系统,是地铁机电设备系统的重要组成部分,是地铁的血脉和神经。

地铁通信系统,由专用通信系统、民用通信系统和警用通信系统组成,如图1-2所示。

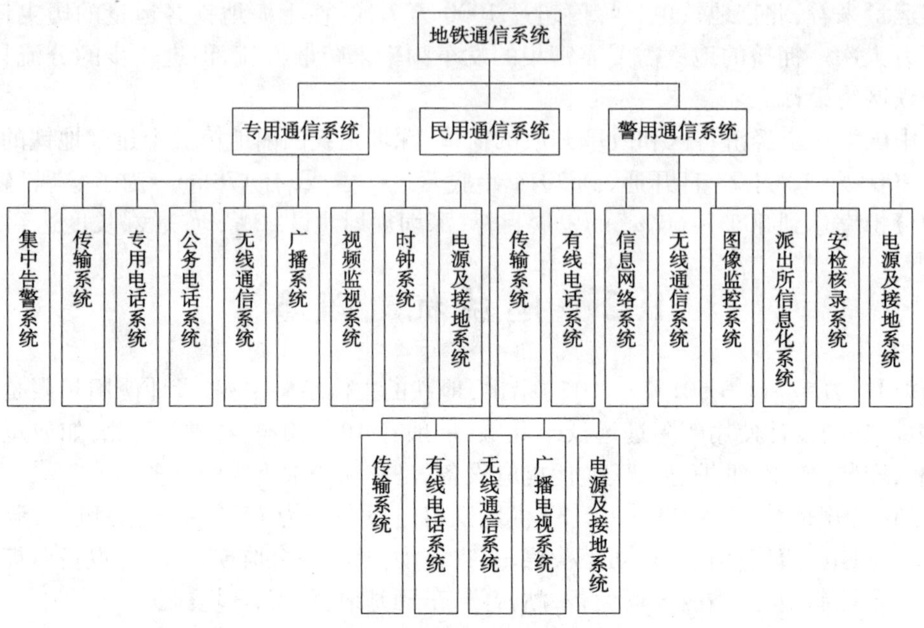

图1-2 地铁通信系统的基本组成

(1)地铁专用通信系统的功能是:为列车运营提供多种调度指挥和通信联络手段;在灾害或事故情况下,作为应急处理、抢险救灾的手段。由以下九个系统组成:传输系统、公务电话系统、专用电话系统、无线通信系统、广播系统、视频监视系统、时钟系统和电源及接地系统、集中告警系统。

(2)地铁民用通信系统的功能是:为旅客提供移动通信、有线电话和广播电视等信息服务。由以下五个系统组成:传输系统、有线电话系统、无线通信系统、广播电视系统和电源及接地系统。

(3)地铁警用通信系统的功能是:为保证市民的出行安全和地铁列车的运行安全,为快速、准确、高效地执行地铁安全保卫任务,提供信息通信保障。由以下八个系统组成:传输系统、无线通信系统、有线电话系统、信息网络系统、图像监控系统、派出所信息化系统、安检核录系统以及电源及接地系统。

此外,有的城市还把政务通信系统(或称应急通信系统),也列在地铁通信系统或地铁无线通信系统之中。

由此可见,地铁通信系统不是单一的系统,而是多个独立系统的组合。这些独立系统在不同的运营环境下,应能可靠地协调工作,以使整体作用最大化。

1.4 地铁无线通信

地铁无线通信,是指使用无线手段在地铁里进行的现代通信。它发展迅速,使用广泛,在专用、民用和警用通信系统中,都有无线通信。

地铁无线通信具有以下特点:

1)限定地域的无线通信

限定地域,指地铁员工和乘客可能到达的地铁辖区,包括隧道(含列车)、站台、站厅、出入口、通道、地下商场、办公区、调度指挥中心、车辆段、停车场、联络线等。地铁无线通信是限定在这些地域的无线通信。

2)以地下为主的无线通信

上述限定地域,大部分在地下或室内,所以导致地铁无线通信是以地下为主的无线通信。

3)高速移动中的无线通信

地铁列车运行的最大时速一般为80km,高速列车可达120km。所以,运行列车上的用户所进行的通信,自然是高速移动中的无线通信。

4)多网多系统并存的无线通信

多网,指三网:专用无线通信网、警用无线通信网和民用无线通信网。而且,在每个无线通信网中,又有多个无线通信系统。所以,地铁无线通信是多网多系统并存的无线通信。

5)快速发展、不断更新的无线通信

地铁是一个城市人流最大的地点之一,也是一个城市对外的重要窗口,现代通信技术发展的最新成果都会在这里首先得到展示。于是,地铁无线通信便成为一种快速发展、不断更新的无线通信。

1.5 地铁专用无线通信

1.5.1 我国地铁专用无线通信技术发展简述

新中国成立前,我国没有地铁,直到20世纪60年代末期,出于战备考虑,才在北京修建了第一条地下铁道。

北京地铁建设初期,限于当时的经济技术条件,没有设置调度无线通信。如果出现事故,司机和沿线工作人员则利用所携带的电话机,通过沿线的电话插孔与车站或地面人员取得联系,非常不方便。一次,运行中的北京地铁发生了火灾,隧道里烟雾弥漫,司机和工作人员找不到道边电话插孔,致使无法与地面联系,延误了救灾,造成了人员伤亡。经过这次血的教训,北京地铁决定设置无线通信系统。

我国地铁专用无线通信系统的发展,经历了专用频道、模拟集群和数字集群三个阶段。

1)专用频道阶段

北京地铁曾经进行了多种频段的试验,例如400kHz感应通信、微波通信、激光通信和150MHz甚高频通信等。直到20世纪80年代,才在我国地铁中采用了甚高频(150MHz)的或特高频(450MHz)无线通信,并用泄漏电缆在隧道内进行无线覆盖。这种通信方式,又叫无线列调通信,并一直延续到20世纪末。例如,上海地铁1号线采用的便是450MHz专用频道特高频无线列调通信。

2)模拟集群阶段

目前,地铁无线通信系统所采用的组网方案都是集群方案。集群方案是在专用频道方案基础上发展起来的一种系统资源共享、频率资源共享、多用途、高效率、技术先进的无线调度通信系统。

事实上,20世纪80年代,国际上成功开发了模拟集群无线通信,我国也先后在北京、上海、广州等城市将其引进并投入使用,致使模拟集群系统在我国各个行业和部门的专用网中,得到了较为广泛的应用。例如,广州地铁1号线就率先采用了Motorola的800MHz模拟集群通信系统。

3)数字集群阶段

和模拟集群相比,数字集群的主要特征是调制方式由模拟发展为数字,多址方式由频分多址(FDMA)发展为时分多址(TDMA),通信业务由话音发展为话音和数据,组网方式更加灵活,具有更强的抗干扰能力、更高的频谱利用率、更好的通信质量、更大的系统容量,以及提供更多的通信业务和更灵活的网络管理功能。因此,数字集群移动通信很快进入地铁,已经或正在取代模拟集群通信系统。广州地铁率先使用Motorola的800MHz数字集群通信系统,深圳地铁率先使用Nokia的800MHz数字集群通信系统(后为EADS收购)。随后,其他城市地铁也相继选用了同类型的数字集群通信系统。

1.5.2 集群移动通信的主要特点

集群移动通信系统,采用的基本技术是频率共用技术,它与蜂窝移动通信系统,在技术上有很多相似之处(比如,都可采用小区制或中区制,都有越区切换问题),但在服务对象、系统功能和工作方式上则有明显区别,这也体现了集群移动通信的主要特点。

(1)集群移动通信系统属专用移动通信网,适用于在各个行业(或几个行业合用)中间进行调度与指挥,网中用户常被赋予不同的优先等级及若干特殊功能。蜂窝移动通信系统属公众移动通信网,适用于在各阶层、各行业中个人之间的通信,一般不分优先等级,没有特殊功能。

(2)集群移动通信系统,因调度业务特征,具有一定的通话时间限制,比如,一次通话的时限为15~60s。蜂窝移动通信系统,一般不限制通话时间。

(3)集群移动通信系统的服务对象主要是集团用户,主要业务是无线用户之间的通信。蜂窝移动通信系统却有大量的无线用户和有线用户之间的通话业务。在集群移动通信系统中,也允许有一定的无线用户和有线用户之间的通话业务,但一般只允许这种话务量占总业务量的5%~10%。

(4)集群移动通信系统,主要采用单工或半双工方式工作,故两用户通话只占一个信道(对模拟集群通信来说是一对频点)。蜂窝移动通信系统,采用全双工方式工作,故两用户通话要占两个信道(两对频点)。

集群移动通信系统与蜂窝移动通信系统的比较,见表1-2。

集群移动通信系统与蜂窝移动通信系统的比较 表1-2

类别	集群移动通信系统	蜂窝移动通信系统
用途	调度与指挥	无线通信
网络种类	专用网为主,共用网为次	公众网
工作频段	我国以800MHz和350MHz频段为主,也有少量450MHz频段	800MHz、900MHz、1800MHz、2200MHz等频段
工作方式	单工、半双工,少量全双工	全双工
联网方式	以本网为主,可与PABX、PSTN连接	与市话互联,可在一地区、全国以至全球通信
系统功能	集体(群组)为主,有优先等级及其他功能	和市话一样,无特殊功能
用户	各行业(团体)、公、检、法、军队、武警等	个人
用户承担费用	比蜂窝通信高	比集群通信低

1.5.3 数字集群移动通信的主要优点

和蜂窝移动通信系统一样，集群通信系统也有模拟通信和数字通信两大类。模拟集群通信系统采用模拟技术，但信令是数字式的。数字集群通信系统全面采用数字技术，包括信令、多址方式、话音编码、调制等在内的各个方面都实现了数字化。

相对模拟集群通信系统，数字集群移动通信系统有如下优点。

1）频谱利用率高

模拟集群在25kHz频道中，只能传1路话音。数字集群采用时分多址技术，一帧有4个时隙，因此能在25kHz频道中同时传4路话音，比模拟集群提高4倍，使频谱利用率明显提高。

2）实现真正的双工通信

数字集群采用时分双工技术，手机和车台可以是单工台，也可以是双工台，而且手机单工双工距离一样，实现真正的双工通信。模拟集群的双工手机，由于采用双工器，将比单工手机距离缩短，实用性较差。

3）易与公话相连

数字集群可以用群路口连到公共电话网上，使用户方便地完成一次拨号呼叫用户功能。模拟集群则难以做到。

4）话音质地均匀

在模拟集群系统中，随着手机远离中心台，话音质量会不断下降，而数字集群采用数字语音编码和纠错技术，使话音质量在一定距离范围内基本保持不变。

5）加密容易

数字集群采用的数字语音编码技术，使对系统和手机的加密变得容易，特别是手机，无论硬件加密还是软件加密，实现的技术难度都低，加密后不增加体积与功耗。

6）体积小质量轻

体积小质量轻，这是集群系统数字化带来的好处，模拟集群无法相比。

7）功耗降低，可靠性提高

由于多种优越性，数字集群移动通信系统已逐步取代模拟集群移动通信系统。

集群通信系统分模拟通信和数字通信两大类。模拟集群通信系统采用模拟技术，但信令是数字式的。数字集群通信系统全面采用数字技术，包括信令、多址方式、话音编码、调制等在内的各个方面都实现了数字化。

1.5.4 地铁专用无线通信制式选择

《地铁设计规范》（GB 50157—2013）规定如下：

（1）地铁应设置无线通信系统，为控制中心调度员、车辆段调度员、车站值班员等固定用户与列车司机、防灾、维修、公安等移动用户之间提供通信手段。无线通信系统必须满足行车安全、应急抢险的需要。

（2）地铁无线通信系统采用的制式，应符合国家有关技术标准，所采用的工作频段及频点应由当地无线电管理部门批准。地铁无线通信系统根据业务需求，可采用专用频道方式，也采用数字集群移动通信方式。

(3)地铁无线通信系统,应采用有线、无线相结合的传输方式。中心无线电设备通过光数字传输系统或光纤,与车站、车辆段、停车场的无线基站连接,各基站通过天线空间波或经漏缆的辐射构成与移动台的通信。

(4)地铁无线通信系统,可根据运营需要设置行车调度、防灾调度、综合维修、公安、车辆段调度等系统。

(5)地铁无线通信系统,应具有选呼、组呼、全呼、呼叫优先级权限等调度通信功能,并应具有存储功能、监测功能等。

《地铁设计规范》(GB 50157—2013)所指的地铁无线通信系统,又叫地铁专用无线通信系统,也称地铁调度无线通信系统。

进入21世纪以来,地铁调度无线通信系统普遍采用专用数字集群技术。

截至2014年底,我国的专用数字集群标准已达六种之多,包括:工信部推荐的TETRA、iDEN、GoTa和GT800标准,铁道部的GSM-R标准,公安部的PDT标准。其中,GoTa和GT800实际是基于公众移动通信的PoC技术,满足不了专网大客户对调度指挥通信的苛刻要求,而PDT适于警用通信。

因此,对地铁调度无线通信系统来说,可以考虑的方案只有三种:北美使用的共用专网系统iDEN;在GSM基础上、为铁路调度需要生产的GSM-R无线通信系统;利用欧洲TETRA标准制造的通信系统。这三种系统的介绍如下。

1)iDEN通信系统

iDEN(integrated Digital Enhanced Network)是一个共用频率,作指挥、调度用的专用数字集群通信系统。它采用时分多址(TDMA)技术、VSELP(Vector Sum Excited Linear Prediction)矢量和激励的线性预测编码技术和抗干扰能力强的M-16QAM(Quadrature Amplitude Modulation)正交振幅调制技术,并采用了和GSM系统相同的双工通话结构以及特殊的频率复用方式,使系统具有低功率、大容量、广域覆盖的特性。

iDEN系统工作在800MHz频段,它符合我国无线电管理委员会规定的数字集群通信频段。25kHz的信道内容纳6个话音信道,在现有的800MHz模拟集群信道上增容6倍,再加之频率复用技术和蜂窝组网技术,从而使得有限频点的集群通信网具有大容量、大覆盖区、高保密和高通话清晰度的特点。

新一代数字集群系统iDEN的功能强大,频率资源利用率高,依靠单一网络在一部手机上提供调度、电话、短信息和无线分组数据等四项服务。这种“四合一”的服务应用领域包括公用事业、公共运输、市政机构、机场和港口、工矿企业,以及保安、运货、建筑、服务、维修等行业。对于这些员工流动性强、通信需求比较密集的行业,数字集群的应用将大大提高这些行业的工作效率,确保管理的精确性、安全性和有效性,为企业带来良好的经济效益。

2)GSM-R通信系统

GSM-R是基于GSM Phase2+而建立的移动通信网,其功能在ETSI SMG中已经规定。其实际上是将GSM系统的MSC、VLR、EIR、GCR、SSP、HLR、AC置于一个网元中,且随网络的增长而分散到多个网元中,从而形成一个经济、便于维护的网络。

典型的GSM-R通信网与普通PLMN网并无大的区别,在其网络的网元、标准接口和连接上也无大的变化。实际上,就是在公网的基础上引入一系列新技术,如优化利用频率以提高网

络容量，在大话务量区域（如车站）使用微蜂窝，以及多层覆盖、根据速度进行越区切换等。

为满足轨道交通的特殊性，GSM-R 必须达到下列要求：

（1）速度高达 500km/h 时的无缝隙通信；

（2）有限频点数（20 个）的有效利用；

（3）载干比（C/I）至少要达到 12dB；

（4）在一个规定的区域内，95% 的时段以及 95% 的覆盖率，信号强度大于 -90dBm；

（5）即使在 GSM-R 网之间切换，成功率也必须高于 99.5%；

（6）根据所使用的业务，传输信道和网络设备必须有很高的可用性；

（7）隧道内要求覆盖；

（8）在车站和编组场内覆盖也要好；

（9）95% 的通话建立时间不多于 1s。

GSM-R 网一般沿路轨方向安装定向天线，以形成沿轨道方向的椭圆形小区。在车站内，话务量较大（热点），但对速度的要求较低，因此大车站一般采用扇形小区覆盖方式。典型的 GSM-R 网在交换子系统（SSS）和基站系统（BSS）均采用了现有 GSM 技术中的冗余技术。另外，必须增加一些新的技术，具体如下：

①BTS 以链状方式与 BSC 相连。当一个 BTS 失效或 Asis 接口失效时，继电器可将 PCM30 自动转换至下一个 BTS，其连接可做到无缝切换。

②BTS 以星—链形方式与 BSC 相连。前两个 BTS 以链状方式相连，第二个 BTS 以后分裂成星状。其优点是可以更好地利用现有的铁路通信电缆。BTS 或 Asis 接口失效后的情况与链状网相同。

③BTS 以星状方式与 BSC 相连。这种方式特别适用于有几个载频的扇状 BTS。

上述几种连接方式的关键在于连接 BTS 的电缆的可靠性。因为无论是同轴电缆，还是光缆，加上必要的线路端口设备（NTPM、HDSL 调制解调器或合成器），其可靠性都很低。因此，可靠性再高的 BTS 都无法使得系统有足够的保障。

BTS 以环状多点方式相连。物理上，最多有 7 个 BTS 可使用一个 PCM30 构成环。为安全起见，一般只用 4 个 BTS，如果一个方向的连接失效，BTS 可无缝地切换到另一个方向。在这种情况下，对电缆的要求会有所下降，运营商可选择 2 根以护套分开的电缆，或使用一个在一根光纤 PDH/SD 环上的逻辑连接。

BTS 以交织的环状方式，一个接一个地分别连至两个 BSC。在这种情况下，既可降低电缆失效的影响，也可降低 BTS 或 BSC 失效的影响。经过充分的网络规划，这些交织的小区既可规划成互相叠加的形式，也可规划成只是互相邻近的形式。这种方式是以全备份的网络结构形式工作的。

GSM-R 网除具一般集群通信的特点外，还具有以下特性：

（1）能和列车自动控制系统相收集列车的各种信息；

（2）可以根据列车和司机的功能号进行功能寻址；

（3）多层次抢占和预清除功能；

（4）话音广播功能；

（5）组呼功能。

3）TETRA 通信系统

1990 年,欧洲电信标准协会(ETSI)开始制定数字无线电集群通信标准,当时称之为移动数字集群无线电系统 MDTRS(Mobile Digital Trunked Radio System)。20 世纪 90 年代初,改称为全欧集群无线电系统 TETRA(Trans European Trunked Radio System)。后来,为了占领全球市场,TETRA 又改名为陆上集群无线电通信(Terrestrial Trunked Radio)。

TETRA 是一个空中信令开放系统,得到专用移动通信和公用接入移动通信网络的支持。TETRA 标准于 1995 年正式确定,1997 年起全面推广。

TETRA 在全世界的成功,不像它所要应对的突发事件那样的偶然,而是主要得益于其自身的优良性能。TETRA 系统的呼叫建立时间实际小于 0.3s,远远少于 GSM 呼叫建立的 10s 时间,在紧急情况下,这种快速反应能力最能力挽狂澜。

TETRA 具有多种指挥调度功能,如动态重组、多种优先级配置方案,可以单呼、组呼和广播,并可多个单位组成共同的通话组以实施联合指挥,便于应付突发事件。

此外,TETRA 还具备多种加密方式、安全抗毁性高、可脱网直通的特性,在嘈杂的环境下话音质量比 GSM 手机还略胜一筹,在高速环境中仍能保持清晰通话,并且组网灵活。

TETRA 系统的最初设计是针对欧洲公共安全需求的数字集群通信专网,因此调度功能比较完善,特别适合于运输、军队、公安等领域或部门。它的一些功能,如脱网直通和端对端加密等,是 iDEN 系统所不具备的。

在 TETRA 之前,还没有一个集群通信系统能在 25kHz 带宽上,为用户提供话音和数据通信所需的速率,并将话音和数据通信整合起来。

TETRA 系统的原工作频段是 400MHz,但已发展到 800MHz 频段。TETRA 系统除专网外,还努力向共网发展,欧洲共网工作在 400MHz 频段。

TETRA 是由多家公司开发生产的联合产品,和 GSM 一样,主要由欧洲电信标准协会(ETSI)制定统一标准,空中接口标准公开。但其内部标准,ETSI 并未统一,具体的生产厂家都有自己的知识产权。TETRA 的生产厂家,遍及芬兰、英国、意大利、美国、新西兰、日本等国。

TETRA 数字集群系统采用类似蜂窝系统的结构形式,单个系统包括无线交换机、调度台、调度台控制器、基站、管理终端等。多系统可以通过无线交换机互联成更大的系统。用户台,包括车载台、车站台和便携台(手机)。如图 1-3 所示为 TETRA 数字集群系统各部分的功能框图。

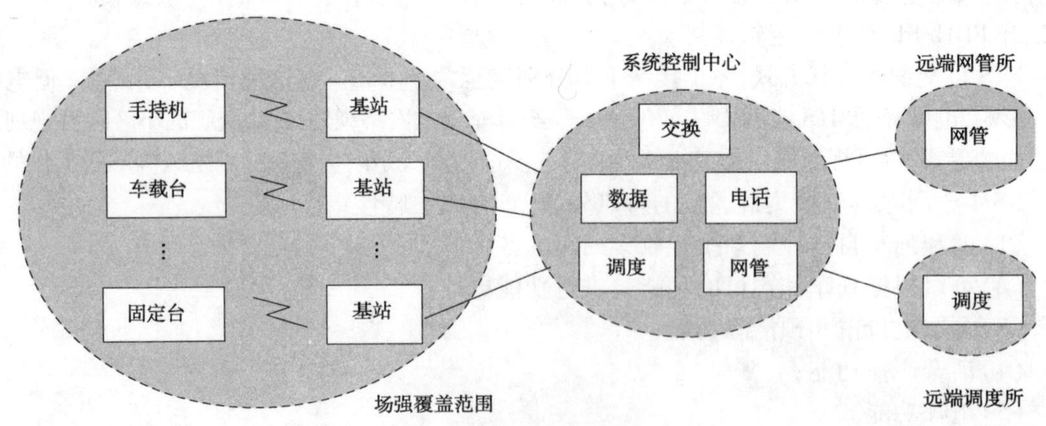

图 1-3　TETRA 功能框图

TETRA 数字集群移动通信系统网络结构有两类:一类为单交换中心数字集群移动通信系统;另一类为多交换中心数字集群移动通信系统。

单交换中心数字集群移动通信系统,由网络基础设施、移动台和有线台组成。有线台和移动台是用户使用的 TETRA 数字集群移动通信系统的接口设备。

有线台是与网络基础设施有线连接的设备。移动台按业务可划分为话音终端和数据终端两类。移动台按工作方式可划分为集群移动台和双模移动台两类。集群移动台是指只能工作于集群方式的移动台;双模移动台是指既能工作于集群方式,又能工作于直通方式的移动台,其中可以同时监视集群和直通方式的移动台又称为双监移动台。

在多交换中心数字集群移动通信系统中,对于基站较少的本地网络,可以由一台交换控制设备进行集中交换。对于基站数量较多、覆盖范围较广、业务量较大的区域网络,也可以采用多台交换控制设备进行分散交换。各交换控制设备之间的连接应能灵活设置,例如,可采用树形、星形、网形或环型连接。

4)地铁选择 TETRA 通信制式

在上述三个系统中,GSMR 是西门子公司在 GSM 基础上、针对大铁路市场推出的一种专用通信系统,不适合地铁。iDEN 是摩托罗拉公司的专有技术,在推崇开放标准的大环境下,很难被用户广泛采纳。TETRA 是开放标准,1995 年确定后,迅速得到推广,它的调度功能比较完善,特别适用于地铁。

经过对比分析,北京地铁 13 号线、北京地铁八通线、深圳地铁一期工程、广州地铁二期和三期、上海轻轨明珠线、天津津滨轻轨及其他城市的地铁,都选择了 TETRA 制式。

地铁选择 TETRA 制式的理由如下:

(1)标准开放,由多个厂家支持,用户不用依赖于一个厂家;

(2)技术先进,综合多种话音和数据业务,数据传输功能强大,已实现 IP 数据功能;

(3)频率利用率高(25kHz 的带宽上提供 4 个无线信道);

(4)话音质量好;

(5)呼叫建立时间快(小于 300ms);

(6)保密性能强,支持在无线链路上对话音、数据和信令进行加密,并提供用户鉴权;

(7)虚拟专网功能先进,能够满足不同专业用户共享同一综合性移动通信系统的需求;

(8)针对应急安全网络的高效特性,可群组通信、紧急呼叫、直接模式通信、多个优先级别、操作的高可靠性和快速的呼叫建立;

(9)可以在同一技术平台上,提供指挥调度、数据传输及电话业务,因此,仅用一套系统即可满足一个组织的多种无线通信需求,而且多个组织可以共用一套系统。

目前我国正在新建扩建改建的地铁,无论地下线,还是高架线,其调度无线通信系统全部采用 TETRA 标准。

1.6 我国数字集群通信体制

2000 年 12 月 28 日,国家信息产业部发布我国《数字集群移动通信系统体制》(SJ/T 11228—2000)推荐性行业标准,将我国数字集群通信系统分为 A、B 两种体制(分别面向专用网和共用网),并要求全部工作在800MHz频段。

我国地铁调度无线通信系统,采用800MHz TETRA数字集群通信系统,属于采用体制A的专用网,其系统特性、业务范围、工作频段、信道配置和网络结构,应符合《数字集群移动通信系统体制》(SJ/T 11228—2000)的如下规定。

1.6.1 系统特性

(1)中国的数字集群通信系统,有体制A和体制B两种。

体制A主要面向专用网(简称专网),体制B主要面向共用网(简称共网)。

所谓专用网,是指某团体用户独自拥有工作频率、独自拥有全套网络基础设施的非经营性集群移动通信网络。

所谓共用网,是指由多团体用户共享频率、共享全套网络基础设施、并经电信管理部门许可后建立、进行商业经营的集群移动通信网络。

虚拟专网是指:系统为集群用户提供专用调度台,利用与其他群体共享的基础设施组成虚拟专用网,向用户提供一般专用网所具备的功能。各虚拟专网之间工作相互独立,各虚拟专网可以单独调节运行参数,也可以各自根据需要选择功能。

以下主要讨论体制A即专用网。

(2)工作方式有集群和直通两种。

集群工作方式——移动台在网络基础设施控制下进行通信的工作方式。

直通工作方式——移动台不在网络基础设施控制下相互直接进行通信的工作方式,具体有三种模式:

①移动台之间的直接通信,即对讲机工作方式;

②移动台之间经直通转发器所进行的通信;

③移动台之间经集群网关和集群网络所进行的通信。

(3)接口特性见表1-3。

数字集群移动通信无线接口特性 表1-3

特　性	体制A	体制B
信道带宽(kHz)	25	25
时隙	4	3/6
调制方式	π/4DQPSK	M-16QAM
载波调制速率(kbit/s)	36	64
语言编码	ACELP4.567bit/s	VSELP4.567bit/s

(4)在同一交换局内,呼叫建立时间不大于500ms。

(5)能为集群用户提供专用调度台,组成虚拟专用网。

(6)信令信道在全忙时可作业务信道使用。

(7)故障弱化:基站与交换接点连接失败(失效)时,基站仍能继续通信,但此时系统不提供全功能服务。

(8)有鉴权功能。

采用以下方式实施鉴权:

①网络基础设施对用户鉴权;

②移动台对网络基础设施鉴权;

③移动台和网络基础设施相互鉴权;

④设备鉴权。

(9)有空中接口加密功能。

数字集群移动通信系统采用序列密码加密体制。空中接口加密,可以对端对端加密的业务再次加密。

(10)有端到端加密功能。

端到端加密用于对安全性有特别严格要求的场合。

在端到端加密情况下,系统只为加密信号提供透明通道,不参与密钥的产生与管理。

1.6.2 体制A业务范围

数字集群通信的业务分为三类:基本业务、基本补充业务、可补充业务。

1)基本业务

数字集群通信的基本业务包括:

(1)用户终端业务:调度话音业务(单呼、组呼),电话互连业务。

(2)承载业务:电路方式数据业务、短数据业务、分组数据业务。

2)基本补充业务

数字集群通信的基本补充业务包括:

(1)呼叫种类:单呼、组呼、全呼。

(2)区域选择:规定调度呼叫的工作区域。

(3)优先呼叫:用户台呼叫有优先级,优先级分若干等级,用户按级排队等候进入信道。

(4)预占优先呼叫:系统繁忙时,具有预占优先权的用户可以使优先级最低的通信断开以继续其接续过程。预占优先也可以有若干级。预占优先呼叫等同于"紧急呼叫"。

(5)迟后进入:在组呼过程中,迟来的成员可以加入一个正在进行中的组呼。

(6)动态重组:允许调度台利用无线方式,对用户重新编组。

(7)自动重发:主叫用户按下呼叫发送键后,如未被控制中心确认,移动台能重发数次呼叫请求。

(8)限时通话:系统可以限制移动台通话时间。

(9)超出服务区指示:移动台接收信号强度低于某值时,移动台显示超出服务区。

(10)呼叫显示:显示主叫方或被叫方的识别码。

(11)主叫/被叫显示限制:不显示主叫方或被叫方的识别码。

(12)呼叫提示:在繁忙用户台上显示其他呼入的主叫方的识别码。

(13)讲话方识别显示:组呼之中用户台显示讲话方识别码。

(14)无条件呼叫转移:允许用户台把所有的呼叫转移至另一个用户台或有线台。

(15)遇忙呼叫转移:用户台繁忙时将呼叫转移。

(16)用户不可及时呼叫转移:用户台关机或超出服务区时将呼叫转移。

(17)无应答呼叫转移:被叫用户台无应答时,将呼叫转移至另一个用户台或有线台。

(18)缩位寻址:即缩位拨号。

(19)至忙用户的呼叫完成:呼入至繁忙用户时,在主叫退出之前,一直等待到用户空闲为止。

(20)至无应答用户的呼叫完成:呼入至无应答用户时,在主叫退出之前,一直等待到用户空闲为止。

(21)呼叫限制:按用户设定的清单限制呼入/呼出能力。

(22)移动台遥毙/复活:系统利用无线方式使某移动台(或非法用户)失效/重新有效。

3)可补充业务

数字集群通信的可补充业务包括如下。

(1)调度台核查呼叫:呼叫被允许进行之前,由调度台核查呼叫请求的合法性。

(2)监听:被授权的用户台可以监听一个或多个用户,而不需要被监听用户同意,被监听用户也不知晓被监听。

(3)环境侦听:由调度台遥控开启某用户台的发射机,从而可以监听该用户台周围的声响,但该用户台没有任何发射指示,也不阻碍该移动台在环境侦听期间像通常那样发出或接收呼叫。

(4)控制转移:多点呼叫的发起者,可以将自已的控制权转移给另一方。

(5)计费通知:选择在呼叫开始、中间或结束时,提供计费信息。

(6)密钥遥毁:用无线遥控方式销毁移动台或基站的密钥。

(7)强制呼叫结束:可以通过调度台将正在进行的用户呼叫拆线。

(8)开放信道呼叫:系统可以通过调度台将特定用户指定在某一个开放信道上进行呼叫(包括单呼、组呼),开放信道呼叫可以撤销。

1.6.3 工作频段和中心频率

1)工作频段 800MHz

上行为 806 ~821MHz(移动台发、基站收),下行为 851 ~866MHz(基站发、移动台收)。

双工间隔:45MHz。

2)中心频率

上行载波中心频率:

$$f_{上} = f_{上\min} + 0.001G + 0.025(C - 0.5) \quad (\text{MHz}) \tag{1-1}$$

式中:G——防卫带,kHz,按国家无线电监测中心规定执行;

C——信道号码,在 1,2,…,600 之间取值。

下行载波中心频率:

$$f_{下} = f_{下} + D \quad (\text{MHz}) \tag{1-2}$$

式中:D——双工间隔,取 45。

1.6.4 体制 A 网络结构

1)单交换中心的网络结构

数字集群通信系统,由网络基础设施、移动台和有线台组成。

移动台和有线台是用户设备。有线台是与网络基础设施有线连接的设备。移动台按业务划分有两种类型:

(1)话音终端:由移动终端单元和终端设备单元组成,提供用户终端业务和承载业务;

(2)数据终端:只包含移动终端单元,提供数据承载业务。

移动台按工作方式划分为两种形式:

(1)集群移动台:只能工作于集群方式的移动台;

(2)双模移动台:既能工作于集群方式的移动台,又可工作于直通方式的移动台。其中,可以同时监视集群和直通方式的移动台,又称双监视移动台。

体制 A 数字集群通信系统有单交换中心和多交换中心两种网络。

单交换中心网络适用于基站设备较少的本地网络。

单交换中心的网络结构,如图 1-4 所示。

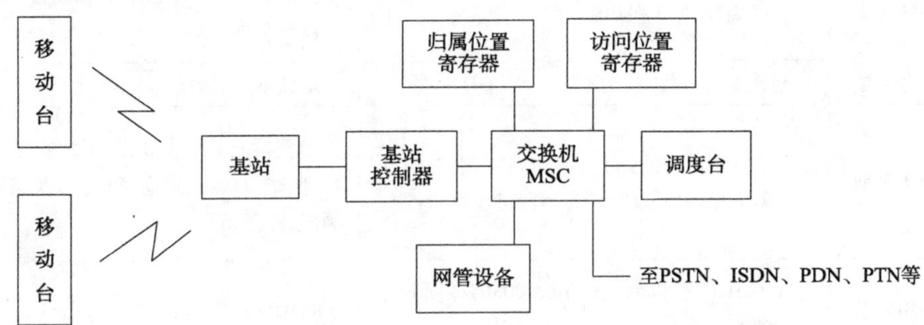

图 1-4 单交换中心数字集群系统的结构示意图

基站控制器可以同时控制多台基站(图 1-4 中只画出了 1 台),交换机与 PSTN、ISDN、PDN、PTN 等相连。

2)多交换中心的网络结构

一种可能的多交换中心网络,如图 1-5 所示。

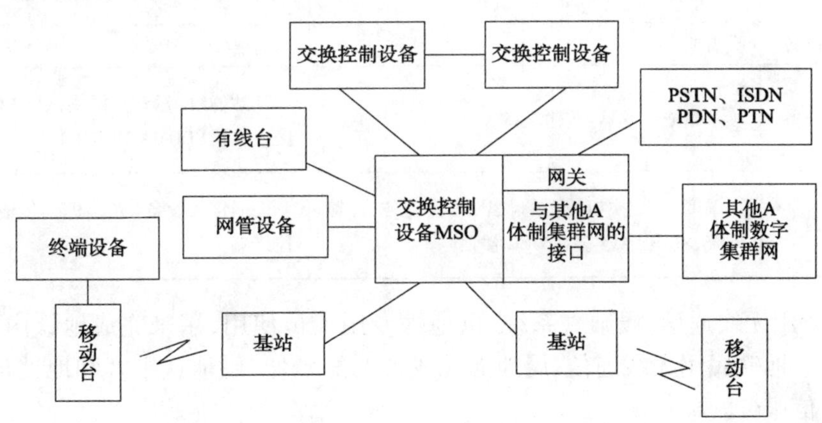

图 1-5 多交换中心数字集群系统的结构示意图

对于基站设备较多、覆盖范围较广、业务量较大的区域网络,可以使用多交换中心网络。即用多台交换控制设备进行分散交换,各交换控制设备之间采用树形、星形、网形或环形等方式连接。

1.7 无线专网和无线公网的比较

地铁专用无线通信(无线专网)和地铁民用无线通信(无线公网)的比较,见表1-4,二者的主要差别如下。

地铁专用无线通信和地铁民用无线通信的比较 表1-4

序号	比较项目	地铁专用无线通信(无线专网)	地铁民用无线通信(无线公网)
1	系统属性	地铁内部专用(独立系统)	地面无线公网的延伸
2	系统构成	数字集群、单工对讲	移动通信、移动互联网、移动数字电视、调频广播
3	服务对象	地铁专用人员	地铁乘客、地铁员工
4	覆盖区域	运营隧道、各站站台、各站站厅、各站办公区、OCC、车辆段联络线、车辆段进出线	运营隧道、各站站台、各站站厅、各站出入口、地铁公众通道、商场(不含车站办公区、车辆段、停车场)
5	使用频带	800MHz(调度联络通信)、400MHz(同频单工对讲)	88MHz~2.4GHz
6	覆盖指标	95%以上覆盖区域、场强≥-(85~95)dBm	95%以上覆盖区域、场强≥-85dBm
7	覆盖手段	800MHz漏缆(收发共用)、室内吸顶天线、车载天线、定向天线、室外全向天线	特宽频带漏缆(收发分开)、吸顶天线(收发分开)、车厢电视接收天线
8	车上设备	车载天线(装在车头顶部)、车载台(车头车尾各装一台)	手机(移动通信)、车厢天线+电视接收机(移动电视)、收音机(调频广播)
9	区间设备	需要	需要
10	车站设备	基站或中继器、传输设备	基站群组(运营商提供)、POI传输设备、GPS接收天线(CDMA同步用)
11	OCC设备	调度台、交换机、记录设备、网管设备、传输系统、室外天线(装在OCC楼顶)	公网接入设备(光端机)、传输系统、公网监控终端

(1)地铁专用无线通信,属独立系统,供地铁专用人员使用,用来完成地铁内部的调度指挥与通信联络。地铁民用无线通信,属地面无线公网的延伸,供地铁乘客和地铁员工使用,是面向公众的通信服务。

(2)地铁专用无线通信,由同频单工对讲和数字集群通信组成。地铁无线公众通信,由各种移动通信、移动数字电视和调频广播组成。地铁无线专用通信,覆盖区域大部分在地下,小部分在地面,包括运营隧道、各站站台、各站站厅、各站办公区、指挥控制中心(OCC)、联络线、车辆段和车辆段进出线等。地铁无线公众通信,覆盖区域全部在地下,包括运营隧道(含车厢)、各站站台、各站站厅、各站出入口、地铁公众通道和地铁商场(不含车站办公区、车辆段)等。

(3)地铁无线专用通信,工作频段较少,同频单工对讲在400MHz频段,数字集群在800MHz频段。地铁民用无线通信的工作频段很多,移动通信工作在800MHz、900MHz、1800MHz、1900MHz和未来的3G频段,移动数字电视工作在600MHz或700MHz频段,调频广播工作在100MHz频段。

(4)地铁无线专用通信和地铁民用无线通信的覆盖指标基本相同,但覆盖延伸方法则有区别。地铁无线专用通信的延伸方法是基站+中继器。地铁民用无线通信的延伸方法有三种:全部基站,基站+中继器,发射机(数字电视)。

(5)地铁无线专用通信安装在指挥控制中心(OCC)设备较多,地铁民用无线通信则较少。二者的车站设备数量大体相当。地铁无线专用通信无需区间设备,地铁民用无线通信则需区间设备(干放,频段分合路器)。

1.8 地铁专用无线通信系统典型案例

1.8.1 深圳地铁一、二期工程专用无线通信系统

深圳地铁一期工程于2001年3月正式动工建设,2004年12月28日开通试运营,横跨罗湖区、福田区和南山区,全部为地下线路,正线里程为双线21.453km,由1号线东段和4号线南段组成,设19座车站、1个车辆段及综合基地、1个指挥控制中心。

深圳地铁二期工程于2011年6月28日建成开通,包括1号线北延、4号线北延、2号线、3号线、5号线和北站枢纽工程,大部分是地下线路,少部分是高架线路。

截至2013年底,深圳地铁共开通1~5号线五条线路,长度达170km,由深圳地铁集团和港铁4号线公司分别运营。

深圳地铁一、二期工程五条线路的专用无线通信系统采用TETRA制式800MHz数字集群进口设备,各条线路独立建设,但每条线路的系统构成基本相同。

图1-6是深圳地铁一期工程专用无线通信系统的基本组成框图。

在控制中心设有:

(1)无线调度台,包括1号线调度台、4号线调度台、环控调度台和维修调度台;

(2)调度台控制器DSC;

(3)控制交换机DXTip、网络交换机TCP/IP-SW和-48V电源;

(4)通信接口服务器TCS和自动列车监控服务器ATS;

(5)交换机网管、无线子系统集中网管和中继器监测终端NMS;

(6)基站(含双工器)和室外天馈线(装在OCC楼顶,用于覆盖车辆段);

(7)数字录音机和打印机。

装在各车站的设备有:基站或中继器、固定台和室内天馈线。

装在车辆段的设备有:车辆段信号值班调度台、固定台和便携台(若干台)。

其他设备包括:

(1)800MHz泄漏电缆(装在隧道壁上,收发共用一缆);

(2)开放式传输网络OTN(与其他专用通信设备共用);

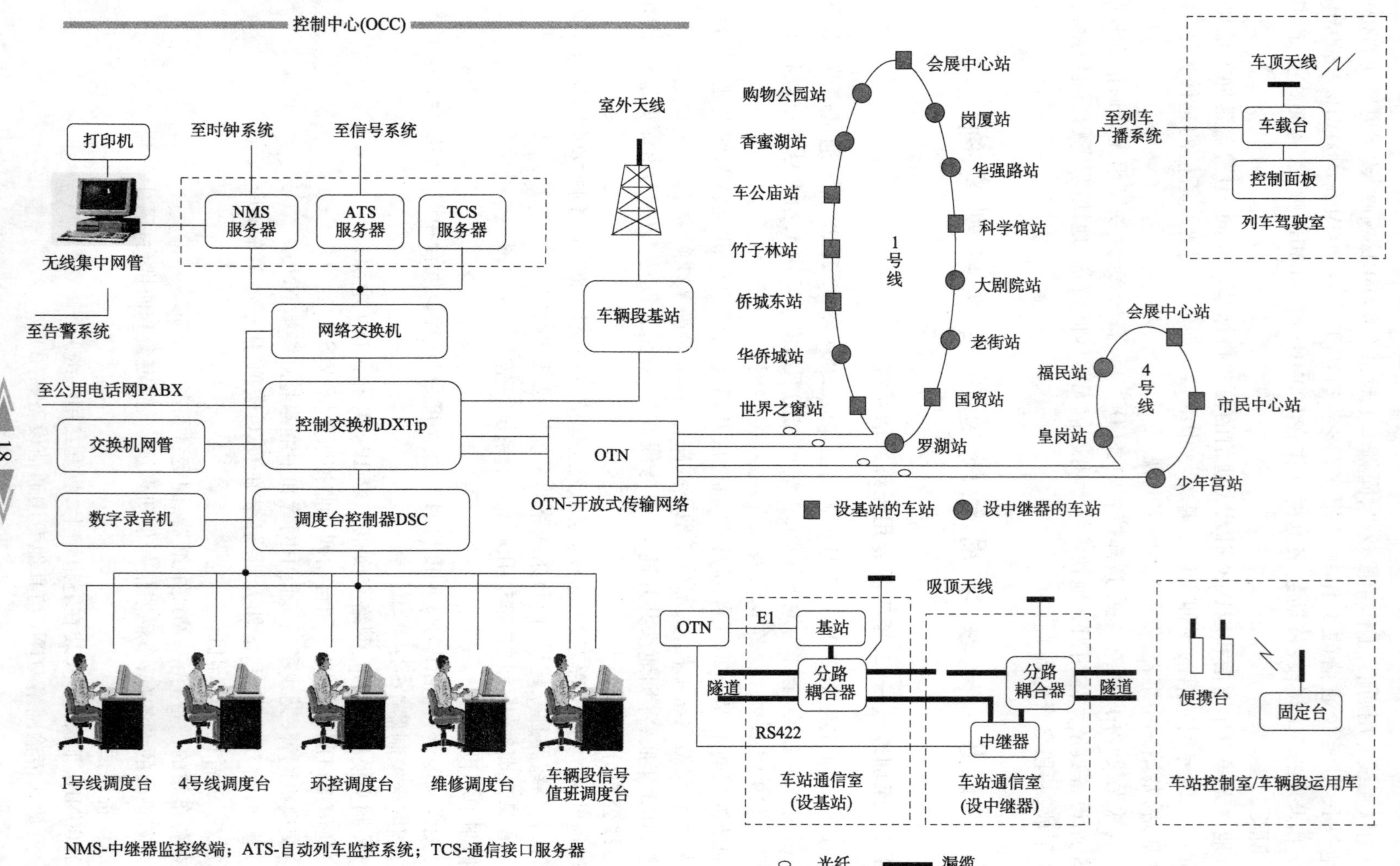

NMS-中继器监控终端；ATS-自动列车监控系统；TCS-通信接口服务器

图1-6　深圳地铁一期工程专用无线通信系统的基本组成框图

(3)车载台及天线(主机与控制盒装在列车控制室,天线装在车顶,每列车两套)。

图1-7是深圳地铁二期工程专用无线通信系统的基本组成框图。

相对一期工程而言,深圳地铁二期工程专用无线通信系统的主要技术改进如下:

(1)一期工程信源配置为中区制(基站+中继器),二期工程改为小区制(全基站)。

(2)根据深圳市无线电管理局指令,二期工程对1~5号线800MHz频率重新统一配置,原一期工程的频率配置限期使用完毕后作废。

(3)一期工程全部是地下线路,二期工程有部分高架线路,因此在场强覆盖设计与安装上有所改进。

(4)一期工程越区切换控制采用加装衰减器的硬件方式,二期工程改为在中心控制交换机上设置各区间切换门限的软件方式。

(5)一期工程时,1、4号线未互联互通,二期工程实现了1~5号线的中心互联互通,移动台可以无缝漫游。

(6)二期工程在1、2、5号线换乘站设置1台基站,为网络化下的资源共享迈出了成功的一步。

(7)一期工程时,对调度无线通信、专用电话和公务电话三个系统,不能同步录音;在二期工程的5号线中,实现了对上述三个系统的同步录音。

1.8.2 北京地铁7号线专用无线通信系统

北京市作为我国第一个建设地铁的城市,截至2014年12月28日,北京地铁共有18条运营线路(包括17条地铁线路和1条机场轨道),线路覆盖北京市11个市辖区,重复计算换乘车站共有318座运营车站,不重复计算换乘车站则为268座车站,总长约527km。

北京地铁7号线是穿越北京市南城区的东西向骨干线路,西起北京西站,东至焦化厂,全长23.67km,共设21座车站,于2014年12月28日开通运营。北京地铁7号线装备国产化率高达92%,远远超出国内地铁线国产化率的平均水平,其核心技术更是已全部实现国产化,达到了最小发车间隔4min的运营要求。其中,专用无线通信系统采用了中国电子科技集团公司第五十四研究所、河北远东通信系统工程有限公司研制的AcroTetra数字集群系统,是我国首条采用自主知识产权、国产化的TETRA数字集群系统的地铁线路。

图1-8是北京地铁7号线国产化专用无线通信系统的基本构成框图。

北京地铁7号线专用无线通信系统规模包括:交换管理中心1套、基站22套、调度台6套、网管2套、直放站近端机6套、直放站远端机15套、车载台74套、固定台22套、手持台480部。国产化系统在以下方面实现了创新及突破。

(1)系统首次采用双中心工程模式,加快了工程进度。

(2)系统首次将调度台与二次开发调度台合二为一,简化了调度座席。

(3)系统首次支持对手持台录音,实现了全网录音。

(4)系统首次支持与电话系统的双路由互联,实现了路由自动切换。

(5)系统首次采用统一的标准机柜,实现了机房设备整齐划一。

(6)基站首次支持天馈下出线模式,降低了工程难度。

(7)基站首次提供触摸液晶屏,提高了现场开通和维护效率。

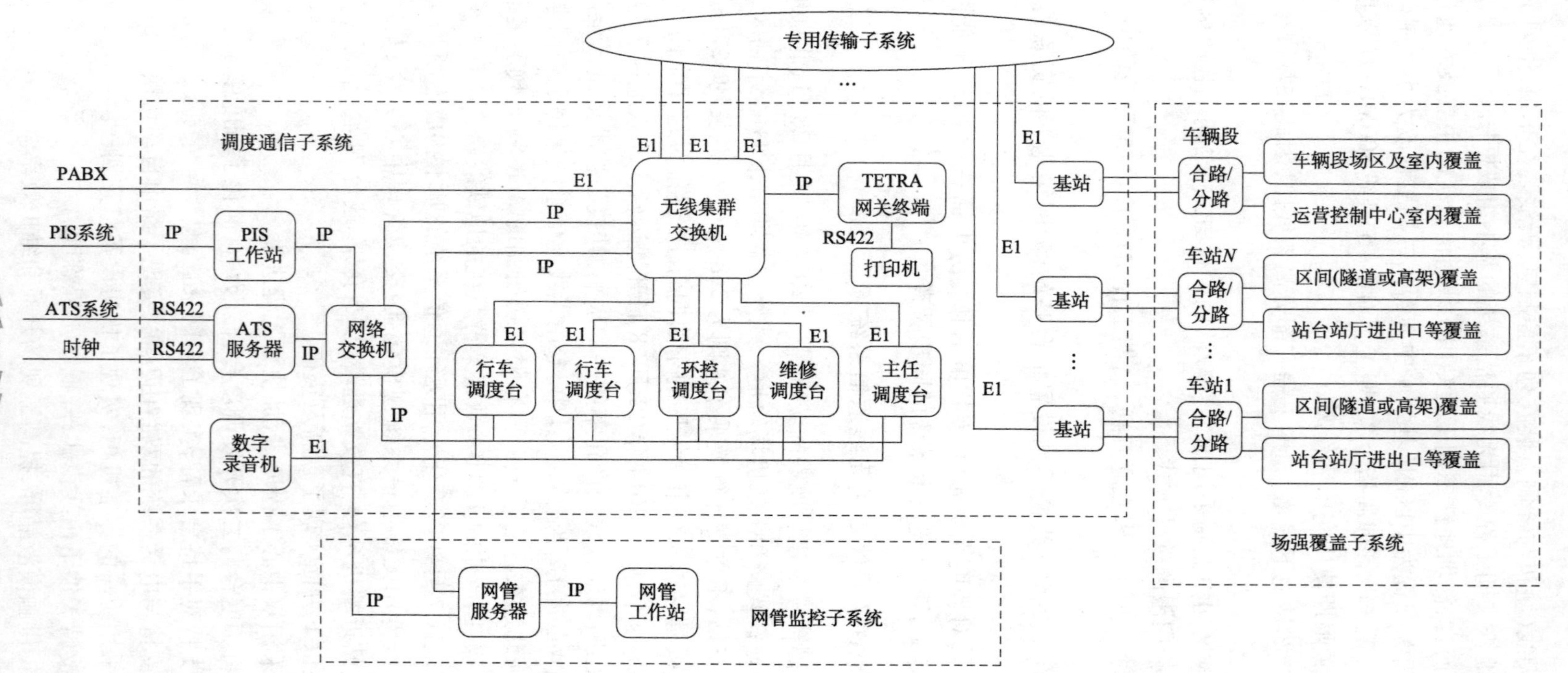

图 1-7 深圳地铁二期工程专用无线通信系统的基本构成框图

注:IP 即 100M 以太网;车载台、固定台、手持机属调度通信子系统,图中未画出

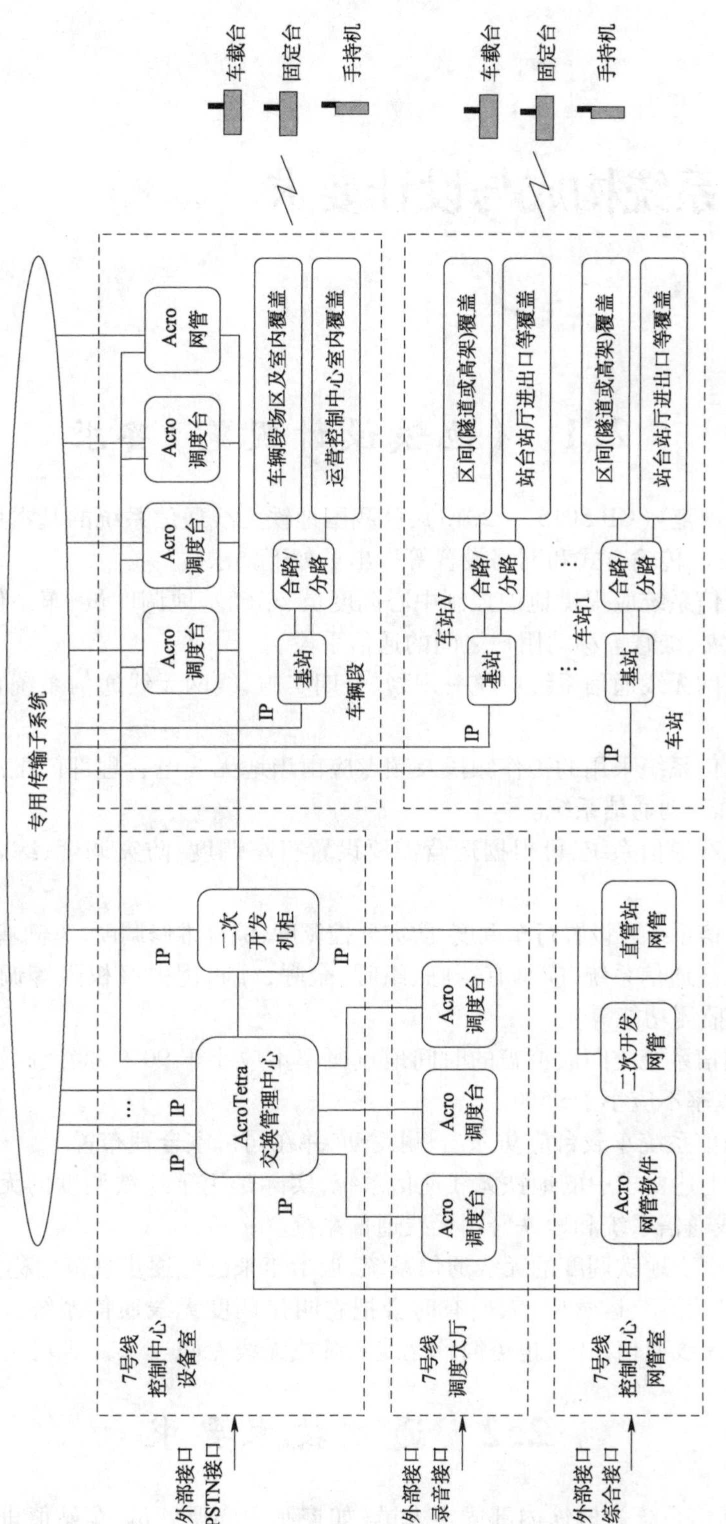

图1-8 北京地铁7号线国产化专用无线通信系统的基本构成图

第2章 系统构成与设计要求

2.1 《地铁设计规范》要求

《地铁设计规范》(GB 50157—2013),就我国地铁无线通信系统的基本用途、主要功能、技术标准、通信制式、传输方式和网络设置等提出了如下要求:

(1)无线通信系统应提供地铁控制中心调度员、车辆基地调度员、车站值班员等固定用户与列车司机、防灾、维修等移动用户之间的通信手段。

(2)地铁线网无线通信系统应统一规划、分期实施,线网无线通信系统宜实现网络互联互通及资源共享。

(3)无线通信系统采用的工作频段及频点应由当地无线电管理部门批准。无线通信系统宜采用数字集群移动通信系统。

(4)地铁无线通信系统,可根据运营需要设置行车调度、防灾调度、综合维修、车辆段/停车场调度等系统。

(5)无线通信系统可设置行车调度、防灾环控调度、综合维修调度、车辆基地调度等用户群。

(6)地铁无线通信系统,应具有选呼、组呼、全呼、呼叫优先级权限等调度通信功能,并应具有存储功能、监测功能等。

(7)无线通信系统空间波覆盖的时间地点概率不应小于90%,漏泄同轴电缆辐射电波覆盖的时间地点概率不应小于95%。

(8)无线通信系统车载台应防撞击、耐震动,并在司机室合理布置。

应当指出,上述要求中的地铁无线通信系统,实际是用于地铁调度的无线通信系统,不包括地铁民用无线通信系统和地铁警用无线通信系统。

还应指出,用于地铁调度的无线通信系统,近十年来已经逐步规范地称为地铁专用无线通信系统。在地铁建设及运营中,人们有时会把它叫作调度无线通信系统,或运营无线通信系统,或数字集群无线通信系统,也可简称无线系统或无线专网。

2.2 通用技术要求

专用无线通信系统为地铁内部固定人员(如控制中心调度员、车站值班员等)与流动人员(如司机、乘务人员、维护工作人员等)之间,提供安全、稳定、高效的语音通信服务和数据通信服务。

主要的服务对象是无线用户，包括控制中心行车调度员、沿线各站的车站值班员和站内移动值班人员、运行线路上的列车司机；控制中心防灾调度员、线路和车站内的相关移动人员；控制中心维修调度员、线路和车站内的移动维修人员；车辆段及停车场内调度员、值班员、车辆段及停车场内列车司机、列检库及车辆段内移动工作人员等。

对该系统的总要求是无线覆盖范围广，场强分布均匀，在控制中心、车辆段\停车场、车站、隧道、列车等地铁辖区内，都能实现高清晰的通话。

为了满足系统总要求，应当制订和贯彻执行系统的通用技术要求和专用技术要求。

系统的通用技术要求，应当包括结构与材料、安装与使用、维修与管理三个方面的要求。

2.2.1 结构与材料

1）对机架和机盘的要求

（1）机架采用封闭式结构，高度为2200mm，高度、宽度和深度，满足工程实际需求。

（2）结构牢固，装配具有灵活性、一致性和互换性，实现硬件模块化，紧固件无松动，外露和操作部位的锐边倒圆半径 R 不小于2mm。

（3）机械活动部位，转动灵活、插拔适度、锁定可靠、施工安装和维护方便。

（4）设备机架中不装单元框的空位置要加装盖板。

（5）机架具有电源分配端子及告警接线端子，具有可闻、可视的告警功能，且告警信息应分为紧急或非紧急两种。

（6）涂覆层表面，光洁、色泽均匀、无流挂、无露底；金属件，无毛刺、锈蚀；标志清晰、完整、牢固。

（7）机架外观协调，色调柔和、色泽一致。

（8）印刷电路板均防腐蚀，不允许有飞线，有插拔及锁定位置，同一品种的电路板具有完全的互换性。

（9）当设备加电运行时，插入或拔出机盘，不引起任何元件的损坏和缩短使用寿命。

（10）设备的电磁兼容性及抗电磁干扰，满足 IEC-801-2，IEC-801-3 和 IEC-802-4 的要求。

（11）在设备柜中配有本系统的电源分配盘。

2）对设备机柜的要求

（1）产品具有高度标准化、通用性、扩展性、兼容性，保证设备的后续扩展和维护的经济性，为扩建、改造打下良好基础。

（2）机柜的生产工艺、外观及内部设计，具有前瞻性。

（3）机柜高度为2200mm，高度、宽度和深度，满足工程实际需求。

（4）机柜结构应简单，需包括基本框架、内部支撑系统、布线系统、通风系统等。

（5）机柜框架采用一次滚轧 9 折及以上型钢结构焊接制造，柜体采用的钢板为厚度不低于1.5mm 的冷轧钢板。自重不超过 130kg，保证承重达到 600kg 以上。

（6）柜体水平偏差尺寸，应小于2mm；柜体垂直偏差尺寸，应小于2mm；机柜表面平整度在 $1m^2$ 面积内不超过 1mm；机柜表面折角处没有皱纹、裂纹、毛刺、焊接等痕迹；门与门框的缝隙不超过 1.5mm，且四周缝隙均保持一致，门开启灵活，没有卡阻现象。

（7）机柜涂层要求稳定、平整，在多机柜并放时各表面完全平行。为了达到最佳表面保护效果以及提高防锈能力，要求机柜框架、门、顶盖、侧板、背板均采用电泳镀层。

(8)机柜表面在喷塑前应进行酸洗、磷化处理和热镀锌处理；外表面达到2级，内表面达到4级。

(9)机柜采用PU发泡密封材料，对封闭结构的内表面也要喷涂或进行防锈处理，机柜的防护等级可达IP55。处理应符合SSPC标准。

(10)机柜进线采用底部或顶部进线方式，要方便电源线、双绞线及各种缆线进入机柜。

(11)机柜内部走线采用竖装走线槽或走线束线环、横向走线架等。机柜正面安装角规。两侧安装垂直走线槽，侧面开进线孔，该走线槽与跳线管理器配合，用于保护跳线；束线环安装在机柜任意位置，方便机柜内电源线等走线。

(12)机柜都应有前后门，工艺一致性要好，柜门可互换，且多机柜并排放置时，两紧靠机柜开门角度应不小于90°。柜门应提供钥匙或扳手等安全措施。相同型号的锁应共用一把钥匙。

(13)机柜内部附件应满足以下要求：

①封闭面板：可提供1U面板、2U面板，孔距按19in机柜的标准尺寸，采用插入式安装，空白面板颜色与机柜一致。

②托盘：托盘最大承重≥100kg，并开有通风孔。

③键盘抽屉：机柜可安装键盘抽屉。

④滑动轨：可配置不同深度的滑动轨，用于安装异型服务器。

(14)机柜散热满足设备要求，在自然冷却无法满足机柜内设备需求的情况下，机柜应配置通风散热设备，如顶板风扇、柜门风扇等。

(15)机柜通风应满足：机柜前后门网孔门散热面积达≥65%；机柜顶板具备安装风扇条件，如不需安装风扇，则顶板为整块顶板。

(16)机柜防尘应满足：不易聚集灰尘，保证机柜内设备不受车站多灰尘的影响，并且机柜内的集尘易于清理。

(17)机柜电源应满足：机柜内的输出电源分路器或连接器不允许多条线缆压接到一个接线端子上，每条线缆均需配备接线端子并预留出充足的扩展接口，做好标识；不能采用普通接线板连接AC220V电源，若机柜内必须配备通用接线板，则必须采用金属外壳的机柜专用插座组件，同时在机柜内需考虑插座组件的合理位置以及固定方式；对所有电源的连接需做好防护，但使用或维修人员必须可以清晰地看到电源端子或插座的连接情况。

(18)机柜接地应满足：接地排为铜制，均布M4或M6螺纹孔水平接地，铜排位于机柜底部，从水平接地排引出接到站房地线。接地组件中的接地线根据机柜的深度具有相应的长度，线的末端应采用接触良好的叉形、环形等可靠端子。

(19)机柜标识应满足：采用统一风格的标志、字母、符号。每一机柜的正面要有描述设备功能的铭牌。

3)对安装材料的要求

(1)系统中所有零件采用的材料具有防腐性能，其物理、化学性能稳定，各种材料之间相容。

(2)无线通信系统设备之间的信号及电源配线、光纤软线由供方提供。车站设备间的各种配线的参考长度为20m。OCC设备间配线的参考长度为40m。

(3)通信设备设电源分配盘，对至各机架的电源进行分配。电源分配盘至各机架的电源

线及各机架内部的电源线由卖方提供。

(4)机房装有架空防静电地板,地板架空高度为300mm,机架通过角钢支架固定在楼层地板上。

(5)随设备配有专用的安装及维护工具。

4)对板卡制作工艺的要求

(1)印刷电路板采用波峰焊以上技术,其中交换机电路板要采用SMT技术。

(2)大电流插件采用镀银或镀金技术。

(3)每块印刷电路板都应具有防护涂层,以防止因潮气/盐气或其他腐蚀环境引起的开裂、生锈、变质。

(4)零部件的布置、固定和排列应使检查、拆除和更换时不影响或损坏连线上的其他零部件。

(5)设备和仪器的金属构件表面除了加工装配面和电镀表面以外,都应进行防锈或喷涂处理。在装配前,对封闭结构的内表面也有必要喷涂或进行防锈处理,处理质量应符合SSPC标准。

2.2.2 安装与使用

1)对互换性的要求

(1)所有批量生产的设备、零部件、元器件都是标准产品,相同规格的设备、卡、盘、零件必须是可互换的。

(2)紧固件及标准件采用公制部件。

(3)相同功能的软件版本统一。

(4)采用开放性的操作系统。

2)对模块化的要求

(1)设备应实现组成模块化、标准化、维护管理自动化。

(2)设备机械结构可在车站整块拆换。

(3)电子线路板的连接,采用标准可拆卸接插件。

(4)所有电控装置各功能模块可互换。

(5)所有应用软件按功能进行参数化、模块化设计,便于更改或升级。

3)对安装和拆卸的要求

(1)相同尺寸设备的安装,用同一规格的紧固件。

(2)所有乘客接触到的设备外壳,没有外露按钮、紧固件。

(3)维修时替换设备的时间,不超过30min。

2.2.3 维修与管理

1)对维护维修的要求

可维修性设计,应结合可靠性、安全性、可使用性、可测试性、零配件总量等进行设计。

2)对方便性的要求

(1)当维修人员维修某部件时,无须拆除其他部件。

(2)可以方便接近测试点、连接点和接线柱,而无须先决条件。

(3)操作工作站可以方便获取控制系统内的信息。

(4)进行监控测量时,便于接近参考点。

(5)实现在线维修与故障隔离。

3)对维修管理的要求

(1)交换控制中心网管工作站,应能够对全线设备进行统一的监控、维修与维护管理。

(2)系统能够监测易发生故障、损坏或磨损的部件或模块,便于对设备维护计划和备品备件消耗进行管理。

4)对维修设备和工具的要求

提供系统软、硬件专用维修设备和工具,以方便维修人员的维修。

5)对维修响应时间的要求

质保期内维修服务时间要求:一般故障,到达现场时间≤8h;重大故障,到达现场时间≤2h;系统故障,到达现场时间≤1h;系统恢复时间≤2h。

2.3 专用技术要求

系统的专用技术要求,应当包括:总体要求、工作频点、空中接口、系统工作方式、系统同步、业务功能、性能指标、越区切换、电源与接地、环境与电磁兼容及可靠性等11个方面。以下将分别进行详细描述。

2.3.1 总体要求

(1)采用800MHz TETRA数字集群系统主设备,由国内公司进行应用开发、无线场强覆盖设计和系统集成。

(2)无线场强覆盖应满足以下要求。

①覆盖范围:双正线区间线路、折返线、避让线,建筑限界内联络线,车辆段/停车场与正线的出入线,车辆段/停车场内所有区域,全线车站站台公共区域、站厅公共区域、主要设备用房区域、办公用房公共区域、换乘通道(建筑限界内)及出入口大部分区域。

②场强指标:边缘场强的最小接收电平门限主要取决于接收机的灵敏度、95%时间及地点概率的场强瞬间衰落深度和设计储备量。上下行链路的每载频信号场强,在要求的覆盖区域内应满足≥-90dBm。

③信号上下行要平衡,上下行相差不大于5~10dB。

④在运行列车中,通信要连续,切换要平滑,话音传输达到3~4级话音质量。

(3)系统具有扩展性。安装在控制中心的TETRA交换控制中心设备可以单条线路使用,也可以几条线路共用。在不影响系统正常工作的情况下,在系统的容量范围内能增加基站数量、调度台终端数量、网管操作终端数量及增加交换控制中心设备的功能模块以扩展系统容量,满足未来运营发展之需要。

交换控制中心设备,应采用高度模块化设计,具有良好的可扩展性和可维护性。在交换控制中心增加相应的板卡即可添加基站和扩展外部接口;在基站中增加相应的板卡即可增加信道载波。所有这些扩容可在热运行状态下进行,确保现有系统连续运行不受扩容工作影响。

(4)TETRA 系统结构,应有很好的稳定性;后续版本与之前的老版本能很好兼容,以方便地实现系统之间互联及终端设备无障碍漫游。

(5)根据技术发展和用户需求,能够方便增加新的功能,以满足地铁用户的指挥调度使用需要。

2.3.2 工作频段

工作频段:上行为 806 ~ 821MHz,下行为 851 ~ 866MHz。双工间隔:45MHz。具体工作频率应符合国家无线电管理部门的有关规定。适用于专网的其他工作频段,应符合国家无线电管理部门的有关规定。

2.3.3 空中接口

空中接口应符合《Trans-European Trunked Radio(TETRA):Voice plus Data (V + D);Part 2:Air Interface(AI) V3.2.0》(ETSEN 300 392-2-2007)的要求。

2.3.4 系统工作方式

(1)集群工作方式

移动台在集群控制设备管理下的信道共享工作方式。

(2)直通工作方式

移动台之间直接互通的工作方式。

(3)故障弱化工作方式

基站和交换控制中心之间的链路或交换控制中心发生故障时,基站仍能以集群方式继续工作。故障弱化工作方式分为全功能和弱化功能,全功能基站支持本基站所有业务,弱化功能基站支持本基站基本呼叫和数据业务。

2.3.5 系统同步要求

(1)系统同步采用主从同步方式,并具备多级同步时钟的冗余备份,在外部时钟源出现故障时,交换控制中心设备的内置时钟可以作为 TETRA 数字集群系统的主时钟。

(2)基站射频产生和时基时钟共用一个频率源。

(3)频率源频率容差为优于 $\pm 0.1 \times 10^{-6}$(载频低于 520MHz 时,优于 $\pm 0.2 \times 10^{-6}$)。

(4)同一基站内不同载波之间的定时差,应小于 1/2 个符号宽度。

(5)同一系统内不同基站的不同载波之间的定时差,应小于 1 个符号宽度。

2.3.6 业务功能要求

1)语音业务

(1)通话功能

在地铁无线通信系统中,有多种不同种类的用户,根据不同种类用户的性质、功能,可组成相互独立的通话组。无线用户具有以下通话功能。

①调度台与车载台之间的通话。

a. 调度员呼叫司机。

b. 司机呼叫调度员。

②车载台与车载台之间的通话。

a. 正线上行车载台与上行车载台之间的通话。

b. 正线下行车载台与下行车载台之间的通话。

c. 车辆段内车载台与车载台之间的通话。

③调度台与无线用户（车载台、车站电台、便携电台）之间的通话。

④无线用户（车载台、车站电台、便携电台）之间的通话。

⑤无线用户（车载台、车站电台）与有线用户（PABX 用户）之间的通话。

（2）呼叫功能

TETRA 系统对呼叫的定义见表 2-1。

TETRA 系统对呼叫的定义 表 2-1

序号	呼叫种类	工作描述
1	单呼	移动用户、固定用户和调度台间一对一的选择呼叫；或移动用户间一对一的选择呼叫
2	组呼	向预先定义的通话组，发起一点对多点的呼叫
3	通播组呼叫	本部门调度员向所管辖的全体成员（多组组员）发起呼叫。被呼叫成员无须手动转组，即可自动纳入通播组的通话中，属双向通信
4	紧急呼叫	当移动用户对相应的调度台发出紧急呼叫而系统资源全部占用时，系统将中断权限最低用户的通话，并给发出紧急呼叫的移动用户立刻分配信道资源。被呼叫调度台将出现相应提示，并伴有特殊音响。移动台只允许对相应的调度台发出紧急呼叫
5	电话互联呼叫	自动电话用户向被授权移动用户发起呼叫，或被授权移动用户向自动电话用户发起呼叫
6	车组号呼叫	调度员在调度台上用车组号码呼叫运行列车（列车车组号码固定）
7	车次号呼叫	调度员、车站值班员用车次号码呼叫运行列车（列车车次号码每次运行会有所变化）
8	站管区呼叫	车站值班员呼叫本站管区内的列车移动用户，或者处于某站管区内的列车移动用户呼叫该站管区的车站值班员。站管区限定为车站本身及上下行半区间
9	直通呼叫	不经过交换中心，只经过基站的呼叫
10	三方通话	通话三方为车载台、OCC 调度台和 DCC 固定台。由车载台向 OCC 调度台发起请求，经 OCC 调度台同意后并转接到 DCC 固定台，实现三方通话
11	经 ATS 的通信	通过 ATS，系统能获得列车运行位置。调度员可用鼠标点击选择单个或多个列车，进行相关的语音和数据通信

用户台之间可根据使用要求，实现组呼、选呼、紧急呼叫等形式的呼叫连接方式。其中组呼可按大组、中组、小组等编制进行，在紧急情况下，移动台只向相对应的调度台发出紧急呼叫。

系统的呼叫功能包括：用户台终端标识码呼叫、用户台终端组识别号呼叫、调度台呼叫、用户台对调度台呼叫、用户台之间的组呼、用户台之间的选呼、带优先级的组扫描功能、紧急呼叫功能和三方通话功能。

①用户台终端标识码呼叫。

系统的每一个用户都应分配有相应不同的身份识别码(ID 号)。其中对于每个车载台,要求可分配多个功能号,如车载台除了本身电台的身份 ID 号外,还应具有司机、车次、车组等功能号,功能号与身份 ID 号是相对应的。不同用户台身份识别码要便于区分。

列车台的身份 ID 号与功能号的对应方式,应可根据信号专业的自动列车控制系统(ATS)的信息,进行实时的、自动的跟踪编制。

②用户台终端组识别号呼叫。

系统可为每个用户台分配组识别号(组 ID 号)。每个用户台根据使用的要求,应可编写多个组 ID 号。

③调度台呼叫。

调度台可将相应组内用户的识别号和组的识别号显示在调度台的显示屏上,对于列车台应显示相对应的功能号。调度员可通过鼠标直接进行各种呼叫。

④用户台对调度台呼叫。

各用户对相应的调度台可采用私密呼叫,呼叫请求,组呼叫等。

⑤用户台之间的组呼。

组呼可采用选择组号呼叫。

⑥用户台之间的选呼。

选呼可采用拨号呼叫,在同一组内的用户选呼的拨号号码应尽量的少。

⑦带优先级组扫描功能。

当某个系统终端正在参与组呼时,应能接到优先级别较高的紧急呼叫,并加入该组呼。

⑧紧急呼叫功能。

紧急情况时,无线终端用户按动紧急呼叫键能发起紧急呼叫,紧急呼叫具有拆线功能,任何情况下系统都必须分配信道,保证呼叫顺利完成。

具有紧急呼叫最长通话时间设置、三级紧急呼叫自动路由、紧急呼叫自动发射等功能。

⑨三方通话功能。

车载台、OCC 调度台、固定台三方通话功能。由车载台向 OCC 调度发起请求,经 OCC 调度同意后并转接到固定台,实现三方通话。

(3)广播功能

通过车载电台与列车广播系统相连,实现控制中心行车调度员对列车的无线广播功能。

①中心行车调度员对本线内正线上的某列列车发起广播。

②中心行车调度员对本线内正线上的部分列车发起广播。

③中心行车调度员对本线内正线上的所有上行列车进行广播。

④中心行车调度员对本线内正线上的所有下行列车进行广播。

⑤中心行车调度员对本线内正线上的全部列车进行广播。

⑥车辆段调度员可对位于车辆段的全部或部分列车进行广播。

2)数据业务

系统具有数据业务承载能力和数据通信功能。通过应用开发接口,利用安装在列车上的车载电台,可实时传递车辆的状态信息到控制中心。系统能够实时传递车辆的状态信息。状态信息分为三类:第一类称为紧急信息,为 20byte 长,它是最高等级,一旦出现应立刻传递到

OCC 和车辆段;第二类称为列车的运行状态,长度为 60byte 长,15min 传一次,其等级次之;第三类称为列车的每天状态报告,其长度较长,但可以在信道空闲时传递,并可能被中断、分几次传递。支持数话同传功能,即当进行话音通信期间可以收发状态信息和短数据信息。

系统支持以下类型的数据通信业务。

(1)SDS 短数据业务

①全面的短数据信息种类。

②双向短数据通信功能。

③短数据的全面用户类型支持。

④短数据与话音同传功能。

⑤短数据与 IP 数据同传功能。

(2)状态信息

①状态信息分类。

②状态信息与话音同传功能。

③状态信息与 IP 数据同传功能。

④状态指示信息。

(3)分组数据服务

(4)列车状态监控服务

①列车状态信息数据流传送。

②列车故障告警信息的传送。

3)调度业务

调度台具有各种呼叫、广播、存储、录音和通话等功能,并可显示本线通话组内的所有用户号和组号、用户的位置(以车站站名表示)和工作状态、呼叫类型(紧急呼叫将有明显的声光显示)以及其他必要的相关信息,其中车载台可显示标识码及相应的车组号、车次号、司机号。调度台与便携台、车载台和固定台终端用户均可双向收发中文的状态信息、短数据业务。

调度台具体包括以下功能:

①动态重组:允许调度台利用无线方式对用户重新编组。

②优先呼叫:用户台呼叫具有优先级。优先级应包含若干个等级,呼叫时用户按其等级可以排在低一级用户前,排队等候接入信道。

③预占优先呼叫:当系统繁忙时,具有预占优先权的用户可以使优先级最低的通信断开以继续其接续过程。预占优先也可以有若干级。

④多选呼叫:调度台可以同时呼叫多个组,不同组之间不能通话。

⑤派接呼叫:调度台可以同时呼叫多个组,不同组之间可以通话。

⑥调度台授权呼叫:在呼叫被允许之前,由调度台核查呼叫请求的合法性。

⑦强插:允许调度台和授权用户插入正在进行的通话。

⑧强拆:允许调度台和授权用户,将正在进行的呼叫进行拆线。

⑨区域选择:可以规定调度呼叫的工作区域。

⑩控制转移:组呼的发起者可以将自己的控制权转移给另一方。

⑪迟后加入:在组呼过程中,迟来的成员可以加入一个正在进行的组呼。

⑫缩位寻址:即缩位拨号。

⑬状态查询:可以查询用户台的状态。

⑭环境侦听:由调度台遥控开启某被叫用户台的发射机,从而可以监听该用户台周围的声响,但该用户台没有任何发射指示,也不阻碍该用户台在环境侦听期间像通常那样发出或接收呼叫。

⑮缜密监听:调度台或被授权的用户台,可以监听一个或多个用户,而不需要被监听用户同意,被监听用户也不知晓被监听。

⑯遥毙/遥启:系统利用无线方式使某移动台(或非法用户)失效/重新有效。

⑰调度录音:系统可以对调度台的通话进行录音。

4)编组功能

系统可根据地铁运营单位不同的部门和不同的业务编成多个通话组,将相互之间需要通话的用户编成不同的通话组,单用户可同时编入多个通话组。主要的编组类型如下:

(1)行车调度通话组

①行车调度员与正线车辆通话组。

a. 正线车辆组成全呼组。

b. 正线车辆分成上行组和下行组进行组呼。

c. 对单个列车组进行组呼。

②行车调度员与各车站站长通话组。

a. 所有车站编成一个组进行组呼。

b. 每个连锁站编成一个组进行组呼。

c. 双区闭塞的车站编成一个组进行组呼。

③各车站站长与本站站务员通话组。

④特别组。

(2)车辆段通话组

①车辆段调度员与车辆段车辆通话组。

②车辆段调度员、调车员与车辆段车辆通话组。

③车辆段调度员与调车员通话组。

④车辆段调度员与车辆段范围内的手持台通话组。

⑤车辆检修通话组。

⑥乘务通话组。

⑦维修工程部通话组。

⑧特别组。

(3)维修通话组

①维修调度员与所有维修人员通话组。

②维修调度员与各维修小组通话组。

③维修调度员与车辆维修小组通话组。

④维修调度员与通信信号维修小组通话组。

⑤维修调度员与机电维修小组通话组。

⑥维修调度员与工建维修小组通话组。

⑦维修调度员与供电维修小组通话组。

⑧维修调度员与生产管理组通话组。

⑨特别组。

(4)环控通话组

①环控调度员与所有环控人员通话组。

②环控调度员与各环控小组通话组。

(5)其他备用通话组

(6)车载台的编组及自动切换功能

列车按行车的需要在不同的区段内运行。区段可分为正线区段、车辆段区段和停车场区段。司机在不同的区段将与不同调度员进行通话。

车载台在列车换段时,通过信号专业提供的信息(ATS 信息),进行车载台运行线路通话组与车辆段/停车场通话组的自动触发转换。同时,在运行线路通话组内,系统能自动将其编入到根据运营需要编制的小组之内(如列车上行小组,列车下行小组)。

车载台的编组和切换有下列几种方式:

①基于动态重组的编组自动切换;

②文件夹方式编组自动切换方案;

③车载台编组人工切换。

车载台可由行车调度员及车辆段/停车场值班员,利用调度台人工进行车载台运行线路与车辆段/停车场组别的转换,以及在其他根据运营需要编制的小组之间的转换。

司机亦可用车载台人工进行车载台运行线路与车辆段/停车场组别的转换。除了自动转换以外,车载台支持进行人工切换。

5)存储功能

位于控制中心的 TETRA 交换控制中心设备,对系统内的每个呼叫/通话都会产生相应的呼叫通话记录信息,并进行存储。存储的呼叫通话记录信息包括呼叫类型、呼叫状态、被呼和主呼的移动台标识码和基站位置(基站名称可采用车站站名表示)、通话起止时间等有关信息。

对于组呼的通话记录包括了组号、加入组通话的用户 ID 号。

所有这些呼叫和通话记录,可以按呼叫通话起止时间、日期、呼叫类型、呼叫位置进行检索查询,对查询的结果可以用文件记录方式输出到表格文件或输出至打印机。

6)录音功能

通过地铁用户设置的集中录音设备,既能实现对所有调度台通话信息的录音和监听,又能对重要的个呼、无调度台参与的组呼通信甚至紧急呼叫进行录音,并可按时间、使用者、讲话方进行各种分类搜索回放和查询录音内容。调度台录音确保运营控制中心监控调度员参与的通话。

车载电台内应具有录音功能模块,可以对通话信息进行记录、存储、回放、本地下载,录音时长不少于 7h。

7)安全功能

系统支持空中接口鉴权:

(1)系统对用户台单向鉴权;

(2)用户台对系统单向鉴权;

(3)用户和系统之间双向鉴权。

8)虚拟专网功能

多个地铁用户群体可以共享一个由 TETRA 数字集群设备组建的地铁专用无线通信系统网络,网络中所有的系统管理功能都可以合理地分配给每一个群体,以满足每个群体的需求。系统为各用户群体提供专用调度台,组成虚拟专网。系统应支持多个虚拟专网,不同的虚拟专网之间具有高度的通信保密性和独立的控制权限,不会产生干扰和失密。虚拟专网的用户管理和系统的网络管理可由不同的设备分开实现。

9)故障弱化功能

(1)全功能单站集群:基站和交换控制中心之间的链路或交换控制中心发生故障时,基站仍能以全功能集群方式继续工作,支持本基站所有业务。

(2)故障弱化单站集群:基站和交换控制中心之间的链路或交换控制中心发生故障时,基站仍能以故障弱化集群方式继续工作,支持本基站基本呼叫和数据业务。

(3)直通模式:基站故障时,移动台之间以直接互通的方式工作。

10)网络管理功能

(1)系统配置管理

根据业务需要,系统管理员可对系统配置、网络配置进行管理,进行系统配置管理时不能中断对应的业务。

(2)用户管理

包括建立、修改和删除系统数据库的用户信息,用户接入时监视用户的数据,并对用户设备进行管理(包括编组设置、系统等级及功能设定)。

用户管理的内容有:用户基本数据管理、基本业务数据管理、补充业务管理、用户位置、组(群)管理。

(3)安全管理

①网络安全管理。

a. 对数据库存取的安全管理。

b. 对网络安全信息的管理(含密钥管理)。

②空中接口鉴权。

符合中华人民共和国电子行业标准《数字集群移动通信系统体制》(SJ/T 11228—2000)的相关规定。应确保所有注册到系统的用户均经过鉴权。

(4)移动台禁用

系统管理员可远端关闭或开启移动电台。

(5)统计报告

①用户配置的报告:用户配置报告可针对用户、安全小组和系统级配置等相关情况提供报告。

②历史统计报告:系统须提供方便阅读的详细历史统计报告,包括但不限于以组呼、个呼、互联呼叫三种呼叫类型输出统计报告、系统内信道使用状态报告等。报告内容包括但不限于与呼叫有关的呼叫开始、结束,信道资源排队开始、结束,呼叫发起方、接收方等信息。

(6)故障管理

对系统内的设备(交换控制中心设备、基站设备、光纤直放站、应用开发所有设备等)进行故障监测报警和管理。

(7)自我诊断

专用无线通信系统须具备自诊断功能,能在控制中心的网管终端上对 TETRA 交换控制中心设备、基站、应用开发等设备进行远程在线的测试与诊断,测试及诊断能达到板卡级。

系统网管终端,应能同时显示 TETAR 数字集群系统设备和光纤直放站的信息。

(8)网管界面

系统网管界面,应简明、直观,方便运营维护。

11)互联互通功能

地铁专用无线通信系统,应具备以下三个方面的互联能力。

(1)电话网络互联:系统可以和有线/无线电话网络互联。

(2)数据网络互联:系统可以和 IP 数据网络互联。

(3)TETRA 网络互联:系统之间可以互联。

12)系统其他功能

除了以上各节提到的功能外,系统还应具有以下四个功能。

(1)呼叫方识别:呼叫时用户台显示主叫号码。

(2)讲话方识别:呼叫中用户台显示讲话方号码。

(3)呼叫限时:系统可以限制呼叫时长,也可以限制用户台讲话时长。

(4)呼叫限制:限制用户的呼入/呼出能力。

2.3.7 性能指标要求

1)交换控制中心

(1)呼叫处理时间

①域内呼叫建立时间≤300ms。

②域间呼叫建立时间≤500ms。

③PTT 抢占时间≤200ms。

(2)系统容量

①支持基站数:100 个。

②支持载波数:200 个。

③支持用户数:10000 个。

④支持调度台数:25 个。

2)基站

基站的关键部件采用主备用冗余配置。

(1)发射机电性能要求

①工作频段:851~866MHz。

②信道间隔:25kHz。

③输出功率:25W/载频。

④端口特性阻抗:50Ω 不平衡。

⑤工作方式:连续。

⑥频率精度：$\pm 0.1 \times 10^{-6}$。

⑦互调抑制：≥70dB(30kHz 的测量带宽)。

⑧离散寄生发射：≤ -36dBm(100kHz 的测量带宽)。

⑨邻道功率：-60dBc(偏离 25kHz)。

⑩载波带外辐射：< -80dBc(偏离 100～250kHz)。

⑪驻波比：<1.5。

⑫靠近载波无用发射最大允许电平：-60dBc(偏离标称载波频率 25kHz)。

⑬远离载波无用发射最大允许电平：-80dBc(偏离标称载波频率 100～250kHz)。

⑭宽带噪声的最大允许电平:符合《数字集群移动通信系统体制》(SJ/T 11228—2000)中10.1.3.b 的规定。

(2)接收机电性能要求

①工作频段:806～821MHz。

②信道间隔:25kHz。

③静态参考灵敏度：-119dBm。

④动态参考灵敏度：-113dBm。

⑤射频输入阻抗:50Ω。

⑥共道抗扰性:C/I_c 优于 19dB。

⑦邻道干扰抗扰性:C/I_a 优于 -45dB。

⑧阻塞电平：-40dBm(偏离标称接收机频率 50～100kHz)。

⑨寄生响应抗扰性:70dB。

⑩互调响应抗扰性:68dB。

⑪无用传导发射最大允许电平：-57dBm(9kHz～1GHz)。

⑫无用辐射发射最大允许电平：-57dBm(30MHz～1GHz)。

3)移动台

(1)发射机电性能要求

①工作频段:806～821MHz。

②信道间隔:25kHz。

③输出功率：≥3W(车载台),≥1W(手持台)。

④频率精度：±100Hz(相对于从基站接收的频率)。

⑤射频输出阻抗:50Ω。

⑥邻道功率：-60dBc(偏离 25kHz)。

⑦离散寄生发射：≤ -36dBm(100kHz 的测量带宽)。

⑧载波带外辐射：<80dBc(载频偏离 100～250kHz)。

⑨发射机互调衰减：≥60dB(30kHz 的测量带宽)。

(2)接收机电性能要求

①工作频段:851～866MHz。

②信道间隔:25kHz。

③静态参考灵敏度：-112dBm。

④动态参考灵敏度：-103dBm。

⑤射频输入阻抗:50Ω。

⑥同频抗干扰性:C/I_c 优于 19dB。

⑦邻道抗干扰性:C/I_a 优于 -45dB。

⑧阻塞电平：-40dBm(偏离标称接收机频率 50～100kHz)。

⑨寄生响应抑制:67dB。

⑩互调响应抗扰性:65dB。

⑪无用传导发射最大允许电平：-57dBm(9kHz～1GHz)。

⑫无用辐射发射最大允许电平：-57dBm(30MHz～1GHz)。

2.3.8 越区切换要求

系统移动台具备通话越区切换功能。移动用户在通话过程中跨越一个无线基站覆盖区而不会由于移动使通话中断。区间切换必须在距离车站区间电缆引入点 200m 前完成。

2.3.9 电源与接地要求

1)电源要求

交换控制中心采用交流 220V 电源,基站采用交流 220V 电源或直流 -48V 电源。

交流电源额定电压为 220V,允许变动范围为 ±10%,设备应能在该电压变动范围内正常工作。

直流电源额定电压为 -48V。允许变动范围为 -57～-40V,设备应能在该电压变动范围内正常工作。

2)接地要求

交换控制中心和基站所在机房的联合接地的接地电阻值要求小于 1Ω。

2.3.10 环境与电磁兼容要求

1)环境要求

设备在下列环境条件下应能正常工作。

(1)室内使用条件：

①工作温度:5～40℃;

②相对湿度:30%～85%。

(2)室外使用条件：

①工作温度：-20～55℃;

②相对湿度:30%～95%。

(3)储存条件：

①储存温度：-40～65℃;

②相对湿度：≤95%。

2)电磁兼容要求

系统的电磁兼容能力应符合以下标准的相关要求。

①《信息技术设备的无线电骚扰限值和测量方法》(GB 9254—2008)。

②《轨道交通 电磁兼容 第4部分:信号和通信设备的发射与抗扰度》(GB/T 24338.4—2009)。

③《铁路设施 电磁兼容性 信号设备和电信设备的辐射和抗干扰》(BSEN 50121-4—2006)。

④《电磁兼容性(EMC) 第4-2部分:试验和测量技术　静电放电抗扰度试验》(IEC 61000-4-2—2008)。

⑤《电磁兼容(EMC) 第4-3部分:试验和测量技术　辐射、射频和电磁场的抗扰度试验》(IEC 61000-4-3—2010)。

⑥《电磁兼容(EMC) 第4-4部分:试验和测量技术　电快速瞬变脉冲群抗扰度试验》(IEC 61000-4-4—2012)。

⑦《电磁兼容性(EMC) 第4-5部分:试验和测量技术　冲击抗扰性试验》(IEC 61000-4-5—2014)。

⑧《电磁兼容性(EMC) 第4-6部分:测试和测量技术　射频场感应的传导干扰抗扰性》(IEC 61000-4-6—2008)。

⑨《电磁兼容性(EMC) 第4-8部分:试验和测量技术　电源频率磁场抗扰度试验》(IEC 61000-4-8—2009)。

⑩《电磁兼容(EMC) 第4-9部分:试验和测量技术　脉冲磁场抗扰度试验》(IEC 61000-4-9—2001)。

2.3.11　可靠性要求

1)冗余配置

交换控制中心核心控制部分、网络传输部分、电源部分应冗余配置,如果一旦主用设备发生某种故障,后备的硬件就会自动地进行替补,维持系统正常工作。

基站核心控制部分、网络传输部分、电源部分、信道部分应冗余配置。

交换控制中心进行切换时,不影响正在进行的通话。

基站进行切换时,不影响正在进行的通话。

2)无故障时间

交换控制中心平均故障间隔时间≥1.0×10^5h。

基站平均故障间隔时间≥4.5×10^4h。

2.4　应用开发要求

数字集群通信系统生产厂家所提供的设备是通用设备,只能满足标准和规范所规定的通用功能要求,而不能满足具体使用单位的特殊功能要求。解决办法就是进行应用开发,即进行非标准设计与生产。而且,不同的使用单位,对特殊功能的要求不同,因此应用开发的内容也不相同。

实际上,除集群调度系统的一般要求外,地铁调度系统还有若干特殊要求。例如,TETRA数字集群系统的呼叫是以用户的ID/组号为基础的,若地铁要求按车次号呼叫,则需编制一个车次号与ID/组号的转换对照表。

表2-2是地铁数字集群调度系统应用开发内容的一般性示例。表中,待完善功能是指应用开发前基本可用但在应用开发后方能完善的功能。新增功能是指原来不具备、应用开发后才有的功能。

地铁调度系统应用开发内容一般性示例

表 2-2

功能分类		待完善功能	新增功能
语音通信	组通话	V	
	组派接	V	
	单呼	V	
	紧急呼叫	V	
	调度回叫		V
	电话转接		V
列车广播	中心行车调度员可选择运行中的列车,对旅客进行广播	V	
	中心行车调度员可选择运行中的全部或部分列车,对旅客进行广播	V	
	车辆段调度员可对位于车辆段的全部或部分列车,进行广播	V	
数据通信	调度短信息发送、接收(调度台、调度车载台、固定台、便携台)		V
	列车状态信息发送、接收(数据传输控制台、数传车载台)		V
	车载显示信息发送、接收(数据传输控制台、数传车载台)		V
日志	呼叫记录的存储、查询、打印(话音、数据)		V
	通话记录的存储、查询、打印		V
	短信记录的存储、查询、打印		V
录音	对调度员的通话信息进行录音,并可进行搜索查询		V
监听	调度员监听组的通话信息	V	
	调度员监听个别用户的通话信息	V	
辅助调度	从 ATS 系统接收 ATS 信息,更新调度数据库的 ATS 信息		V
	显示组内的所有用户和组号,以及组的通话状态信息	V	
	显示一般用户信息(含状态信息、用户位置、工作状态、呼叫类型,以及其他必要信息)	V	
	显示车载台用户信息(含状态信息、用户位置、工作状态、呼叫类型、车组号、车次号、司机号,以及其他必要信息)		V
	列车位置实时显示		V
	应急预案(预先编排好、用于突发事故的调度工作)		V
管理	列车功能号核对		V
	动态组管理	V	
	调度员之间工作接管		V
	调度员强拆强插		V
	控制电话呼叫和通话限时		V
网管	存储子系统设备的事件信息		V
	显示子系统设备的状态信息		V
	查询子系统设备的网管信息		V
	向中心网管传送子系统设备的事件信息		V
	相关信息打印		V

应用开发设备主要有:各种调度台、调度服务器、车载台、固定台和无线集中网管设备。这些应用开发设备都具有良好的中文人机界面,操作简单快捷、维护方便的特点。

主要的控制及监测功能,均可通过编程进行灵活的软件编辑、修改。

应用开发的主要特点如下。

(1)数字集群(如TETRA)系统的核心设备不变,并由该系统提供接口和开发平台。

(2)开发内容集中在使用功能上,涉及以下四个方面,如图2-1所示。

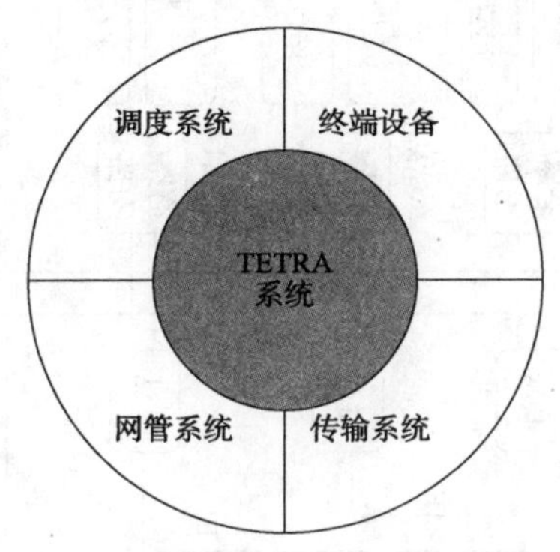

图2-1 地铁调度系统需二次开发的设备

①调度系统(调度台、调度服务器)。

②传输系统(数传控制台)。

③终端设备(车载台、车站台)。

④网管系统(集中网管控制台)。

(3)开发技术以软件为主,硬件为次。

(4)开发工作,一般由应用开发商完成。应用开发商,可以是数字集群系统设备供应商本身,也可以不是。

2.5 系统基本构成

地铁专用无线通信系统,采用有线与无线相结合的组网方式。

①基站、调度台、车载台、车站台、便携台之间的通信采取无线方式。

②交换控制中心、基站、调度服务器、调度台之间的通信采取有线方式。

地铁专用无线通信系统,其基本构成为调度通信子系统、场强覆盖子系统、网管监控子系统,如图2-2所示。

2.5.1 调度通信子系统

调度通信子系统是一个有线、无线相结合的网络。主要由以下设备组成:TETRA数字集群交换控制中心设备、调度服务器、各种调度台、网络交换机、集群基站、车载台、固定台、便携台等。

根据地铁用户分类,调度通信子系统一般可以分为以下五个系统。

(1)行车调度子系统:供行车调度员、列车司机、车站值班员、站台值班员之间进行通信联

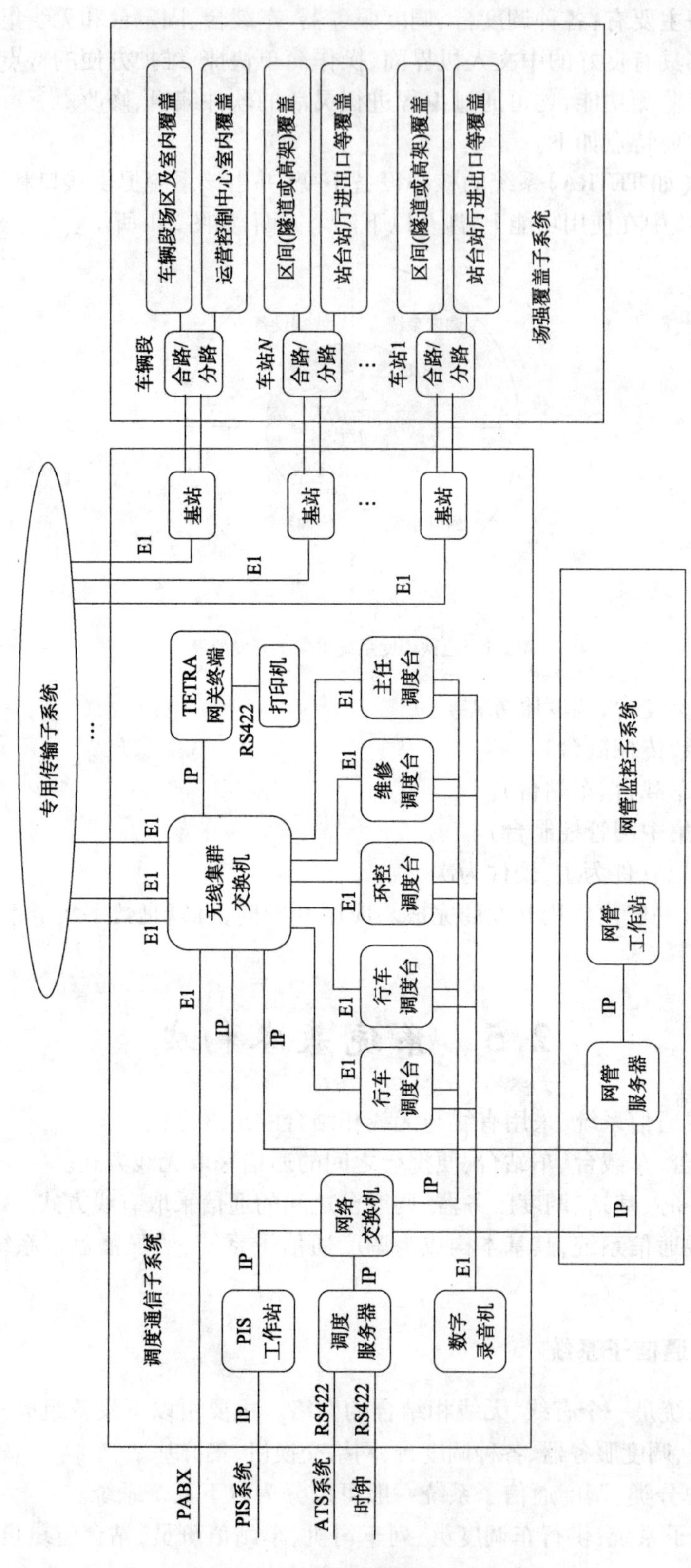

图 2-2 地铁专用无线通信系统基本构成框图

注：IP 即 100M 以太网；车载台、固定台、手持台属调度通信子系统，图中未画出

络,满足行车要求。

(2)综合维修调度子系统:供维修调度员与现场值班员之间进行通信联络,满足线路、设备日常维护及抢修要求。

(3)防灾(环控)调度子系统:供环控调度员、车站值班员、现场指挥人员及相关人员之间进行通信联络,满足事故抢险及防灾需要。

(4)车辆段调度子系统:供车辆段信号楼值班员、列检库运转值班员、列车司机、场内作业人员之间进行通信联络,满足段内调车及车辆维修需要。

(5)停车场调度子系统:供停车场信号楼值班员、列检库运转值班员、列车司机、场内作业人员之间进行通信联络,满足场内调车及车辆维修需要。

2.5.2 场强覆盖子系统

场强覆盖子系统是一个射频分布式系统,所形成的场强用于覆盖地铁列车及所有运营人员、维护人员和调度人员的活动区域。

场强覆盖子系统由若干孙系统组成,而每个孙系统都以基站为核心,再由双工器、功率分配器、耦合器、射频电缆、漏泄电缆、天线、光纤中继器或干放(在大区间使用)等组成。

每个车站有一个场强覆盖孙系统,如图2-3所示。射频机柜一路连接吸顶天线群,用以覆盖站厅、出入口、通道、设备房等;另一路连接泄漏电缆组(4条电缆),用以覆盖上下行隧道。

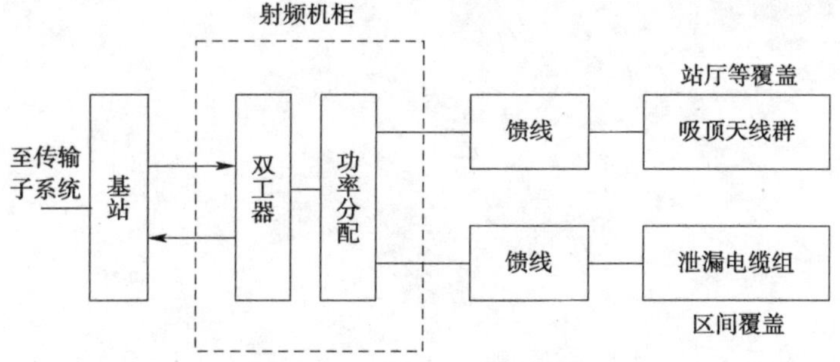

图2-3 车站场强覆盖孙系统

车辆段也一个场强覆盖孙系统,如图2-4所示。射频机柜一路连接吸顶天线群,用作室内覆盖;另一路连接全向天线,用以覆盖车场。

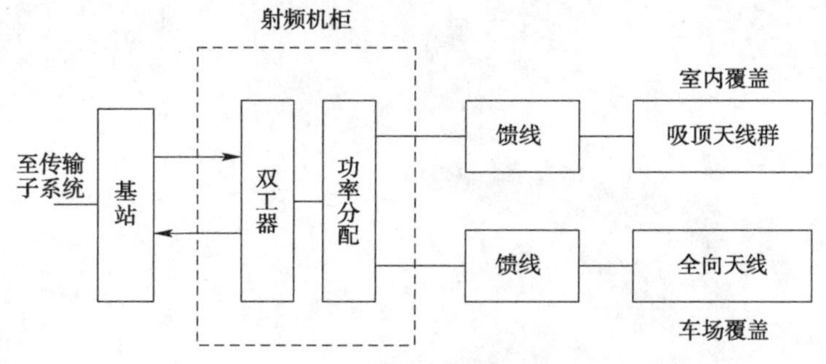

图2-4 车辆场强段覆盖孙系统

2.5.3 网管监控子系统

网管监控子系统是一个计算机系统,由网管服务器、网管工作站组成。

2.5.4 专用传输子系统

专用传输子系统是地铁专用通信各子系统共用的传输网络,除传输地铁专用通信系统(无线通信、专用电话、公务电话、视频监视、广播、时钟、电源与接地、集中告警等)的业务信息和网管信息外,还能同时传送其他地铁专业(如信号、综合监控、自动售检票、乘客信息、办公自动化等)的业务信息。

专用无线通信系统中的调度通信子系统和网管监控子系统,正是基于专用传输子系统进行组网,实现调度和网管功能。

第3章　数字集群通信核心设备

3.1　概　　述

泛欧数字集群系统TETRA(Trans-European Trunked Radio System)是由欧洲通信标准协会(ETSI)1990年开始制定的一种多功能数字集群无线电标准,1998年起全面推广。到现在,TETRA已经为专业移动通信创建了一个充满竞争力的开放的全球市场。TETRA是一种非常灵活的数字集群标准,主要优点是兼容性好、开放性好、频谱利用率高、保密功能强,是目前国际上制定得最周密、开放性好、技术最先进、参与生产厂商最多的数字集群标准。TETRA可以在同一技术平台上提供指挥调度、数据传输及电话服务,因此,仅需一套系统就可以满足一个组织的多种无线通信要求。它不仅为组织机构提供了一对一、一对多(群)的优异调度功能,还可以提供全双工电话服务,短信息服务以及数据服务。对于那些需要高度灵活的指挥调度通信手段的用户而言,TETRA无疑是一个理想的平台。

TETRA标准定义的基本通信方式包括话音加数据(V+D)通信方式、优化分组数据方式(PDO)以及直通通信方式(DMO)等。TETRA是强大的多功能数字集群通信系列标准,用户可利用TETRA的丰富功能来满足自己的操作需要。TETRA的通信业务包括:语音、电路方式数据传输、短数据信息及分组数据业务。TETRA标准还支持丰富的补充业务,其中许多补充业务是TETRA特有的。

当前,已经有多个国家TETRA系统的生厂商都相继推出了各自的适合我国频率配置的800MHz频段的TETRA系统。这些生产商都已经经过我国(工信部)无线电监测中心检测合格、并得到无线电管理局的型号核准。目前在地铁专用无线通信领域占有市场率较高的包括美国MOTOROLA、法国EADS、河北远东通信系统工程有限公司(以下简称远东通信)等生产商的TETRA数字集群系统。相较于起步较早的欧美国家数字集群系统,远东通信AcroTetra数字集群通信系统是我国自主研发的、具有完全自主知识产权的TETRA数字集群系统,近几年已经或正在我国地铁无线通信领域多条线路建设。

上述各TETRA数字集群系统的核心设备组成类似,下面以远东通信AcroTetra数字集群通信系统为例进行详细描述。

3.2　远东通信AcroTetra数字集群通信系统设备

3.2.1　公司简介

河北远东通信系统工程有限公司是一家大型通信企业,成立于1995年3月,注册资金2

亿元,是中国电子科技集团公司第五十四研究所法人独资的国有企业,是五十四所从事民品业务的对外窗口,是河北省政府认定的高新技术企业、工信部认定的软件企业。远东通信具有电子工程专业承包一级资质、中华人民共和国对外承包工程一级资质、计算机信息系统集成一级资质、涉及国家秘密的计算机信息系统集成乙级资质、进出口贸易权等资质,拥有多项国家专利、软件著作权及软件产品登记证书,多个项目荣获国家级、省部级科技成果奖。

远东通信作为一家综合通信设备制造商和解决方案提供商,产品与集成并重,业务领域包括:专网通信、人防/应急、轨道交通、公安通信、系统集成、时频器件、医疗卫生、健康服务、广电、能源电子、节能环保等 11 个领域,专注于数字程控交换系统、数字调度系统、软交换系统、统一通信系统、无线集群通信系统、应急通信指挥系统、高端时频器件、应用软件、医疗/健康、卫星通信等十大产品系列。

在轨道交通领域,远东通信自 2002 年进入以来已成为全国该领域供货商前三甲,业绩遍布全国几十条地铁线路。TETRA 数字集群系统及二次开发产品、公务与专用有线电话系统、集中告警产品,已成为业内知名品牌,具有极强的竞争力。

在数字集群领域,远东通信凭借在地铁通信领域和企业通信长期的经验,成功研制出符合 ETSI 标准、完全自主知识产权的 TETRA 和 PDT 数字集群移动通信系统设备。目前已成功用于铁路、电力、应急、地铁、人防、部队等领域。

经过 20 多年的发展,远东通信紧跟中国改革开放的脉搏,抓住了通信信息行业高速发展带来的历史机遇,坚持以客户为中心,以人才为根本,以创新为灵魂,赢得了客户的认可和信赖,多年来持续保持两位数的增长率,快速发展为一家综合性 ICT 解决方案和服务提供商,几千家用户遍布大江南北,广泛分布在电力、地铁、人防、政府、公安、酒店、金融、卫生、院校、铁路等多个领域。同时,远东通信积极开拓国际市场,产品和服务遍布亚洲、欧洲、非洲和南美洲。

3.2.2 系统概述

AcroTetra 数字集群系统设备是河北远东通信系统工程有限公司自主研发的、具有完全自主知识产权的 TETRA 数字集群系统,符合中国《数字集群移动通信系统体制》(SJ/T 11228—2000)和欧洲电信标准协会(ETSI)TETRA 标准。该系统支持 E1 连接或者 IP 网络架构,采用先进的 NGN 软交换技术及软件无线电技术,集调度指挥、电话互联、短信息、分组数据功能为一体,可满足关键领域用户对高效、专业无线调度指挥业务的迫切需求,能够组建多域、单域或单基站等不同规模的集群通信系统。

目前,该系统已经成功运用到太原火车站、北京地铁 7 号线、北京地铁燕房线、石家庄地铁 1 号线和 3 号线等多个项目中。2013 年 11 月 1 日北京地铁 7 号线 AcroTetra 系统顺利通过工厂测试,105 项功能和指标测试合格。2014 年 3 月 15 日,系统正式开通运行,第三方检测机构"国家通信导航与北斗卫星应用产品质量监督检验中心"在 7 号线现场对 AcroTetra 系统的场强覆盖进行了检测,各项指标均满足要求。

3.2.3 系统特点及优势

1)支持全 IP 软交换架构

系统不仅支持 E1 链路连接,还支持全 IP 连接,在全 IP 架构下采用电信级软交换控制架

构,保证系统的先进性、开放性、融合性。系统基于扁平化网络设计,所有网元间全部采用IP链路传输,提高了数据的传输效率。

2)系统可靠性高

系统核心设备均采用1+1冗余备份,所有网元网络接口1+1冗余,所有网元间链路冗余,保证了系统的高可靠性。系统采用成熟的商用ATCA硬件平台、服务器硬件平台和小型机硬件平台,保证了系统的稳定性、高可用性和快速故障恢复能力。

3)与多种通信体制互联互通

系统可以通过专用的电话互联网关,实现和现有PSTN网络、GSM网络、CDMA网络的互通,接通率高、话音质量清晰。系统可以通过互联路由器,实现和数据网络的互通。

4)强大的全网集中录音

系统支持全网集中录音功能,能够对TETRA系统中的语音呼叫和相关业务进行记录和分析,录音存储时间可根据用户需求进行定制,且可平滑升级。

5)先进的软件无线电技术

为满足技术和标准的发展,远东通信在产品设计上采用了软件无线电技术。基于同样的硬件,通过加载不同的软件就可以支持TETRA、PDT标准,在客户使用过程中采用不同标准时,可以节约大量的投资,同时也为将来的标准升级预留了足够的空间,现有设备不会因为标准的变化而失去作用。

6)高稳定度晶振

基站采用高稳定度晶振,在无同步源的情况下可确保频率稳定时间高达4.5年。

7)高效率的线性化功放

信道机采用高效率的线性化功放,在相同能耗的基础上,提高了设备的发射功率、减小了散热、提高了设备的使用寿命。

8)快速、高效的售后服务支持

国内地铁行业采用进口的TETRA数字集群系统设备,均存在器件返修时间长、服务响应不及时、服务收费过高等问题,大大增加了系统运营期间的维护难度和维护成本。采用远东通信自主研制的国产AcroTetra数字集群设备,在售后技术服务支持方面与采用国外设备相比,将会有非常大的区别。

9)机柜尺寸及颜色可以根据客户要求进行定制

国内各城市的地铁建设中,为了机房内的布局整齐、统一,均要求各系统设备的机柜尺寸、颜色及机柜的出线方式统一,但进口设备均在国外工厂一体化设计、生产完成,不能按照地铁设计的要求进行定制,必须要在现场采取一定的改造措施后才能满足地铁的设计要求;而远东通信的AcroTetra数字集群设备,在设计初期就充分考虑了地铁特点和使用需求,基站机柜内布线整齐划一,基站机柜的尺寸、颜色及机柜出线方式,能够完全满足地铁设计的各种特殊要求。

3.2.4 系统构成

对于地铁调度无线通信,典型的AcroTetra数字集群通信系统主要由以下部分构成。

1)交换管理中心

交换管理中心是AcroTetra系统的核心控制部分,提供信令交换、呼叫接续、安全访问、数据传输、网络管理、业务控制、互联互通、集中录音等功能。

2)基站

基站设备为系统提供无线覆盖、空中信令、空中数据传输等业务。它通过基站链路连接到控制中心,并通过核心路由器与以太网交换机相连。

3)无线传输终端

无线传输终端包括:手持台、车载台和固定台等,为站内移动值班人员、列车司乘人员、车站值班员等地铁系统用户提供无线通信操作。

4)无线覆盖设备

无线覆盖设备包括:泄漏电缆、射频同轴电缆、直放站等设备,用以实现地铁无线系统实现场强覆盖。

5)调度设备

调度设备包括:调度服务器及调度台,负责与外部系统通信,获得软件运行所需的列车位置和时间等信息,并为系统中不同职责的调度员提供不同的调度功能。

6)维护终端

维护终端包括:AcroTetra 网管终端、二次开发网管终端、录音客户端等,为用户提供不同应用的图形用户界面,实现系统配置、统计、告警、录音等应用管理。

3.2.5 系统功能

AcroTetra 数字集群系统完全符合 ETSI TETRA 标准,并满足《数字集群移动通信系统体制》(SJ/T 11228—2000)的规定。系统操作简单,维护方便,能提供完整的系统软件和专用软件,主要的控制及监测功能的实现均可通过编程进行灵活的编辑、修改。

系统构成能满足行车调度、环控(防灾)调度、维修调度、车辆段/停车场值班等无线调度子系统通话的相互独立性,使其在各自的通话组内的通信操作互不妨碍。同时,又可以实现车—地数据信息的传输功能,并实现设备和频率资源的共享、无线信道话务负荷平均分配、服务质量高、接续时间短、信令系统先进、可灵活的多级分组、具有自动监视、报警及故障弱化等功能的智能化网络。

系统采用各项新技术,能达到运营及管理的高水平,具有强大的扩展功能。扩展时不影响既有设备的使用,增加的设备较少,软件基本不变,便于构成地铁全程全网的无线专用通信网。

1)通话功能

AcroTetra 系统提供但不限于如下通话功能:

(1)固定用户与移动用户之间以及移动用户之间的通话功能,根据不同种类用户的性质、功能,可组成相互独立的通话组,无线用户可实现如下通话功能。

①中心行车调度员与在线列车司机之间的通话。

②车站值班员与在线列车司机之间的通话。

③车站值班员与站内移动值班人员之间的通话。

④列车司机之间的通话。

⑤控制中心调度员对正线运行列车车厢内乘客广播。

⑥中心环控调度员与相关移动人员之间,相关移动人员之间的通话。

⑦中心维修值班员与移动维修作业人员之间,移动维修作业人员之间的通话。

⑧车辆段/停车场值班员分别与车辆段、车场内及出入线上列车司机、移动作业人员之间通话。

⑨车辆段调度员对车辆段内列车上人员的广播。

⑩车辆段/停车场内移动作业人员之间通话。

⑪公务电话用户或市话用户与列车司机之间的通话经授权后,通过调度员转接的互联通话;公务电话用户与手持台用户之间的通话,无须授权。

⑫不同通话组成员之间通话。

(2)行车调度与列车司机之间的通信是最高级别的,保证通信连续,不产生任何中断,并具备较高的可靠性。

(3)在保证重要用户通信的前提下,无线用户间的通信采用自动转接的方式。被授权的无线用户与有线用户的连接采用自动转接方式;未被授权的无线用户与有线用户的连接采用调度员转接方式。

2)呼叫功能

AcroTetra 系统可以支持很多不同的用户,所有的用户根据其特定的操作需求分成不同的通话组。基于用户的需求,无线用户机之间可以进行组呼、私密呼叫(即单呼)和紧急呼叫。调度员根据无线用户机的编组情况,可以对系统设定的各大、中、小通话组进行组呼;调度员可以同时选定不同的通话组进行通播组呼叫,以实现对不同通话组的广播;被授权用户可以通过电话互联呼叫功能实现与有线电话用户之间的通话。

采用组呼方式通话为半双工,采用私密呼叫方式通话为半双工或双工,有线电话呼叫时为双工。

(1)组呼

AcroTetra 系统能够根据不同通话组的特别要求进行灵活编组。一旦编组确定后,调度台或移动台就可以用 AcroTetra 的组呼功能向预定义的通话组发起一点对多点的呼叫。组呼为半双工通信。

组呼允许用户机和调度台与一组用户进行一对多的通信,用户机缺省工作模式为组呼,而且非常便于发起和接收组呼。

每个用户机的通话组可编程,用户可以很简单地选择进入哪个通话组,用户可以随时进入另一个通话组。用户机可以显示当前进入的通话组识别码(Group Short Subscriber Identity,GSSI),在接收呼叫的情况下,接收方可以显示当前讲话方的短用户识别码(Individual Short Subscriber Identity,ISSI)。用户机可为每个 ISSI 和 GSSI 编程别名,那么它就可以显示 ISSI 和 GSSI 的别名。调度台通常被分配到多个通话组,它可以被包含在所有这些通话组的组呼内。

一旦选择一个通话组,用户机不需任何动作,便可自动接收所有有关那个组的呼叫。要发起一个呼叫,用户仅需按下 PTT,呼叫发送的结果可通过音频指示,音量可调,也可被设置为关闭。

组呼通常用于快速变化的工作条件下,因此要保证没有由于发送冲突而引起的干扰,也就是说同一时间仅有一个用户可以发送。在按下 PTT 后,用户机喇叭关闭。在传送结束时,系统启动一个信道保留时间,如果在信道保留时间内,另一个组成员发送呼叫,信道马上可用,不会有呼叫建立延迟。对于正在进行的呼叫,没有呼叫建立的延迟会给快速转换的工作环境带来很多好处。但是,如果呼叫时间超过最大允许时长,系统会中断这个组呼。对于用户来说,不需要记住中断呼叫，以释放系统资源。信道保留时间和最大呼叫时长都是可以配置的。

(2)通播组呼叫

本部门的调度员可以向所管辖的全体成员发起呼叫。被呼叫的成员无须手动转组，即可自动纳入通播组的通话中，并且可以进行双向通话。

AcroTetra 通过通播组呼叫服务，可以延展组呼服务的内容，通播组同时包括多个组，这一功能极大地增强了系统操作的灵活性。为了能够满足更大范围的操作需求，通播组呼叫功能可由系统管理员进行配置。

通播组呼叫的一个关键优势是，它可经过配置，使其功能上等同于广播呼叫，这是对组呼服务的一种延伸。系统管理员可以配置通播组，每个通播组包括一个通话组列表，每个通话组可以隶属一个通播组。

用户转换到一个通播组，按下 PTT 即可发起呼叫。只要基站覆盖范围内有通播组所包含通话组的成员注册，系统即在此基站分配信道，用户机仅需处于其中的任何一个通话组，即可接收到通播组呼叫。通播组也可以紧急呼叫的形式发起。

系统管理员可以配置每个通播组的工作模式，因此通播呼叫的建立要么等待正在进行的发送完成，要么马上中断所有的呼叫。

(3)紧急呼叫

紧急呼叫，具有最高优先级。移动台允许对相应的调度台发起紧急呼叫，也允许对通话组发起紧急呼叫，呼叫目的地号码能在系统侧设置。当移动台发起紧急呼叫时，如遇系统繁忙，则系统将立即强拆最低优先级的呼叫，建立紧急呼叫通话。被呼叫的调度台上将会有相应紧急告警提示，以提醒调度员有紧急呼叫发生。

系统支持紧急呼叫服务。网络管理员能按通话组设定这个服务。紧急呼叫是一种具有最高排队优先级的组呼叫。当系统信道忙时，正常操作将紧急呼叫放在忙队列的顶部。紧急呼叫也可被选择立即启动，毫不留情地抢占正在进行中的最低优先级呼叫。当最低优先级呼叫被放弃后，所需资源被立即授予紧急呼叫。网管系统能给不同的通话组设置各自的强拆能力。

系统紧急呼叫还支持“热麦克”功能，即紧急呼叫时麦克风自动打开一定时间(0～300s 可设)，用户无需按 PTT 键即可说话。

紧急呼叫的信道保留时间可以独立于正常组呼叫的信道保留时间。

(4)单呼

单呼即习惯称呼的私密呼叫。

移动台之间或移动台、固定台与调度台间可发起一对一的选择呼叫。对于此种选择呼叫系统，可支持全双工的或半双工两种方式。

AcroTetra 系统支持用户机之间或调度台与用户机之间的私密呼叫，当处于私密呼叫时，仅通话双方可以听到通信内容，系统管理员可以配置用户是否具备私密呼叫能力。

私密呼叫非常容易从调度台或用户机发起。比如，两个用户机之间的私密呼叫由呼叫方切换到私密呼叫模式，然后输入对方号码，按下 PTT 即可。在另一端，接收用户机会收到提示音，呼叫方的识别码也会在屏幕上显示，如果接收方按下 PTT，系统就会分配业务信道给此私密呼叫。

大多数的私密呼叫，处于半双工方式，即仅通信一方可以在一个时间讲话，这对在困难条件下，保持通信的清晰是尤其重要的。

然而,在某些环境下,双工通信也非常有用,为此,系统提供了调度员与用户机之间的双工私密呼叫。

在每次传送结束后,系统启动信道保留定时,如果通话的任何一方在信道保留时间内均未发送,系统将终止呼叫,这样可以保护系统资源不被浪费。当通话超过最大允许时间时,系统也将中断呼叫,此时间参数可通过系统管理器设置。

(5)电话互联呼叫

公务电话用户可以向被授权的移动用户或被授权的移动用户向公务电话用户发起全双工的电话互联呼叫。被授权的无线用户与有线用户的连接采用自动转接方式,未被授权的无线用户与有线用户的连接采用调度员转接方式。

电话互联呼叫服务可以实现用户机和电话用户之间的全双工通信。所谓全双工是指,通话的双方可以同时发送和收听。

同样,电话用户也可以通过拨打一个预留的"用户机直接拨入"(DDI)分机号,向某用户机发起电话互联呼叫。这种呼叫通过专用自动小交换机接入 AcroTetra 系统。在发起呼叫的过程中,主叫方可以听到呼叫过程音。

这种呼叫可由用户机清除、电话用户清除,或在紧急呼叫请求无线信道的情况下由系统清除。此外,网络管理员可以设定电话互联呼叫的最长通话时间。如果超过最长通话时间,系统会在向用户提示本次通话将被终止后清除本次呼叫。

(6)多选呼叫

调度用户可以对多个通话组发起多选呼叫。这些通话组相当于是该多选通话组的成员通话组,此时,守候在这些成员通话组的移动用户不能互相通话。

调度台用户在进行多选呼叫之前,需要使用软件向多选组中添加或者删除成员来编辑多选呼叫的对象。多选组成员只能是一般通话组(不能是通播组)。用户可以使用鼠标快速添加、删除多选组成员。

多选呼叫是 AcroTetra 系统调度台特有的语音呼叫功能,利用该功能可以实现很多用户所需的应用,例如,列车广播。

(7)派接呼叫

调度用户可以对多个通话组发起派接呼叫,这些通话组相当于是该多选通话组的成员通话组,此时,守候在这些成员通话组的移动用户之间能够互相通话——这是派接呼叫和多选呼叫的根本区别。

调度台用户在进行派接呼叫之前,需要使用软件向派接组中添加或者删除成员来编辑派接呼叫的对象。派接组成员可以是一般通话组(不能是通播组)、私密用户或者电话用户。用户可以使用鼠标快速添加、删除派接组成员。

每个调度台最多可以支持 16 个派接组,一般情况下只显示 4 个派接组。每个派接组最多可以包括 32 个成员——每个成员可能是一个通话组,也可能是私密用户或者电话用户,每个成员最多只能加入一个派接组,当它需要加入其他派接组时,必须从之前的派接呼叫中退出。

派接呼叫功能是 AcroTetra 系统调度台特有的语音呼叫功能,利用该功能可以实现很多用户所需的应用,例如电话派接、站车通话、呼叫正线/上行/下行列车等。

(8)车组号/车次号呼叫

控制中心调度员、车站值班员在调度台上用功能号（车组号、司机号、车次号）呼叫机车电台，该功能需通过二次开发实现。

在典型的轨道交通类应用中，通常用到下列功能号：

①列车车次号（TRN）——根据列车运行线路和发车时间的不同，可将TRN动态分配给任何列车。

②列车司机号——列车司机号用于标识正在驾驶列车的司机。

③列车车组号——车组号是分配给每个车组的唯一ID，车组号是固定的，并用于标识机车。

通常，用于牵引每趟列车的机车总有自己固定的机车ID（或车组号），与之相对应，安装在每个机车上的机车台也都有自己固定的ID，它们两个的对应关系是不变的。

这种对应关系可采用对应表格的形式反映在调度系统CAD服务器的数据库中，这种对应关系一旦确定，不会轻易改变。因此用车组号呼叫机车电台时，实际上对应于用机车电台ID号直接进行呼叫。

与车组号呼叫不同的是，列车车次号（TRN）、司机号与机车ID之间的对应关系是动态变化的。需要找到它们之间的关系，才能用实时的车次号、司机号呼叫机车电台。

目前，有两种方式实现列车车次号（TRN）与机车ID之间的对应。

一种方式是实时自动跟踪信号系统输出的信息，其中包括：列车位置信息及当前排定的列车车次号（TRN）、司机号与机车ID的对应关系信息。该相关信息可以引入调度台子系统的CAD服务器，并通过数据库操作进行自动映射，使车次号呼叫、司机号呼叫转换成机车电台ID号的呼叫。该映射是在后台实现的，用户在操作时只需在调度台界面上选择车次号或司机号进行呼叫即可，根本感觉不到后台的映射过程。

图3-1以列车车次号（TRN）通过机车ID对应到机车电台ID的方式作为示例，进行说明。

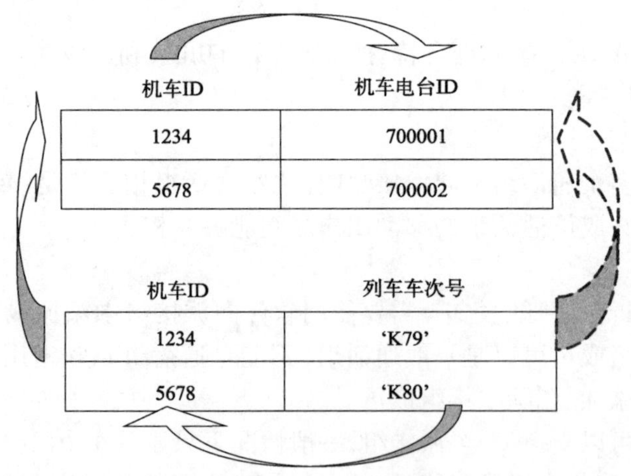

图3-1　车次号对应示意图

如上所述，ATS能提供车次号、司机号、机车号（车组号）的对应关系信息。那么就可以在调度台动态数据库中实时更新映射车次号、司机号与机车电台ID号的对应关系，当调度员呼叫机车司机时，就能按照车次号、司机号呼叫到相应的机车司机。

当 ATS 信号出现故障时，系统不能再利用它所提供的信息自动实现功能号呼叫。这时可以采取以下备用手段，实施功能号呼叫：

①列车司机出发前主动从机车台输入车次号、司机号并传送给 CAD 服务器。

②车次号变更的源信息，可以在车辆段调度台处得到。既可以是车辆段调度台主动发送到 CAD 服务器上，也可以是司机出发前发请求从车辆段调度台处分配一个相应的车次号。

(9)集中站管区呼叫

车站值班员通过车站固定台呼叫本集中站管区的列车移动用户，处于集中站管区内的列车移动用户可以通过车载台呼叫该站集中管区车站的行车值班员。

(10)无线广播功能

通过站台广播台与广播系统的互联及二次开发，AcroTetra 系统下的指定手持台可以直接控制广播功放进行车站上、下行站台广播功能。可以使用广播功能的手持台绑定对应的车站，不可以跨站使用，不影响专网无线用户的通信功能。

(11)广播功能

控制中心行车调度员可选择运行中的全部本线列车或部分列车的旅客进行广播，车辆段调度员可对位于车辆段的全部列车或部分列车进行广播。

(12)新近用户优先

在队列中的呼叫，通常以先入先出的方式进行处理。然而，AcroTetra 系统同样支持另外一种排队功能，称为新近用户优先，它可以大大增强通话的连续性。举例来说，如果一个用户在组呼期间没有来得及响应，业务信道很可能被释放，信道被释放后，如果该用户在系统规定的时间内再次发起呼叫，新近用户优先功能使他超出同级别的新呼叫用户，防止他回到队列的尾部。

(13)来电显示

无线组呼、个呼方式下，接收方可以显示发话方的识别号。当外部有线电话通过 E1 中继线拨叫无线用户时，无线用户机上会显示来电的号码。

(14)授权用户监听

对于隶属调度台管理的通话组，调度台均可以通过选择此通话组来监听其当前的通话内容。除此之外，经授权的调度台也可以开启某个移动台的环境监听。即便此时用户没有按下 PTT，移动台的 MIC 也会被启动，从而可以判断移动台周围的情况。此功能可以用于帮助受困无线用户摆脱困境。

(15)选区呼叫

在特定环境下，需要对注册在一定地理区域内的所有无线用户进行通信。如，在火灾和地震威胁的情况下，疏散车站内的人员，同样重要的是，通信仅在所需目标区域内进行，注册在其他区域的用户不需要接收。

这种情况下，由调度员发起基站区域呼叫，此时，“基站范围”的特殊通话组被建立，因此它们仅在单个基站有效，而且这些基站是“关键的”，呼叫总在那里建立，调度员可以选择一或多个基站区域进行呼叫。

如果基站区域呼叫以紧急呼叫的方式发起，所有无线用户将放弃正在进行的呼叫而加入基站区域呼叫。否则，如果建立的不是紧急呼叫，仅空闲的用户可以立刻加入基站区域呼叫，正在进行其他呼叫的无线用户会在空闲时利用迟后加入功能进入基站区域呼叫。

(16)组扫描功能

用户台可以被编入多个通话组,用户是在当前选定的组下进行通话的。如,维修人员甲同时被编入通话组1(与维修人员乙、丙、丁一组)和通话组2(与某车站有关人员一组),平时甲总是选定在通话组1与同组内的其他维修人员进行通话。但是当他移动至该车站时,可能还有兴趣听取和加入车站通话组的通话。AcroTetra系统提供的通话组扫描功能能够满足这种使用需求。

AcroTetra系统允许每个用户台除了在自己的通话组工作外,还可以监听(扫描)其他所选通话组的通信。在通话组扫描情况下,用户台给它自己的通话组以优先级,并在空闲的情况下听取其他通话组的通信。因此,这种情况下,维修人员甲平时在自己通话组通话,也可以扫描车站通话组的通话。

另外,AcroTetra系统还支持优先监视功能,如果一个用户台具备优先监视功能,即使它已经处于一个组呼中,它仍然可以探测到高优先级的呼叫,如果新的呼叫的优先级高于正在进行的呼叫,用户台会加入新的呼叫。作为典型,紧急呼叫的优先级总是最高的。因此,当用户终端正在参与组呼时,也能接到紧急呼叫。

3)数据传送功能

AcroTetra系统支持状态信息业务、短数据业务、分组数据业务、特殊信息业务。

(1)状态信息传送

状态信息业务(STS)允许无线用户发送预编码状态信息至调度台。只有用户机能发送状态信息且仅主控制信道(MCCH)支持发送,状态信息被传送给用户机组所属的调度台,且仅被送给调度台,而不送给其他通话组成员。

由于STS服务仅通过MCCH传送,这一服务非常有效。而且这一信息很短,因此,STS仅会给系统资源带来很小的负载。系统的RCM(Radio Control Manager,无线控制管理器)可为用户机自动生成确认。

(2)短数据信息传输业务

短数据传输业务(SDTS或短信)是一种传输层承载服务。SDTS可支持文本消息、数据库查询、AVL(Automatic Vehicle Location,自动车辆定位)、遥控遥测等数据应用。SDTS同时支持“点到点”和“点到多点”TETRA短数据传输服务,SDTS支持信息多达140字节(中文70个汉字)。所有用户终端都具有短数据传送功能。

二次开发中调度系统的呼叫请求RTT和HRTT就是通过短数据传送业务实现的。

通过移动台提供的PEI接口,列车的状态或告警信息可以通过移动台发送给位于调度中心的计算机终端。以140字节的数据长度举例,如果移动台守候在控制信道,从移动台发送到计算机终端需要1~2s的时间;而如果移动台正在通话过程中,利用短数据和话音同时传送的功能,从移动台发送到计算机终端所需的时间达11~13s。

(3)分组数据业务

分组数据技术的飞速发展以及分组数据设备的降价使得各种服务,诸如话音、图像和高速数据链接都可以采用IP技术实施。IP的简单性和普遍性以及互联网客户/服务器(资源分散)模式的推广,为承接数据服务的开发提供了先导,如,为GSM蜂窝电话开发的多媒体应用可以移植到TETRA。

在 AcroTetra 系统内部，每个用户机通过一个单一 ITSI(Individual TETRA Subscriber Identity，个人 TETRA 用户识别码)进行寻址，在 AcroTetra 系统的分组数据业务(PDS)内部的映像使得每个用户机均通过 IP 地址寻址。用户机端通过 PEI 接入，AcroTetra 系统上层网段通过与 PDS 的 IP 连接实现，提供完整的 PDS 程序员手册(具备详细的接口信息)，可以为应用程序开发者提供支持。

PDS 提供了一种承载业务，它允许系统中两方利用互联网协议(IP)进行通信，外部应用程序可以通过分别在上层网和用户机两侧的接口使用分组数据服务，PDS 采用 TETRA 的 SNDCP 空中接口协议。

PDS 采用静态 IP 地址绑定技术，网管系统可以设置 IP 地址与无线用户机 ITSI 地址之间的映射，并且可针对每个用户机设定其是否可使用 PDS 服务。PDS 支持 IP V4，最大传送单元(MTU)为 1500Byte，建议在使用 PDS 服务时采用用户数据报(UDP)传输协议。

为保证话音和数据服务可以同时在空中接口传送，分组数据的交换通过 PDC(Packet Data Channels，分组数据信道)承载。为保护服务的可用性，被分配给用户机的 PDCH 会在一段时间不活动后收回，系统同样可配置高级别用户可优先接收数据服务。

如果分组数据服务采用完全动态的信道分配方式，移动台必须针对每个数据业务都从 MCCH 申请一次业务信道，模拟显示 AcroTetra 系统提供的分组信道的实施方式优于动态数据分配 3 ~5 倍。

此实施方式的优越性可通过举例说明。一个基于 43 个移动台的模拟显示，采用其他分组数据方式的系统需要 3 个业务信道，而在 AcroTetra 系统中，所有这些业务都可由 1 个分组数据信道来完成。更为重要的是，方案中的 MCCH 负担要低很多。拿两个相同规模的系统相比，即便是在同时提供话音服务的情况下，AcroTetra 系统仍然可以提供更高的可用性。

尽管 AcroTetra 系统同时支持话音和分组数据业务，但对于同一个移动台而言，却不同像短数据那样实现与话音的同时传送，因此就要求话音具有最高的优先级。即使移动台正在进行分组数传，如果无线用户需要向外发出话音呼叫，或者有话音呼叫进入，移动台也会中断当前正在进行的分组数传，转而进行话音呼叫。待话音呼叫结束后，从断点继续未完成的分组数据传送。

AcroTetra 系统标准分组数据传输速率为每个时隙 7. 2kb/s，每时隙同时在线分组数传用户最多为 60 个。

(4)特殊信息传送

AcroTetra 系统在进行二次开发后，具备下列特殊服务功能：

①用户状态信息服务。

②紧急告警服务。

③出入库自检服务。

④列车状态监控服务。

⑤列车乘客信息系统服务。

4)存储功能

当用户发出呼叫时，位于控制中心的网管设备能够存储呼叫类型、呼叫状态、被呼和主呼的移动台标识码和位置(以车站站名表示)、通话起止时间等有关信息，而且可以输出至打印机。

5)系统网络管理功能

网络管理的目标是对系统进行配置、操作和维护,以便能实现高可用性和对系统的有效操作,实现网络管理功能的行业标准是 FCAPS 模式,即故障、配置、统计、性能和安全管理。

AcroTetra 系统网管终端可为网管用户提供不同网管应用的图形用户界面(GUI),方便用户进行中文化、图形化的集中维护和管理。网管终端可以位于交换控制中心,也可以设在远端控制室内。网管终端运行着 AcroTetra 系统网络管理应用程序,采用工业标准,通过 FCAPS 模式,将网络管理工具分成不同的功能块:故障管理、配置管理、统计管理、性能管理、安全管理,对 AcroTetra 系统实现资源管理和用户控制。

(1)分层的网络管理

AcroTetra 网管系统为不同的用户设置账号和密码,并且每个账号与密码所能够管理的内容可被定义。

由于网络管理应用是根据不同级别的账号和密码来区分不同的管理员和管理层次,并不特定在某个网管终端上,因此各层网管终端的硬件设备与配置完全相同,网络管理员凭自己的账号和密码也可以在未来其他线路或系统级的网管终端上进行自己的网络管理工作。

(2)故障管理

故障管理是指:

①监视系统及其组成单元的状态和状态历史。

②在需要时对各单元进行诊断。

③显示系统的故障信息。

故障管理功能对系统的健康状况给出了全面的描述,由设备所产生的告警是系统中故障管理的基础,当一个设备改变状态时(例如,从正常状态到非正常状态),以及一组设备到达非正常状态临界值时,告警随即产生。告警分五个层次:危急、较大、较小、警告、清除,每一个告警层次都有其自己的临界值。

在 AcroTetra 系统中,系统管理器应用程序的故障管理窗口用于显示故障管理信息。系统管理器收集来自系统的所有信息,对于系统的每一部分,系统管理器显示所有的故障告警信息以及故障在系统中的确切位置。

系统可生成五种与故障管理相关的报告:

①当前告警:提供系统里确认过的告警和当前告警的相关信息。

②所有告警:提供系统里所有告警(确认过的告警、当前告警或删除的告警)的信息。本报告同时还包括哪个用户确认和/或删除报警的相关信息。

③所有警报:提供系统里所有警报(确定过的警报、当前警报或删除的警报)的信息。

④报警细节:提供报警的详细信息,包括哪个用户确认和/或删除报警的相关信息。

⑤技术信息:提供系统技术信息的相关信息。

AcroTetra 系统具有极强的故障自我诊断和恢复能力。即使没有故障发生,它也能主动检查系统的健康状况,便于早期预防和及时地排除故障,测试及诊断能达到板卡级。

系统一旦诊断出发生故障,会在故障告警界面上显示故障的级别、性质,并以不同的颜色显示故障的严重程度。系统诊断出故障后会自动进行恢复或采取相应措施,并在故障告警界面上显示采取的措施以及系统反馈回的结果信息。

(3)性能管理

性能管理信息帮助系统管理人员监视、控制网络运行参数,优化系统资源的使用,以保证服务质量的实现。性能管理资源包括:

①整个系统的组呼、私密呼叫、互相呼和电话互联的情况。

②某一特定基站的组呼、私密呼叫、互相呼和电话互联的情况。

③某一特定信道的组呼、私密呼叫、互相呼和电话互联的情况。

(4)配置管理

配置管理用于让系统管理员配置系统设备,配置管理定义了一个系统内的实际设备和虚拟设备(例如,基站、收发信机、交换机、移动台、个体用户和组)的运行参数。配置管理组建了系统中的每个单元、与其他单元的关系,以及单元的相关参数。通过网管终端设置可完成包括时间管理、软件管理、无线网络管理、路由管理、结构管理等全系统的配置及更改,进行系统配置管理时不会中断对应的业务。

(5)用户管理

AcroTetra 系统为用户管理提供了一个单一的输入点,系统管理器的数据库储存并管理无线用户的特征参数,包括用户基本数据管理、基本业务数据管理、补充业务管理、用户位置管理、组群管理。储存的信息包括:

①身份码:包括电台序列号、用户身份码和组成员资格。

②无线用户的能力:例如优先权级别、发起和接收电话呼叫的能力。

③组和通播组的能力:例如优先权级别、通播组中所包含的组。

④无线用户和组的基站配置:系统管理员将一个无线用户和组限制在一个基站或一组基站的范围内,禁止它们使用系统中的其他基站。

(6)安全管理

安全管理控制着对系统管理数据库信息的访问。高级系统管理员可为下级系统操作人员建立登录姓名和密码,这些下级系统操作人员能够直接访问系统管理器的其他管理功能。

AcroTetra 系统所提供的安全划分功能,可以让系统管理员将无线用户、通话组和基站划分为可以由不同的下级系统管理员来管理的组,不同的系统管理员只能接入它们自己的安全组。

(7)远程监测

AcroTetra 系统支持远程监测功能,网管人员可以通过网管软件登录系统,远程监控各个基站的工作状态,查看每个基站上各个信道机的时隙占用情况,并且可以识别占用时隙通话的终端号码。

(8)自我诊断功能

AcroTetra 系统具有极强的故障自我诊断和恢复能力。即使没有故障发生,它也能主动检查系统的健康状况,便于早期预防和及时地排除故障。

系统一旦诊断出系统发生故障,会在故障告警界面上显示故障的级别、性质,并以不同的颜色显示故障的严重程度。系统诊断出故障后会自动进行恢复或采取相应措施,并在故障告警界面上显示采取的措施以及系统反馈回的结果信息。包括但不限于以下功能:

①多话音信道:根据需要动态分配信道,所有用户终端不需要依赖任何指定的信道通话。

任一信道机出现故障时,不会被用户察觉。如果某一话音信道故障,系统就不再分配该信道给用户台使用。

②备用控制信道:如果主控制信道出现故障,系统可指定另一个备用的信道作为控制信道。

③单站集群:系统中心控制器出现故障或链路出现故障时,可形成各无线小区的基站集群通信。在这种方式下,可以为小区基站所覆盖的所有用户提供本地的集群通信功能,包括但不限于信道动态分配、漫游用户登记、组呼、迟后加入、新近用户优先、遇忙排队回叫、来电显示、单站集群提示等。

④AcroTetra 网管系统应用软件为用户提供友好的界面作系统配置及故障管理等功能使用。网管系统以拓扑图形或其他清楚表达的方式提供整个系统的运作情况,并可逐层查看单元模块的运作情况及故障。

⑤系统设备发生故障时,网管系统将立刻在画面上显示。

(9)统计管理

统计管理提供给用户配置报告和历史报告。用户配置报告应用程序是一个能对用户、安全组和系统级配置提供报告的报告生成器。定制报告的方式包括:

①根据属性(至多 3 个)对每个报告中的现有信息进行分类。

②对属性设置起始和终止值,以限制报告中的信息。

③根据所属安全组限制信息的输出。

历史报告能提供系统空中接口的活动信息,以组呼、单呼、与有线用户互相呼叫三种方式进行统计,每种呼叫类型的呼叫数量和持续时间以及统计系统内每一信道的使用状态。报告可以根据需要随时产生,或设定固定间隔自动生成,并且输出打印。

(10)与通信集中告警接口

通过应用开发的无线系统综合网管,可以接收 TETRA 系统的故障管理信息,并传至通信集中告警系统。

6)呼叫限时功能

AcroTetra 系统支持组呼、私密呼叫和电话互联的最大通话时间设置,当处于私密呼叫和电话互联呼叫时,如果限制时间已到,系统将向用户机发送指示,告诉用户时间限制已到。如果用户不理睬此限时提示,系统会在超时后将此次呼叫终止。

7)强插/强拆功能

在网络繁忙情况下,可以强拆其他低优先级的呼叫,以保证呼叫能够建立,例如调度员或用户终端的紧急呼叫,对信令和接入资源都具有高优先级,其中用户终端只允许对相应的调度台发出紧急呼叫。

(1)强拆

系统中强拆分为强拆信道资源和强拆通话时段。强拆信道是将该呼叫的信道进行释放;强拆通话时段则是在一个组呼通话过程中打断当前发言者,获得通话时段使用权并讲话。

(2)呼叫强插

调度员可在所参与的个呼或组呼中,进行强插打断他人的讲话,发布重要指令。

8)动态重组功能

根据业务的需要(如事故抢险等),被授权的系统管理员或调度员可通过系统管理设备或调度台,以无线方式对无线移动用户重新编程,将不同组、不同基站覆盖区内的某些用户重新组成一个临时小组进行通信,并提供参与动态重组用户的状态信息。

系统管理员可以动态地对通话组进行重组(支持中文的动态重组),并通过系统调度台一次执行多个动态重组的命令,动态重组功能是通过在空中接口向手持台发送信息来实现的。

动态重组使得一个或多个终端可以加入一个通话组或从一个通话组删除,动态重组命令是通过 MCCH(Main Control Channel,主控制信道)发送的,因此,系统管理员可以在需要的情况下对通话组进行重组。而每个终端也会记住它原先的通话组设置,当系统调度台发送“取消重组”指令时,终端会返回到原先的通话组,但如果它未能接收到正常的重组确认,也会回到原先的通话组。

调度软件可以事先订制“应急计划”并存储起来,在出现重大事件时可以非常方便地进行快速响应。“应急计划”中包括可以对所有或某些手持台发布重组命令,可以适用于重大事件发生时的紧急处理,如车辆事故、抢险救灾等。

动态重组命令发送成功后,终端会提示用户“一个(或多个,根据具体数量而定)新的通话组号码已被加入本机”,如果需要加入新的通话组的通话中去,需要通过旋钮或菜单选择到新的通话组号才能进行。

9)多级优先呼叫功能

每个无线用户机被系统管理员分配一个 2~15 之间的优先级,每个通话组也有优先级别。每次组呼的优先级或者为发起用户级的优先级,或者为通话组的优先级,以其中级别高的为准,如果信道资源不够,系统会对呼叫进行排队,保证高优先级的呼叫优先得到处理。

无论是哪个用户发起的,紧急呼叫总是具有最高的优先级,并可以在系统信道资源全部被占满的情况下,强行拆除正在进行的呼叫中级别最低的通话,并利用其释放的信道来进行通话。

多级优先示意,如图 3-2 和图 3-3 所示。

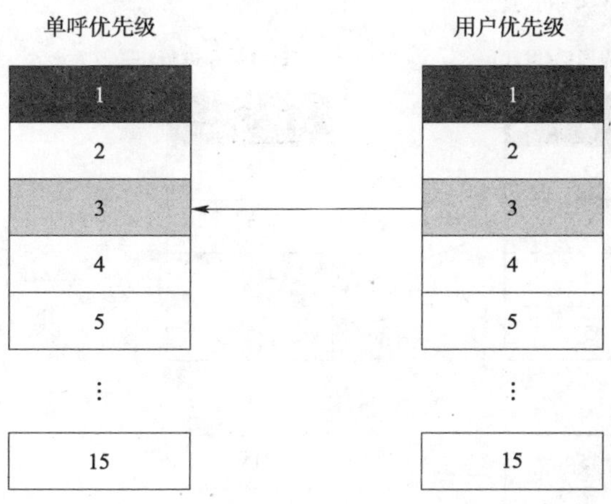

图 3-2 单呼多级优先示意图

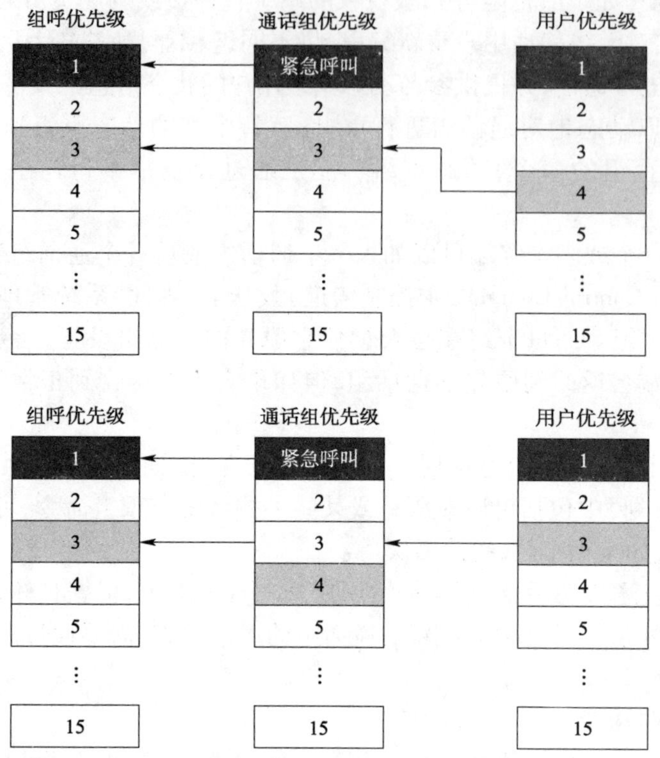

图 3-3　组呼多级优先示意图

在 TETRA 标准中，除了紧急呼叫具有强拆功能之外，预占优先同样具备强拆功能。通过系统管理员的设置，AcroTetra 系统中被赋予预占优先能力的通话组、通播组在所处基站没有空闲信道的情况下具备强拆功能，控制器会从低优先级的普通通话中强行获得可用信道，并利用此信道继续预占优先的呼叫过程。在具备空闲信道的情况下，预占优先通话的发起过程如同普通的通话组呼叫一样。

预占优先示意如图 3-4 所示。

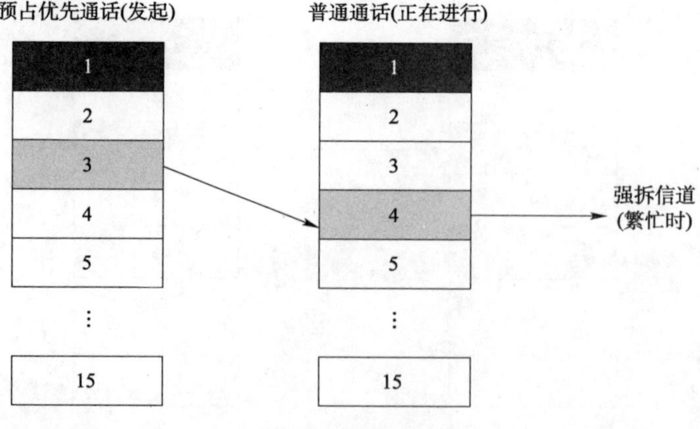

图 3-4　预占优先示意图

任何单个移动台和调度台都可以被赋予预占优先能力，如果一个具备预占优先能力的终端发起一个私密呼叫，而被呼方正与另外一个用户进行私密呼叫或正在进行分组数据传送，而正在进行的呼叫的优先级低于需要发起的呼叫的优先级，那么系统会中断正在进行的呼叫而转去高优先级的私密呼叫。

通话组扫描与优先监视是一对需要系统与无线用户机共同完成的功能。每个无线用户机内部可以编程进入 20 个通话组扫描列表，每个列表中 20 个通话组，针对不同的通话组可以通过编程选择不同的通话组扫描列表。

通话组扫描示意如图 3-5 所示。

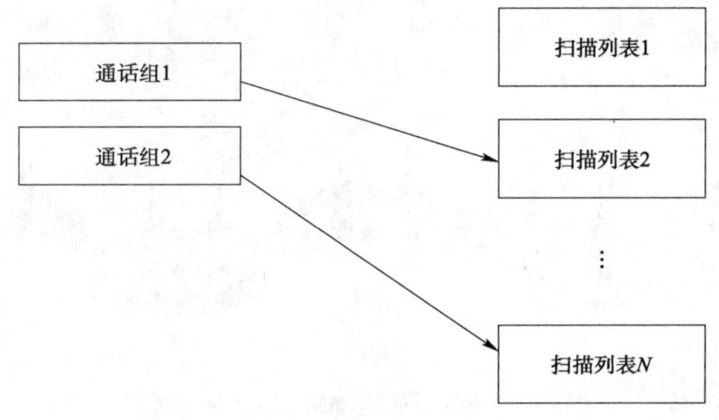

图 3-5 通话组扫描示意图

由于普通通话组的信道分配命令仅在主控制信道（MCCH）发送，因此启动通话组扫描功能的无线用户机仅在空闲情况下才能扫描到其他通话组的活动，并加入进去。除此之外，系统管理员还可以通过网管终端设置一些通话组为“优先”通话组，那么这些通话组的信道分配信令除了在主控制信道（MCCH）发送之外，还会在此通话组所在基站下的所有正在通话的信道的随路控制信道上发送信道分配信令。因此，即使一个无线用户机处于通话状态，也可以通过随路控制信道监视到具有“优先”级的其他扫描通话组的通话。如果，被扫描通话组的优先级高于正在通话的优先级，那么，此无线用户机就会终止目前正在进行的通话，而加入到高优先级的通话中去。

同样，通过调度台发送的基站区域呼叫采用了类似优先监视的处理过程，那么在某个基站覆盖范围内的所有无线用户机都会终止目前正在进行的通话，而转去调度台的基站区域呼叫。如果，此基站区域呼叫具备预占优先的能力，那么，它就可以强拆其他低优先级的通话过程，并利用获取的信道继续呼叫过程。

10）故障弱化功能

地铁运营的安全生产为第一要素。作为专业无线通信系统的重要用户，AcroTetra 系统有很多针对安全生产的重要功能。

（1）单站集群功能

AcroTetra 系统基站支持故障弱化工作模式。当基站和中心设备之间的线路连接出现故障时或交换机因故障原因退出服务时，基站将自动进入故障弱化工作模式（即单站集群模式）。基站能自动监测和中心设备的通信，一旦连接恢复正常，基站将自动返回系统正常集群模式。所谓“单站集群”，其功能重点体现在“集群”上面，而非普通的“信道转发”方式，这两种方式的本质区别在于“基站控制器”是否具备本地智能,即便没有“交换控制中心”的参与,同样可以依靠自身完成对本基站“所有信道资源”的动态分配。

当基站与交换控制中心的链路中断时,基站会自动进入单站集群状态并继续为其覆盖区内的用户提供集群模式服务,一旦连接恢复正常,基站将自动返回正常的集群模式。单站模式下,基站会向用户机广播其即将进入单站集群模式,用户将会试图注册到其他相邻未进入单站集群的基站,然而对于那些没有可选基站的用户机,单站集群仍然可以提供非常全面的服务。单站集群功能实现,如图 3-6 所示。

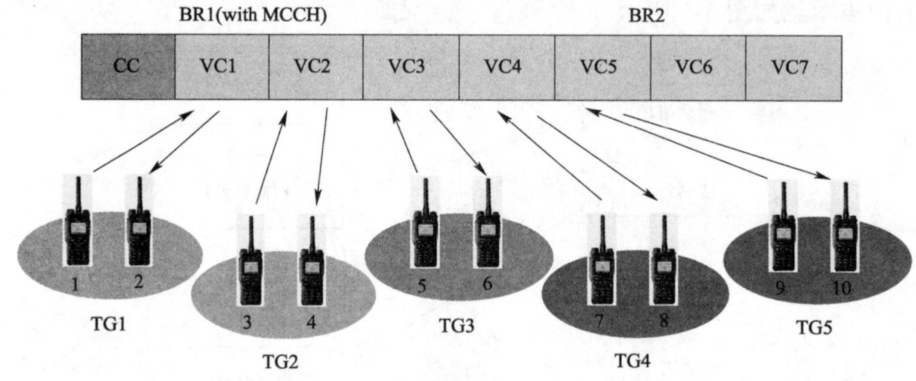

图 3-6　AcroTetra 的“单站集群”功能示意图

单站集群的特征是,当与交换控制中心的通信出现故障时,基站仍能作为独立的 TETRA 集群模式而正常工作,而且编组没有任何变化。

当在单站集群模式时,基站仍支持下列服务:

①信道动态分配;

②漫游用户登记;

③组呼;

④迟后加入;

⑤新近用户优先;

⑥遇忙排队回叫;

⑦来电显示;

⑧单站集群提示;

⑨单呼;

⑩紧急呼叫;

⑪排队优先权;

⑫通话方识别;

⑬呼叫限时;

⑭短数据信息业务。

与功能很弱的“信道转发”方式不同,由智能的“基站控制器”提供的“单站集群”功能,使得无线用户机不需要针对单站集群设置专用的通话组,或者进入到一种专门的工作模式下。因此当收到基站进入单站集群的通知时,除了无线用户机的显示屏上用图标标明的单站集群

状态之外,其工作模式,可以使用的通话组数量均与正常工作模式完全相同,同时基站仍然可以接收新用户的注册。举例来说,如果某无线用户机平时使用 10 个通话组,这 10 个通话组分别对应 10 个通话组旋钮位置,通过将通话组旋钮旋转到不同的位置,无线用户机可以加入到不同的通话组。进入到单站集群基站后,天线图标会不停地闪烁,表明当前基站为单站集群状态,通过旋钮的选择,此无线用户机仍然与其原有的 10 个通话组进行通话。同时,由图 3-6 可见,单站集群模式下可此基站所有信道的使用方式仍然与域集群模式下一样。

(2)脱网直通功能

用户机的直接通信就好像对讲方式,它可以提供两个好处:提供了系统覆盖区外的工作能力;在系统覆盖区内提供附加的私密性。这种在系统覆盖区外的工作能力同样提供了本地基站故障时的操作功能,无线用户机可随时切换到 DMO 方式,可支持 2000 个 DMO 通话组。

直通模式操作(DMO)是一种 TETRA 标准定义的操作模式,可以使多个用户机相互之间直接通信,而不必借助于任何无线网络。可认为 DMO 是一种回退运行模式,能使多个用户机在无线网络的服务中断的情况下保持通信。

TETRA 标准包含有关用户机相互之间直接通信的规定,称为 TETRA 直接模式操作(DMO)。DMO 可以使用户在一个有限的区域内通信,而不使用任何无线网络设备。它等同于模拟系统的背靠背或对讲模式。

DMO 支持下列功能:

①组呼;

②迟后加入;

③通话方识别;

④ID 的文本别名;

⑤紧急呼叫;

⑥单呼;

⑦短数据。

不同于普通调频对讲机,TETRA 手持终端在 DMO 模式下采用的是符合 TETRA 标准的数字通信方式,不同的通话组以组号(GSSI)来区分和识别。即使工作在同一个 DMO 频率之下,守候在不同组的无线用户之间仍然互不干扰,单个无线用户之间还可以通过个人身份码(ISSI)实现单呼和短数据传送,为 DMO 模式下的无线用户提供了如同集群模式(TMO)下的多种通信方式,并互为补充。

(3)降级备用功能

当发生紧急情况,导致主用控制中心集群交换机不能正常工作或控制中心不能按时投入使用时,可通过备用系统实现中心调度员与列车司机以及重要的流动工作人员必要的信息交流,满足行车调度和防灾调度的基本通信需求。主用控制中心与备用控制中心之间没有通信连接,不需要信息交换。

车站台平时作为车站固定台使用,在控制中心交换机故障时作为基站的接入电台接入备用控制中心的中心设备,提供备用控制中心行车调度员和基站覆盖范围内的人员的通信。与主用系统相比较,备用系统不提供派接呼叫功能、多选呼叫功能、私密呼叫功能、有线电话互联功能和与短数据通信相关的功能等。

主用控制中心与备用控制中心采用人工切换。正常情况下,备用控制中心处于关闭状态,当主用控制中心出现故障无法使用时,可人工开启备用系统,启用备用控制中心;当主用控制中心恢复正常后,可人工关闭备用系统,重新开启主用控制中心系统;系统中车载台、手持台在人工控制下完成主/备模式切换,基站接入电台在备用系统服务器人工远程操作控制下完成主/备模式切换。

11)虚拟专网功能(VPN)

AcroTetra 系统提供虚拟专网(VPN)功能,支持多个 VPN。这样就能保证多个用户群组共享一个数字集群网络。可以根据需要将设备、调度台、用户、通话组分成不同的 VPN。每个 VPN 可以独立配置通话权限和业务属性,不同 VPN 之间相互独立。

VPN 功能能够使多条线路共用一个交换管理中心,每条线路是一个 VPN,不同线路之间具有高度的通信保密性和独立的控制权限,不会产生干扰和失密。

对应 VPN 功能,系统网管分为超级网管和 VPN 网管。VPN 网管只能对本线路的设备、调度台、用户、通话组进行管理,只能配置本线路的用户和通话组的号码和属性,查看本线路的设备状态和告警信息。超级网管的权限高于 VPN 网管,可以对多条线路的设备和配置进行管理。超级网管操作员可以创建、修改和删除 VPN。

12)空中接口鉴权

对于轨道交通专用无线调度系统网而言,确保网内用户的生产安全,特别是行车调度的安全性是至关重要的。如果有不法分子企图假冒网内用户截取通信内容,甚至进行恶意通信扰乱(如假指令),可能会导致非常严重的后果。鉴权是校验身份和合法性的过程,任何鉴权都依赖其所确立的身份甄别,而这种甄别是通过对物理特征的拥有或仅为合法用户所知的秘密来实现的。在 TETRA 系统中使用鉴权,是为了防止未被授权的人通过“克隆”的移动台或被禁用的移动台进入 TETRA 系统。鉴权也是一种诘问,只有合法用户才能提供正确的回答。

AcroTetra 系统支持直接鉴权(Explicit Authentication),直接鉴权以均衡秘钥系统为基础,采用三阶段“诘问—应答—结果”协议。这一实现方法符合 TETRA 标准 ETS 300 392-7,同时也符合中华人民共和国电子行业标准《数字集群移动通信系统体制》(SJ/T 11228—2000)的相关规定。当移动台试图入网登记时,即当用户在开机、从覆盖区外回到覆盖区时会向系统登记,这时鉴权就会启动。

AcroTetra 系统支持针对用户台的鉴权,以及用户台和系统之间的相互鉴权(Mutual Authentication)。这样即可以保证只有合法用户才能在 TETRA 系统中入网并使用,也能确保用户不会误用其他不良系统。一个典型的针对用户入网的鉴权如图 3-7 所示。

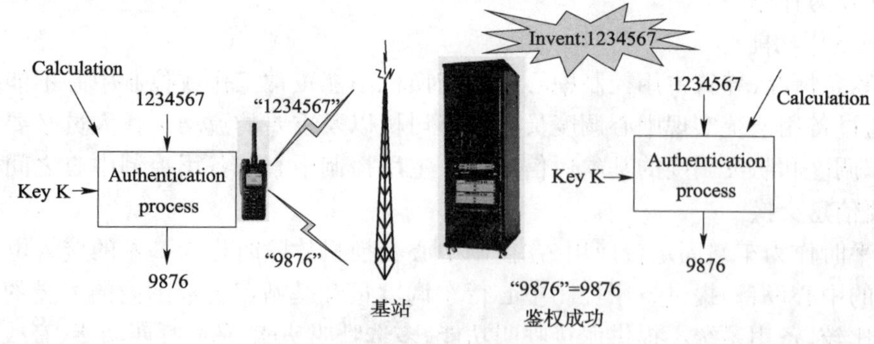

图 3-7　用户鉴权示意图

当移动用户要进入系统时,系统将产生一个随机数“1234567”并将该随机数发给移动台;移动台基于这个数和它本身唯一的密钥进行运算,移动台将运算结果发送到系统。与此同时,系统知道这个随机数和移动台的密钥,并进行相同的运算。系统比较这两个运算结果,如果结果相同则移动台通过鉴权,可以进入系统登记并使用。

从以上过程可以看到,移动台的密钥本身不会在空中在系统和移动台之间传送,所有密钥不会在空中传输过程中被盗窃。密钥管理是安全管理中的重要环节。每个移动台的密钥是唯一的,密钥只有移动台和系统知道,并被用来鉴权。密钥在移动台编程和使用时必须保密,所有密钥的管理既要安全又必须能在移动台的编程过程中友好操作。AcroTetra 系统所采用的安全机制可以保证密钥在用户的安全区域产生密钥,并在传递过程中都经过加密处理,可以在用移动台使用地对用户进行现场编程。

无线系统确保注册到系统的用户都经过鉴权,鉴权应可以在下列情况下发起:

①无线用户机开机,并试图注册到无线系统。

②无线用户机在系统管理员定义的时间内没有活动。

③无线用户机向无线系统发送位置更新。

13)系统扩容及平滑升级功能

AcroTetra 系统支持用户网络建设统一规划、分步实施方案,用户可以从一个单基站和开通部分功能的单站系统,扩容到一个 MSC 交换管理中心、多个基站和开通全部功能的 AcroTetra 系统,再扩容到多个交换节点数百个基站的 AcroTetra 系统。

AcroTetra 系统节点连接采用 IP 交换协议,其互联可以是任何拓扑的平面网状连接,通过专线互联实现与增加的 MSC 交换管理中心的互联。正是由于 AcroTetra 系统的网络灵活性和可扩展性,可以最大限度满足项目实施过程中对方案进行优化和调整的需求,不会影响到原有网络设计和已经工作中的设备,因而不会存在扩容风险。

(1)系统扩容

AcroTetra 系统的设计非常灵活,它以 MSC 交换管理中心为单位来构造整个系统,每个交换中心可扩容的最大容量为 128 个基站、512 个载波、80000 用户、20000 通话组、256 个调度台。当系统需要扩容时,可先在原有交换管理中心的容量范围增加基站、调度台等设备。当一个交换中心的容量不够时,再考虑增加新的交换控制设备。

多个交换中心通过 IP 协议进行互联,当一个网络规模超过一个交换中心时,可通过在同一个机房内对两个或多个交换中心进行堆叠互联,也可以将放置在不同地点的交换机房内的多个交换中心进行互联。交换控制设备之间可以共址,也可以异址。当多个交换中心共址堆叠时,可以共用一套以太网交换机。

(2)基站扩容

基站配置的最大变化主要由其载频数量来确定,不同载频数量的基站的链路带宽不同。当需要增加基站时,只需增加一定的传输带宽,从而使得整个扩容过程相对平滑,而且中断时间最小。

就基站自身的配置而言,一个机柜可以支持 4 载频,一个基站可配置 2 个机柜,共计 8 载频。

(3)调度台扩容

单个交换中心支持256个调度台,全新的IP调度台采用10/100Base-T接口,直接连接到IP交换网络,如果需要增加新的调度台,仅需将新的调度台连接到以太网交换机上,同时在系统中添加并配置其属性即可。

(4)网管终端扩容

AcroTetra网管系统采用C/S的架构方式,网络管理机制决定了管理功能并不限定在管理终端上,而是取决于所登录的账号。最简单的扩容方式是增加新的登录账号,使得不同的管理员可以共用一个管理终端。当然,也可以采用同时增加账号和终端的方式。

14)移动用户功能

(1)场强指示

用户台带有RSSI指示,能向用户指示从用户台当前登记基站接收到的信号的强度。天线指示灯不断闪烁表明用户台不能接收任何信号。当接收到信号之后,天线指示灯将不再闪烁。当接收到的信号强度越来越强时,天线指示灯附近的状态条会显示出信号强度。

(2)自动越区切换

小区重选过程(又称切换)由监控下行信号强度的移动台进行。移动台根据一些参考参数做出最终切换决定,其中,参考参数从基站发送至移动台。为了便于系统优化,由基站广播所有相邻小区频率信息、移动台的功率电平、信号强度门限电平以及滞后值。所有这些都是移动台在切换决定过程中需要用到的信息。这样,如果在系统优化过程中需要变动,无须单独对这些可配置参数进行编程。

系统采用全基站的配置方案,列车在每个区间的行驶过程中都会发生越区切换的情况,通过覆盖分析和优化设计,可以保证区间内越区切换的顺利进行,不发生通话中断的现象。

①呼叫切换机制

为了从射频方面说明呼叫切换机制,下面将对切换进行详细说明。

小区重选过程(又称切换)由监控下行信号强度的移动台进行。移动台根据一些参考参数做出最终切换决定,其中,参考参数从MTS发送至移动台。为了便于系统优化,由MTS广播所有相邻小区频率信息、移动台的功率电平、信号强度门限电平以及滞后值。所有这些都是移动台在切换决定过程中需要用到的信息。这样,如果在系统优化过程中需要变动,无需单独对这些可配置参数进行编程。MTS向小区广播的射频电平参数如下所示:

a.快选择阈值

本参数规定"$C1=0$"之上的最大电平(单位为dB)变化范围:0~30dB,增量为2dB。("$C1=0$"是"最小接收电平"规定的电平)。

b.慢选择阈值

本参数规定"快选择阈值"之上的最大电平(单位为dB)。变化范围:0~30dB,增量为2dB。

c.慢选择差值

本参数规定无线链路中$C1$和$C2$之间的差值。变化范围:0~30dB,增量为2dB。

d.最小接收电平

本参数给出"$C1=0$"基准电平。在常用的参数设置中,最低可用电平为-110dBm。这意味着,如果信号强度低于-110dBm,则无线链路将中断。

当第一次打开移动台时,移动台需要经过一个初始小区选择过程。在这个过程中,移动台

将扫描一些预编程的载波频率，并按照 RSSI（接收信号强度指标）进行排序，移动台将试图登录并使用最好的载波频率。因为移动台必须在系统中包括所有频率的预编程列表中进行搜索，所以，相对而言，初始小区选择过程的时间比较长。

移动台登录到 MTS 之后，提供服务的 MTS 将有关相邻小区频率的信息传输给移动台。对于在线路末端、仅有一个"邻居"的车站来说，可能仅存在一个频率，对于非换乘车站来说，可能是 2 个频率，而对于换乘车站来说，则需要 4 个频率。这种安排大大缩短了移动台随后的小区选择时间要求。

"服务小区"即移动台当前正在使用的小区。对"服务小区"的监视（也称为"$C1$"）由移动台执行，即每秒钟取 6 个 RSSI 样本生成 1 个新 RSSI 值。小区重选过程使用的服务小区 RSSI 值是最后 5 个 RSSI 值的平均值。

当服务小区的 RSSI 值低于某一个门限值时，移动台将触发小区切换过程的第一步。超过这个门限值将触发对相邻小区信号强度的"后台监测"。

②触发值计算

移动台根据下列参数计算初始触发值：

$$\text{慢选择阈值} + \text{Delta}$$

式中：慢选择阈值——MTS 先前广播的相对（而非绝对）值；

Delta——预编程在移动台中的固定值。

慢选择阈值相对于快选择阈值，而后者相对于 $C1 = 0$ 或最小接收电。

所以，假设最小接收电平为 −110dBm，快选择阈值为 10dB，慢选择阈值为 6dB（预编程的 Delta 为 10dB），则后台小区监测的实际触发电平可以由下式确定：

$$\text{后台监测触发电平} = \text{最小接收电平} + \text{快选择阈值} + \text{慢选择阈值} + \text{Delta} = -84\text{dBm}$$

移动台将对前面指定的相邻小区进行"后台监测"，并保持其各自 RSSI 值的最新排序。触发本过程的信号电平被有意设置为一个较高的值，以促使移动台及早做出选择，这样，当移动台靠近车站之间中点的实际切换区域时，便可节省时间。

当列车离开车站时，服务小区的 RSSI 值进一步降低，这时达到第二个门限值，此时，移动台将开始做出最终决策，是仍然使用原服务小区，还是切换至具有较好 RSSI 值的小区。

为了避免在小区之间来回跳跃，移动台每隔一定时间采集大量 RSSI 样本。此外，在切换发生前，新小区（称为"$C2$"）必须具备一个优于服务（$C1$）值的 RSSI 值（根据迟滞值的大小而定）。

必须满足下列条件才能发生呼叫切换：

①$C1$ 在 5s 内降低至"慢选择阈值"以下。

②相邻站点的 $C2$ 必须在 5s 内强于服务小区的 $C1$，即门限值大于"慢选择差值"。

③移动台在最后 15s 内没有出现过切换。

越区切换机制如图 3-8 所示。

为了设计合适的切换，必须优化站点之间的射频覆盖重叠，使移动台能够正常切换而不会影响性能。为了确定所需的覆盖重叠量，必须考虑列车速度及切换时间要求。必须向呼叫切换提供足够的重叠，使相邻小区的滞后门限高于服务小区。

（3）自动登录

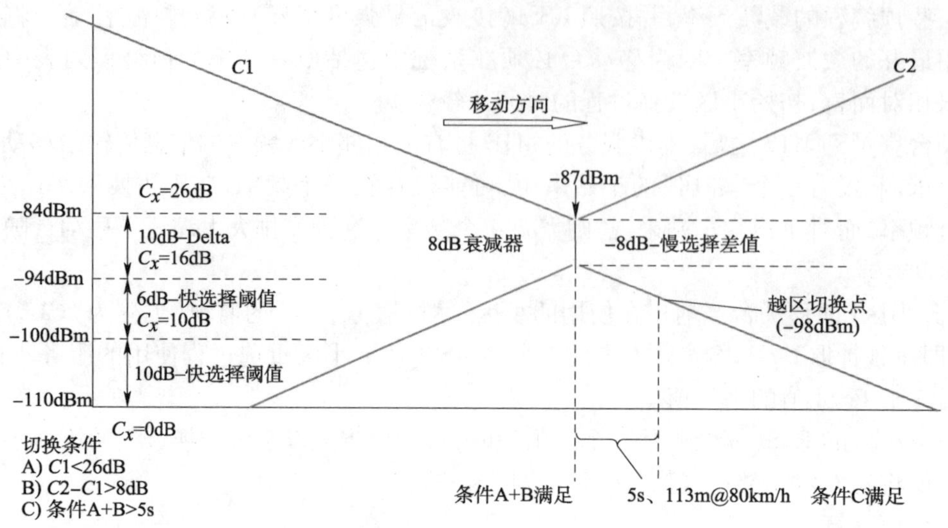

图 3-8　越区切换示意图

用户台必须在系统内注册，AcroTetra 因此可以追踪用户台隶属哪个通话组，以及处于哪个基站，用户台在下列情况下注册：

①上电：在可接入系统之前，每个用户台在系统数据库中进行认证。

②变组：不论任何时候，用户转换通话组时，用户台向系统注册。

③改变基站：在适当的条件下，每个用户台会改变它所注册的基站。用户台注册到新的基站后，系统上层网将其从旧基站中注销。

④关电：当无线用户台关电时，便不再被分配呼叫。

有一点非常重要，那就是用户台在基站之间漫游而不会丢失通信。AcroTetra 支持呼叫切换，也就是自动地将呼叫过程转换到新的基站，这将大大地增强通信质量，并早在多基站广区系统中方便用户的使用，AcroTetra 支持所有级别呼叫的切换。

用户注册和漫游，如图 3-9 所示。

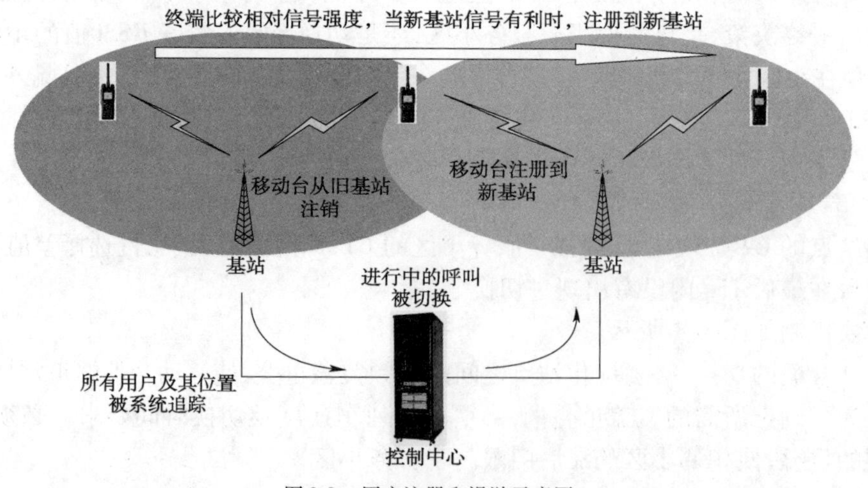

图 3-9　用户注册和漫游示意图

(4)缩位拨号

用户台支持个人呼叫缩位拨号。如果被叫方ID的最高有效数字都相同,用户只需输入短用户ID(SSI)的最低有效数字。在进行呼叫时,用户台可发出完整的SSI。

(5)通话组扫描

通话组隶属的潜在缺点是,一些用户也许会有兴趣收听其他通话组的通信。如,维护人员平时情况下仅与同组的其他维护人员进行通信,但是可能有兴趣听取和加入车站通话组的通信,当他处于某个组时就无法听到其他组内的通话。

AcroTetra克服了这种潜在的困难,它允许每个用户台除了在自己的通话组工作外,可以监听(扫描)所选通话组的通信。在通话组扫描情况下,用户台给它自己的通话组以优先级,并在空闲的情况下听取其他通话组的通信。因此这种情况下,维护人员平时在自己通话组通话,也可以扫描车站通话组的通话。

在每个用户台上,通话组扫描功能可通过编程打开或关闭,每个用户台可编程扫描列表,每个列表最多包含30个静态组和31个动态组。

(6)优先监视

当一个用户在日常低优先级通话组通信时,可能漏掉重大事故的通知。通过配置系统内不同通话组的优先级,AcroTetra解决了这种潜在的困难。

管理员可以将某些适宜的通话组标记成高优先级。通常,呼叫建立过程中,信令信息仅在所需基站的主控制信道发送。然而,当一个呼叫建立在高优先级的通话组,信令信息同时在随路控制信令(ACCH)上传送,这一逻辑控制信道复用主要用于业务通信的物理信道。因此,如果一个用户台具备优先扫描功能,即使它已经处于一个组呼中,它仍然可以探测到高优先级的呼叫,如果新的呼叫的优先级高于正在进行的呼叫,用户台会加入新的呼叫。

(7)紧急模式

每个用户台具有一个紧急按钮,它很容易找到,却不容易被意外按到。

一旦按下紧急按钮,用户台进入紧急模式,此时的呼叫级别被提升到最高,同时无线用户台进入“Hot Mic”模式,并马上自动通过状态信息将紧急告警送到调度台,由于此信息通过控制信道传送,用户台不需等当前的业务信道释放,即可发起紧急告警。

在“Hot Mic”模式下,无线用户台在Tx和Rx之间循环,Tx和Rx的循环间隔可以设定,无线用户台处于“Hot Mic”状态的时间可以编程。

“Hot Mic”功能是很多用户的关键功能,因为它允许调度员和其他通话组成员可以监控事态的发展,即使用户不能利用无线用户台进行正常的呼叫。

当进入紧急模式时,用户台会给出声光确认。

(8)发送指示

当用户台在进行信息发送时,可通过红色“发送”LED指示灯向用户提供指示。

(9)电池容量显示

手持台带有电池电量指示器,该指示器可显示电池的剩余电量。三个状态条表示电池充满电,当电量开始减少时,状态条逐步减少,直到没有状态条显示;当电池电量非常低时,指示灯将闪烁,同时将发出低电量告警音。

(10)主要信号音

终端系统提供丰富的提示音和信号显示。

系统提示音包括:按讲音、释放 PTT 音、紧急呼叫、遇忙、回叫提示、禁发、短信提示、单站集群提示、回铃音、振铃音、忙音、动态重组等。

系统信号显示包括:紧急呼叫(热麦克)、占线、强拆强插、短信、单站集群、动态重组、信号场强、电池电量、音量、通话组、主叫号码等。

15)其他辅助功能

(1)越区切换功能

AcroTetra 系统采用全基站的配置方案,列车在每个区间的行驶过程中都会发生越区切换的情况,通过覆盖分析和优化设计,可以保证区间内越区切换的顺利进行,不发生通话中断的现象。

(2)远程登录

AcroTetra 系统支持采用电信级软交换控制架构,保证系统的先进性、开放性、融合性。交换中心与网管客户端之间采用 IP 连接。网管用户可以通过用户名和密码的形式,远程登录系统,通过网管系统远程检测系统的运行情况,配置系统的运行参数,查看系统的报警信息,方便系统维护人员远程对设备进行检测,从而判断系统的运行情况。

(3)移动台遥毙/激活

在专业无线通信网中,一个丢失的或被盗的移动台会对系统造成威胁,因为可能有人非法监听通信过程,或干扰系统的正常工作。同样,丢失或被盗移动台很可能用于盗取服务接入,或者利用系统提供的服务而不付费。因此,除了鉴权之外,还可以利用遥毙功能,使处在“危险”状态中的移动台丧失工作能力。

针对这种情况,AcroTetra 允许系统管理员、调度台通过在空中远程发送遥毙命令,临时关闭一个移动台,终止其在网络内享受服务的权利。移动台也可被重新遥启,恢复其在网络内享受服务的权利。遥毙实施后,调度台可以在屏幕相关位置显示,遥毙操作的信令通过主控信道传输,绝不占用任何话音信道。

移动台的遥毙分为两类:

第一类:临时遥毙。暂时终止该移动台的网络权利,被终止的权利可以通过网管值班员进行恢复。在临时遥毙的情况下,移动台不能使用系统提供的注册外的其他服务。此时,尽管移动台看起来处于关机状态,它仍然可以注册,仍然可以在基站间移动时进行切换,因此系统管理员可以追踪它。移动台将一直处于这种状态,直到系统管理员重新开启它的服务。

第二类:永久遥毙。永久终止该移动台的网络权利,即将该移动台资料从系统数据库中彻底删除,该移动台将永久性的失去网络权利。

移动台的遥毙/遥启通过系统与移动台在信令信道进行信令交互实现。即使关闭移动台的电源,系统管理员仍然可以对该移动台发出遥毙控制命令,只要移动台开机试图入网,就会被遥毙。

AcroTetra 系统提供的遥毙功能,不是简单的将其从系统中剔除,而是通过遥控指令将移动台本身置于无法使用的状态,用户台不能接收和发送呼叫。此时,尽管用户台看起来处于关机状态,它仍然可以注册,仍然可以在基站间移动时进行切换,因此系统管理员可以追踪它。用户台将一直处于这种状态,直到系统管理员重新开启它的服务。即使去除用户台的电源,也

不能清除这种状态，因为遥毙的状态存储在非易失性存储器中。因此，这种遥毙方式更为安全彻底。

(4)繁忙排队和自动回叫

当系统繁忙时，AcroTetra 系统保证用户仅经历有限的等待。当没有足够的业务信道可用时，呼叫会被排队，直到有足够的资源可用。在话音呼叫的情况下，当呼叫建立起来并允许发送后，呼叫发送方会收到回叫信号。

(5)跨区呼叫

当用户组成员处于多个基站的覆盖区域时，AcroTetra 系统将在所有通话组成员所在的基站分配业务信道，传送语音信息，将用户组全部成员纳入到当前组呼中，实现跨区呼叫。

(6)动态基站分配

用户发起组呼时，AcroTetra 系统将自动查询当前呼叫组的成员所处的基站，在这些基站下分配业务信道，自动释放没有组呼成员的基站业务信道，提高整个系统的信道使用率。

(7)迟后接入

由于没有开机，或正处于一个新的通话组，或处于信号衰落区，一些通话组的成员可能在呼叫发起时不能加入通话。在组呼过程中，迟后加入的信号会定期在主控制信道上传送，那些没有在呼叫发起时加入呼叫的终端一旦检测到这些信令，马上进入所需业务信道进行通信。这样允许通话组成员加入正在进行的呼叫。

(8)录音功能

①调度员通话录音

调度台经过二次开发，向专用电话系统提供录音接口，实现调度台所有通话的录音。

②固定台通话录音

车站、停车场固定台经过二次开发，可以实现对固定台所有通话的录音。

③车载台通话录音

AcroTetra 系统车载台可以对车载通话及调度员的语音命令进行录音，并能回放、转存，录音时长大于 168h，录音可转存到外部介质。

④无线系统全网录音

AcroTetra 系统支持全网通话录音功能，能实时、完整地对指定的通话组、个呼、电话双工呼叫进行自动录音，同时能够对系统内的短消息进行记录。录音信息包括：主叫方号码、组呼号、个呼号、电话号、时间、呼叫类型等所有必要信息。

系统支持录音查询的回放、循环播放以及连续播放，支持暂停、回退、选择放音等功能。授权用户可根据主被叫号码、日期、通话时长、呼叫类型等条件查询录音，可以直接通过声卡播放。

系统支持对指定的组呼号、个呼号进行录音监听，实时监听并记录通话内容。

系统还可设置录音自动备份的时间、备份介质，也可以通过系统手工备份到指定的介质(如硬盘、DVD-R、可移动硬盘等数据存储设备)。

(9)时钟同步

AcroTetra 系统采用主从同步方式，保证全系统同步，同步精度小于 10μs，满足系统中 1、2 类小区切换的要求。

AcroTetra 系统内的“系统同步”指的是基站之间为实现平滑的越区切换所需的空中信号之间的同步。而对于基站来说，它既支持本地 GPS 同步方式，又支持非本地 GPS 同步方式（即通常意义上所说的“高稳定时钟源主从同步方式”），也可以两种方式混用。在非本地 GPS 同步方式下，基站通过传输链路接收来自交换中心的网络时间协议（NTP）数据，并以此数据来校准本地时钟，从而达到基站间空中数字信号的同步。

AcroTetra 系统的同步具备多重安全冗余备份。

①首先，交换中心的 NTP 服务器通过 GPS 天线获取精准时钟，并将 NTP 数据下发到基站。

②当 GPS 接收异常时，NTP 服务器内部的高稳定时钟仍然能够保持正常工作，不影响下发到基站的 NTP 数据。

③当 NTP 服务器故障或者基站链路故障造成 NTP 数据下发异常时，基站自身的时钟源仍然可以维持基站稳定工作不少于 4 年的时间。

（10）编号计划

无线通信系统用户号码，根据业务需求进行分配；通过增加适当的字冠号，公务电话用户和移动用户之间的通话通过中继转接和调度台转接两种方式实现。

3.2.6 系统设备组成

1）AcroTetra 交换管理中心

（1）组成

AcroTetra 交换管理中心是 AcroTetra 系统的核心控制部分，提供信令交换、呼叫接续、安全访问、数据传输、网络管理、业务控制、互联互通、集中录音等功能，实物图如图 3-10 所示。其主要模块包括：

图 3-10 AcroTetra 交换管理中心

a. 交换管理控制器。

b. 电话互联网关。

c. 鉴权服务器。

d. 网管服务器。

e. 录音服务器。

f. NTP 服务器。

g. 网络传输设备。

①交换管理控制器

交换管理控制器是整个系统的中心处理设备，采用了符合 PIGMG 3.0 标准的 ATCA 平台（先进电信计算平台），ATCA 平台提供冗余的核心处理板、交换板和电源模块，具有 99.999% 的电信级高可用性，实物如图 3-11 所示。

图 3-11 AcroTetra 交换管理控制器

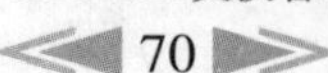

交换管理控制器实现的主要功能包括：

a. 处理和产生与呼叫有关的信令。

b. 配置网络交换机的话音路由。

c. 控制和分配空中接口资源。

d. 处理移动台注册和通话组注册。

e. 移动台的移动性管理。

f. 控制和分配电话互联网关资源。

g. 为短数据路由器和分组数据网关提供移动台位置信息。

h. 基本业务呼叫控制：单呼、组呼、应答组呼、广播组呼，可以是明话或密话。

②电话互联网关

电话互联网关采用商用服务器，实物如图3-12所示，提供AcroTetra数字集群系统与公务电话系统的互联，支持TETRA系统终端与公务电话分机之间的全双工呼叫，电话互联网关支持IP和E1两种接口方式，支持IP/SIP接口或E1/SS7、PRI、QSIG接口。

图3-12　电话互联网关

③鉴权服务器

鉴权服务器采用商用服务器，实物如图3-13所示。

图3-13　鉴权服务器

实现密钥管理功能包括：

a. 用户密钥的创建。

b. 用户密钥的删除。

c. 用户密钥数据的查看。

d. 用户密钥数据的修改。

e. 鉴权密钥的导入、导出。

f. 终端服务的授权。

g. 用户密钥数据的一致性和合理性检查。

手台注册时，如果需要鉴权，交换机向鉴权中心发送鉴权请求，鉴权中心通过INIAP模块对该鉴权请求生成相应的鉴权响应数据进行处理，然后通过INIAP模块将用户鉴权响应返回给指定交换机。交换机最后通过INIAP模块给鉴权中心发送鉴权结果，由鉴权中心进行用户鉴权的时间和结果的记录。

④网管服务器

网络管理服务器是整个系统的管理核心，能够完成对交换管理中心设备和基站设备的管理。网络管理服务子系统采用 FACPS 模型，该模型共有 5 大管理子模块：

a. 故障管理（Fault Management）：用来监测传输网络和系统基础设施的状态，显示故障信息并发送告警信息，执行诊断程序。

b. 配置管理（Configuration Management）：提供对基础设施设备和用户设备的可操作的参数的配置和维护。

c. 统计管理（Accounting Management）：支持提供给第三方的接口来追踪系统中无线资源的使用。

d. 性能管理（Performance Management）：应用程序可以监测、报告、控制和优化系统资源的使用。

e. 安全管理（Security Management）：设置用户的优先级并控制用户的访问并能修改他们在配置数据库中的信息。

⑤录音服务器

录音服务器采用商用服务器，提供 AcroTetra 系统全网集中录音功能：

a. 对指定的通话组、个呼、电话双工呼叫进行自动录音。

b. 对短消息进行记录。

c. 对指定的组呼号、个呼号进行录音监听。

d. 利用录音客户端进行录音查询和回放。

⑥NTP 服务器

NTP 服务器（NTS）是一个时间参考时钟模块，它为所有 IP 连接设备（NTP 客户端）提供 UTC 时间和日期参考，并协助基站同步。

NTP 服务器以 GPS 或北斗为时间基准，内嵌国际流行的 NTP-SERVER 服务，以 NTP/SNTP 协议同步网络中的所有计算机、控制器等设备，实现网络授时。

⑦网络传输设备

网络传输设备包括核心汇聚路由器、边界路由器、核心以太网交换机，实现了 AcroTetra 系统内各网元设备之间的连接。路由器和以太网交换机均采用成熟商用设备，实物如图 3-14 所示，支持冗余热备份。

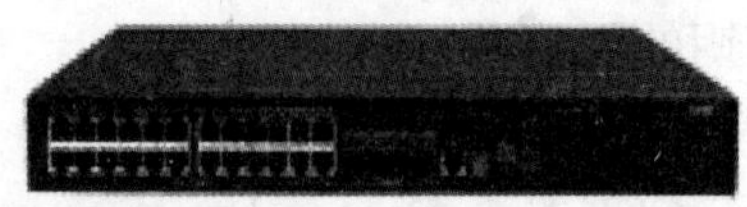

图 3-14　网络传输设备

（2）技术指标

①AcroTetra 系统交换控制中心设备容量：

a. 128 个基站；

b. 512 个载频；

c. 256 个调度台；

d. 128 个 PSTN 网关；

e. 80000 用户；

f. 20000 通话组。

②接口数量：

数字集群交换控制中心设备端口种类和数量载于表3-1中。

数字集群交换控制中心设备端口种类和数量　　表3-1

接口名称	接口类型	系统支持数量	接口名称	接口类型	系统支持数量
基站接口	IP	128	电话系统的中继接口	E1	128
网管设备接口	IP	≥8	系统录音接口	IP	10
信号ATS接口	IP	≥8	与连接时钟系统接口	IP	≥3
近端调度台接口	IP	≥20	与集中告警系统接口	IP	≥3
远端调度台接口	IP	≥12			

2）TBS800 基站

（1）基站组成

TBS800 基站提供无线覆盖、空中信令、空中数据传输等业务，实物如图3-15所示。其主要模块包括：

a. 基站控制器（1+1 冗余）；

b. 同步单元；

c. 信道机；

d. 射频分配单元。

①基站控制器

基站控制器完成基站配置运行管理、信道资源管理、移动管理、加密管理、基站网管等功能，在单站模式下，基站控制器可作为交换中心来工作，基站中的两台基站控制器采用1+1热冗余的方式工作。当主用基站控制器发生故障时，备用基站控制器自动接替工作，不会影响系统的正常运行。

图3-15　双载波基站

此外，基站采用双路由配置，通过主、备两条E1/IP链路同时连接到交换控制中心。其中任意一条传输链路中断，均不会影响系统的正常工作。

②同步单元

同步单元设备为基站提供高稳定的时钟信号，用于满足TETRA标准的要求，保证基站内和基站间各个载波的时隙同步误差小于1/4个符号；同时，同步单元设备还为基站提供时间同步功能。

③信道机

信道机实现一个载波的物理层，包括基带处理、射频解调、分集接收和射频调制、功率放大功能。单机柜可以配置4个信道机，支持16个信道。每个收发信机可支持最多3分集接收，每个信道之间间隔25kHz，每收发信机4个时隙，一般将第1个收发信机的第1个时隙作为控制信道。

④射频分配单元

射频分配单元将多路载波输出信号进行合路，以便将多个信道机的发射信号馈送到一根天线，同时射频分配单元采用多个接收机多路耦合器把多根分集接收天线接收到的信号分配到接收机单元，为了减少天线数量，射频分配单元采用双工器将射频收发信号进行混合。

(2)基站技术指标

基站控制器等关键部件采用主备用冗余配置,基站采用双收发信机工作方式。

①发射机电性能要求

a. 工作频段:851~866MHz;

b. 信道间隔:25kHz;

c. 输出功率:25W/载频(可调);

d. 端口特性阻抗:50Ω 不平衡;

e. 工作方式:连续;

f. 频率精度:$\pm 0.1 \times 10^{-6}$;

g. 互调抑制:≥70dB(30kHz 的测量带宽);

h. 离散寄生发射:≤ -36dBm(100kHz 的测量带宽);

i. 邻道功率:-60dBc(偏离 25kHz);

j. 载波带外辐射:< -80dBc(偏离 100~250kHz);

k. 驻波比:<1.5;

l. 靠近载波无用发射最大允许电平:-60dBc(偏离标称载波频率 25kHz);

m. 远离载波无用发射最大允许电平:-80dBc(偏离标称载波频率 100~250kHz);

n. 宽带噪声的最大允许电平:符合《数字集群移动通信系统体制》(SJ/T 11228—2000)中 10.1.3.b 中规定。

②接收机电性能要求

a. 工作频段:806~821MHz;

b. 信道间隔:25kHz;

c. 静态参考灵敏度:-119dBm;

d. 动态参考灵敏度:-110dBm;

e. 射频输入阻抗:50Ω;

f. 共道抗扰性:C/I_c 优于 19dB;

g. 邻道干扰抗扰性:C/I_a 优于 -45dB;

h. 阻塞电平:-40dBm(偏离标称接收机频率 50~100kHz);

i. 寄生响应抗扰性:70dB;

j. 互调响应抗扰性:68dB;

k. 无用传导发射最大允许电平:-57dBm(9kHz~1GHz);

l. 无用辐射发射最大允许电平:-57dBm(30MHz~1GHz)。

3)AcroTetra 网管

AcroTetra 系统网管终端可为网管用户提供不同网管应用的图形用户界面(GUI),网管终端可以位于主站或远端站。AcroTetra 系统的网管终端通过以太网接口连接到中心无线设备机柜内的以太网交换机上。

网管终端运行着 TETRA 网络管理应用程序,采用工业标准,通过 FCAPS 模式将网络管理工具分成不同的功能块:故障管理、配置管理、统计管理、性能管理、安全管理,对 TETRA 系统实现资源管理和用户控制。

网管客户端基于商用PC实现，面对不同的网络管理员可以分配不同的权限，同时网管客户端配合系统的VPN功能，能够实现某个应用领域的网络管理员仅管理其关心的系统资源，不会对其他的系统资源造成影响。网管客户端用户界面如图3-16所示。

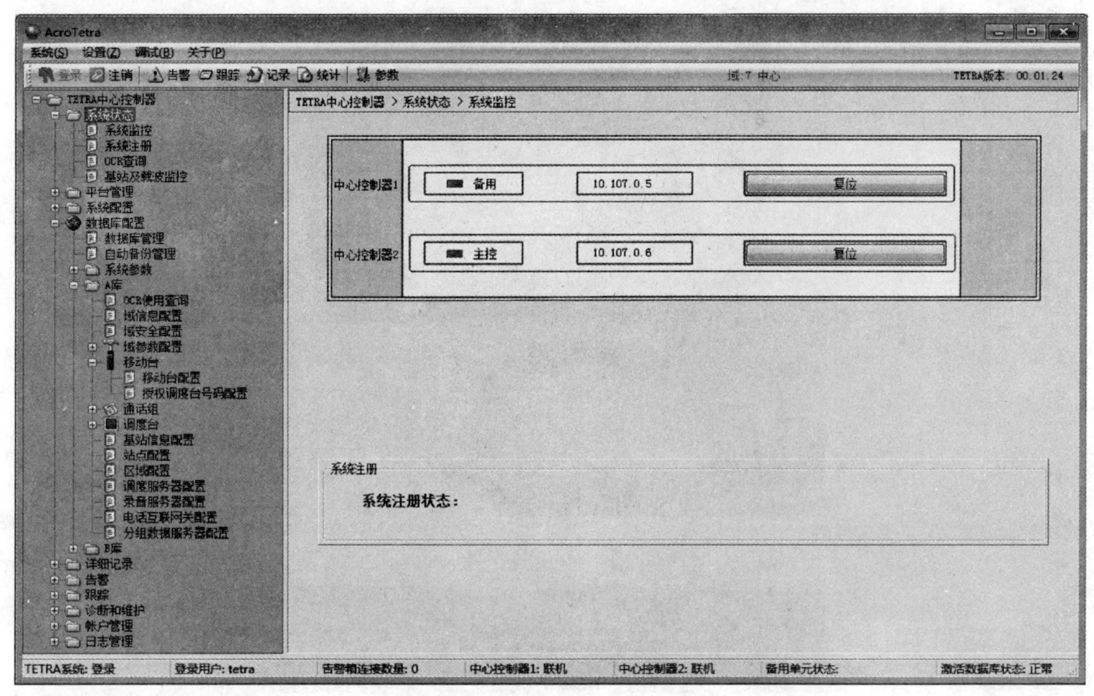

图3-16 网管客户端用户界面

4)调度设备

调度设备包括调度服务器及调度台，调度服务器采用热冗余方案，调度台包括行车调度台、防灾调度台、维修调度台。

调度服务器是调度子系统的核心，负责协调调度子系统内所有调度台的运行，还负责与外部系统通信，获得软件运行所需的列车位置信息和时间信息等。

调度台软件是调度用户的主要工作平台，它分别为系统中不同职责的调度员提供不同的调度功能。

5)车载台/固定台

(1)车载台/固定台组成

AcroTetra系统车载台和固定台发射台均采用通用TETRA电台并通过应用开发完成。

通过应用性开发，AcroTetra车载台能够实现的功能包括：上电检测、中文状态显示、请求通话、车车通话、广播功能、录音和回放、紧急通话、中文短数据收发、列车时间显示、记录功能、自动获取列车当前的位置信息。

AcroTetra车载台的设计充分体现了规范性和先进性的特点。所有部件完全兼容，不同车载台及其相关部件可相互替换，选用了大规模集成电路等高科技模块，其中，关键器件均采用优质产品，保证了设备工作的稳定可靠，也使车载台的维护更加方便、快捷。

AcroTetra固定电台功能与AcroTetra车载台类似，适配220V电源、TETRA电台主机、开关、外部接口/端子连接件等集成在定制的机箱内,美观实用、安装方便。

应用开发的车载台/固定台采取分体式结构,包括主机和控制盒两部分,其中,控制盒部分主要提供用户的操作界面,主机部分用于实现与集群系统及其他系统的接口功能。

车载台控制盒如图 3-17 所示,车载台主机如图 3-18 所示。

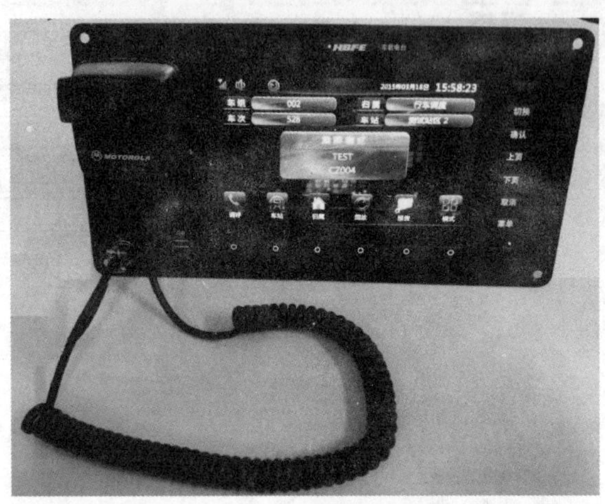

图 3-17　车载台控制盒

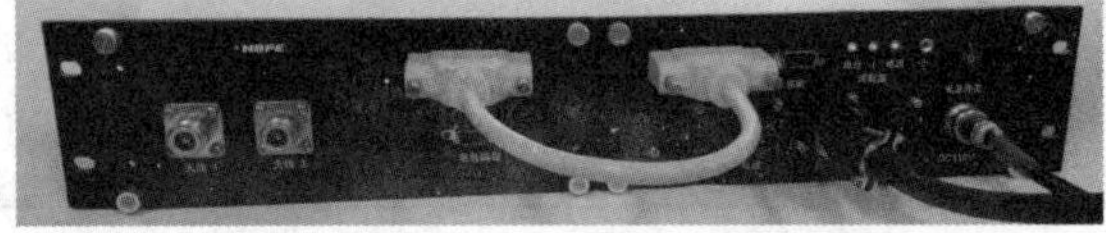

图 3-18　车载台主机

(2)车载台/固定台技术指标

车载台/固定台技术指标载于表 3-2 中。

车载台/固定台技术指标　　表 3-2

一 般 规 格		
通话组 - TMO	3000	
通话组 - DMO	2000	
电话簿	1000	
未接呼叫	20	
已接呼叫	20	
呼出名单	20	
收件箱	400	
发件箱	50	
草稿箱	50	
文件夹	DMO	50×200(每个文件夹支持最大 200 个组)
	TMO	200×200(每个文件夹支持最大 200 个组)
扫描列表	61 个组(30 个静态组 +31 个动态组)	

续上表

一 般 规 格	
RF 指 标	
频率范围	350～400MHz,806～870MHz
信道间隔	25kHz
RF 输出功率	10W
接收机静态灵敏度	－112dBm(典型值－116dBm)
接收机动态灵敏度	－103dBm(典型值－105dBm)
AF 音频输出功率	内置 4W,外置 10W
射频输入阻抗	50Ω(不平衡)
邻道功率	－60dBc(偏离 25kHz)
互调衰减	≥60dB(30kHz 的测量带宽)
离散寄生发射	≤－36dBm(100kHz 的测量带宽)
载波带外辐射	<－80dBc(载频偏离 100～250kHz)
寄生响应抗扰性	≥67dB
共道抗扰性	载波电平与共道干扰电平之比优于 19dB
邻道抗扰性	载波电平与邻道干扰电平之比优于－45dB
阻塞电平	－40dBm(偏离标称接收机频率 50～100kHz)
互调响应抗扰性	≥65dB
无用传导发射最大允许电平	≤－57dBm(9kHz～1GHz)
无用辐射发射最大允许电平	≤－57dBm(30MHz～1GHz)
环 境 指 标	
工作温度范围	－25～＋65℃
存放温度范围	－40～＋85℃
湿度	ETS 300019(95%)
防水防尘	IP54,分体控制面板 IP67
防震、抗撞击	MIL-STD-810 C/D/E/F/G
GPS 指 标	
捕获灵敏度	≤－138dBm
跟踪灵敏度	≤－154dBm
定位精度	≤10m
冷启动时间	<50s
热启动时间	<10s

6)车站广播台

车站广播台与广播系统的接口(数据和音频),用于手持台向广播系统发送数据信息,同时广播系统在接收信息后,打开相应的音频通道给无线系统,在优先级允许的状态下,对相应的上下行站台进行广播。

第 4 章　地铁场强覆盖器材

4.1　概　　述

我国地铁专用无线通信系统，采用 TETRA 体制，工作在 800M 频段。

该系统的场强覆盖方案可用一个覆盖小区来说明：信源是单基站，用同一条漏缆或同一副天线辐射并接收电波。基站和漏缆之间、基站和天线之间，用一套射频馈线相连，收发共用。射频馈线由射频同轴电缆和各种无源器件组成，如图 4-1 所示。

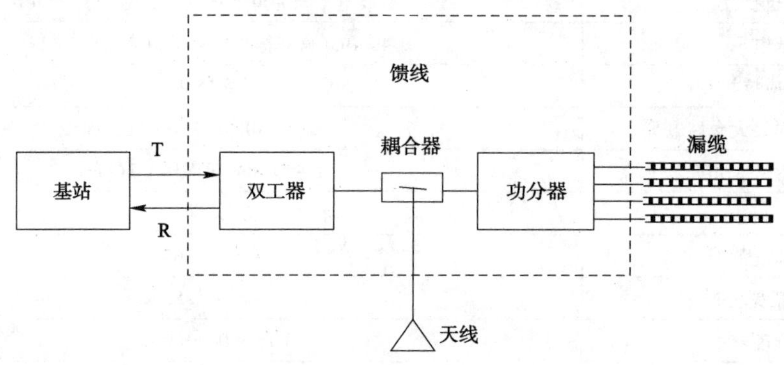

图 4-1　单基站无线覆盖方案

如果相邻基站距离较远，为弥补馈线的传输损耗，必须使用直放站。直放站有射频直放站和光纤直放站两种，地铁通常采用光纤直放站。

因此，地铁专用无线通信系统的覆盖器材，应包括：天线、同轴电缆、泄漏电缆、无源器件、光纤直放站。

4.2　天　　线

4.2.1　天线基本功能

天线的基本功能：在发射端，将发射机经馈线传输的高频电流能量，转变为无线电波并发送到空间去；在接收端，将空间传来的无线电波能量，转变为向接收机传送的高频电流能量。

而且,这两个功能可以由一副天线完成。

从这个角度看,也可以认为天线就是一个高频能量转换器。

4.2.2 天线技术参数

1)天线方向图

在以天线为球心、以距离 R 为半径的球面上的各点,天线的辐射强度是不同的。把这些辐射强度与空间角度的关系 $f(\theta,\varphi)$,称作天线的方向性函数。根据方向性函数绘制的图形,称作天线方向图。

天线方向图,也可描绘为天线辐射的电磁场在给定距离上角坐标分布的图形。

表示辐射(或接收)场强振幅方向特性的,称作场强方向图。表示辐射(或接收)场强功率方向特性的,叫功率方向图。常用方向图是归一化方向图,没有量纲,最大值为1。

天线方向图是空间立体图形,常用水平面方向图和垂直面方向图表示。

包含天线最大辐射方向的辐射波瓣称作天线主波瓣,又叫天线波束。

图4-2是天线波束示意图。

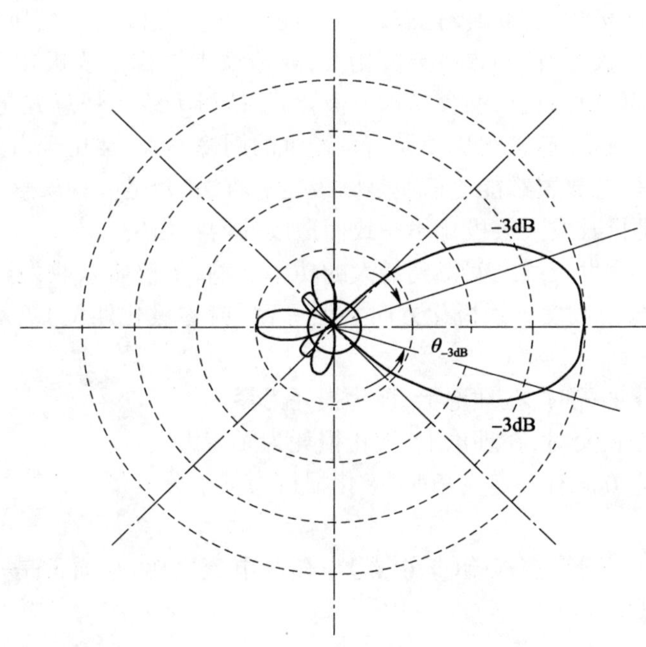

图4-2 天线波束示意图

主瓣之外的叫副瓣、旁瓣或边瓣。与主瓣方向相反的副瓣叫后瓣。

描述天线波束的主要参数如下:

(1)零功率波瓣宽度:主瓣最大值两个零辐射方向的夹角。

(2)半功率波瓣宽度:主瓣最大值下降3dB点的夹角。

(3)副瓣电平:副瓣最大值与主瓣最大值之比。

(4)前后比:后瓣最大值与主瓣最大值之比。

2)天线增益

天线增益，是天线最重要参数之一，它表示天线在给定方向上辐射能量的集中程度。

天线增益，理论上是相对假想的无方向性点源天线定义的。实际应用中，天线增益的定义与参考天线有关。

参考天线为全向辐射器。所谓全向辐射器，是假设在所有方向都辐射等功率的辐射器。通常，用全向天线或半波振子天线作全向辐射器。

定义：在信源功率和距离相同情况下，天线最大辐射方向场强平方 E^2 与参考天线场强平方 E_0^2 之比，称作该天线的增益。

用全向天线作为参考天线时，增益单位为 dBi。这是地铁天线的常用单位，有时简称 dB。

用半波振子天线作为参考天线时，增益单位为 dBd。

由于半波振子天线在自由空间的增益为 2.15dB，故 dBi 比 dBd 大 2.15dB，即

$$1\text{dBi} = 1\text{dBd} + 2.15\text{dB} \tag{4-1}$$

3）天线极化

天线极化，是指它所辐射电磁波的极化。

对线极化天线来说，振子的方向就是它的极化方向。

电磁波可以分为线极化波和圆极化波，故天线也可分为线极化天线和圆极化天线。

地铁天线只辐射线极化波，不辐射圆极化波，故地铁天线都是线极化天线。目前，地铁车载台天线和吸顶天线是垂直极化，漏缆是水平极化，手持机天线是任意方向线极化。

圆极化技术复杂，成本较高，在移动通信系统中的用途不大，常见于雷达等复杂装备中。

那种认为手持机任意放置都能通信便是圆极化的看法，乃是一种误解。

天线极化损耗，是指收发天线极化不一致而造成的增益损失。

实际通信中，为在收发天线之间得到最大的功率传输，不仅要求收发天线与馈线匹配（驻波系数趋于 1），而且要求收发天线极化方向必须一致（或称极化匹配）。对线极化天线而言，有三种情况：

（1）收发天线极化匹配时，在理论上，极化损耗为零。

（2）收发天线极化正交时，在理论上，极化损耗为无穷大。

（3）收发天线极化方向有一定夹角时，极化损耗为某个分贝值。

4）输入阻抗

天线输入阻抗，是指天线输入端（馈电点）电压与电流之比，它通常是一个复阻抗，而且与频率有关，常见表示式为：

$$Z_{\text{Ain}} = \frac{U}{I} = R_{\text{in}} \pm jX_{\text{in}} \tag{4-2}$$

对比较细的半波振子，其天线输入阻抗为：

$$Z_{\text{Ain}} = 73.1 + j42.5 \quad (\Omega)$$

通信天线用 50Ω 同轴线连接收发信机，电视则用 75Ω 同轴线连接天线。为了实现天线与馈线的匹配，需要用匹配网络抵消天线输入阻抗中的电抗分量，并使天线的特性阻抗等于馈线的特性阻抗。

5）驻波系数（驻波比）

表征天线与馈线的匹配好坏，常用电压驻波系数或称驻波比（VSWR）来表示。匹配时，无

反射,无驻波,VSWR = 1;不匹配时,有反射,有驻波,VSWR > 1。VSWR 愈小,匹配愈好。

6)天线互易定理

天线互易定理:同一天线用作发射与用作接收时,其方向性函数相同,输入(输出)阻抗相同,方向性系数、效率及增益也相同。

天线互易定理描述了天线的互易性。

利用天线互易定理,可从天线发射状态参数直接得到接收状态参数,反之亦然。一般说来,在发射状态下计算参数比较方便,在接收状态下测试参数比较方便。

4.2.3 地铁天线

1)半波振子天线

半波振子天线,是一种最简单的基础性天线。把它作为漏缆测试天线,是其单独使用的典型例子。在引向型八木天线中,半波振子则是构成整个八木天线的基本单元。

半波振子天线,可以看作是由终端开路的传输线演变而来,图 4-3 说明了演变的过程。图中,I 表示电流,E 表示电场。

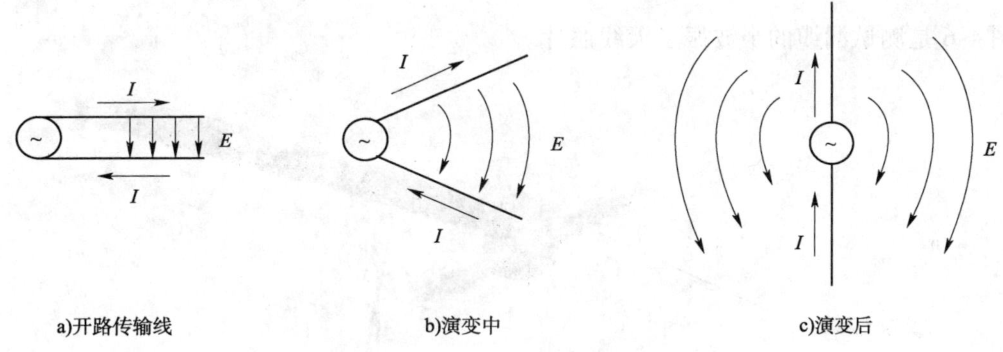

图 4-3 开路传输线演变为天线的过程

基本半波振子天线由两根对称的金属导体组成,其几何结构如图 4-4 所示。天线总长度约为工作中心波长的 1/2。根据传输线理论,当对称振子每臂长度近似等于 $\lambda/4$ 的整数倍时,其输入电抗为零,输入阻抗只含电阻成分,振子处于谐振状态。当振子臂长约为 $\lambda/4$ 时,输入端为电压波节、电流波弧,输入电抗为零,电阻最小,相当于串联谐振状态。

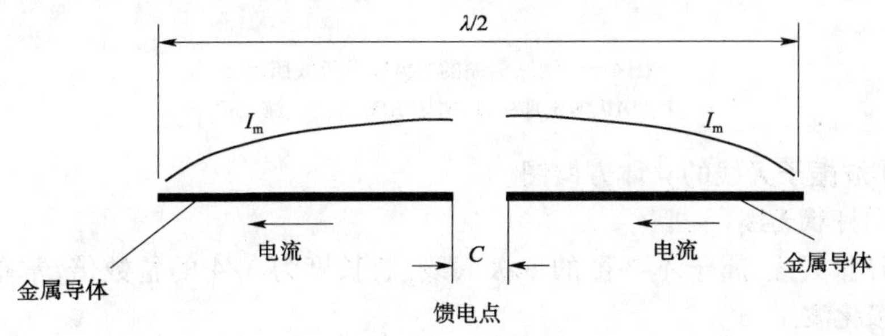

图 4-4 半波振子天线组成及电流分布

半波振子天线的实际臂长(又称谐振臂长),并不是准确的 λ/4 或 λ/4 整数倍,而是稍短一些。并且,振子越粗,实际臂长越短,这是振子的"末端效应"所引起的。

半波振子天线方向图如图 4-5 所示。垂直面方向图为 8 字形,方向性系数 1.64,增益 2.15dB。水平面方向图为圆形。振子方向就是半波振子天线的极化方向:振子垂直放置时,为垂直极化;振子水平放置时,为水平极化。

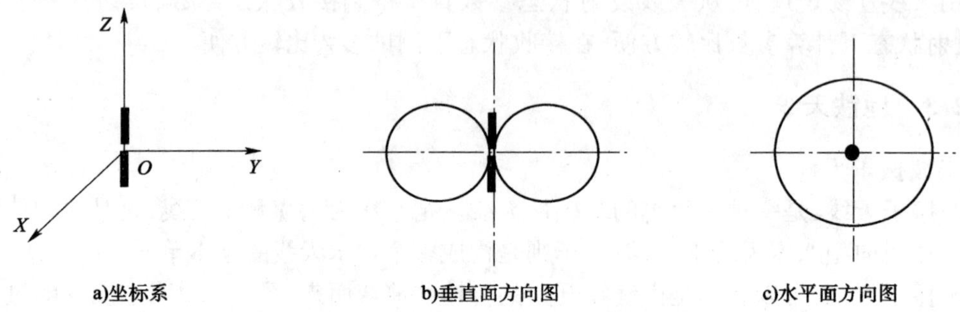

图 4-5　半波振子天线方向图

图 4-6 是测试漏缆的半波振子天线照片。

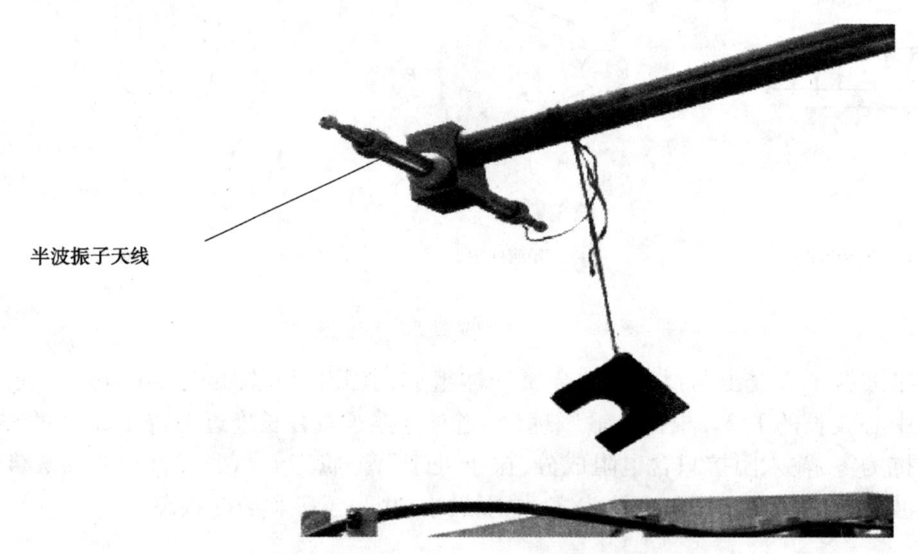

图 4-6　测试漏缆的半波振子天线照片

注:2010 年 5 月 9 日,摄于 RFS 公司上海工厂

图 4-7 是半波振子天线的立体方向图。

2)室外全向杆状天线

室外全向杆状天线,属于不平衡的单极天线,总长度为 λ/4 的整数倍,常垂直地面架设,所以产生垂直极化波。

典型的室外全向杆状天线照片如图 4-8 所示,技术指标见表 4-1。

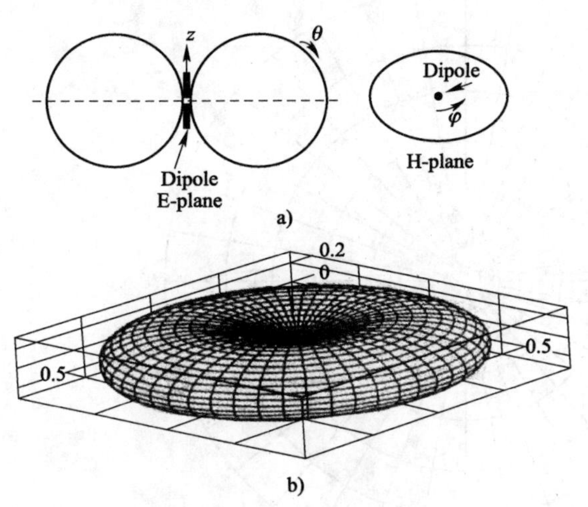

图 4-7　半波振子天线立体方向图

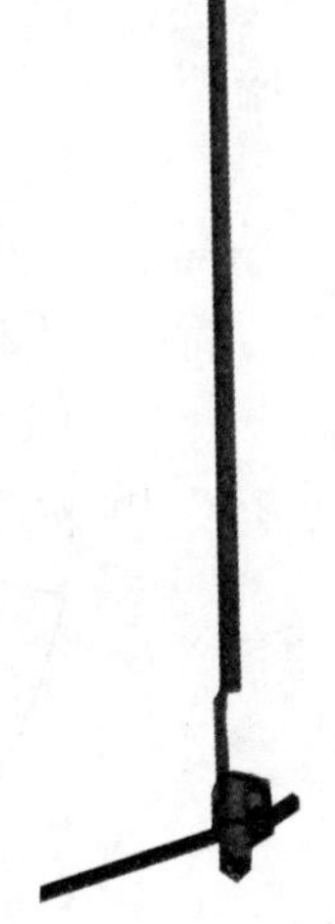

图 4-8　室外全向杆状天线照片

室外全向杆状天线技术指标(进口产品)　　表 4-1

电　气　指　标		结　构　指　标	
频率范围	806 ~ 870MHz	接头	7-16DIN 阴接头
增益	11dBi	防雷保护	直流接地
阻抗	50Ω	总长度	3400mm
驻波系统(回波损耗)	1.5(一般值)	辐射振子外壳直径	65mm
极化方式	垂直	底管直径	90mm
电控倾角	2°	质量	7.5kg
垂直面波束宽度	7° ±1°	颜色	灰色
水平面波束宽度	在 ±0.5dB 范围内为环形	额定风速	193km/h
额定功率	250W	安装	固定夹钳
		辐射振子材料	强化玻璃镀铜
		天线罩材料	玻璃纤维管

该天线长 3.4m,辐射振子外壳直径 65mm,辐射振子材料为强化玻璃镀铜,天线罩材料为玻璃纤维管,用直流接地方法防雷,适用于 806 ~ 870MHz 频率范围,增益 11dBi,垂直面波束宽度 7° ±1°,水平面波束宽度在 ±0.5dB 范围内为环形。

图 4-9 是该天线的垂直面方向图,图 4-10 是该天线的水平面方向图。

室外全向杆状天线如图 4-11 和图 4-12 所示。铁塔是天线的支架(抓手),天线在铁塔西侧。铁塔也是避雷针的支架,避雷针在铁塔顶部。两个一大一小的不锈钢球体,把它装饰得活像一座“明珠塔”,十分抢眼。

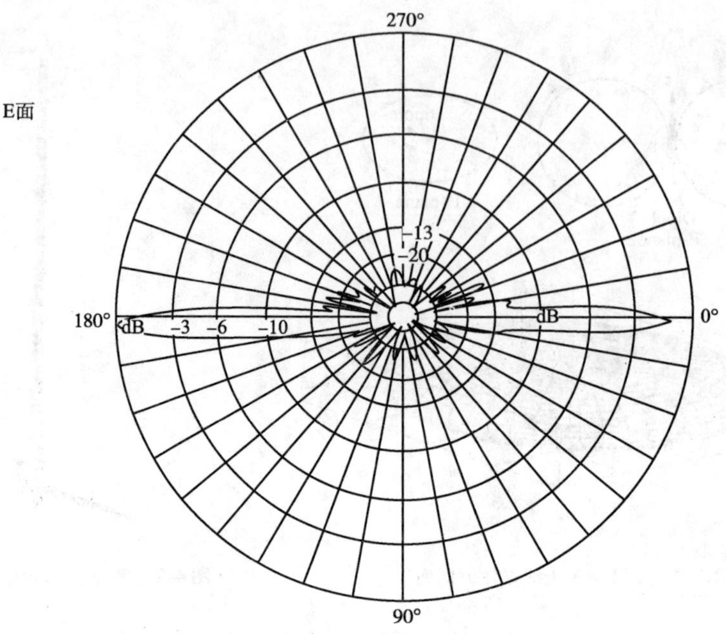

图 4-9　室外全向杆状天线垂直面方向图

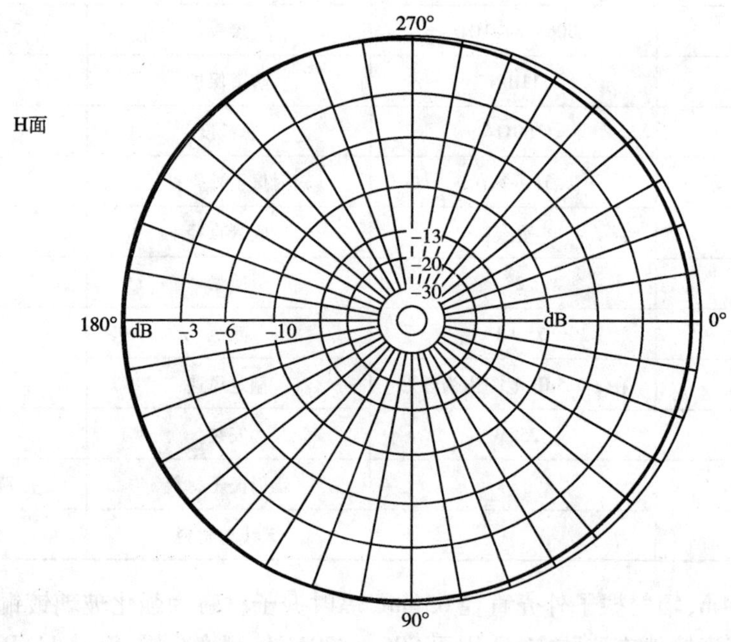

图 4-10　室外全向杆状天线水平面方向图

3）车载盘状天线

车载盘状天线有平顶天线和弧顶天线两种类型，分别如图 4-13 和图 4-14 所示，技术指标载于表 4-2。车载盘状平顶天线直径 270mm，高 25mm，辐射振子和底板材料为铝合金，天线罩材料为强化塑料，装在列车驾驶室顶部，垂直极化，水平方向性为全向，增益不小于 3dBi，见图 4-15。

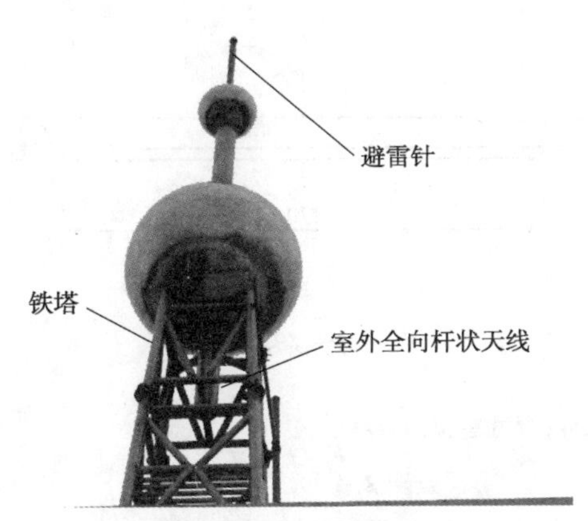

图 4-11　室外全向杆状天线照片(一)

图 4-12　室外全向杆状天线照片(二)

图 4-13　平顶车载盘状天线照片

图 4-14　弧顶车载盘状天线照片

车载盘状天线技术指标　　表 4-2

序　号	指标名称	指标要求	序　号	指标名称	指标要求
1	外部形状	盘状	8	增益	≥3dBi
2	安装部位	列车驾驶室顶部	9	额定功率	10W
3	频率范围	800 ~ 870MHz	10	外形尺寸	270mm × 25mm
4	特性阻抗	50Ω	11	天线罩材料	2mm 厚强化塑料
5	驻波比	≤1.3	12	辐射振子材料	铝合金
6	极化方式	垂直	13	底板材料	铝合金
7	水平方向性	全向			

车载盘状天线属于低廓全向天线,所谓低廓全向天线是指高度低于 0.1λ 的天线。

倒 L 天线和倒 F 天线,都是属于低廓全向天线。倒 F 天线是从倒 L 天线发展而来。

倒 L 天线由于水平部分与地面构成负象,所以主要是垂直极化,方向图类似单极天线,水平面呈全向。又由于倒 L 天线存在水平部分,90°仰角方向图不为零。

图 4-16 是倒 L 天线的原理图、坐标图和方向图。

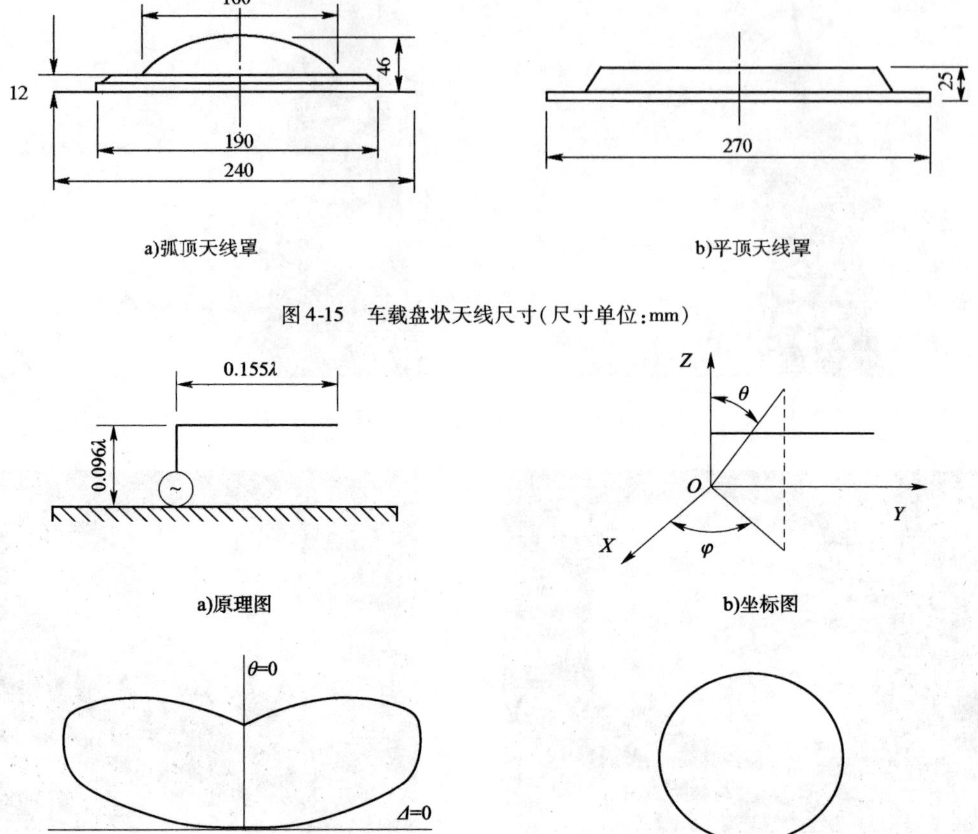

图 4-15　车载盘状天线尺寸(尺寸单位:mm)

图 4-16　倒 L 天线图形

倒 F 天线,由于它的外形像面向地面的英文字母 F 而得名。同倒 L 天线相比,倒 F 天线有更大的辐射电阻,调整结构尺寸就能使它与 50Ω 同轴线匹配。为了展宽倒 L 天线的带宽,用一平面结构来代替 F 天线的水平导线。倒 F 天线的辐射由连接同轴线的垂直振子所激励,其极化方式为垂直极化。车载盘状天线属于倒 F 天线,其内部结构如图 4-17 所示。

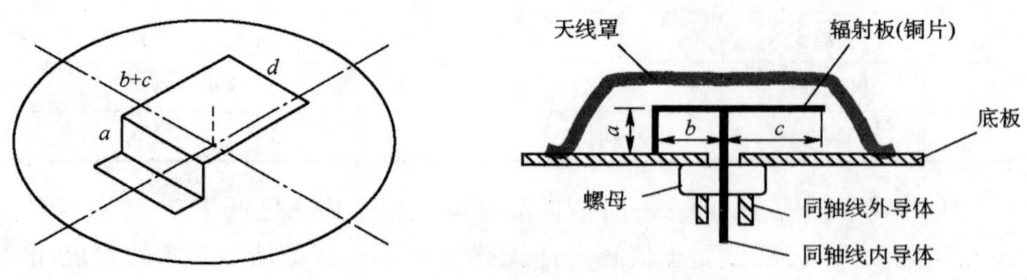

图 4-17　车载天线(倒 F 天线)内部结构

注:$a=20\text{mm}$,$b=25\text{mm}$,$b+c=74\text{mm}$,$d=68\text{mm}$

4)室内全向吸顶天线

(1)单频段全向吸顶天线

单频段全向吸顶天线用于地铁无线调度通信系统。

图4-18是室内全向吸顶天线的外部照片,图4-19是该天线的安装照片,图4-20和图4-21是该天线的内部结构照片,图4-22是该天线的剖视图,图4-23是其辐射体图,图4-24和图4-25分别是室内全向吸顶天线的垂直面方向图和水平面方向图。

表4-3是室内全向吸顶天线的技术指标。

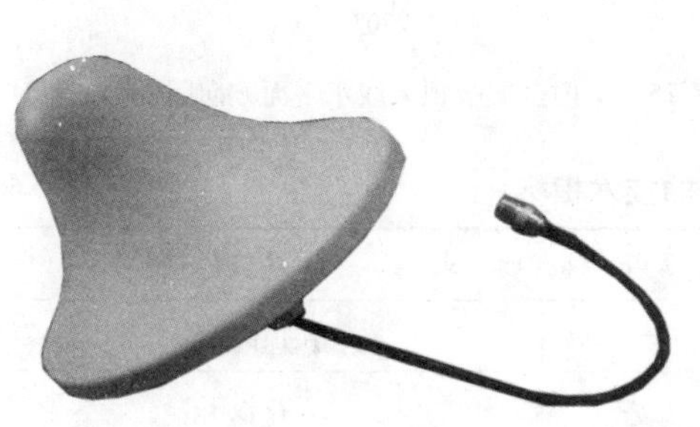

图4-18 室内全向吸顶天线外部照片

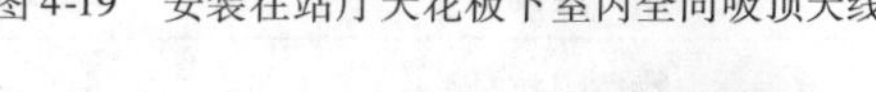

图4-19 安装在站厅天花板下室内全向吸顶天线

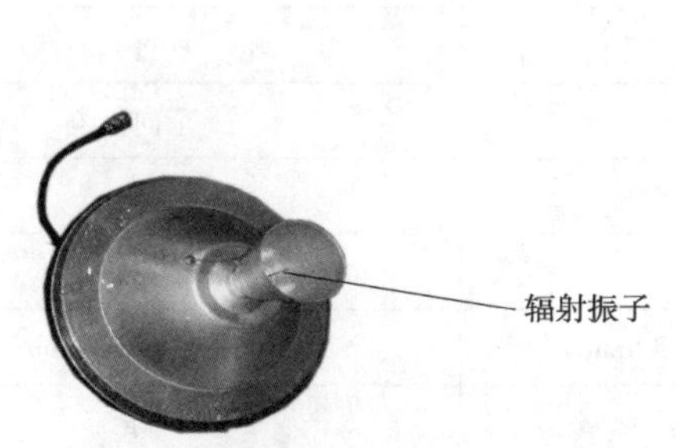

图4-20 室内全向吸顶天线内部结构照片(一)

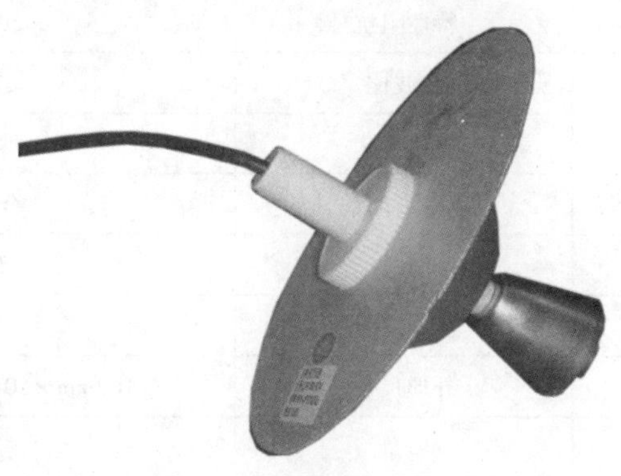

图4-21 室内全向吸顶天线内部结构照片(二)

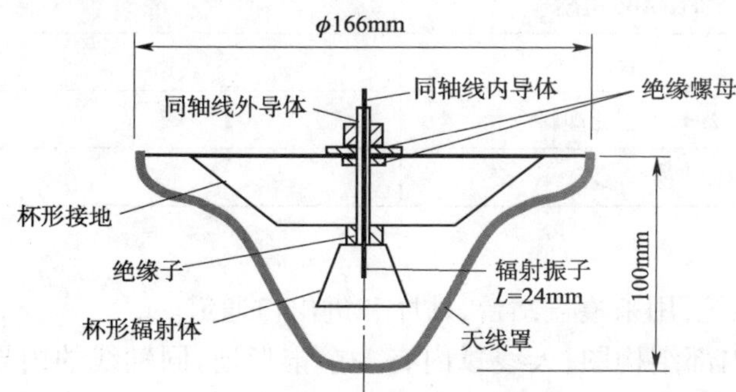

图4-22 800MHz频段吸顶天线剖视图

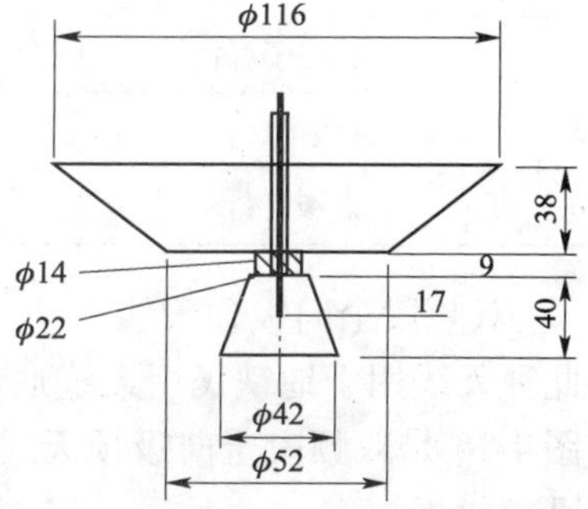

图4-23 800MHz频段吸顶天线辐射体(尺寸单位:mm)

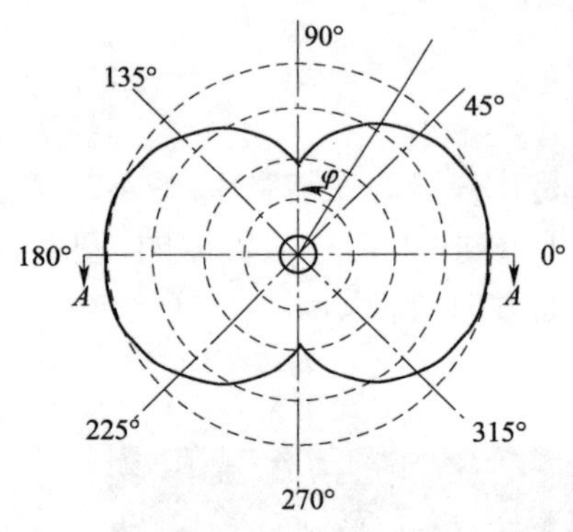

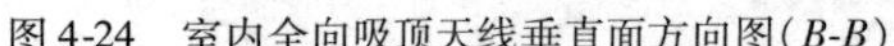
图 4-24　室内全向吸顶天线垂直面方向图(B-B)

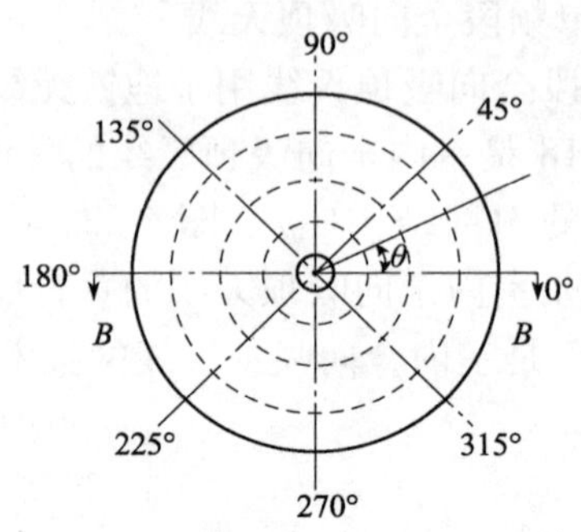

图 4-25　室内全向吸顶天线水平面方向图(A-A)

调度通信室内全向吸顶天线的技术指标　　表 4-3

序号	指标名称	指 标 要 求	
1	天线形状	矩形盒式	弧顶圆形
2	安装部位	天花板下	天花板下
3	频率范围	800 ~ 870MHz	800 ~ 870MHz
4	特性阻抗	50Ω	50Ω
5	驻波比	≤1.3	≤1.3
6	极化方式	垂直	垂直
7	水平方向性	全向	全向
8	增益	≥3dBi	≥3dBi
9	额定功率	50W	50W
10	外形尺寸	169mm × 104mm × 30mm	ϕ166mm,高 100mm
11	质量		0.5kg
12	接头		N-K
13	天线罩材料	PC/ABS 阻燃	
14	辐射振子材料	铝合金	
15	天线罩材料	2mm 厚强化塑料	
16	底板材料	铝合金	

(2)双频段全向吸顶天线

此种天线用于地铁民用无线通信系统,用来覆盖站台、站厅和进出口通道。

图 4-26 是双频段全向吸顶天线的内部结构图,天线罩内有一个锥形地,同轴线的内导体和激励辐射板相连。

工作频段:f_1 = 806 ~ 960MHz, f_2 = 1710 ~ 1990MHz;增益:2.1dB;驻波系数:≤1.5;方向图:方位 360°,垂直 180°(54°);极化方式:垂直极化。

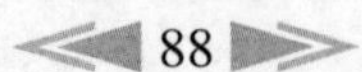

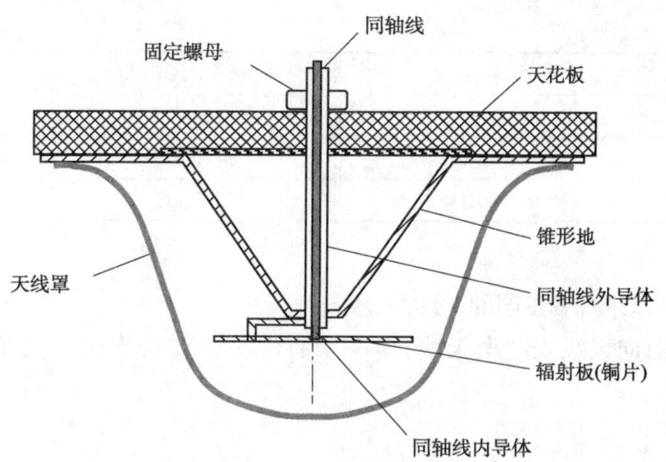

图4-26 双频段全向吸顶天线内部结构图

表4-4是双频段吸顶天线技术指标。

双频段吸顶天线技术指标 表4-4

指标名称	指标要求	指标名称	指标要求
频率范围	800~960MHz、1710~2500MHz	阻抗	50Ω
增益	3/5dBi	接头型号	N-50K
E面半功率角	60°	尺寸(直径×高)	165mm×98mm
电压驻波比VSWR	≤1.4	质量	0.23kg
极化方式	垂直	辐射体材料	铝
最大功率	100W	温度	-40~+70℃

(3)三频段全向吸顶天线

此种三频段吸顶天线用于地铁民用无线通信系统,用来覆盖站台、站厅和进出口通道。图4-27是三频段吸顶天线方向图。表4-5是三频段吸顶天线技术指标。

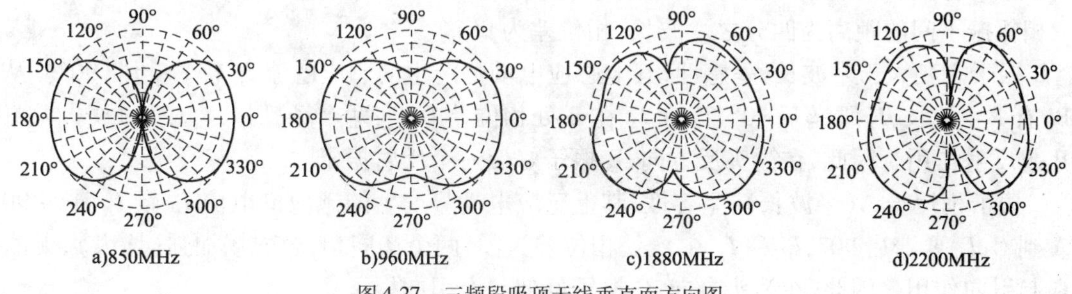

图4-27 三频段吸顶天线垂直面方向图

三频段吸顶天线技术指标 表4-5

指标名称	指标要求	指标名称	指标要求
工作频段	600~2500MHz	水平面波束宽度	360°
驻波比	≤1.5(600~700MHz;824~960MHz;1710~2400MHz)	垂直面波束宽度	180°(双方向各90°)
		天线高度	150mm
增益	2~3dBi	天线质量	0.6kg

续上表

指标名称	指标要求	指标名称	指标要求
极化方式	垂直	接头类型	N-F
功率	50W	相对湿度	0～95%
阻抗	50Ω	环境温度	-30～+70℃

5）八木天线

八木天线是日本八木三真发明的，故称八木天线。

八木天线又叫引向天线或波渠天线，由一个有源振子和若干无源振子组成，图4-28是它的原理结构图。

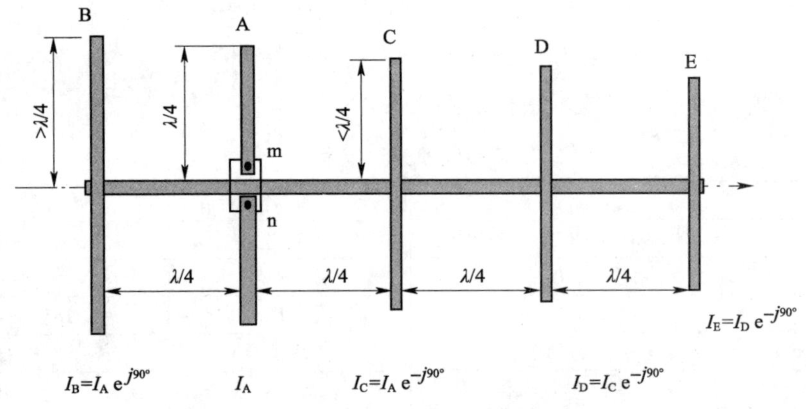

图4-28　八木天线原理结构图

A是有源振子，亦称主振子，长度为半波长，谐振于工作频率，其上高频电流为I_A。主振子经m、n与馈线直接相连。

B是反射振子，C、D、E是引向振子。

相邻振子间的距离为四分之一波长，相位差为90°。

B振子它稍大于半波长，呈感性，其上感应电动势产生的感应电流I_B较I_A超前90°。从A到B，有1/4波长，I_A要落后90°，I_B和I_A在B处相位差180°，两个场反相，合成场减弱，无源振子B起反射作用。因此，在箭头反方向，B振子好似一个反射振子。

C振子稍短于A（半波长），呈容性，其上感应电动势产生的感应的电流I_C较I_A滞后90°。从A到C，I_A要滞后90°，I_C和I_A在C处相位差为零，两个场同相，合成场加强（增大），无源振子C起引向作用。因此，在箭头方向，C振子好似一个引向振子。

同理，D稍短于C，E稍短于D，故无源振子D和无源振子E也起引向作用，也好似一个引向振子。

反射振子和引向振子，都是无源振子，它们在中点短接，而不接有源振子。

所有振子在同一平面内，相互平行，且中点在一条直线上。

引向振子的数目一般不超过13个。

表4-6是八木天线技术指标（典型值）。

八木天线技术指标(典型值) 表4-6

电 气 指 标		结 构 指 标	
天线类型	定向型	接头	7-16DIN 阴接头
频率范围	800～900MHz	防雷保护	直流接地
增益	14.5dBi	长度	1300mm
阻抗	50Ω	宽度	160mm
驻波系数	1.4	高度	100mm
极化方式	垂直或水平(与振子方向有关)	颜色	灰色
前后比	15dB	额定风速	193km/h
垂直面波束宽度	33°	天线罩材料	椭圆形聚酯玻璃纤维管
水平面波束宽度	35°	电缆长度	1500mm
额定功率	200W	质量	7.5kg

图4-29是八木天线垂直面方向图。图4-30是水平面方向图。图4-31和图4-32是八木天线实物照片。

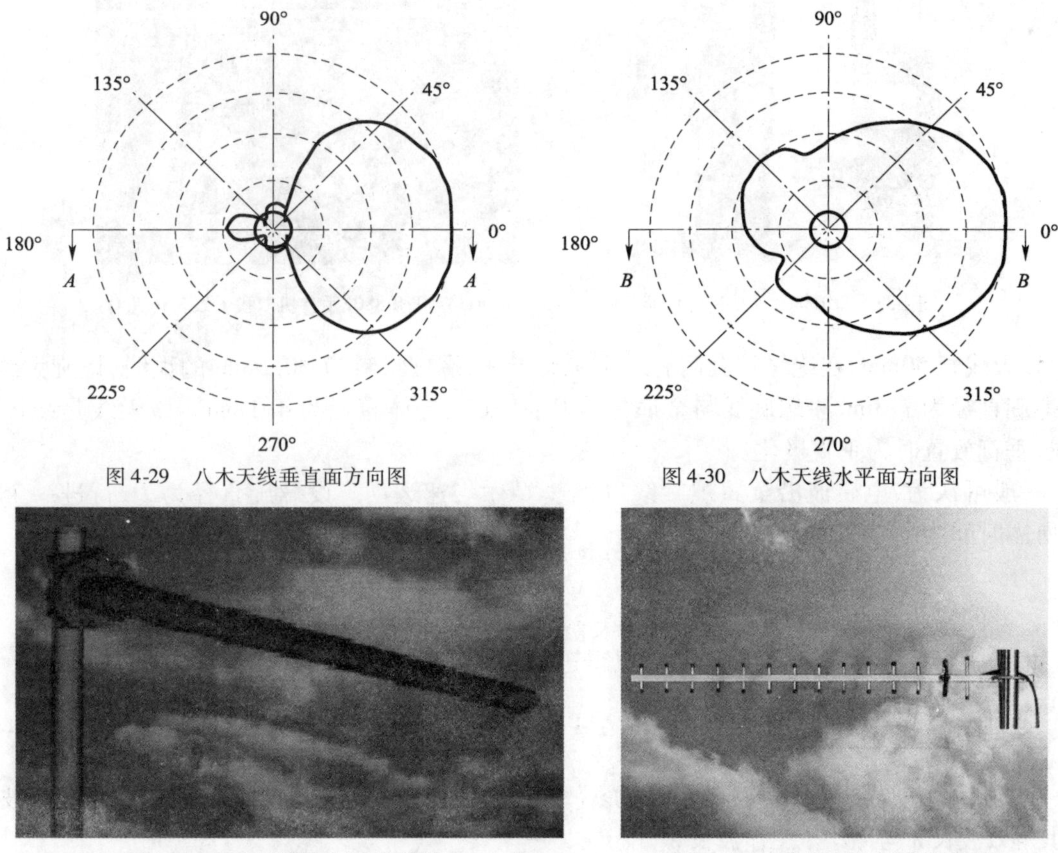

图4-29 八木天线垂直面方向图

图4-30 八木天线水平面方向图

图4-31 八木天线照片(有天线罩)

图4-32 八木天线照片(无天线罩)

6)手持机天线

手持机天线,根据所处位置可以分为外置天线和内置天线两大类。

外置天线的优点是频带范围较宽、接收信号比较稳定、制造简单、费用较低,但也有易于损坏等缺点。

地铁专用无线通信系统手持机天线为外置天线。

传统的外置天线是单级天线,尺寸较长,携带不便。一般采用螺旋天线(法向螺旋)来降低尺寸,也有采用 PCB 螺旋天线的,以获得更小的尺寸和各种形式的外置天线。螺旋有 1/4 波长螺旋和 1/2 波长螺旋。

螺旋天线因其良好的辐射特性、小体积及频带容易扩展等特点,成为外置天线的主流。

螺旋天线的极化方式为垂直极化。

THR880i 手持机天线为双模天线,兼有 GPS 天线(1575MHz)和通信天线(800MHz 频段)两个功能。

图 4-33 是 THR880i 手持机的外形照片,手持机立于桌上,天线为垂直极化。图 4-34 是 THR880i 手持机天线的整体照片。图 4-35 是 THR880i 手持机双模天线测绘图。

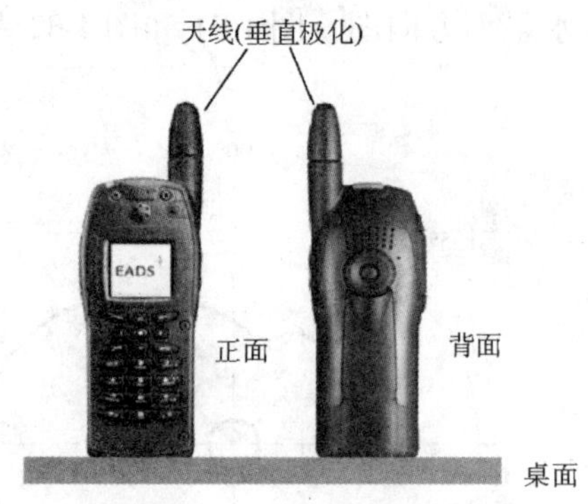

图 4-33 THR880i 手持机外形照片

图 4-34 THR880i 手持机双模天线整体照片

该天线长 50mm,在绝缘护套内有一个螺旋天线,螺旋材料为 $\phi0.5$mm 的铜线,螺旋大约 6 圈,螺旋直径为 7.3mm。螺旋线与金属导体相连,金属导体直径为 4.1mm。该天线是线极化天线,垂直放置时为垂直极化。

一般可认为,电磁波沿金属螺旋线以光速 C 做匀速运动。设螺旋直径为 D,行进一个螺旋,所需时间为

$$t=\frac{\pi D}{C} \tag{4-3}$$

而对螺旋天线而言,其轴向电磁波只行进了一个螺距 ρ,其轴向等效速率为

$$v=\frac{\rho}{t}=\frac{\rho C}{\pi D} \tag{4-4}$$

由上式可以看出,v 总是小于等于 C 的。故螺旋天线能使电磁波运动速度减慢,是一个慢波系统,其等效波长 λ 等效小于工作波长 λ。

对于螺旋天线而言,应谐振于其 1/4 等效波长,因而能缩短螺旋天线的几何长度。

7)定向板状天线

图 4-36 是定向板状天线照片,图 4-37 是定向板状天线方向图。

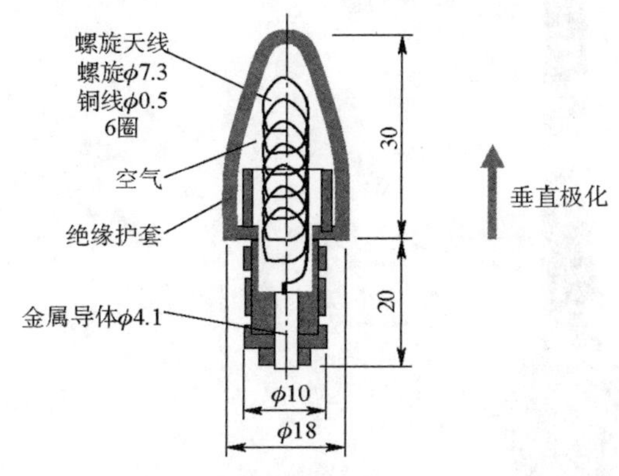

图 4-35 THR880i 手持机双模天线测绘(尺寸单位:mm)

图 4-36 定向板状天线照片

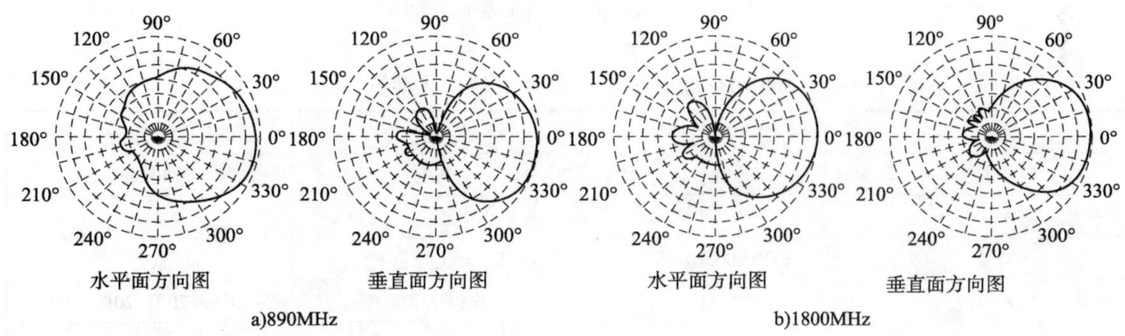

图 4-37 定向板状天线方向图

表 4-7 专用无线是调度通信板状天线技术指标。

专用无线通信板状天线技术指标 表 4-7

名 称	指 标	名 称	指 标
频率范围	806M ~ 870MHz	水平面波瓣宽度	67°
天线增益	11dBi	垂直面波瓣宽度	7.4°
阻抗	50Ω	方向	定向
驻波比	1.35:1	体积(长×宽×高)	2600mm×312mm×120mm
前后比	>30dB	质量	17kg
极化方式	垂直	抗风强度	200km/h、120m/h
最大输入功率	500W	用途	车辆段全段区域
接头	N形母头		

8)吸盘天线

地铁专用无线通信系统固定台,使用800MHz频段吸盘天线。

图4-38是800MHz频段吸盘天线照片。表4-8是800MHz频段吸盘天线技术参数。

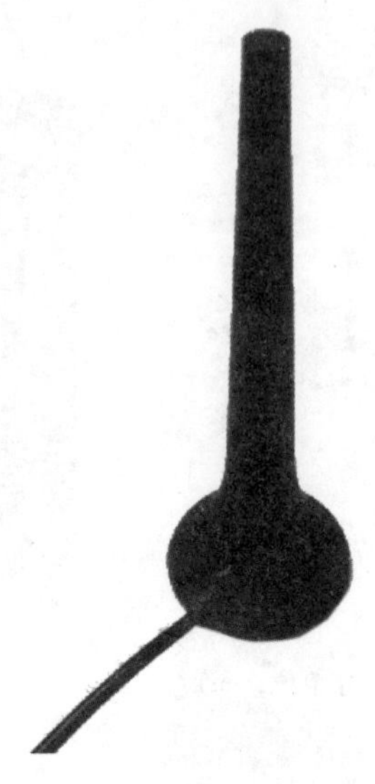

图 4-38　800MHz 频段吸盘天线照片

800MHz 频段吸盘天线技术参数(典型值)　　表 4-8

型号	QW900W04V	输入接口	TNC 公头
频率范围	806 ~ 866MHz	高度	120mm
输入驻波	<2.0	质量	42g
型号	QW900W04V	天线颜色	黑色
输入阻抗	50Ω	工作温度和湿度	-40 ~ +70℃,20% ~90%
增益	≥2.5dBi	储存温度	-20 ~ +70℃
极化方式	垂直	连接线	2m
最大功率	50W		

4.3 同轴电缆

4.3.1 同轴电缆的结构与波长

同轴电缆是一种电磁波的导波系统,其结构示意图见图 4-39。内导体为铜管,外导体为轧纹铜管,内外导体之间用物理发炮聚乙烯绝缘,护套材料为无卤低烟阻燃聚烯烃。射频信号(载有信息的电磁波)在同轴电缆的内外导体之间传输。

微波传输理论指出,当射频信号的工作波长远大于同轴电缆的截面尺寸时(例如,900MHz 的波长是 33cm,而同轴电缆外导体直径在 5cm 以下),在同轴电缆内外导体之间,传输的是横电磁波(TEM 波),如图 4-40 所示。

在图 4-40 中,实线表示交变电场,虚线和圈点表示交变磁场。

同自由空间中的电磁波传播一样,在同轴电缆中,交变电场感应交变磁场,交变磁场又感应交变电场,这种现象不断反复出现,从而将电磁能量极快地传输到远处去。但是,受限于同

轴电缆的导波作用，电磁波在同轴电缆中的传播速度 V_r，要低于在自由空间中的传播速度，并且可以用下式进行计算：

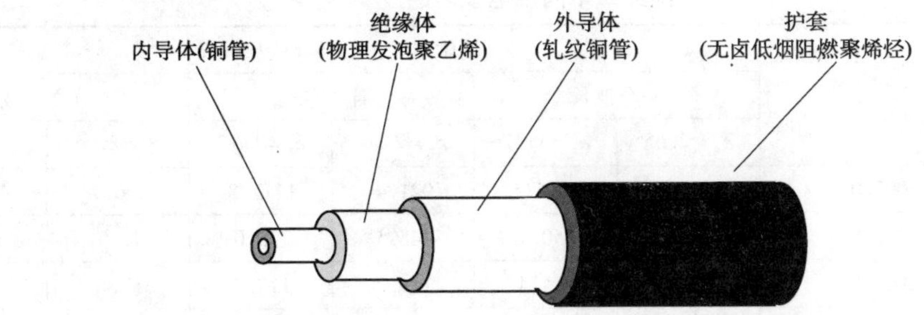

图 4-39 射频同轴电缆结构示意图

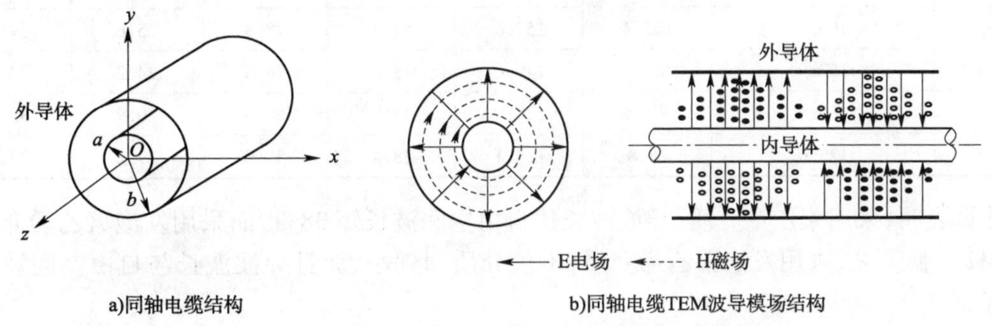

图 4-40 同轴线结构及同轴电缆 TEM 波导模场结构

$$V_r = \frac{1}{\sqrt{L_1 C_1}} \tag{4-5}$$

将 $L_1 = \frac{\mu}{2\pi}\ln\frac{b}{a}$ 和 $C_1 = 2\pi\varepsilon_r/\ln\frac{b}{a}$ 代入，得：

$$V_r = \frac{C_0}{\sqrt{\varepsilon_r \mu}} \tag{4-6}$$

以上式中：C_0——光速；

L_1、C_1——分别表示同轴电缆的分布电感和分布电容；

μ、ε_r——分别表示同轴电缆导体的导电率和绝缘介质的介电常数；

a、b——分别表示同轴电缆内外导体的半径。

在同轴电缆中，由于绝缘介质的存在，电磁波的传播速度慢于在自由空间的传播速度。因此，同轴电缆中的导波波长 λ_r 比自由空间波长 λ_0 短。当导体导电良好时($\mu=1$)，二者关系只与绝缘介质的介电常数 ε_r 有关，而与同轴电缆尺寸无关，计算公式为：

$$\lambda_r = \frac{\lambda_0}{\sqrt{\varepsilon_r}} \tag{4-7}$$

将介电常数 $\varepsilon_r = 2.65$(聚乙烯)或 1.12(优质物理发泡聚乙烯)，代入式(4-7)，得不同频率下的波长，见表4-9。该表列出了100～2400MHz范围内9个频率的波长，包括自由空间波长、同轴电缆内导波一个波长、半波长和四分之一波长，单位mm。

不同频率下同轴电缆内的波长 表4-9

频率（MHz）	自由空间波长（mm）	同轴电缆内的导波波长（mm）					
		一个波长		半波长		四分之一波长	
		$\varepsilon_r=2.65$	$\varepsilon_r=1.12$	$\varepsilon_r=2.65$	$\varepsilon_r=1.12$	$\varepsilon_r=2.65$	$\varepsilon_r=1.12$
100	3000.0	1842.8	2835.5	921.4	1417.8	460.7	708.9
630	476.2	287.0	450.1	143.5	225.0	71.7	112.5
800	375.0	230.3	354.4	115.2	177.2	57.6	88.6
900	333.3	204.7	315.0	102.4	157.5	51.2	78.8
1000	300.0	184.3	283.6	92.1	141.8	46.0	70.9
1800	166.7	102.4	157.6	51.2	78.8	25.6	39.4
1900	157.9	96.9	149.0	48.4	74.5	24.2	37.3
2200	136.4	83.8	128.9	41.9	64.5	20.9	32.2
2400	125.0	76.8	118.1	38.4	59.0	19.2	29.5

计算表明，采用聚乙烯介质，导波波长比自由空间波长短38%，而采用发泡聚乙烯介质只短5.4%。换言之，采用发泡聚乙烯介质，不仅介质损耗小，而且导波波长与自由空间波长比较接近。

4.3.2 同轴电缆技术参数

1）原始参数

R'：串联电阻，Ω/km；L'：并联电感，H/km；C'：并联电容，F/km；G'：并联电阻，S/km。

2）二次参数

（1）特性阻抗 Z_C

$$Z_C=\frac{60}{\sqrt{\varepsilon_r}}\ln(D_e/d_e)\quad(\Omega) \tag{4-8}$$

式中：ε_r——介电常数；

D_e——同轴电缆外导体直径；

d_e——同轴电缆内导体直径。

（2）角频率 ω

$$\omega=2\pi f \tag{4-9}$$

式中：f——频率，kHz。

（3）相位常数 β

$$\beta=\overline{\omega}\ \sqrt{L'C'}\quad(\text{rad/km}) \tag{4-10}$$

（4）衰减系数 α

$$\alpha=(R'/2)/Z_C+(G'/2)Z_C\quad(\text{N/km}) \tag{4-11}$$

（5）传播系数 γ

$$\gamma = \alpha + \beta j \tag{4-12}$$

3）实际参数分析

（1）特性阻抗

常用的射频同轴电缆有特性阻抗50Ω和75Ω两类。

特性阻抗75Ω射频同轴电缆常用于CATV网，故称为CATV电缆，传输带宽可达1GHz，目前常用CATV电缆的传输带宽达750MHz。

特性阻抗50Ω射频同轴电缆主要用于基带信号传输，传输带宽为1～20MHz。

一般特性阻抗50Ω细同轴电缆的最大传输距离为180m，粗同轴电缆可达1000m。

根据其直径大小，射频同轴电缆可分为粗射频同轴电缆与细射频同轴电缆。粗缆适用于比较大型的局部网络，它的标准距离长，可靠性高，安装时不需要切断电缆，但粗缆网络必须安装收发器电缆，安装难度大，所以总体造价高。相反，细缆安装则比较简单，造价低，但由于安装过程要切断电缆，两头须装上基本网络连接头（BNC），然后接在T形连接器两端，接头多时容易产生不良的隐患。

同轴电缆的平均特性阻抗为50±2Ω，沿单根同轴电缆的阻抗的周期性变化为正弦波，中心平均值±3Ω，其长度小于2m。

（2）衰减

一般指500m长的电缆段的衰减值。当用10MHz的正弦波进行测量时，它的值不超过8.5dB（17dB/km）；用5MHz的正弦波进行测量时，它的值不超过6.0dB（12dB/km）。

（3）传播速度

需要的最低传播速度为0.77C（C为光速）。

（4）直流回路电阻

电缆的中心导体的电阻与屏蔽层的电阻之和，不超过10mΩ/m（在20℃下测量）。

4.3.3 地铁使用的射频同轴电缆

地铁使用的射频同轴电缆，主要是1/2″、7/8″和1－5/8″三种电缆。

表4-10是地铁三种射频同轴电缆的材料与尺寸。图4-41是＋20℃时射频同轴电缆传输损耗频率特性曲线。

地铁三种射频同轴电缆的材料与尺寸　　表4-10

电缆规格		1/2″电缆	7/8″电缆	1－5/8″电缆
参数名称		标 称 数 据		
内导体	材料	铜包铝线	光滑铜管	螺旋铜管
	尺寸	ϕ4.8±0.2mm	ϕ9.0±0.2mm	ϕ17.3±0.2mm
绝缘体	材料	物理发泡聚乙烯		
	尺寸	ϕ11.5±0.5mm	ϕ22±0.5mm	ϕ42±0.5mm
外导体	材料	轧纹铜管	皱纹铜管	皱纹铜管
	尺寸	ϕ13.9±0.5mm	ϕ24.9±0.5mm	ϕ50±0.5mm
外护套	材料	无卤低烟阻燃聚烯烃护套料		
	尺寸	ϕ16.0±0.5mm	ϕ27.5±0.5mm	ϕ27.5±0.5mm

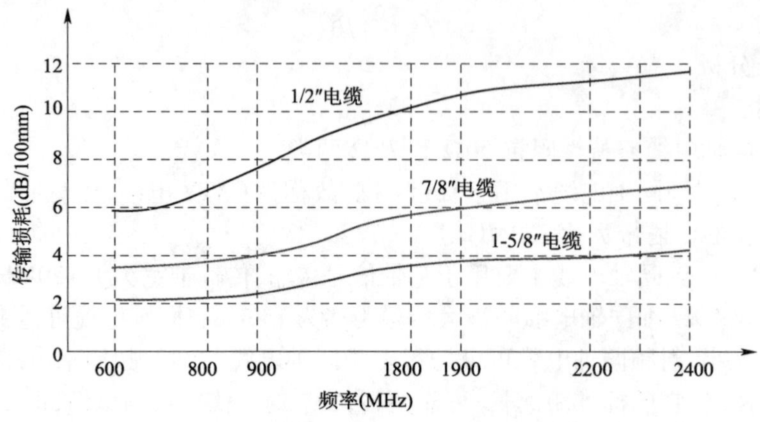

图 4-41　射频同轴电缆传输损耗频率特性曲线(+20℃时)

表 4-11 是三种地铁射频同轴电缆的电气特性。表 4-12 是三种地铁射频同轴电缆的工程使用数据。

三种射频同轴电缆的电气特性　　表 4-11

电缆规格		1/2″电缆	7/8″电缆	1 -5/8″电缆
参数名称		标　称　数　据		
传输衰减(dB/100m)	600MHz	≤5.87	≤3.58	≤2.08
	800MHz	≤6.45	≤3.65	≤2.19
	900MHz	≤7.18	≤3.95	≤2.27
	1800MHz	≤10.09	≤5.78	≤3.58
	1900MHz	≤10.58	≤5.95	≤3.79
	2200MHz	≤11.08	≤6.28	≤3.95
	2400MHz	≤11.45	≤6.69	≤4.15
驻波比	820 ~960MHz	≤1.13	≤1.13	≤1.13
	1700 ~1900MHz	≤1.13	≤1.13	≤1.13
	2100 ~2250MHz	≤1.13	≤1.13	≤1.13
内导体直流电阻(Ω/km)		≤3.7	≤2.5	≤1.5

三种射频同轴电缆的工程使用数据　　表 4-12

电缆规格	1/2″电缆	7/8″电缆	1 -5/8″电缆
参数名称	标　称　数　据		
额定电容(PF/m)	76	76	76
特性阻抗(Ω)	50 ±1	50 ±1	50 ±1
额定速比(%)	88	88	88
最小绝缘电电阻(MΩ · km)	3000	5000	5000
质量近似值(kg/m)	0.27	0.6	1.45
最小弯曲半径(mm)	125	250	500
最大抗拉力(N)	1130	1500	3000
操作温度范围(℃)	-25 ~ +75	-25 ~ +75	-25 ~ +75
最低安装温度(℃)	-5	-10	-10

4.3.4 地铁使用的半硬同轴电缆

半硬同轴电缆在无线电设备中,作为固定敷设的射频传输线,特点是耐高温、不燃烧、工作温度 - 60 ~ +180℃、弯曲半径小,广泛用于军工、石化、矿山、冶金、核电等行业。在地铁中,半硬同轴电缆用于800MHz 射频机柜中,连接各种射频无源器件。

图4-42 是半硬同轴电缆结构示意图。

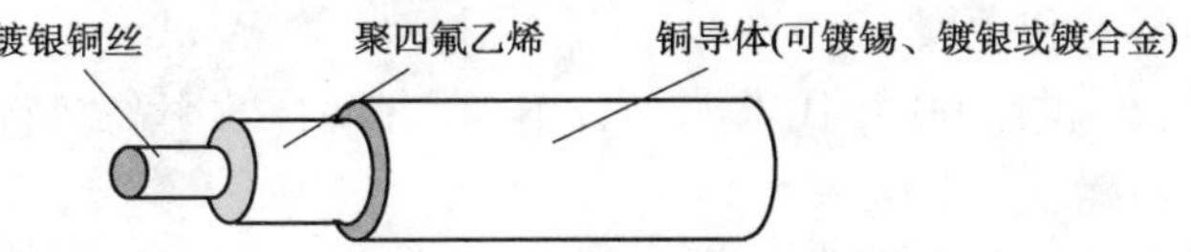

图4-42 半硬同轴电缆结构示意图

表4-13 是半硬同轴电缆技术参数。

半硬同轴电缆技术参数 表4-13

国产型号			SFT-50-1	SFT-50-2	SFT-50-3
结构尺寸	内导体(mm)		0.28	0.51	0.92
	绝缘层(mm)		0.92	1.67	3.0
	外导体外径(mm)		1.12	2.18	3.6
	外导体壁厚(mm)		0.1	0.25	0.3
电气参数	阻抗(Ω)		502.5	502	501
	最高使用频率(GHz)		110	60	18
	耐压强度(kV)		2	3	5
	衰减(dB/m)	0.5GHz	0.92	0.55	0.31
		1GHz	3.01	0.78	0.45
		2GHz	4.35	1.13	0.65
		5GHz		1.85	1.10
		10GHz		2.71	1.61
最小弯曲半径(mm)			6.35	6.35	8
美国线规型号				M17/130-RG405	M17/130-RG402

4.4 泄漏电缆

4.4.1 泄漏电缆的发展和应用

泄漏电缆,全称泄漏同轴电缆(Leaky Coaxial Cable),简称漏缆,英文缩写 LCX。由于这种电缆具有同轴电缆和线型天线的双重功能,有时又被叫作辐射电缆(Radiating Cable)或同轴天线(Coaxial Antenna)。

漏缆，最初是为了解决地下隧道之类特殊环境内无线电波难以传输问题而发展起来的。早在1956年，美国蒙克(Monk)等人首先提出了泄漏通信原理，即在地下隧道中敷设一条泄漏传输线，使其与移动电台相连，用以代替隧道天线。

20世纪60年代，美国、日本、西欧各国都相继开展了泄漏通信的研究工作。最初的研究集中在双传输线，利用其开放的电磁场来实现泄漏通信。但是，人们发现双传输线敷设与维修都不方便，而且易受环境和气候的影响，只能用于VHF频段，应用范围大受限制。于是，转向各种类型泄漏电缆的研究和发展。

八字形槽孔漏缆，20世纪60年代末源于日本，具有耦合效率高、特性容易控制等优点，北京地铁使用的就是这种漏缆。

椭圆形槽孔泄漏电缆由美国发明，横槽式泄漏电缆则是联邦德国的专利，这两类泄漏电缆辐射特性的频带都有很宽，其中横槽式泄漏电缆被大量采用。

虽然单芯线或双绞线以及带槽波导也是泄漏馈体，但是单芯线或双绞线的传输衰减太大，而带槽波导的尺寸惊人(3000MHz以下)且造价昂贵。

因此，40年多来，漏缆的发展十分迅速，在众多领域得到愈来愈广泛的应用：

(1)列车无线通信；

(2)公众移动通信；

(3)矿山坑道通信；

(4)有线电视系统；

(5)资源保护系统。

漏缆，可以实现任何地方的无线通信，不论是否存在电磁波干扰都能使用，诸如矿山、隧道、地铁、机场、地下商场、大型仓库、建筑楼宇、体育场馆、会展中心、地下停车场及其他重要地域，等等。

漏缆，是一种特殊的同轴电缆，与普通同轴电缆的区别在于：其外导体上开有用作辐射的周期性槽孔。普通同轴电缆的功能，是将射频能量从电缆的一端传输到电缆的另一端，并且希望有最大的横向屏蔽，使信号能量不能穿透电缆以避免传输过程中的损耗。但是，漏缆的设计目的则是特意减小横向屏蔽，使得电磁能量可以部分地从电缆内穿透到电缆外。当然，电缆外的电磁能量也将感应到电缆内。此外，漏缆的场强覆盖比较均衡，应用涉及80~2800MHz的整个频谱，如表4-14所示。

泄漏电缆的应用 表4-14

频率范围	应用对象	频率范围	应用对象
87~108MHz	无线电广播	600~800MHz	数字电视、集群通信
140~280MHz	无线寻呼	860~960MHz	公众移动通信
300~400MHz	公安、消防	1720~1980MHz	
410~470MHz	无线对讲	2000~2800MHz	

4.4.2 泄漏电缆构成

泄漏电缆，主要由内导体、绝缘介质、带槽孔外导体和电缆护套等构成，见图4-43。

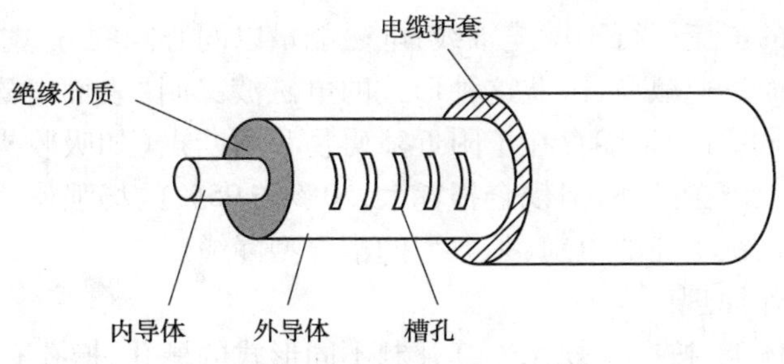

图 4-43 泄漏电缆的构成

内导体采用退火紫铜管。外导体采用薄铜皮,其上开制不同形式的槽孔,槽孔形式多种多样,有八字形、一字形、椭圆形等,而且槽孔的排列也不尽相同。槽孔的形式、尺寸、排列,与频带、频率、泄漏、极化、辐射方向图等密切相关。

内外导体可以轧纹成波纹管,也可以不轧纹,轧纹是为了减轻由于弯曲给外导体和槽孔带来的应力及截面变形。

绝缘介质为防火物理发泡聚乙烯,其介电常数很小。电缆护套的材料是黑色聚乙烯,要求防火、防水、防震、防腐蚀、阻燃、低烟、无卤、无毒及防紫外线。

泄漏电缆根据安装方式不同,主要有自承式和非自承式两种。自承式由镀锌钢丝绞合而成,位于泄漏电缆上方。非自承式采用固定夹,预先按一定间距(如 1.2m)装在墙上或隧道壁上。有些工程采用悬挂线方式,有些工程采用固定夹方式。

4.4.3 泄漏电缆工作原理

按泄漏原理的不同,泄漏电缆分为三种基本类型:耦合型、辐射型和泄漏型。其中,泄漏型可以归属辐射型。

1)耦合型漏缆工作原理

耦合型漏缆有许多不同的结构形式,例如,在外导体上开一长条形槽,或开一组间距远小于波长的小孔,或在漏缆两边开缝。

电磁场通过小孔衍射,激发漏缆外导体的外部电磁场。电流在外导体外表面流动,漏缆好像一条可移动的长天线,向外辐射电磁波。

图 4-44 表示耦合型漏缆的辐射过程。

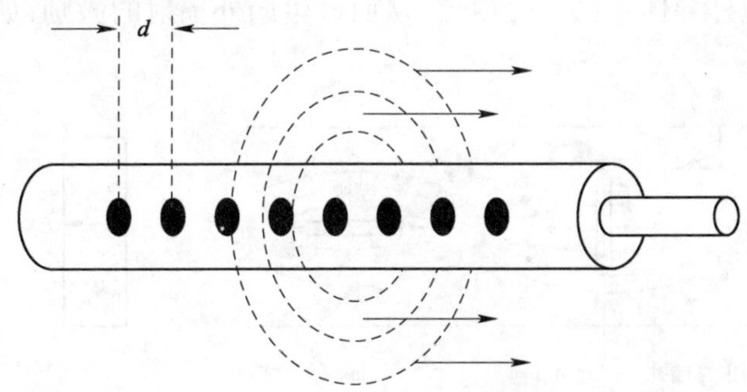

图 4-44 耦合型漏缆的辐射过程

注:d 远小于波长

与耦合模式对应的电流平行于漏缆轴线，电磁能量以同心圆的方式扩散在漏缆周围，并随径向传输距离的增加而迅速减少，因此这种形式的电磁波又叫“表面电磁波”。这种电磁波主要分布在漏缆周围，但也有少量随存在于附近障碍物和间断点（如吸收夹钳、墙壁处），进而产生衍射，使用频带宽，无谐振频率，但耦合损耗大，50%与95%的场强概率波动大。

外导体轧纹且纹上铣小孔的电缆，是典型的耦合型漏缆。

2）辐射型漏缆工作原理

辐射型漏缆外导体上，按一定规律连续开制不同形式的槽孔，槽孔有八字形、斜一字形、横一字形等，而电磁波就是这些槽孔产生的，如图4-45所示。

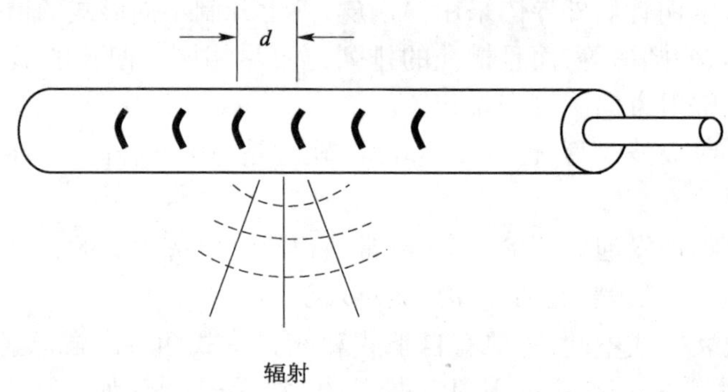

图4-45　辐射型漏缆的辐射过程

外导体上的槽孔间距 d 与波长 λ_r（或半波长）有关，其槽孔结构使信号在槽孔处符合相位迭加原理。唯有精确的槽孔结构，并对应特定的工作频率，信号在槽孔处才能同相叠加。此时，耦合损耗小，50%与95%的场强概率波动小，但有谐振频率，因此使用频段相对窄，辐射型漏缆的工作频段可由以下不等式确定：

$$(\sqrt{\varepsilon_r}-1)d \leqslant \lambda_r \leqslant (\sqrt{\varepsilon_r}+1)d \tag{4-13}$$

辐射型漏缆泄漏的电磁能量有方向性，相同的泄漏能量可在辐射方向上相对集中，并且不会随距离的增加而迅速减小。

外导体上开着周期性变化的横槽，是典型的辐射型漏缆。

为使TEM型电磁波在传输过程中向外辐射一部分能量，必须在泄漏电缆外导体上开制槽孔，以便切断流过电缆外导体上的部分电流，从而产生向外辐射的激励，如图4-46所示。

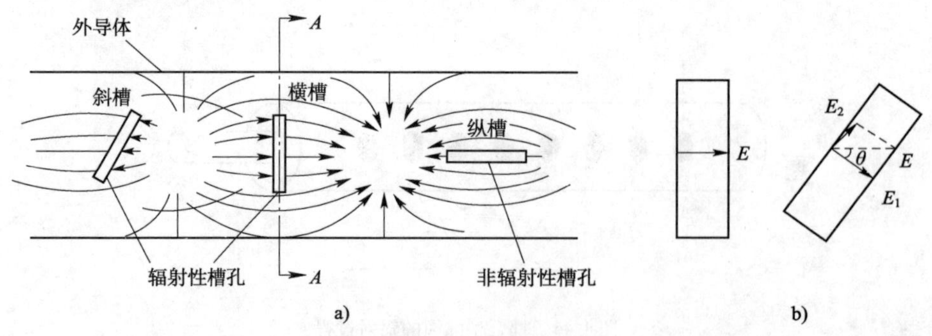

图4-46　辐射型漏缆外导体上的电流分布

开槽情况可有以下三种：

(1)与漏缆轴平行开槽

此槽为纵槽，槽孔不截断高频电流，不会形成裂缝电场，因此不会引起辐射效应。

(2)与漏缆轴正交开槽

此槽称为垂直槽或横槽，槽孔截断了高频电流，会在槽孔处形成与电流方向相同(垂直宽边)的电场 E，因此会引起辐射效应。

(3)与漏缆轴向成一定角度开槽

此槽为斜槽，槽孔部分截断了高频电流，会在槽孔处形成电场，该电场 E 可以分解为与宽边平行的电场 E_2 及与槽孔宽边垂直的电场 E_1。电场 E_1 与外导体上高频电流方向有一个夹角 θ。E_1 与是辐射电场，会引起辐射效应。

图 4-46a)说明了同轴电缆外导体上的高频电流和三种开槽情况。图 4-46b)说明了漏槽孔处形成的电场方向。

漏缆槽孔辐射电场的方向即极化方向，垂直于漏缆槽孔的宽边。因此，当横槽式漏缆水平安装时，则槽孔辐射为水平极化。

3)泄漏型漏缆工作原理

泄漏型漏缆外导体的开槽方式与辐射型类似，不同之处在于它的外导体由泄漏段和非泄漏段相间组成，如图 4-47 所示。泄漏段相当于天线，只有一小部分能量转换为辐射能。非泄漏段相当于馈线，有着与普通同轴线相同的作用。合理选择泄漏段之间的距离(或非泄漏段的长度)，可以达到对不同频段泄漏辐射的满意效果。试验证明，对特定方式的开槽，10 ~ 50m 的泄漏段间距，可以满足 1000MHz 以下所有通信的需要。

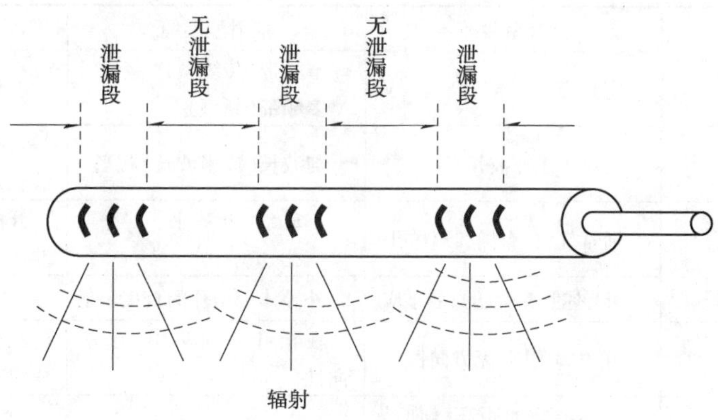

图 4-47 泄漏型漏缆的辐射过程

泄漏型漏缆的独特设计，使它在相同条件下又可作为连续的补偿馈线，而且具有更好的衰减特性和耦合特性。泄漏段相当于有效的模式转换器，可以控制电缆附近的电磁场强度，该强度将是泄漏段长度和电性能的函数。

泄漏段的长度很短，占电缆总长度的比例 2% ~ 3%，泄漏段不仅辐射损耗很小，插入损耗也很小，插入损耗通常只有 0.2dB 或 0.3dB。

图 4-48 表示使用完全相同的等间距泄漏段后，漏缆沿线电磁场强度的起伏变化情况。

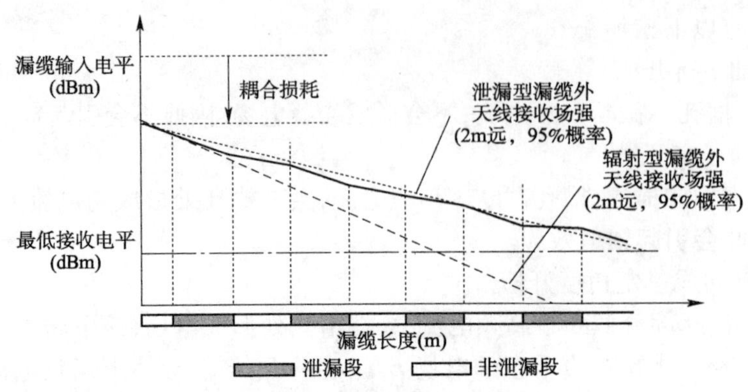

图 4-48　等间距泄漏型漏缆沿线的电磁场强度

三种类型漏缆的比较见表 4-15，不难看出：

(1)耦合型漏缆槽孔间距远小于工作波长，漏泄能量扩散在电缆周围无方向性，受环境影响较大，适合于宽频带工作。

(2)辐射型漏缆的槽孔间距与工作波长有关，漏泄能量扩散在电缆周围有方向性，受环境影响较小，适合于窄频带工作。新型辐射型漏缆采用组合技术，也能多频带工作。

(3)泄漏型漏缆的槽孔间距也与工作波长有固定关系，漏泄能量扩散在电缆周围有方向性，受环境影响较小，适合于多频带工作。

应当根据不同的使用场合，选择不同类型的泄漏电缆。目前，耦合型漏缆和传统辐射型漏缆应用较少，新型辐射型漏缆应用较多。

三种类型漏缆的比较　　表 4-15

比较项目	耦合型漏缆	辐射型漏缆	泄漏型漏缆
适用频带	宽频带	窄频带(传统型) 多频带(新型)	多频带
槽孔间距	远小于工作波长	与波长(或半波长)相当	与不同频带的波长(或半波长)相当
外导体特征	通常轧纹，有椭圆形槽孔	不轧纹，开一字、八字等形槽孔	开槽的泄漏段和不开槽的非泄漏段相间
电磁漏泄机理	外导体上表面波的二次效应	外导体上槽孔的直接辐射	
漏泄能量扩散	在电缆周围，无方向性	在槽孔方向集中，有方向性	在槽孔方向相对集中，有一定方向性
信号衰减	随离电缆的距离增加信号迅速衰减	在辐射方向上不会随距离的增加而迅速衰减	
耦合损耗	变化范围大，50% ~95%差值通常为 11dB	变化范围小，50% ~95%差值可低至 3dB	耦合损耗小于耦合型和辐射型
受环境影响	较大	较小	
工艺复杂性	相对简单	比较复杂(性能指标优于耦合型)	

4.4.4　泄漏电缆性能指标

同轴电缆的内外导体、介质和护套的材料，物理结构及其工艺，决定了电缆的电性能和物

理性能。漏泄电缆外导体上的槽孔结构(槽孔形状、槽孔大小、排列密度、排列阵式),决定了漏泄电缆内电磁能量和外部环境的不同交互方式,因而将影响漏泄电缆的几乎所有电性能指标。影响漏泄电缆指标的主要因素有:电缆直径、绝缘介质、工作频率和槽孔结构。

漏泄电缆主要电性能指标有:频率范围、特性阻抗、耦合损耗、传输损耗(传输衰减)、总损耗的变化范围、驻波比、传输时延等。主要物理性能指标有:绝缘电阻、绝缘介质强度(耐压)、阻燃和烟毒性能、抗扭力和弯曲性能、密封性等。

1)传输损耗

漏缆的纵向传输损耗,即传输损耗或传输衰减,是描述漏缆内部所传输电磁能量损失程度的重要指标。

以下行为例,图4-49表明了射频信号经漏缆传输的路由。信源产生的下行射频信号,一边向前传输,一边向外泄漏。

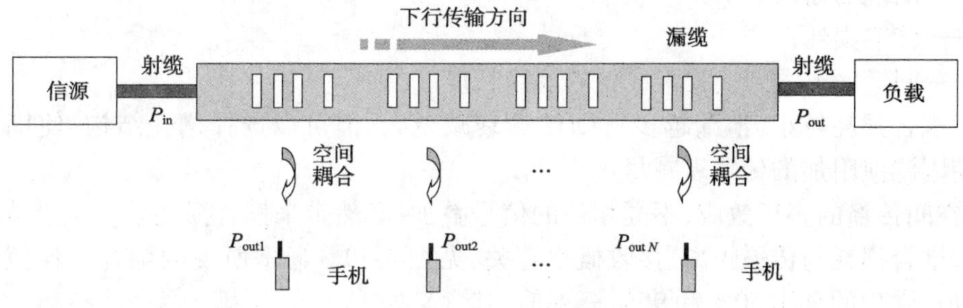

图4-49 射频信号经漏缆传输的路由图

设漏缆的输入功率是 P_{in},输出功率是 P_{out},则漏缆传输损耗与漏缆长度有关,单位是dB/100m,其计算公式为:

$$L_T(\text{dB}/100\text{m}) = 10\lg\frac{P_{in}}{P_{out}} \tag{4-14}$$

若用传输衰减系数表示,则有:

$$\alpha = \alpha_1\sqrt{f} + \alpha_2 f + \alpha_3 \tag{4-15}$$

式中:α——给定频率的传输衰减系数,dB/100m;

α_1——导体的损耗系数;

α_2——介质的损耗系数;

α_3——泄漏的损耗系数;

f——频率,MHz。

导体损耗与频率和 α_1 有关。α_1 取决于导体的阻抗与尺寸,粗电缆的导体损耗显然较低。因为趋肤效应,粗电缆的内导体可以用铝材,而在表层敷铜或者使用空心铜管。对于漏缆,外导体表层的导电率也应尽量大。

介质损耗与频率和 α_2 有关。α_2 由介质的相对介电常数及损耗因子决定,用发泡聚乙烯(目前大多采用注入氮气的物理发泡方法,发泡度可达80%),作为介质材料时其损耗系数最小。

漏泄损耗系数 α_3 取决于电缆的槽孔结构,同时也受频率和电缆周边环境的影响。

2)耦合损耗

耦合损耗是描述漏泄电缆辐射量与可接收量的综合指标。

耦合损耗值的定义是:漏泄电缆内的信号与离开电缆特定距离(一般为 2m)处的半波长偶极天线所接收的信号之比(dB)。该损耗值是建立在天线距离漏缆为 2m 的前提下的,假定天线距离是 6m 而不是 2m 的话,所测得的耦合损耗会增加约 5dB。

根据定义,耦合损耗与信号在漏缆中的传输距离无关,而且应由槽孔辐射损耗和空间传播损耗两部分构成。这是因为,槽孔泄漏出来的射频能量,并未被接收天线所全部接收,其中大部分在空间传播中损耗掉了。接收天线离漏缆越近,接收的射频能量越多。

根据工程测定值,耦合损耗 L_0的计算公式为:

$$L_0(\mathrm{dB}) = 10\lg \frac{P_r}{P_{in}} - L_T r_T \tag{4-16}$$

式中:P_r——离距离漏缆 2m 处接收到的功率;

P_{in}——漏缆的输入功率;

L_T——传输损耗;

r_T——漏缆输入端到接收天线处的漏缆长度。

显然,耦合损耗越小(泄漏越多),则传输衰减越大,但可以选择槽孔结构,使耦合能量尽量大,而使因漏泄附加的传输衰减尽量小。

由于空间传播的多径效应,不同相位的信号叠加,必然带来耦合损耗采样值沿电缆轴向的抖动变化,耦合损耗与传输距离、接收概率有关,见图 4-50。通常所说的耦合损耗值应理解为概率统计值,常用的是用 50% 和 95% 概率值,其含义如下:

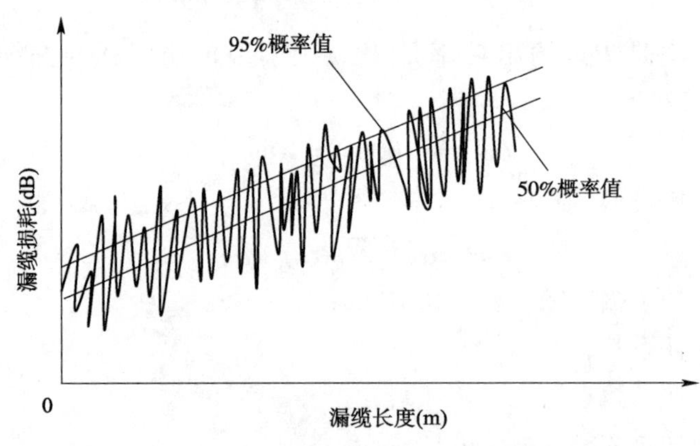

图 4-50 耦合损耗与漏缆长度、接收概率的关系

50% 接收概率值——耦合损耗的测量数据大于和小于这个值的,各占 50%。

95% 接收概率值——耦合损耗的测量数据大于和等于这个值的,占 95%。

95% 接收概率值比较接近实际需要,故常被采用。

95% 接收概率值、95% 接收概率值与 5% 接收概率值之差,是链路设计的依据之一。

基于漏缆的互易性,也可以用类似方法分析漏缆附近天线信号对电缆的耦合。

3)总损耗及其变化范围

漏缆总损耗定义为电缆传输衰减与耦合损耗之和。漏缆总损耗不得超过系统允许容限。

图 4-51 给出两条尺寸相同,但泄漏量不同的漏缆总损耗示意图。其中,漏缆 A 的传输损

耗和辐射损耗均大于漏缆B,但漏缆A的耦合损耗小于漏缆B。可以看出,随着漏缆长度的增加,辐射较大的漏缆A总损耗将超过漏缆B总损耗,并且其变化范围比较大。由此看来,漏缆尺寸和耦合损耗的选取,要根据系统总体要求来确定。

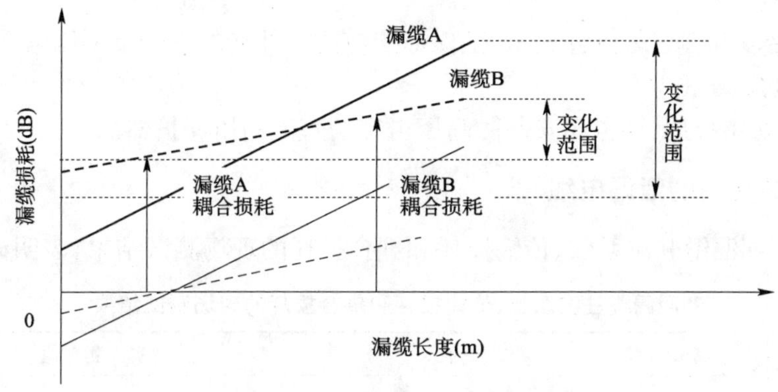

图4-51　两条尺寸相同,但耦合损耗不同的漏缆总损耗比较

让漏泄电缆的总损耗曲线平坦些,有利于节省传输功率。或者说,在相同的信源功率和无线覆盖条件下,可以覆盖更远距离。

事实上,电波沿着漏缆向前传输,总损耗(传输衰减加耦合损耗)在增加。因此,沿传输方向逐步减小耦合损耗,以补偿纵向传输衰减,能使电缆的可用长度显著增加。按耦合损耗逐步递减(相对泄漏量递增而言)的原理,分段设计槽孔结构(譬如槽孔由稀变密),可以减小全段漏缆的总损耗变化范围,即沿线的实际场强分布较之常规漏缆要均匀些,如图4-52所示。图中,将漏缆分为三段,*ab*、*bc*、*cd*段的传输损耗和耦合损耗各不相同,从而使总损耗变化范围明显降低(虚线变为实线),并趋于平缓。

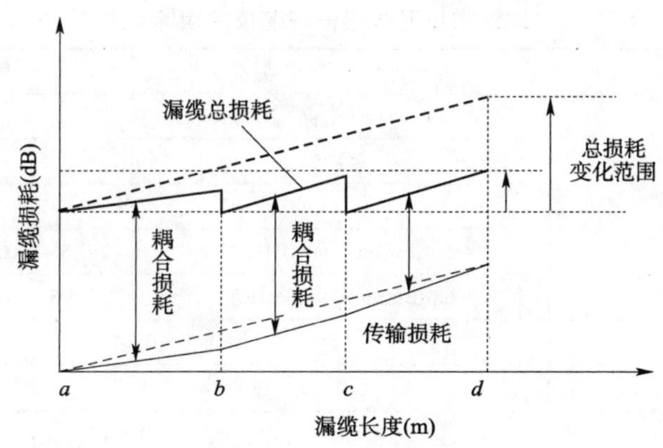

图4-52　分段降低耦合损耗以减小漏缆总损耗的变化范围

4)泄漏电缆的物理性能

(1)绝缘介质

用发泡聚乙烯(采用注入氮气的物理发泡方法,发泡度可达80%),作为绝缘介质材料,不但损耗系数最小,机械性能稳定,强度高,有很好防潮性能,可以提高电缆的长期使用寿命和可靠性。

(2)最小弯曲半径

为了在弯曲时不对漏缆的结构造成损坏，在漏缆的结构性能指标中，给出了漏缆的最小弯曲半径，这是在拉伸和最终安装时都必须遵守的。

(3)防火性能

延燃性、烟密度和卤素气体释放量，是保证漏缆防火性能的三个重要因素。

(4)防雷及防高压击穿

要有可靠的防雷接地，要考虑安装防高压击穿的直流高压保护器。

4.4.5 地铁使用的泄漏电缆

表4-16是专网漏缆驻波系数、传输损耗和耦合损耗的现场测试结果，表明满足要求。

专网漏缆驻波系数、传输损耗和耦合损耗的现场测试结果 表4-16

测试项目	测试频率	理论值	实测值				
驻波系数	820MHz	<1.3	1.15				
	865MHz	<1.3	1.15				
传输损耗(dB/100m)	820MHz	2.4	2.325				
	865MHz	2.5	2.375				
耦合损耗(95%2m距离)(dB)	820MHz	68	1	2	3	4	5
			64.96	65.5	64.5	66	66
	865MHz	68	1	2	3	4	5
			63	64	64.5	66	65

表4-17列出了地铁常见所用1－5/8″漏缆的技术指标，包括专用无线通信漏缆和民用无线通信漏缆。

地铁常见无线通信漏缆技术指标 表4-17

指标名称	专用通信1－5/8″漏缆	民用通信1－5/8″漏缆
工作频率(MHz)	806～866(最高2200)	75～2400
电压驻波比	≤1.5	<1.3
特性阻抗(Ω)	50	
传输损耗(20℃)	2.4dB/100m(800MHz)	在75～2400MHz内，随频率升高而增大
耦合损耗(50%)	68dB(2m远，800MHz)	在75～2400MHz内，波动(57～79)
内导体直流电阻(Ω/km)	0.92	
外导体直流电阻(Ω/km)	1.1	
绝缘电阻(MΩ·km)	10000	
绝缘介质强度	50Hz内外导体间加3kV，2min不击穿	
最大抗扭力(N)	1700	
最小弯曲半径(mm)	700	
内导体材料	皱纹铜管	
外导体材料	开槽波纹铜管	

续上表

指 标 名 称	专用通信 1－5/8″漏缆	民用通信 1－5/8″漏缆
绝缘材料	防火物理发泡聚乙烯(护套材料为黑色聚乙烯)	
导体外径(mm)	17.3 ±0.3	
外导体外径(mm)	43.5 ±0.8	
护套外径(mm)	48.0	
质量(kg/m)	1.50	
安装温度(℃)	－25 ~ ＋60	
存储温度(℃)	－70 ~ ＋85	
工作温度(℃)	－40 ~ ＋85	
Stop Bands(MHz)	—	
护套	防火、防水、防震、防腐蚀、阻燃、低烟、无卤、无毒、防紫外线	
包装长度	600m	最长706m,包装轴直径2.6m,宽1.5m

图4-53和图4-54是专网漏缆的现场测试记录。

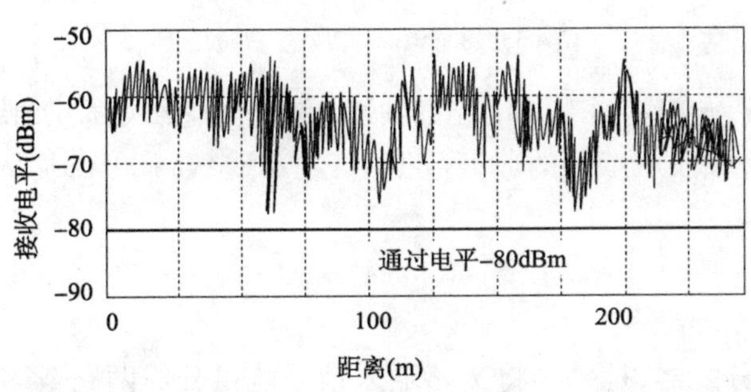

图4-53　820MHz专网漏缆现场测试记录

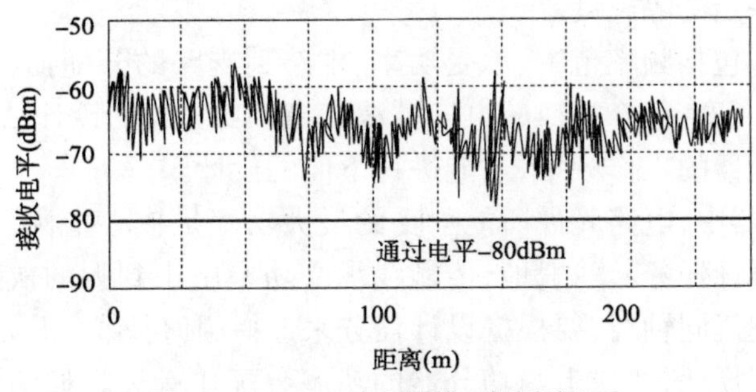

图4-54　862MHz专网漏缆现场测试记录

4.5 无源器件

4.5.1 双工器

双工器,又称天线共用器,其作用是隔离发射和接收信号,保证接收和发射都能同时正常工作。

双工器(图4-55)是一个比较特殊的双向三端滤波器,既要将微弱的接收信号耦合进来,又要将较大的发射功率馈送到天线上去,且要求两者各自完成其功能而不相互影响。

图4-55　800MHz频段双工器照片

双工器的技术参数,包括工作频率、带宽、收发隔离度、插入损耗、特性阻抗、最大输入功率、驻波比等。800MHz频段双工器的典型数据为:功率等级,100W;插入损耗,收发 <1dB;收发端口隔离度, >75dB。

4.5.2　功分器

功分器,全称功率分配器,是一种将一路输入信号能量分成两路或多路输出相等或不相等能量的器件。反过来,也可将多路信号能量合成一路输出,此时又称为合路器。一个功分器的输出端口之间应保证一定的隔离度。

功分器的技术指标包括频率范围、承受功率、主路到支路的分配损耗、输入输出间的插入损耗、支路端口间的隔离度、每个端口的电压驻波比等。功分器的设计结构与工作频率密切相关。必须首先明确分配器的工作频率,才能进行下面的设计。

在大功分器/合成器中,电路元件所能承受的最大功率是核心指标,它决定了采用什么形式的传输线才能实现设计任务。一般地,传输线承受功率由小到大的次序是微带线、带状线、同轴线、空气带状线、空气同轴线,要根据设计任务来选择用何种线。

主路到支路的分配损耗,实质上与功分器的功率分配比有关。如两等分功分器的分配损耗是3dB,四等分功分器的分配损耗是6dB。

输入输出间的插入损耗,是由于传输线的介质或导体不理想等因素,考虑输入端的驻波比所带来的损耗。

支路端口间的隔离度,是功分器的另一个重要指标。如果从每个支路端口输入功率只能从主路端口输出,而不应该从其他支路输出,这就要求支路之间有足够的隔离度。

每个端口的电压驻波比越小,意味着匹配越好,反射越小。

800MHz频段功分器的典型数据如表4-18所示。

800MHz 频段功分器典型数据 表 4-18

规　格	插入损耗	功率分配
四功分器	6.5dB	功率四等分
三功分器	5.3dB	功率三等分
二功分器	3.5dB	功率二等分

4.5.3 定向耦合器

定向耦合器是一种通用的微波部件,用于信号的隔离、分离和混合,如功率的监测、源输出功率稳幅、信号源隔离、传输和反射的扫频测试等。

定向耦合器由传输线构成,同轴线、矩形波导、圆波导、带状线和微带线都可构成定向耦合器,所以从结构来看,定向耦合器种类繁多,差异很大。但从它的耦合机理来看,主要分为四种,即小孔耦合、平行耦合、分支耦合以及匹配双 T。

主线中传输的功率通过多种途径耦合到副线,并互相干涉,而在副线中只沿一个方向传输。

定向耦合器的主要技术指标有工作频段、方向性、驻波比、耦合度、插入损耗等。800MHz 频段四功分器见图 4-56。800MHz 频段的典型数据如表 4-19 所示。800MHz 频段定向耦合器见图 4-57。

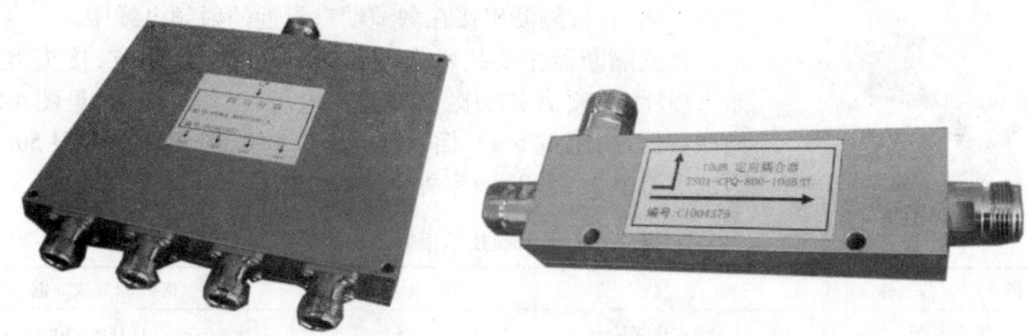

图 4-56 800MHz 频段四功分器照片　　图 4-57 800MHz 频段定向耦合器照片

800MHz 频段定向耦合器典型数据 表 4-19

规　格	直 通 损 耗	耦 合 损 耗
20dB 耦合器	0.1dB	20dB
15dB 耦合器	0.15dB	15dB
10dB 耦合器	0.5dB	10dB
6dB 耦合器	1.2dB	6dB

4.5.4 避雷器

避雷器是用来保护各种电器设备免受雷电过电压、操作过电压、工频暂态过电压冲击而损坏的一个电器。

避雷器主要技术指标有标称电压、额定电压、额定放电电流、最大放电电流、电压保护级别、响应时间、数据传输速率、插入损耗、回波损耗等，见图4-58。其中，插入损耗是指在给定频率下避雷器插入前和插入后的电压比率。800MHz 频段避雷器插入损耗为0.2dB。

图4-58 800MHz 频段避雷器照片

在地铁调度无线系统中，避雷器串接在基站端口附近的射频电缆中。

4.5.5 直流隔断器

直流隔断器用于防止在传输线内外导体上产生的直流电和低频电泳，同时不影响所需射频信号的传输。应用包括在地铁及火车隧道中阻隔直流电泳。

图4-59 直流隔断器照片

在地铁调度无线系统中，为了防止1500V 直流牵引电压对基站的影响，直流隔断串接在漏缆端口附近的射频电缆中。

直流隔断器主要技术指标有频率、驻波比、阻抗、接头类型、插入损耗、射频功率容限、测试直流电压、工作电压等，见图4-59。典型数据是：阻抗50Ω、插入损耗<0.1dB、射频功率容限500W、测试直流电压3500V。室外直流隔断器技术指标见表4-20。

室外直流隔断器技术指标 表4-20

指标名称	指标数据	指标名称	指标数据
频率范围	160~2500MHz	驻波系数	小于1.17(160~300MHz)，小于1.1(300~2500MHz)
输入端口数	1		
输出端口数	1	总输入功率	小于500W
连接器类型	N型	最大射频峰值功率	小于500W
输入连接器类型	N型阴头	最大射频峰值电压	小于4000V
输出连接器类型	N型阳头	温度范围	-40~+85℃
阻抗	50Ω	质量	460g
插入损耗	小于0.1dB	环境等级	IP66
互调大小(IM3)	小于-150dBc typ.		

4.5.6 同轴衰减器

同轴衰减器，简称衰减器，是一种能量损耗性射频元件，广泛使用于需要功率电平调整的各种场合。

同轴衰减器技术指标包括衰减器的工作频带、衰减量、功率容量、回波损耗等。

衰减量描述功率通过衰减器后功率的变小程度。衰减量的大小由构成衰减器的材料和结构确定。衰减量用分贝作单位,便于整机指标计算。

衰减器是一种能量消耗元件,功率消耗后变成热量。材料结构确定后,衰减器的功率容量就确定了。如果让衰减器承受的功率超过这个极限值,衰减器就会被烧毁。设计和使用时,必须明确功率容量。

为减小回波损耗,要求衰减器两端的输入输出驻波比应尽可能小。

800MHz 频段同轴衰减器(见图4-60),采用氮化铝电阻片和无铅工艺制造,精度高、寿命长、无毒环保,典型数据如下:

图4-60 800MHz 频段同轴衰减器照片

频率范围:0 ~ 4GHz;功率(可选):2W、5W、10W、25W、50W、100W、200W(5W 起带散热片);衰减(可选):3dB、6dB、10dB、15dB、20dB、30dB;阻抗:50Ω;驻波系数:<1.25;接口:N/SMA(公头输入、母头输出)。

4.5.7 连接器

连接器是电子设备中不可缺少的部件。它的作用非常单纯:在电路内被阻断处或孤立不通的电路之间,架起沟通的桥梁,从而使电流流通,使电路实现预定的功能。

连接器的基本性能可分为三大类,即机械性能、电气性能和环境性能。

插拔力是重要地机械性能。插拔力分为插入力和拔出力。从使用角度来看,插入力要小,而分离力若太小,则会影响接触的可靠性。连接器的插拔力和机械寿命与接触件结构接触部位镀层质量以及接触件排列尺寸精度有关。

电气性能主要包括接触电阻、绝缘电阻和抗电强度。

(1)接触电阻高质量的电连接器应当具有低而稳定的接触电阻。连接器的接触电阻从几毫欧到数十毫欧不等。

(2)绝缘电阻衡量电连接器接触件之间和接触件与外壳之间绝缘性能的指标,其数量级为数百兆欧至数千兆欧不等。

(3)抗电强度或称耐电压、介质耐压,是表征连接器接触件之间或接触件与外壳之间耐受额定试验电压的能力。

电磁干扰泄漏衰减是评价连接器的电磁干扰屏蔽效果，一般在100MHz～10GHz频率范围内测试。

对射频同轴连接器而言，还有特性阻抗、插入损耗、反射系数、驻波比等指标。

环境性能常见包括耐温、耐湿、耐盐雾、振动和冲击等。目前连接器的最高工作温度为200℃（少数高温特种连接器除外），最低温度为－65℃。

在我国的行业管理中，把连接器与开关、键盘等统称为电接插元件，而电接插元件与继电器则统称机电组件。

连接器产品类型的划分虽然有些混乱，但从技术上看，连接器产品类别只有两种基本的划分方法：按外形结构，可分为圆形和矩形（横截面）；按工作频率，可分为低频和高频（以3MHz为界）（见图4-61）。

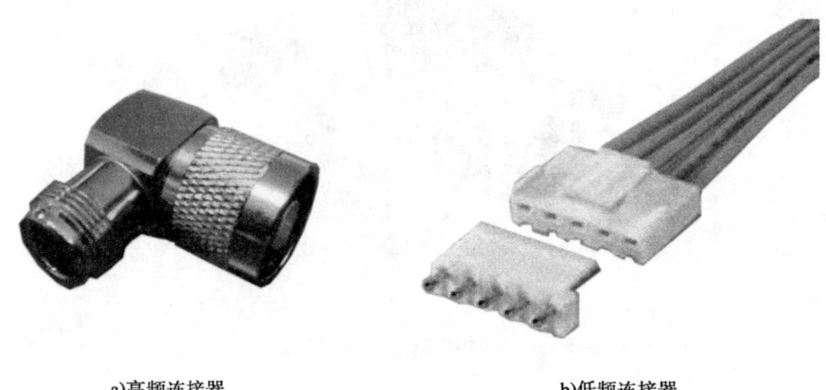

a)高频连接器　　b)低频连接器

图4-61　高频连接器和低频连接器照片

按照上述划分，同轴连接器属于圆形，印制电路连接器属于矩形，而目前流行的矩形连接器其截面为梯形，近似于矩形。

4.6　光纤直放站

光纤直放站用于长区间基站场强覆盖区的延伸，起到无线信号中继的作用，以保证列车车载台越区切换的概率。

光纤直放站由直放站光近端机、直放站光远端机和连接光纤组成。直放站光近端机简称光近端机，直放站光远端机简称光远端机。

4.6.1　直放站光近端机

适合TETRA标准的800MHz光纤直放站近端机，由双工器、放大器、光模块、光分路器、波分复用器、电源和控制单元等组成，其原理框图见图4-62。

放大器分别用来放大下行射频信号和上行射频信号。

光模块完成电/光（下行时）及光/电（上行时）转换。

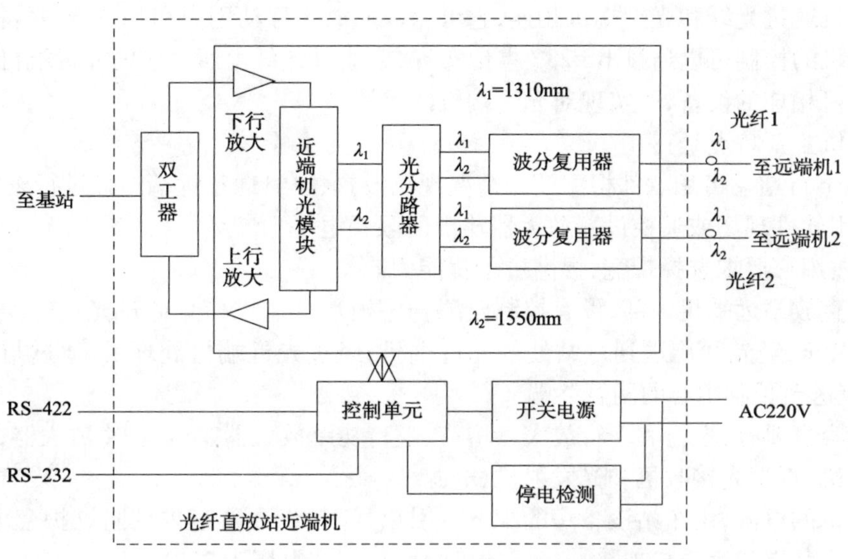

图 4-62 TETRA 光纤直放站近端机原理框图

波分复用器可使一根光纤同时传输两种波长(1310nm 和 1550nm)的光信号。

此光近端机有两个光口,因此可带两台光远端机。有 RS-422 和 RS-232 两个控制接口。

光近端机通过光纤控制收发信号和监控光远端机的控制单元。设备参数和工作状态,可以在本地或通过传输系统,在控制中心的网管终端上进行监控。

4.6.2 直放站光远端机

适合 TETRA 标准的 800MHz 直放站光远端机,由波分复用器、光模块、下行放大器、上行放大器、双工器、电源和控制单元等组成,其原理框图见图 4-63。

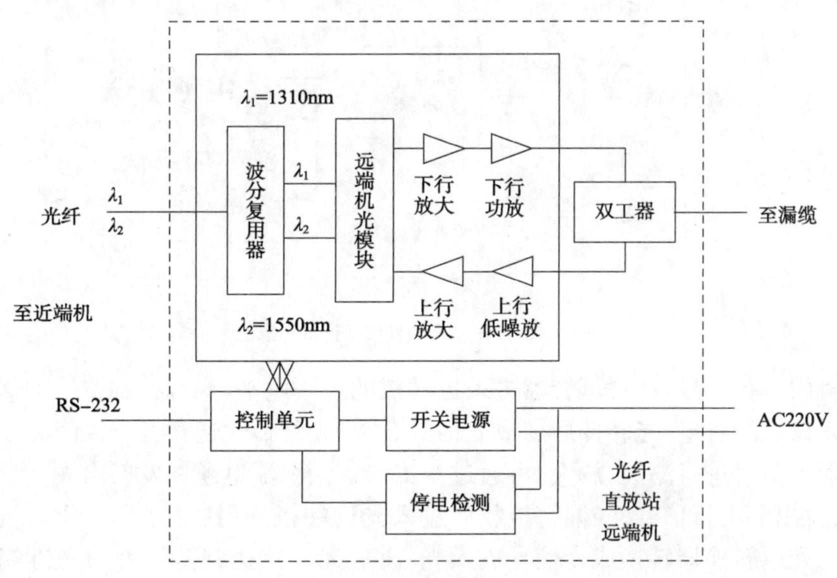

图 4-63 TETRA 光纤直放站远端机原理框图

光远端机通过光纤和光近端机相连,它可以双向放大移动用户和基站之间传输的信号。

光远端机的控制可以通过 RS-232 本地实现,或通过光纤由所对应的光近端机来控制。通过与光近端机相连的设备,可实现对光远端机的遥控。

光远端机主要特点是:

(1)上、下行增益可用软件根据使用情况现场设置,也可通过远端遥控进行设置;

(2)可用软件现场或遥控设置放大器输出的限幅电平;

(3)可按用户要求选择带宽,提高抗干扰能力。

在光纤直放站远端机内部,设有控制监测告警模块。监控信息通过光电转换器转换成光信号,进入光纤,经光纤传送到基站处的光近端机,经过光近端机处理后,通过与传输系统的 RS-422 接口送至控制中心的网管终端。

监控内容主要有:上行和下行放大器增益、上行功率放大器、下行功率放大器、远端光接收机和光发射机、近端光接收机和光发射机、电源。

光远端机的电源,由车站设备房的配电盘引出,经架设在隧道内的阻燃护套电源线,传输到远端机的安装点与远端机连接。光远端机的额定工作电压为 220V。

4.6.3 在工程中的链接

某些工程因站距较大,使用了光纤直放站。

光纤直放站在工程中的连接可以用“一拖二”方案来示意说明,如图 4-64 所示。光纤直放站用同轴线相连,而光近端机和光远端机之间则用光纤连接。光纤连接方式的优点是:信号传输衰减小、传输距离远、越区切换次数少、可靠性高。

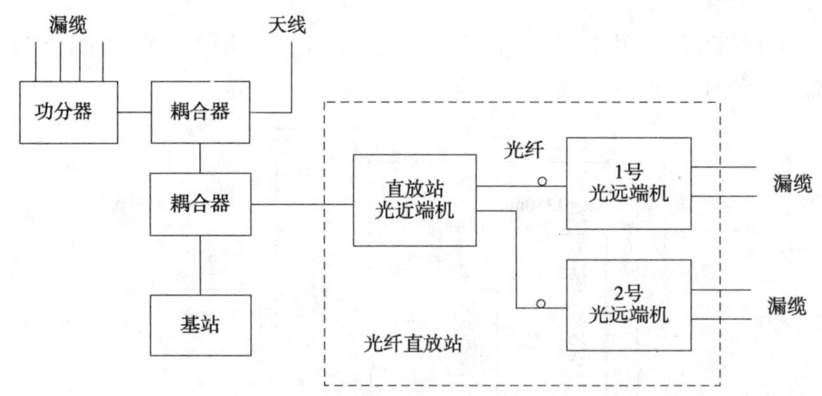

图 4-64 一拖二光纤直放站连接示意图

基站发射的下行信号,通过耦合器进入近端机的射频电平调节器,调整后的信号送入光发射机的射频入口。经过电/光转变后变成光信号,再经光纤传输通往各个区间的光远端机。光远端机解出射频信号进行滤波、放大,再通过双工器送到漏泄电缆并发射出去,供移动台接收。反之,移动台发出的上行信号,经漏缆接收后进入光远端机的射频接收端,经滤波、放大后,再由光远端机的光电转换器转换成光信号进入光纤,经光纤传送到基站处的光近端机。经过转换变成电信号后。进入基站的接收端,完成上下行传输及覆盖。

4.6.4 解决同频干扰问题

采用基站加光纤直放站的配置方式,有可能出现基站射频信号与其所带的光纤直放站的射频信号之间所谓的“干扰”,必须加以防止。办法是在基站和本基站所带的远端光纤直放站区间中点附近,将漏缆断开,并分别接入各自的终端负载,如图 4-65 所示。

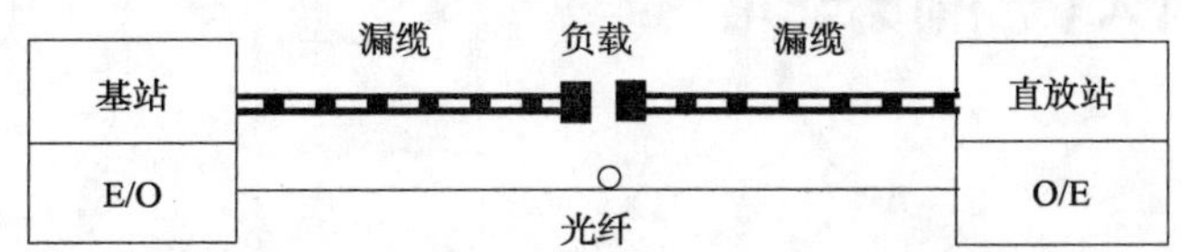

图 4-65 克服基站与光纤直放站之间的信号交叠干扰

此时,两边的射频信号无法进入对方的漏缆内,从而不会产生更大范围的重叠和干扰区。

第5章 地铁传输系统

5.1 光纤通信基础概念

5.1.1 光纤结构

光纤分单模光纤和多模光纤，前者细、传输功率小，后者粗一些、传输功率大。据估计，单模光纤的使用量接近90%，通信系统所使用的绝大部分都是单模光纤。

单模光纤的结构，可用光纤截面图来形象说明，如图5-1所示。

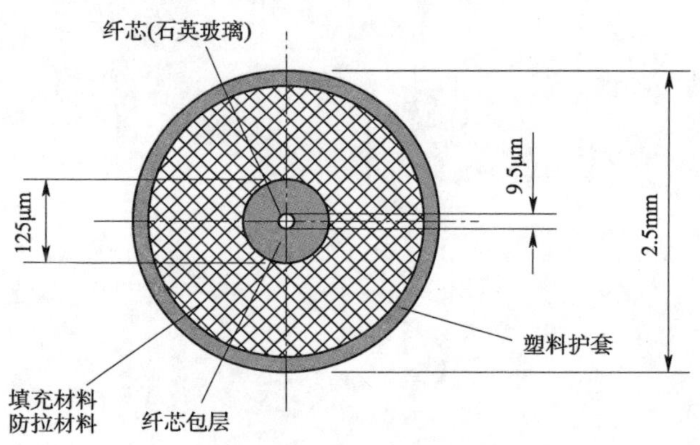

图5-1 光纤截面图

(1)纤芯材料为石英玻璃，标称直径9.5μm。

(2)纤芯包层材料与纤芯相同，但它的折射率小于纤芯折射率，标称直径125μm。

(3)护套材料为塑料，外径2.5mm。

(4)纤芯包层和塑料护套间是填充材料和防拉材料(如尼龙纤维)。有的光纤没有这些材料，包层外就是塑料护套。

(5)光纤的弯曲半径应大于3cm。

光纤通信的常用波长是1310nm和1550nm。这是因为，可见光波长是(390~760)nm，但在光纤中，光的传播介质不是空气而是石英玻璃。在(1000~1650)nm波长范围内，石英玻璃对光的衰减最小。而且，在该范围内还有两个低衰减“窗口”，即(1000~1350)nm和(1450~

1800)nm,它们分别是1310nm和1550nm所在的“窗口”。

光纤的两个关键部分是纤芯和包层。纤芯在光纤的中部,被包层包住,纤芯作用是导光。由于纤芯的折射率高于包层,所以纤芯中的光线以特定角度到达纤芯与包层的界面处时,因全内反射而被限制在纤芯之中,从而实现光传导,如图5-2所示。

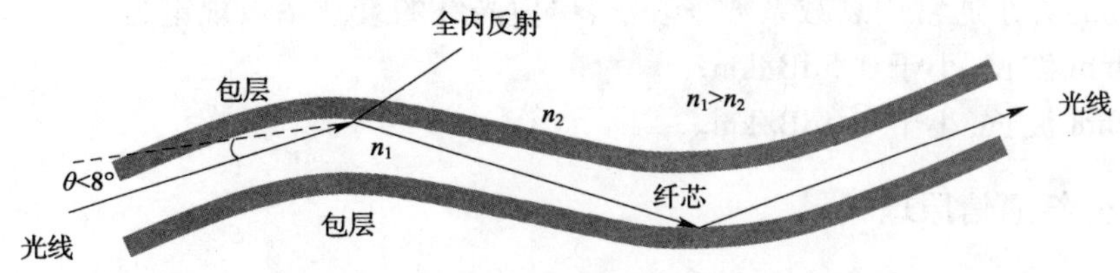

图5-2　光纤中的光传导

光在光纤中以锯齿形路径传播并实现全内反射,必须满足两个条件:

(1)光纤是由包层及纤芯构成,且纤芯折射率 n_1 大于包层折射率 n_2;

(2)光线入射角要小于临界入射角,即 $\theta<8°$。

光纤纤芯很细,单模光纤直径不到10μm。多模光纤直径虽是单模光纤的5倍(50μm),但依然没有人的头发粗。

光纤的非理想对接,常见有三种情况:横向偏移、纵向偏移和角度偏移,如图5-3所示。任何形式的光纤非理想对接都会带来损耗,而且横向偏移损耗远大于纵向偏移损耗。

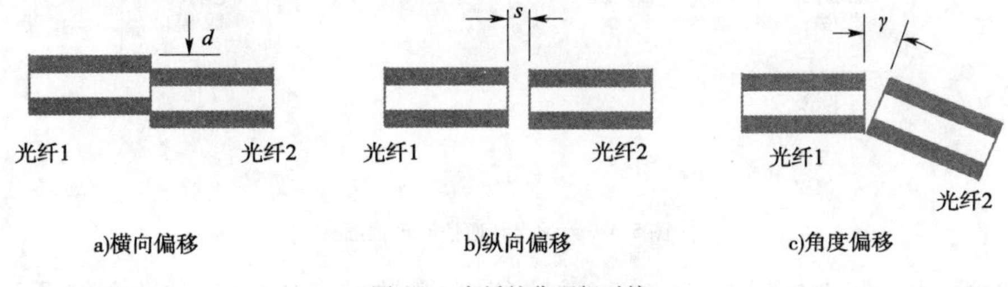

图5-3　光纤的非理想对接

5.1.2　光纤连接器

光纤连接方式有两类:一类是固定连接,为一对光纤端面之间的永久性连接,不能插拔;另一类是活动连接,可以插拔。

光纤端面型式有三种:PC型(端面为平面)、UPC型(端面为曲面)、APC型(端面为斜面)。

光纤活动连接器用得最多的是以下三种:

(1)FC型连接器:圆柱形结构、螺纹连接,适用于长途通信和局域网。

(2)SC型连接器:矩形结构、非螺纹连接,可直接插拔,推拉式闭锁装置。

(3)ST型连接器:卡销式连接,用于长途通信和局域网。

5.1.3　光纤损耗

光纤损耗主要包括吸收损耗、散射损耗、弯曲损耗三种。

在弯曲半径较大情况下,决定光纤衰减系数的损耗主要是吸收损耗和散射损耗。

吸收损耗是制造光纤的材料本身造成的，是光纤中过量金属杂质和氢氧根离子 OH^- 吸收光而产生的光功率损耗。

散射损耗主要是由于光纤材料密度的不均匀，引起光散射所带来的损耗。其次，光纤制造的缺陷也会引起与波长无关的散射损耗。

光纤损耗的大小通常用衰减系数来表示，单模光纤的衰减系数规定为：

(1)1310nm 波长，小于 0.5dB/km；

(2)1550nm 波长，小于 0.4dB/km。

5.1.4 光纤通信原理

所谓光纤通信，就是利用光纤来传输携带信息的光波以达到通信的目的。

要使光波成为携带信息的载体，必须在发射端对其进行调制，而在接收端把信息从光波中检测出来(解调)。

数字光纤通信原理框图，如图 5-4 所示。

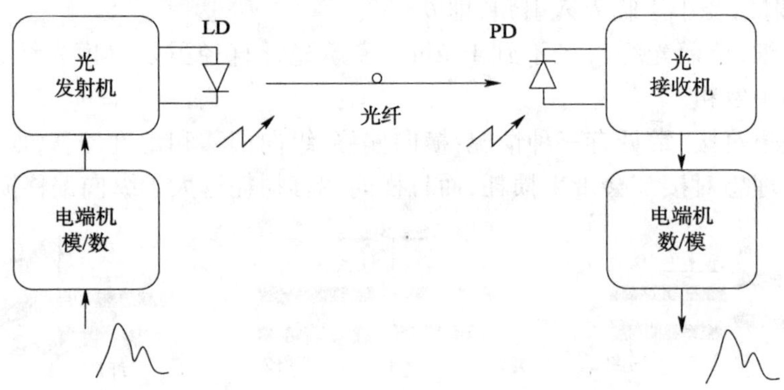

图 5-4 数学光纤通信原理框图

在发射端，电端机对模拟信息(如话音)进行模/数转换，用转换后的数字信号去调制发射机中的光源器件(半导体激光器)，光源器件发出携带信息的光波。数字信号为"1"时，光源器件发射一个"传号"光脉冲。数字信号为"0"时，光源器件发射一个"空号"(不发光)。光波经光纤传输到达接收端。

接收端，光接收机把数字信号从光波中检测出来，由电端机进行数/模转换，恢复成原来的模拟信息。这样，便完成了一次通信的全过程。

对模拟信息的模/数转换，是一个抽样、量化和编码的过程。以话音为例，话音的频率范围是 300 ~ 3400Hz，遵循奈奎斯特定律，按 8000Hz 的速率进行抽样。为了保证通话质量，在干线话路中采用 8 位码(2^8 =256 个码组)。这样，量化值有 256 种，每一个话路的话音信号速率为 28 ×28 =64kb/s。

数字信号是对连续变化的模拟信号进行抽样、量化和编码产生的，称为脉冲编码调制(PCM)。这种电的数字信号，叫作数字基带信号。

光纤通信之所以能够飞速发展，是由于它具有以下优点：

(1)传输频带宽、通信容量大：光波频率比微波频率高 10^3 ~ 10^4 倍，所以通信容量均可增

加 $10^3 \sim 10^4$ 倍。

(2)损耗低:在波长 1550nm 附近,衰减可低至 0.2dB/km,已接近理论极限值。

(3)尺寸小、质量轻。

(4)不受电磁干扰。

(5)制造材料丰富。

5.1.5 光纤通信分类

(1)按光波长分,有:

①短波长光纤通信:工作波长 0.8 ~ 0.9μm,中继距离短,在 10km 以内。

②长波长光纤通信:工作波长 1.0 ~ 1.6μm,中继距离长,可达 100km 以上。

③超长波长光纤通信:工作波长 2μm 以上,中继距离很长,可达 1000km 以上。

(2)按光纤特点分,有:

①多模光纤通信:采用石英多模光纤,传输容量较小,一般在 140Mbit/s 以下。

②单模光纤通信:采用石英单模光纤,传输容量大,一般在 140Mbit/s 以上。

(3)按传输信号形式分,有:

①光纤数字通信:传输数字信号,抗干扰能力强。

②光纤模拟通信:传输模拟信号,成本低,适用于短距离传输。

(4)其他分类为:

①外差光纤通信:光接收机灵敏度高,中继距离远,通信容量大,设备复杂。

②全光通信:无须光电转换,通信质量高。

③波分复用通信(WDM):在一根光纤上可传多个光波信号,通信容量大,成本低。

地铁广泛采用数字化、波分复用、单模光纤通信系统,工作波长 1310nm 和 1550nm。

5.2 地铁传输系统概论

在地铁通信系统中,传输系统承载的是运营管理中的语音、数据、图像和文字等各种信息。为确保行车安全、提高运输效率和现代化管理水平、提升旅客舒适度,以及为突发情况下提供应急处理手段等,传输系统乃是安全可靠、功能合理、设备成熟、技术先进、经济实用并重要的易于扩展的专用通信保障网络。

5.2.1 地铁传输系统承载业务

在地铁信息传输系统中承载的业务主要包括 TDM 和 IP 两类。TDM 业务包括话音信息、低速数据、电话中继等;IP 业务包括视频及以太网数据信息。

地铁传输系统所承载的通信业务,见图 5-5。

适用于地铁的传输技术主要有以 TDM 为基础的 SDH、OTN 技术,以统计复用为基础的 ATM 技术和基于 IP 的 MPLS VPN 技术,以及在数据业务的驱动下,在以上技术的基础上衍生出 MSTP、RPR、ASON 等技术。但主要使用的是 MSTP、OTN 和 ATM 技术体制,而且传送业务 IP 化是发展趋势(图 5-6)。

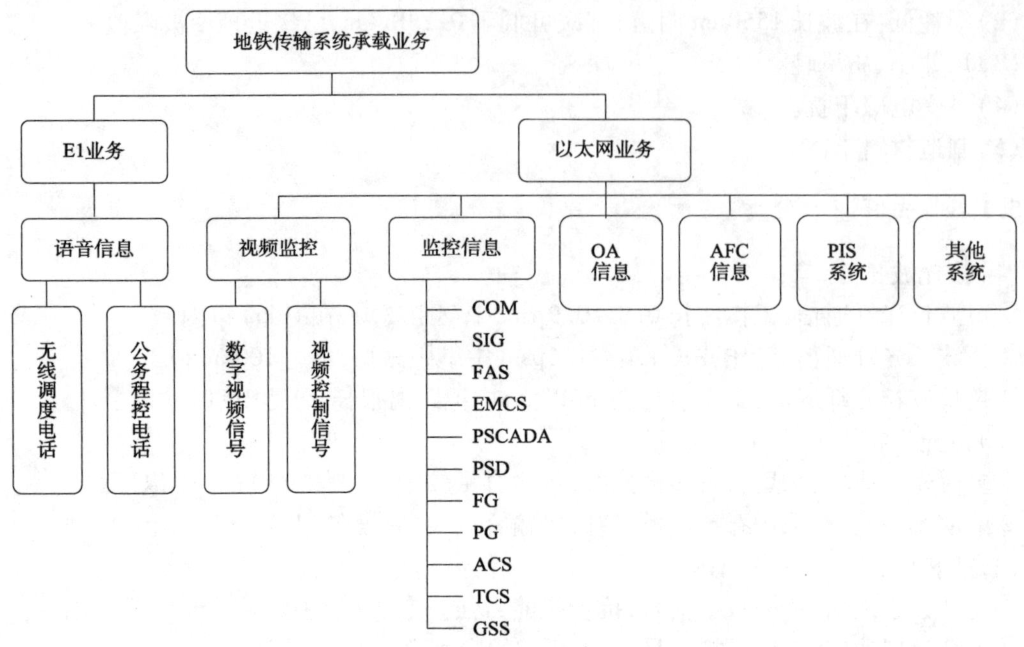

图 5-5　地铁传输系统承载的通信业务

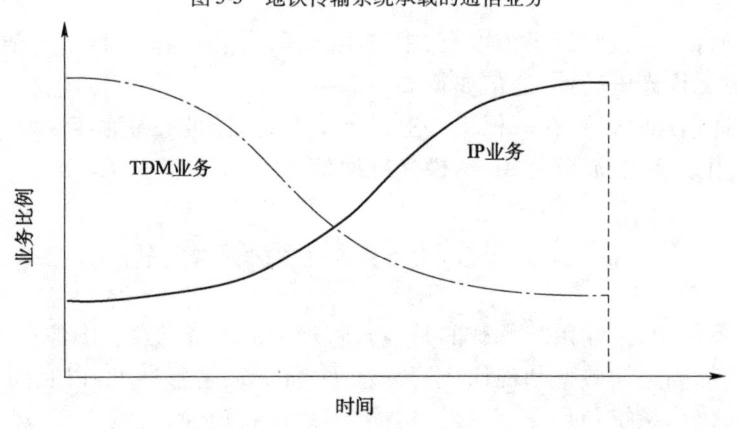

图 5-6　传送业务发展趋势

5.2.2　地铁传输系统主要制式

当前,地铁传输系统的传输制式主要有四种:

(1)MSTP(多业务传输平台)

它以 SDH 为基础,囊括了 PDH、SDH、POS、以太网、ATM、RPR 等技术,非常适应多业务和多种技术相融合的应用场合,在国内地铁工程中的应用比较成熟与广泛。

(2)OTN(开放式传输网络)

它采用时分复用技术,属于同步传输体系,但其帧结构与传统的 SDH 不同。在国内地铁工程中有过应用,但因传输制式特殊,存在技术独有性、厂商唯一性和国产化程度低等问题,正

在淡出国内地铁市场。

(3)SDH + GE

它是同步数字序列 SDH 和以太网两种技术的组合应用。采用简单 STM-4 的 SDH 系统是目前传输语音及低速数据业务最经济的方式,而以太网技术则是传输宽带数据业务最经济的方式,两种技术的共同应用既可以满足轨道交通信息传输需求,又能保证系统的经济性,但该方案需要占用更多的光纤,且流量控制及传输能力较差,由于采用两套设备,同时增加了后期维护的工作量。因此,在国内地铁工程中,SDH + GE 未见成功应用。

(4)PTN(分组传输网)

它在 IP 业务和底层光传输媒介之间设置了一个层面,针对分组业务流量的突发性和统计复用传送的要求而设计,以分组业务为核心并支持多业务传输,使成本更低。

四种传输制式主要技术性能比较如表 5-1 所示。

传输制式技术性能比较表 表 5-1

比 较 项 目	MSTP	OTN	SDH + GE	PTN
TDM 业务(SDH 技术)	强	强	较弱	强
IP 业务(以太网技术)	强	较强	一般	强
网络管理功能	功能强大	功能强大	一般	功能强大
标准化水平	国际/国内	生产商	国际/国内	国际/国内
产品成熟程度	好	好	一般	在发展中
国产化率	高	无	高	高
国内地铁应用情况	多	淡出	无	无
价格	较低	较高	低	高

从业务能力、网络管理功能、标准化水平、产品成熟程度、国产化率、国内地铁应用情况以及设备价格等因素综合考虑,一般选用 MSTP。

5.2.3 地铁传输系统主要特点

地铁机电设备分常规地铁机电设备和系统机电设备。

地铁系统机电设备由多个专业系统构成。每个专业系统的设备都主要集中在车站、车辆段、停车场和控制中心,部分装在区间道旁,从而形成若干站点并呈带状分布。因此,为保证各专业系统信息的实时传输,离不开先进、可靠的传输系统。

地铁传输系统的功能是:在控制中心、车辆段、停车场、列车、道旁与各车站之间,迅速、准确、可靠地传送有关业务信息,包括语音信息、数据信息和视频信息。

地铁传输系统的主要特点是:

(1)包括多个传输系统

根据专业不同及便于管理,每条地铁线都有以下传输系统:

①专用传输系统;

②民用传输系统;

③警用传输系统;

④信号传输系统；

⑤乘客资讯传输系统。

(2)采用统一的接口标准

地铁机电系统设备的标准电接口，通常有以下六种：E1 接口、10M/100M 以太网接口、4 线 E/M 接口、RS-422 接口、RS-232 接口以及多音频和低速数据接口。

地铁传输系统所承载的业务，主要是 E1 业务和以太网业务两大类。

所谓 E1 业务，是指采用 E1 接口标准的业务，而且主要是语音业务，包括专用无线通信、民用无线通信和专用电话业务。

所谓以太网业务，是指采用以太网接口标准的业务，而且主要是数据业务和视频业务，除地铁专用通信系统的业务（公务电话、电视监控、广播、时钟、网管等）外，还有其他地铁业务（信号、乘客资讯、办公自动化等）。

(3)远距离传输采用光缆

地铁各传输系统传输节点之间的距离较远，故普遍使用光缆。

光缆分多模光缆和单模光缆。多模光纤传输损耗大、带宽窄、价格便宜，主要用于短距离通信和窄带通信。单模光纤传输损耗小、带宽宽、价格稍高，主要用于远距离通信和宽带通信。

(4)近距离传输采用双绞线、同轴电缆和无线技术

近距离传输，又叫本地传输，对地铁传输系统来说，主要指同一个传输节点内设备之间的传输。此时，因距离较近，普遍采用双绞线和同轴电缆。

此外，无线技术主要用于信号系统和乘客资讯系统的车地无线传输。

5.2.4 地铁传输系统接口标准

地铁专用无线调度通信系统，主要使用 E1、RS-232、RS-422、100BASE-T 以太网和 4 线 E/M 等五种接口。这些接口的标准如下：

1)E1 接口

(1)G.703 传输速率为 2Mbit/s 的 E1 接口

2Mbit/s 的 EI 接口的功能是：在两个传输方向上，均能传送 2048kbit/s 信息信号和 2048kHz 定时信号，且能保持比特序列的独立性。

2Mbit/s 的 EI 接口是同向的，但接口间的传输线对，规定使用同轴线对和对称线对。因此，E1 接口有同轴线对接口和对称线对接口两种。

2Mbit/s 的 EI 接口，其特性如下：

①标称比特率：2048kbit/s；

②经接口传输的信号速率的最大容差：$\pm 5.0 \times 10^{-5}$；

③2048kHz 定时信号和信息信号在同一方向上传输；对于每一个传输方向，用一同轴线对或对称线对；传输码型：HDB3（三阶高密度双极性码）；

④输入口规范：在 1024kHz 频率上，允许从输出口到输入口衰减 6dB；输入口的反射损耗最小为：12dB(51 ~ 102kHz)、18dB(102 ~ 2048kHz)和 14dB(2048 ~ 3072kHz)；

⑤接地：同轴电缆线对的外导体，或对称电缆线对的屏蔽在输出口接地，如果需要，在输入口也可接地。输出口规范，见表 5-2。

2M E1 接口的输出口规范　表5-2

项目	参数	
波特率	2048kbit/s	
脉冲形状	标称为矩形。不管极性如何,有效信号的所有波形应符合 ITU-T G.703 所规定的波形样板	
每个传输方向的线对	一个同轴线对	一个对称线对
负载阻抗	75Ω,电阻性	120Ω,电阻性
"信号"(有脉冲)的标称峰值电压	2.37V	3V
"空号"(无脉冲)的峰值电压	0±0.237V	0±0.3V
标称脉冲宽度	244ns	
脉宽中点处正负脉冲的幅度比	0.95~1.05	
标称半幅度处正负脉冲的宽度比	0.95~1.05	
在输出口的最大峰—峰抖动	抖动频率在20~100000Hz范围内,小于1.5UI 抖动频率在18~100000Hz范围内,小于0.2UI	

(2)G.703 传输速率为64kbit/s的E1接口

64kbit/s 的 E1 接口有同向接口、中央时钟接口和反向接口三种类型。

如果在每个信息信号的传输方向上,接口的信息信号和与其相关的定时信号的传输方向都相同,则这种接口称为同向接口。

如果在每个信息信号的传输方向上,与接口的信息信号相关的定时信号都由同一个中央时钟供给,则这种接口称为中央时钟接口。接口相连的两个设备,分为主控设备和从属设备。

如果信息信号由主控设备向从属设备传输的方向上,信息信号和与其相关的定时信号的传输方向相同,而在信息信号由从附属设备向主控设备传输的方向上,信息信号和与其相关的定时信号的传输方向相反,则这种接口称为反向接口。

上述三种类型的接口中,以同向接口最为常见,地铁无线通信也采用此类接口。

64kbit/s 的 E1 同向接口,其输出口规范见表5-3,具体特性如下:

①标称比特率:64kbit/s;

②经接口传输的信号速率的最大容差:$\pm 100\times 10^{-6}$;

③64kHz 和 8kHz 定时信号和信息信号在同一方向传输;

④每一个传输方向用一平衡线对(一般采用变压器);

⑤输入规范:在128kHz频率上,允许从输出口到输入口衰减3dB;输入口的反射损耗最小为:12dB(4~13kHz)、18dB(13~256kHz)和14dB(256~384kHz);

⑥接地:对称线对的屏蔽应在输出口接地。如果需要,在输入口也可接地。

64K E1 接口的输出口规范　表5-3

项目	参数
波特率	256kbit/s
脉冲形状	标称为矩形。不管极性如何,有效信号的所有波形应符合 ITU-T G.703 所规定的波形样板

续上表

项　目	参　数
波特率	256kbit/s
每个传输方向的线对	一个对称线对
负载阻抗	120Ω,电阻性
“信号”(有脉冲)的标称峰值电压	1.0V
“空号”(无脉冲)的峰值电压	0 ±0.10V
标称脉冲宽度	3.9μs
脉宽中点处正负脉冲的幅度比	0.95 ~1.05
标称串幅度处正负脉冲的宽度比	0.95 ~1.05
在输出口的最大峰—峰抖动	抖动频率在 20 ~20000Hz 范围内,小于 0.25UI

2)RS-232 接口

RS-232 是由美国电子工业协会(EIA)制定的、应用广泛的接口之一,RS 是英语“推荐”一词的缩写。RS-232 接口为串行接口,连接方式如图 5-7 所示。

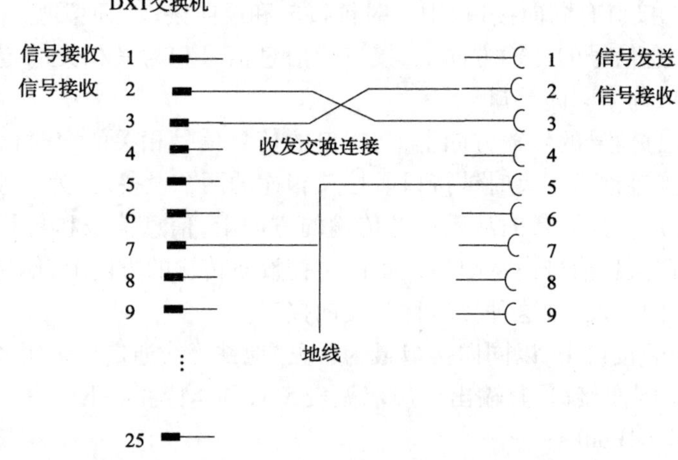

图 5-7　RS-232 接口的典型连接

RS-232 又分 RS-232 C 和 RS-232B,两者区别在于逻辑电平的范围不同:RS-232 C 逻辑 1 电平为 -5 ~ -15V,而 RS-232B 为 -5 ~ -25V;RS-232 C 逻辑 0 电平为 +5 ~ +15V,而 RS-232B 为 +5 ~ +25V。常用 RS-232 C,简称 RS-232。

RS-232 接口 20 根线的定义,见表 5-4。RS-232C 接口 25 根线的定义,见表 5-5。

RS-232 接口 20 根线的定义　　表 5-4

脚　号	定　义	
	RS-232 接口电路	
1	AB	信号地线及公共回线
2	CE	振铃指示

续上表

脚 号	定 义	
	RS-232 接口电路	
3	CD	数据终端准备好
4	CC	数传机准备好
5	BA	发送数据
6	BB	接收数据
7	DA	发送器信号码元定时(DTE)
8	DB	发送器信号码元定时(DCE)
9	DD	接收器信号码元定时
10	CA	请求发送
11	CB	允许发送
12	CF	接收线路信号检测器
13	CG	信号质量检测器
14	CH	数据信号速率选择(DTE)
15	CI	数据信号速率选择(DCE)
16	SBA	第二信道发送数据
17	SBB	第二信道接收数据
18	SCA	第二信道请求发送
19	SCB	第二信道允许发送
20	SCF	第二信道接收线路信号检测器

RS-232C 接口 25 根线的定义 表 5-5

脚 号	定 义	脚 号	定 义
1	SHIELD/保护地	14	STXD/第二信道发送数据
2	TxD/发送数据	15	TCK/发送器信号码元定时(DCE 为源)
3	RxD/接收数据	16	SRXD/第二信道接收数据
4	RTS/发送数据请求发送(RTS)	17	RCK/接收器信号码元定时
5	CTS/允许发送(CTS)	18	LL/本地回环控制
6	DSR/数据发送准备好(DSR)	19	SRTC/第二信道请求发送
7	GND/信号地线及公共回线	20	DTR/数据终端准备好
8	DCD/接收线路信号检测	21	RL/远端回环控制
9	—	22	RL/振铃指示
10	—	23	DSR/速率选择
11	STF/选择传输通道	24	XCK/发送时钟
12	SCD/第二信道接收线路信号检测	25	TI/测试指示
13	SCTS/第二信道允许发送		

3)RS-422 接口

RS-422 的全称为“平衡电压数学接口电路的电气特性”,定义了“使用串行二进制交换的数据终端设备和数据电路终接设备的通用 37 针和 9 针接口。RS-422 接口向下兼容 RS-232 接口。

表 5-6 是 RS-422 接口 37 针连接器的定义。

RS-422 接口 37 针连接器定义 表 5-6

针号	接口电路	针号	接口电路
1	屏蔽	20	接收公共参考点
2	信号速率指示器	21	—
3	—	22	发送数据 B
4	发送数据 A	23	发送定时 B(DCE)
5	发送定时 A(DCE)	24	接收数据 B
6	接收数据 A	25	请求发送 B
7	请求发送 A	26	接收定时 B
8	接收定时 A	27	允许发送 B
9	允许发送 A	28	在服务期
10	本地回路	29	数据方式 B
11	数据方式 A	30	终端准备好 B
12	终端准备好 A	31	接收器准备好 B
13	接收器准备好 A	32	选择备用
14	远地回路	33	信号质量
15	入呼叫	34	新信号
16	信号速率选择器	35	终端定时 B
17	终端定时 A	36	备用指示器
18	测试方式	37	发送公共参考点
19	信号地线		

RS-422 和 RS-232C 的不同之处主要有:

(1)允许信号速率达 2Mbit/s;

(2)定义了 RS-232C 中没有包括的 10 个电路功能;

(3)测试方式线(TM)是 RS-422 所特有的。它的作用在于 DTE 的输出通过 DCE(调制解调器),可以通过 TM 线,重新环回 DTE。它提供了一个测试通信设备的途径。用这种方法,DTE 可发出一串测试信号,用以检验通信设备是否有故障。

带有 RS-422 接收器的都要加衰减器。

RS-232 的发送器电压范围 ±15V,而 422 接收器允许的电压范围为 ±6V。

4)100BASE-T 以太网接口

以太网接口 100BASE-T,其中:“100”代表局域网(LAN)的速度为 100Mb/s,“BASE”代表基带传输,“T”代表 5 类双绞线。其物理接口为 RJ-45。

100BASE-T 的一个显著特点,是它很容易被移植到传统的标准以太网环境之中。

为了在5类非屏蔽双绞线上传输超过100Mb/s的数据流,100BASE-T采用了多级电平方式MLT-3,信道编码则采用了4B/5B编码方法。同时,为了方便用户网络从10Mb/s升级到100Mb/s,100BASE-T标准还包括有自动速度侦听功能,这个功能使一个适配器或交换机能以10Mb/s和100Mb/s两种速度发送,并以另一端的设备所能达到的最快的速度进行工作。

5)4线E&M接口

4线E&M接口,又叫四线话音通信接口,其主要技术特性如下:

①接口线数量:四根,收发为不同的线对。

②信号及其频带:模拟信号,其频带为300~3400Hz。

③标称特性阻抗:600Ω平衡。

④反射损耗(回波损耗):≥15dB(300~600Hz),≥20dB(600~3400Hz)。

⑤发送电平:一般可根据与话音信道设备的远近,在-20~0dBm范围内可调。

⑥接收灵敏度:一般可根据与话音信道设备的远近,在-40~0dBm范围内可调。

⑦对地不平衡度:一般采用纵向变换损耗(LCL)表示,其典型值为:在300~600Hz范围内,大于40dB;在600~3400Hz范围内,大于46dB。

⑧4线E&M接口的信令协议是:采用E/M信令、直流/交频互控信令、单频2600Hz/多频互控信令、单频2600Hz信令等。对于专用信道,也可以无信令。

5.3 地铁专用传输系统

如前所述,地铁有五个各自独立的传输系统。其中,为地铁专用通信系统服务的传输系统,叫作地铁专用通信传输系统,简称专用传输系统。下面,对该系统进行综合梳理。

5.3.1 主要功能

《地铁设计规范》(GB 50157—2013)规定,地铁专用通信系统不是单一的系统,而是多个独立子系统的组合,主要由9个子系统构成,它们是专用传输子系统、无线通信子系统、公务电话子系统、专用电话子系统、广播子系统、时钟子系统、电源及接地子系和集中告警子系统。

地铁专用通信传输子系统的主要功能是:在控制中心、车辆段、停车场及各车站之间,迅速、准确、可靠地传送有关业务信息,包括语音信息、数据信息和视频信息。

5.3.2 基本构成

地铁专用通信传输子系统,由传输介质、传输系统设备和传输节点设备三部分构成。

1)传输介质

传输介质包括电缆、光缆等。

在通信网中最常用的电缆是双绞线电缆和同轴电缆。

双绞线按其电气特性,分为100Ω非屏蔽双绞线(UTP)和150Ω屏蔽双绞线(STP);按其绞线对数,可分为2对、4对、25对;按频率和信噪比,可分为3类、4类、5类、超5类和6类。5类双绞线是最常用的以太网电缆,其传输频率为100MHz,主要用于语音传输和最高传输速率为100Mb/s的数据传输。超5类双绞线的最大传输距离为105m,平均传输速率为100Mb/s

(最大峰值 155Mb/s)。

同轴电缆特性阻抗有 50Ω、75Ω 两类。室外同轴电缆一般采用抗紫外线的塑料作护套,室内同轴电缆一般采用阻燃的塑料作护套。

当传输节点间的距离较长时,采用光缆作为传输媒介。根据传输模式,光纤可分为多模光纤与单模光纤两类。多模光纤传输损耗大、带宽窄、价格便宜,主要用于短距离通信和窄带通信。单模光纤传输损耗小、带宽宽、价格稍高,主要用于远距离通信和宽带通信。

2)传输系统设备

传输系统设备包括传输设备和传输复用设备。传输设备主要指微波收发信机和光端机,用于将携带信息的基带信号转换为适合在传输媒介上进行传输的信号。传输复用系统主要有准同步数字序列(PDH)、同步数字序列(SDH)和多业务传输平台(MSTP),用于在传输多路信息时完成复用及解复用功能。

3)传输节点设备

传输节点设备包括人工配线架[左中括号主配线架(MDF)、数字配线架(DDF)、光配线架(ODF)]和数字交叉连接设备(DXC)。DXC 可以看作是计算机软件控制下的数字配线架,它和人工配线架的区别在于 DXC 具有复用、解复用功能。

5.3.3 关键设备与技术

1)分插复用设备

分插复用设备(ADM)是地铁专用通信传输系统的核心设备。图 5-8 是 STM-16 分插复用设备构成示意图。

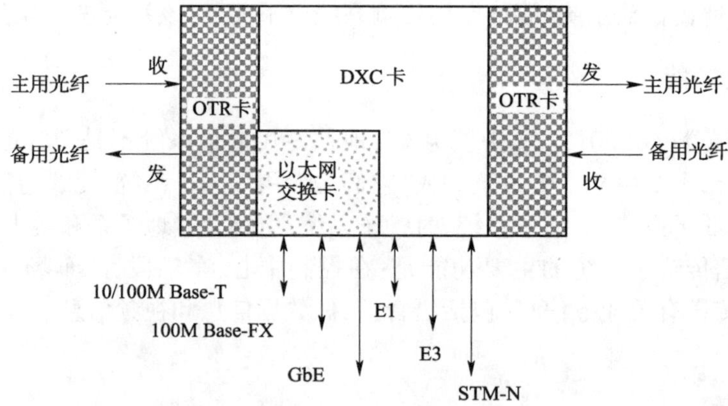

图 5-8 STM-16 分插复用设备构成示意图

OTR 卡是进行光电转换的光电收发卡,每块 OTR 卡分别与主用光纤、备用光纤相连。

DXC 卡是数字交叉连接卡,OTR 卡与 DXC 卡之间是电接口。其最小交叉粒度为 2Mbit/s,用来完成复用、解复用和交叉功能,数字交叉连接速率见表 5-7。

数字交叉连接(DXC)速率表　　表 5-7

速率代号	0	1	3	4	5	6
速率	64kbit/s	2Mbit/s	34Mbit/s	155Mbit/s	622Mbit/s	2.5Gbit/s

以太网交换卡通过 DXC 卡与以太网总线相连。以太网总线容量根据业务需要,可以提供10M、100M、1G 以太网端口。该卡起到了分组数据汇集和交换功能。

2)用户接口设备

用户接口设备(PCM)的数字交叉连接卡(DXC),通过 E1 接口与分插复用设备(ADM)相连。一个用户接口卡的端口连接模拟电话(POTS)、数字电话(2B + D)、2W/4W E&M 和广播等,另一个用户接口卡的端口连接 RS-232、RS-422 和 RS-485 等,PCM 用户接口设备结构示意如图 5-9 所示。

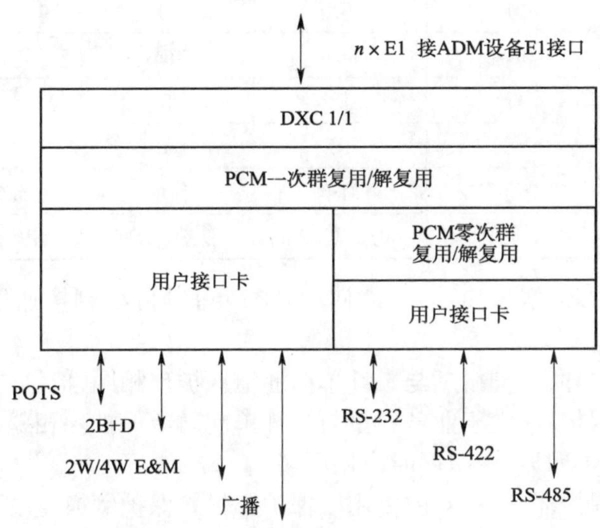

图 5-9 PCM 用户接口设备构成示意图

3)信息保护方式

如图 5-10 所示,传输系统对信息的保护有两种方式。

一种是 1 +1 保护方式。在发送侧,主备通道传送同一业务。接收侧根据信号质量优劣,选择其中一个通道进行接收。

另一种是 1∶1 保护方式。在发送侧,主用通道传送主要业务,备用通道传送额外业务。当主用通道故障时,主用通道中的主要业务倒向备用通道传送,额外业务在故障情况下不受保护。

地铁传输系统主要采用 1 +1 保护方式。

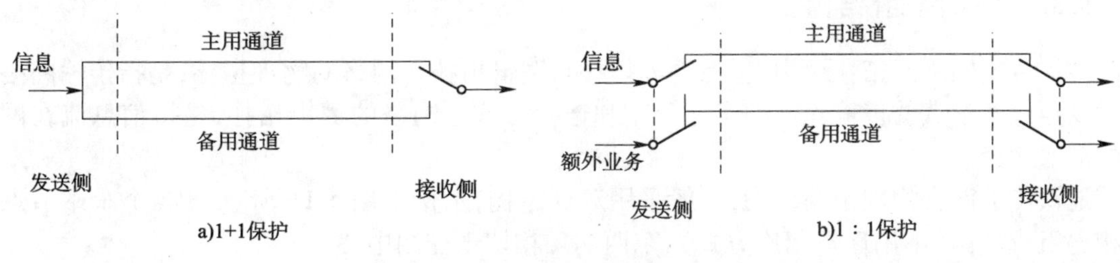

图 5-10 信息保护原理图

4)环路自愈方式

光纤自愈环的保护方式,有以下五种:二纤单向通道保护环、二纤双向通道保护环、二纤单向复用段保护环、二纤双向复用段保护环和四纤双向复用段保护环。它们的性能比较见表 5-8。

环路保护方式特性比较表　　表 5-8

项　目	二纤单向通道保护环	二纤双向通道保护环	二纤单向复用段保护环	二纤双向复用段保护环	四纤双向复用段保护环
节点数	K	K	K	K	K
线路速率	STM-N	STM-N	STM-N	STM-N	STM-N
环传输容量	STM-N	STM-N	STM-N	K/2 × STM-N	K × STM-N
APS 协议	不用	不用	用	用	用
保护倒换时间	30ms	30ms	30ms	50 ~ 200ms	50 ~ 200ms
节点成本	低	低	低	中	较高
抗节点失效能力	无	无	无	有	有
系统的复杂性	最简单	简单	简单	较复杂	复杂
应用业务类型	业务集中型	业务集中型	业务分散型	业务分散型	业务分散型

二纤单向通道保护环,实现简单,不需使用 APS 倒换协议,倒换速度快,适用于业务集中型的应用场合。

二纤双向通道保护环,保护机理与二纤单向通道保护环相同,但结构较为复杂。

二纤单向复用段保护环,由于业务容量与二纤单向通道保护环相差不大,倒换速率比二纤单向通道环慢,故优势不明显,在组网时应用不多。

二纤双向复用段保护环、四纤双向复用段保护环尽管保护倒换速度要慢于通道环,但由于双向复用段保护环最大的优点是网上业务容量大,信道利用率大大高于通道环。同时,由于具有"时隙可以重复使用"的优点,比较适用于业务量分散型的应用场合;但由于受保护倒换机制的限制,二纤、四纤复用段保护环的环上节点不能多于 16 个。

四纤双向复用段保护环,一方面具有"时隙可以重复使用"的优点,还具有区段保护功能,适用于业务量大而分散、组网复杂的场合。四纤环与二纤环相比,带宽更高,但同时网络结构、业务保护和倒换复杂,投资也较大。

地铁传输系统所承载的业务很大一部分是数据业务,采用总线型信道,属于分散型业务,一般采用二纤双向复用段保护环。

5.3.4 网络拓扑结构

地铁传输网络的拓扑结构,包括物理拓扑与逻辑拓扑。网络的物理拓扑,是指传输网络节点以及连接各节点的传输介质的实际分布和连接方式。网络的逻辑拓扑,是指信息流在网络中的流通途径。

地铁传输网络物理拓扑结构,一般采用双环结构,示例如图 5-11 所示。15 个车站节点隔站相连组成环网(不用逐站相连方式),东西两环相切于控制中心。

地铁传输网络逻辑拓扑结构,主要采用点对点与总线两种方式,如图 5-12 所示。

5.3.5 传输系统带宽

同步数字序列 SDH 各次群所对应的传输速率(业内又称带宽),如表 5-9 所示。PCM(脉

码调制)速率与话路数的关系,如表5-10所示。

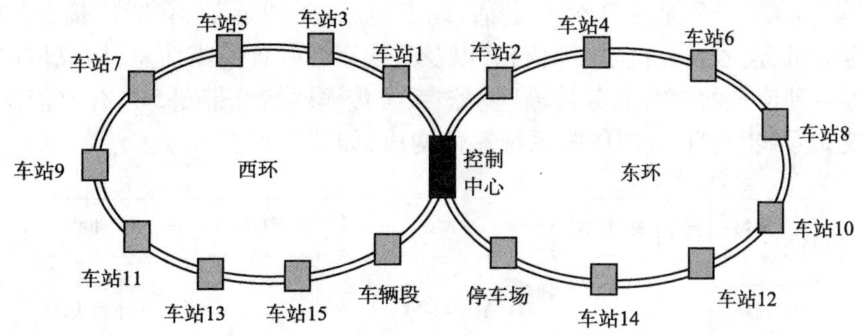

图5-11 地铁传输网络物理拓扑结构示例

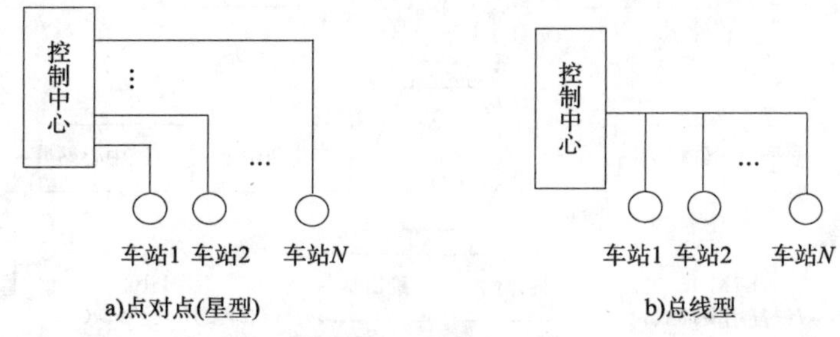

图5-12 地铁传输网络逻辑拓扑结构

SDH各次群的传输速率(带宽) 表5-9

SDH各次群名称	STM-1	STM-4	STM-16	STM-64	STM-256
传输速率(带宽)	155Mbit/s	622Mbit/s	2.5Gbit/s	10Gbit/s	40Gbit/s

PCM(脉码调制)速率与话路数 表5-10

	一次群(E1)	二次群(E2)	三次群(E3)	四次群(E4)
速率(Mbit/s)	2	8	34	144
话路数(路)	30	120	480	1920

5.4 深圳地铁2号线专用传输系统

5.4.1 系统总体构成

深圳地铁2号线属深圳地铁二期工程,2010年6月28日开通运营,其技术总结《深圳地铁2号线工程创新与实践》于2014年3月由人民交通出版社出版,被列为"十二五"国家重点出版图书。

深圳地铁2号线专用传输系统,由多业任务传输平台(MSTP)和接入设备(PCM)两大部分组成,采用双二光纤自愈环路,主要信道采用一主一备方式。

该系统提供 RS422、2M 接入、音频通道、10/100M 以太网电口和 1000M 光口等多业务传输通道，能迅速、准确、可靠地传送公务电话、调度电话、无线通信、有线广播、时钟、自动售检票、安防、乘客资讯、信号、综合监控等信息，以及其他运营管理所需信息，构成传送语言、文字、数据和图像等各种信息的综合业务传输网。该系统传输网络总带宽 5G，有效带宽 2.5G。

深圳地铁 2 号线 MSTP 专用传输系统总体构成，如图 5-13 所示。

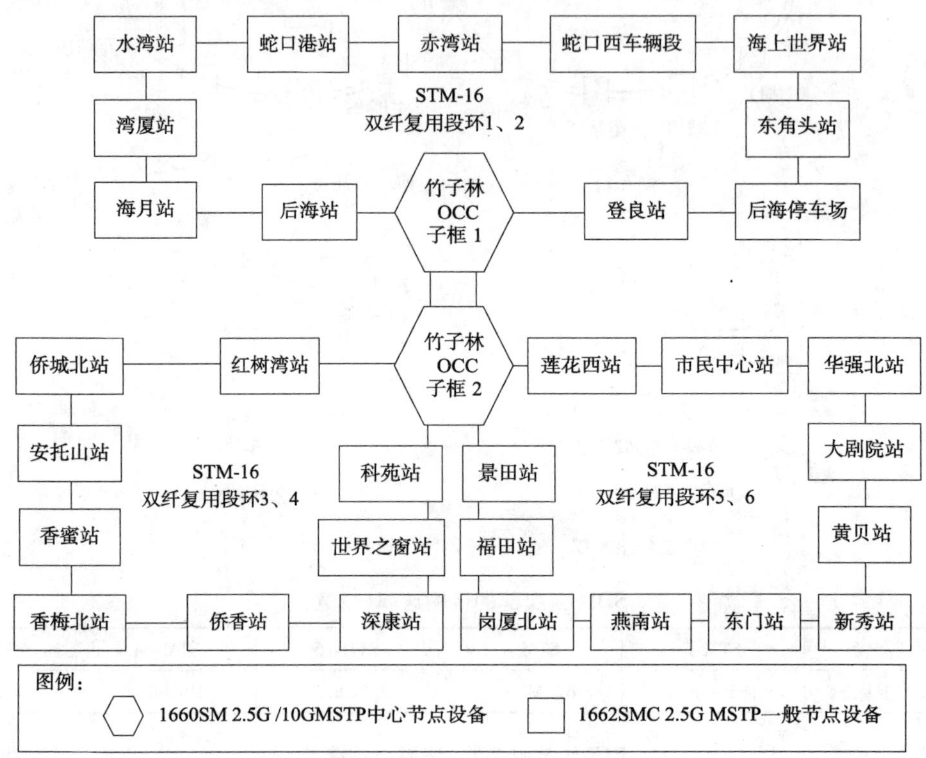

图 5-13 深圳地铁 2 号线 MSTP 专用传输系统总体构成

5.4.2 传输平台特点

传输平台是多业务传输平台（MSTP），特点如下：

（1）系列产品，硬件共享

OMSN 系列产品，包括 1660SM（最高速率 10Gb/s）、1662SMC（最高速率 2.5Gb/s）、1650SMC（最高速率 622Mb/s）、1642EM（最高速率 622Mb/s）和 1642EMC（最高速率 155Mb/s）。在统一的设计思想下开发，众多的业务端口盘可以在整个产品系列中得到共享，全面降低备品备件成本。同时，业务板上没有处理器，不存在诸如软件版本等问题，可以实现即插即用。

（2）面向未来的网络升级能力

得益于系列化的产品设计和硬件共享能力，产品具有良好的升级扩展能力，以满足未来网络发展的需求。

（3）全新一代的节点系统设计思路，灵活配置，功能强大

OMSN 采用节点体系结构，有别于传统的 SDH 复用器（ADM）和多 ADM 结构，其先进的背

板设计，使OMSN不分群路和支路，只按业务速率区分不同的业务端口板。同时，可以支持不同的网络拓扑结构，所有设备可以配置成Multi-ADM、TM甚至交叉连接系统，从而满足诸如城域网中环网/星状网/网状网等不同的需求。

(4)强大的交叉连接能力

OMSN系列产品可以提供强大的高阶和低阶交叉连接能力。例如，1660SM可以提供640×640VC4等效高阶和256×256VC4等效低阶的交叉连接能力，1662SMC可以提供160×160VC4等效高阶和64×64VC4等效低阶的交叉连接能力。正是这种强大的交叉连接能力，才使设备的使用更加灵活。设备强大低阶交叉连接能力，使数据业务应用场合中网络的带宽利用率进一步提高。

(5)高集成度，高灵活度，低功耗

OMSN可以提供高集成的机盘和系统，集成度高且占地省。同时，OMSN系统采用先进的集中控制，分布式馈电方式，拥有较低的设备功耗。

(6)业界先进的集成多业务适配器(ISA)，面向数据业务优化设计

OMSN系统内置式ISA(集成业务适配器)系统机盘。ISA包括：ISA-ATM、ISA-ES1、ISA-ES4和ISA-ES16。其中，ISA-ES1/4/16系列机盘，提供基于MAC地址的二层交换能力、LCAS(链路容量自动调整机制)以及SVLAN(VLAN堆栈)技术，从而达到更好利用传输带宽的目的。

(7)强大的统一网络管理能力

所有OMSN系统及其ISA系列，都可以被强大的传输网管系统135X系列(网元层和网络层管理系统)统一管理。

5.4.3 接入设备特点

传输系统基于MSTP提供的E1通道进行星形组网，MISS型接入设备的特点如下：

(1)强大交叉连接能力

传统接入设备只支持1~2个2M接口，2M时隙到业务接口之间也固定死了，不能进行交叉连接配置。本设备采用2048×2048的64K交叉连接矩阵芯片和大规模2M接口芯片，使接入设备可以支持8个2M(最多可达到16个2M)。而且，可以实现2M的任意一个时隙到任意一个业务接口之间的交叉连接配置，也可实现2M时隙到时隙之间的交叉连接配置。

(2)丰富的接口种类和强大的接口容量

传统接入设备大多只支持电话模拟接口，而且接口容量只有30~60路。

本设备能支持丰富的业务接口。除了模拟电话接口，2/4线EM接口，高保真音频接口等模拟接口以外，还支持RS-232/485/422低速数据接口、G.703同向接口、N×64K的V.35接口、X.21接口和10BaseT以太网接口等丰富的数据接口。单台设备的接口容量也能达到了240路。

(3)接口模块化设计

由于接口种类多，而每种业务接口用户需求的数量各不相同。本设备业务接口采用模块化设计。每台设备可以插8块用户业务基板，每块用户业务基板上可以插15块业务子卡，每块业务子卡可以支持1~2路业务接口。各种业务子卡可以混插，可以插在任意一块用户业务基板的任意一个卡位，通过交叉连接矩阵连接到需要的2M时隙。

(4)灵活的组网方式和强大的管理能力

传统接入设备大多只能点对点组网,网管也只能管理本端设备和对端设备。

本设备有强大的交叉连接能力,支持多个2M接口,支持链形网、环形网以及混合的网络拓扑形式。通过交叉控制盘的MCU芯片和各个子卡的CPLD芯片,可以实现接入设备的拓扑管理、配置管理、故障管理和安全管理。网管能力很强大,形成最多可以实现32个子网、每个子网最多256台设备的集中网管。

(5)扩展性和兼容性

本设备采用的MISS-PRO-240控制中心和各车站每台设备,可以实现240个64K业务的全上下。设计时充分考虑了设备整体性能、业务板卡配置、E1端口数量、带宽等方面,预留了接入设备的接口扩展和升级能力。接口数量考虑了30%的插槽、业务端口冗余。采用模块化结构,除公共单元盘外,业务接口处理部分由业务基盘和各种业务子卡实现,业务基盘上的15个子卡槽位支持所有业务子卡的混插。系统扩容只需增加相应业务基盘和子卡,利用现有配置业务基盘上的剩余子卡槽位,通过增加子卡即可实现系统业务扩展。设备兼容性好:系统主控板、电源盘主备用完全一样,同种规格的子卡性能完全一致,支持互换,并且在同一块业务基盘上,支持同一种业务子卡或不同业务子卡混插。

(6)保护措施

保护措施,包括设备级保护措施、网络级保护措施和防雷保护措施。

设备级保护措施:设备硬件保护支持电源、交叉、控制、时钟1+1热备份,提高系统可靠性;双路电源输入,保证系统外部供电保护。

网络级保护措施:支持掉电直通,系统组链、环网时中间节点电源故障不影响其余节点业务。

除通过MSTP光传输环网E1通道保护外,还支持E1环网情况下64kb/s业务环网保护功能,两节点间E1通道故障后,特有的环网保护机制能实现环网配置业务的保护。

由于所有业务为点到点,接入系统采用星形组网方式,网络级保护是通过MSTP光传输系统环网E1通道保护。

防雷保护措施:业务接口加装有瞬时电压抑制器,当电压增加到一个界限后,会造成突波吸收器的电阻值急剧下降,使短路现象伴随过激电压同时发生,而让系统得到安全的保护。

5.4.4 局域网要求

工程中,使用10Mb/s及100Mb/s局域网的系统有:列车监控(ATS)、自动售检票(AFC)、乘客资讯(PIS)、办公自动化(OA)、综合监控等。

(1)以太网通道可据需分为活动通道或固定通道。

(2)背板带宽≥622M。

(3)汇聚比≥16,即WAN端口≥16个。

(4)中心站的以太网板卡支持EPS保护。

(5)组播支持IGMP SNOOPING。

(6)设备转发两层以太网包时,在同一模块内或经过背板时,单对端口的吞吐量达到线速。

5.4.5 扩展性和兼容性

1)传输平台的扩展性和兼容性

(1)业务槽位:控制中心已用38个,预留9个;各车站、车辆段已用18个,预留5个。

(2)接口:控制中心预留69个E1口(2M口)、13个以太网口;车站预留13个E1口、12个以太网口;车辆段预留19个E1口、8个以太网口。

(3)网络容量:配置2个2.5G环,即5G,能平滑升级为10G,支持完全不影响业务的在线升级。

2)接入设备的扩展性和兼容性

接入设备的扩展性和兼容性,如表5-11所示。

接入设备的扩展性和兼容性　　表5-11

项目	控制中心			各车站			车辆段		
	系统容量	实际配置	扩容能力	系统容量	实际配置	扩容能力	系统容量	实际配置	扩容能力
用户业务基盘	64	60	4	8	2	6	8	2	6
数据接口卡	960	180	622	120	6	109	120	6	101
远端电话卡		158			5			13	
E1端口数	64	31	33	8	1	7	8	2	6
系统带宽能力(64K)	920	676	1244	240	22	218	240	38	202

5.5 北京地铁7号线专用传输系统

5.5.1 系统总体构成

北京地铁7号线采用基于SDH的多业务节点设备,最高传输速率为9953.280Mbit/s。传输系统采用了四纤双向复用倒换环技术,保证了传输的可靠性。为公务电话系统、广播系统、时钟系统、专用无线系统、信号系统、CCTV、PIS等系统提供了RS422、100M/1000M以太网电口接入、1000M以太网光口接入和2M接入等接口,为这些系统传输数据、语音和图像等信息。

北京地铁7号线采用MSTP(内嵌RPR)的传输技术体制来构建光传输系统。全线共25个通信站点,SDH环网的组网方式为以小营控制中心和焦化厂车辆段(备用控制中心)为核心,组成两个10Gbit/s四纤双向复用段保护环。

环一由控制中心、焦化厂车辆段(备用控制中心)、北京西站、湾子站、达官营站、广安门内站、菜市口站、虎坊桥站、珠市口站、桥湾、磁器口站、广渠门内站12个通信站点组成、一个10Gbit/s四纤双向复用段保护环。

环二由控制中心、焦化厂车辆段(备用控制中心)、广渠门外站、双井站、九龙山站、大郊亭站、百子湾站、化工站、南楼梓庄站、欢乐谷景区站、垡头站、双合站、焦化厂站13个通信站点组成一个10Gbit/s四纤双向复用段保护环。

两环相交于控制中心、焦化厂车辆段(备用控制中心)。北京地铁7号线专用传输系统总体构成如图5-14所示。

在TCC机房设置1套10Gbit/s MSTP设备,和控制中心MSTP设备构建一个点对点的传输系统,采用光口1+1配置,构建一个点对点传输链,中继距离小于2km。

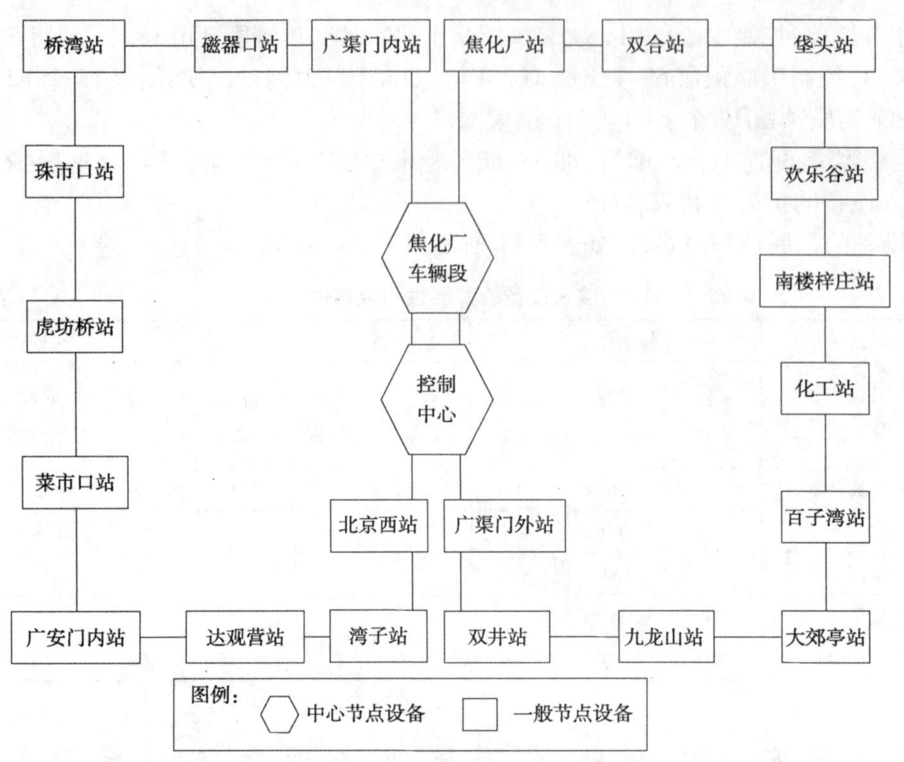

图 5-14　北京地铁 7 号线专用传输系统总体构成

采用内嵌 RPR 设备来承载以太网业务时，实现以太网业务的跨环应用。

在控制中心及车辆段（备用控制中心）分别设置传输网管 1 套，对传输系统进行网络、配置、故障及报警管理，两套网管能实时热备。

5.5.2　传输平台特点

北京地铁 7 号线专用传输系统设备平台如图 5-15 所示。

图 5-15　北京地铁 7 号线专用传输系统平台设备

其具有如下特点：

(1)多层次保护机制,成熟可靠。

采用设备级,网络级,系统级等多层次保护机制,可靠性高达99.999%,业务无条件50ms内保护切换。

(2)图形化管理,端到端配置,运维便捷。

①可视图形化操作,端到端业务管理能力,简易高效；

②新增业务、容量、节点,网络平滑扩展,业务“0”损伤；

③集成规划软件、网管软件和各类实用运维工具,提供网络规划、建设和运维一站式解决方案。

(3)智能化,IP化,全业务场景。

①支持语音,数据,图像和视频业务的全面承载,提供TDM/Ethernet/SAN各类接口；

②提供丰富的光放大器技术,内置波分复用器,支持200km以上的超长距离传输方案；

③支持加载GMPLS控制平面,实现智能化光网络；支持EOS、RPR,满足L2/L3组播等IP化业务承载需求；

④快速响应行业客户需求,支持2M光接口等新兴应用,支持IEEE 1588V2时间同步协议。

(4)先进的技术理念。

①灵活的系统容量设计。提供120G、240G、360G多种交叉容量配置选择；支持360G分组交换。

②大容量业务接入能力。单子架支持640 * E1；18 * 10G；72 * 2.5G；14 * 40G。

③支持广泛的业务类型。PDH业务：E1/T1/E3/T3；SDH业务：STM-1/4/16/64，STM-64FEC；Ethernet业务：10GE/GE/FE；其他数据业务：FICON/FC/ESCON/DVB-ASI。

④层次化的保护机制。单板1+1冗余保护设计：包括保护交叉 & 时钟单元,网元控制板,电源板和时钟接口板；电接口板的TPS保护：单子架可支持达3组TPS保护,包括E1/T1/E3/T3/FE/STM-1业务接口；创新的网络保护专利技术：支持全面的ITU-T保护标准,同时具有中兴专利的灵活逻辑子网保护创新技术,可节省昂贵的光纤资源,同时提供灵活的保护。

⑤领先的RPR技术。业界独创的业务跨环技术、支持L2/L3层组播、一板多用的设计。

⑥先进的设计理念。槽位插板无对偶限制,更灵活。ASON支持9种类型的业务传送安全机制。

⑦绿色环保。低于业界同类设备功耗40%,满足RoHS标准。

5.5.3 业务需求和带宽计算

专用通信传输系统正线环网业务带宽需求如表5-12所示。

带宽需求表　　表5-12

序号	业务类别		接口类型	传输速率	传输方式	带宽需求
1	公务电话系统	中继通道	E1	2Mbps	点对点	48×2M
2		备用中继通道	10/100Base-T	100Mbps	E-LAN	1×100M
3		网管及计费通道	10/100Base-T	10Mbps	E-LAN	1×10M
4	专用电话系统	中继通道	E1	2Mbps	点对点	48×2M
5		网管通道	10/100Base-T	10Mbps	E-LAN	1×10M
6		录音调用通道	10/100Base-T	100Mbps	E-LAN	2×100M

续上表

序号	业务类别		接口类型	传输速率	传输方式	带宽需求
7	无线通信系统	中继通道	10/100Base-T	100Mbps	E-LAN	2×100M
8		降级备用中继通道	10/100Base-T	100Mbps	E-LAN	1×100M
9		调度台通道	10/100Base-T	10Mbps	E-Line,14号线控制中心至车辆段	3×10M
10	闭路电视监视系统	专用通信视频调用通道	1000Base-Sx	1000Mbps	E-LAN	1×1000M
11		公安通信视频调用通道	1000Base-Sx	1000Mbps	E-LAN	1×1000M
12		录像备份通道	1000Base-Sx	1000Mbps	E-LAN	1×1000M
13		KVM控制通道	10/100Base-T	100Mbps	E-LAN	2×50M
14	广播系统	正线语音通道	10/100Base-T	10Mbps	E-LAN	2×50M
15		车辆段网管通道	10/100Base-T	10Mbps	E-Line,控制中心至车辆段	2×10M
16	时钟系统		10/100Base-T	10Mbps	E-LAN	2×10M
17	电源监控系统		10/100Base-T	10Mbps	E-LAN	2×10M
18	政务通信系统	中继通道	E1	2Mbps	点对点	8×2M
19		网管通道	10/100Base-T	10Mbps	E-LAN	1×10M
20	信号系统	电源监控	10/100Base-T	10Mbps	E-LAN	1×10M
21		维修通道	10/100Base-T	10Mbps	E-LAN	1×10M
22		ATS通道	10/100Base-T	10Mbps	E-Line,控制中心至车辆段	2×10M
23		ATC通道	10/100Base-T	100Mbps	E-LAN	4×100M
24	旅客信息系统(PIS)		1000Base-Sx	1000Mbps	E-LAN	2×600M
25	综合监控系统(ISCS)		1000Base-Sx	1000Mbps	E-LAN	2×500M
26	门禁系统(ACS)		10/100Base-T	100Mbps	E-LAN	1×100M
27	自动售检票系统		10/100Base-T	100Mbps	E-LAN	2×100M
合计	以太网业务合计:6860Mbps					
	TDM E1带宽需求合计:208Mbps					

有效带宽	使用带宽	保护带宽	带宽余量
10G	6.9G	10G	3.1G

第6章 系统应用开发

6.1 概 述

数字集群通信系统设备生产厂家所提供的设备是通用设备，只能满足标准和规范所规定的通用功能要求，而不能满足具体使用单位的特殊功能要求。对此，在地铁专用无线通信系统建设时，只能以数字集群无线通信系统为基础，与其他系统互联互通实现信息共享，根据用户需求定制开发实现各种特殊功能应用，这些开发工作即为应用开发。

近十年来，我国轨道交通工程项目建设取得了长足的进度，当前更是进入了高速发展阶段。综合我国轨道交通工程项目建设情况来看，地铁专用无线通信应用开发产品为轨道交通领域的行车、防灾、维修、应急等各个生产运营环节提供专业、可靠、便捷的通信手段，是轨道交通系统中保障运营安全、提高运营效率的重要手段，对整个系统具有不可替代的重要作用。

6.1.1 必要性

我国的城市轨道交通工程项目建设，无一例外地采用了地铁专用无线通信应用开发产品。综合来看，主要是因为数字集群通信系统设备存在以下几个方面的问题和不足：

(1)只能提供通用的系统功能，无法满足该行业用户不断增加的应用需求。

(2)终端产品形式单一，无法满足车载、固定等不同环境下的应用需求。

(3)终端设备功能界面、操作流程单一，无法满足简单、快捷、高效的用户使用需求。

(4)无法与该领域信号、车辆、时钟等外部系统互联互通实现信息融合，无法提供更加强大、更加适合最终用户的操作使用模式。

以上问题只能通过地铁专用无线通信应用开发解决。

6.1.2 范围

地铁专用无线通信系统应用开发设备的分布情况如图6-1所示。

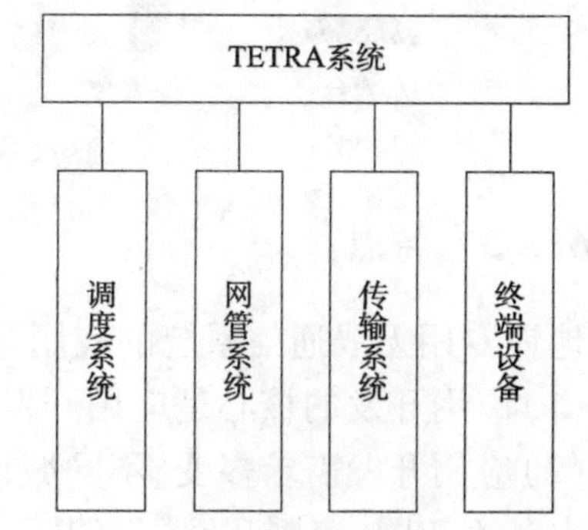

图6-1 地铁专用无线通信系统应用开发设备

地铁专用无线通信系统应用开发设备主要以应用开发为主，涉及四个方面：

(1)调度系统(调度服务器、调度台)。

(2)终端设备(车载台、车站台、广播台)。

(3)传输系统(数传服务器、数传车载台)。

(4)网管系统(网管服务器、网管客户端)。

以上系统设备均是以数字集群通信系统平台为基础、结合计算机应用技术开发完成的,它们既能互联互通实现统一通信,亦能独立部署提供对应的系统服务。图6-2描述了地铁专用无线应用开发产品在系统中的位置。

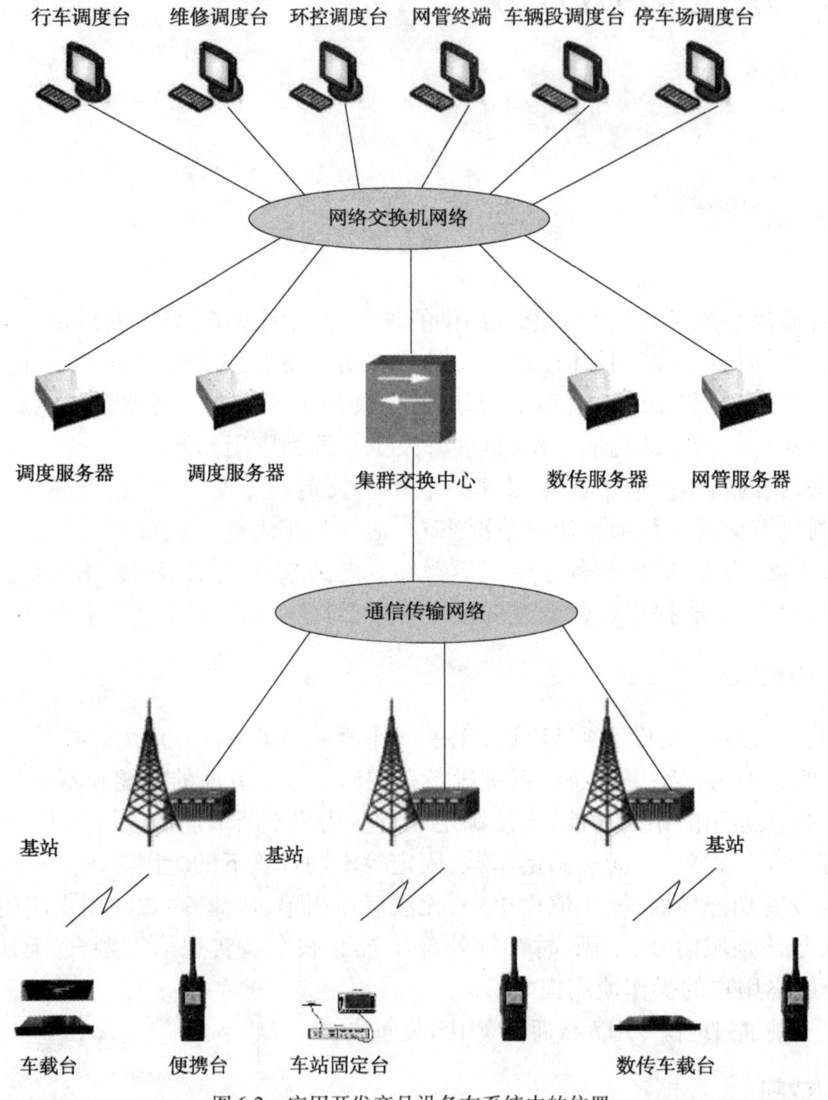

图6-2 应用开发产品设备在系统中的位置

6.1.3 特点

地铁专用无线通信系统的应用开发工作具有以下特点:

(1)应用开发的核心是应用开发,不同项目的应用需求不同,其开发内容也各不相同。

(2)应用开发需求多变,不同城市、不同项目的用户对于产品功能、应用模式和操作流程的需求各不相同,应用开发厂家提供的产品需满足用户的定制性需求。

(3)应用开发平台具有多变性特点,应用开发的基础平台是数字集群系统和终端提供的各种应用开发接口(API),不同厂家、不同型号的设备提供的API各不相同,没有统一的标准,应用开发厂家必须适应这些变化。

(4)应用开发均需要实现与其他系统的互联互通和信息融合,以增强系统功能和业务处理能力,常见外部接口包括车辆接口、信号接口、时钟接口、旅客信息系统(PIS)接口、电话接口、集中告警接口、录音接口等。

(5)应用开发技术以软件为主、硬件为辅,产品开发产品灵活多变,便于后续开发和改造。

6.2 需求分析

下面按照系统组成情况分别列出数字集群通信系统应用开发的一般性需求。

6.2.1 调度系统

地铁专用无线通信系统中调度系统应用开发的一般性需求,如表6-1所示。

地铁专用无线通信系统中调度系统应用开发的一般性需求示例　　表6-1

类别	项　目	说　　明	备注
语音通信	组呼	一对多的半双工呼叫方式,呼叫对象是系统通话组,包括普通通话组和通播组	
	单呼	一对一的呼叫,可以是半双工或者全双工,两个无线个人用户之间的呼叫,无线个人用户包括调度台、车载台、车站台和便携台用户	
	紧急呼叫	最高优先级的呼叫,系统资源紧张时,可以强拆其他低优先级的呼叫,呼叫形式可以是组呼或单呼	
	电话呼叫与电话转接	一对一的呼叫,指无线用户与电话用户之间的呼叫;调度员可以把无线用户/电话用户呼入的呼叫转接到电话用户和无线用户,实现未授权无线用户与电话用户之间的语音通话	
	多组呼叫	同时对多个组的呼叫,不同组的用户之间不能通话,调度台特有的呼叫功能	
	派接呼叫	同时对多个组的呼叫,不同组的用户之间能够通话,调度台特有的呼叫功能	
	呼叫请求与调度回叫	系统内的无线个人用户需要与调度员通话时,为了防止干扰调度员正在进行的工作(可能正在与其他用户通话),需要向调度员发送呼叫请求;调度员在接收到呼叫请求之后可以回叫该无线用户,呼叫形式可以为组呼或个呼;当系统内有多个调度员用户时,只需一个调度员进行回叫,其他调度台将同步显示该呼叫已处理	
语音监听	组监听	调度员能够监听其管辖范围内的所有通话组呼叫活动;调度员能够调节通话组的输出音量,包括增大、减小或者静音	
	个人监听	调度员可以监听其管辖范围内,任意一个个人用户的环境语音	
数据通信	文本短信	系统内无线用户之间可以收发文本短信,传输形式可以是单呼、组呼或广播;短信传输支持传输报告和阅读报告;短信的内容可以是即时编辑的,也可以提前预编辑	
	状态消息	系统内无线用户之间能够收发状态消息——状态消息是提前预定义好的16位数据编码,收发双方可以把该编码转换为预定义的语义	

续上表

类别	项　目	说　明	备注
辅助调度	基于位置的列车调度	能够ATS系统提供的信息自动更新列车位置，亦能在ATS接口故障情况下由调度员和车载台司机手动更新列车位置信息，包括车组号、车次号、上下行、所在车站、司机号等；能够通过内部通信实现调度台、车载台的列车位置信息更新；能够根据列车位置自动管理、去管理对应的列车通话组；能够设置预案应对ATS接口故障，可以管理所有列车通话组，或者维持现状	需要ATS系统配合
	列车功能号呼叫	能够根据车组号、车次号、司机号等列车功能号，呼叫对应的列车	
	列车广播	调度员可以对系统内的单个、多个或者全部列车进行语音广播，语音广播的对象是车厢内的旅客	需要车载广播系统配合
	旅客紧急通话	紧急情况下车厢内的旅客可以呼叫中心调度员，建立语音通话	需要车载广播系统配合
	站车呼叫	正线运行列车的司机可以呼叫当前车站、上一站、下一站的车站值班员建立语音通话；呼叫方式可以是自动的，也可以是经过调度转接的	
	组信息更新	能够自动更新显示管辖范围内的所有通话组状态信息和组成员信息	
	个人信息更新	能够自动更新显示管辖范围内的所有个人用户状态信息，包括注册状态、呼叫状态、呼叫类型、所在基站、守候通话组等	
	强拆强插	调度员具有强拆强插权限，能够强拆其他呼叫，或者强插正在进行的呼叫，抢占呼叫话权	
	应急预案	能够提前设置预案应对典型突发事故，支持预案的编辑、启动和撤销操作	
管理	动态组管理	调度员能够通过空中接口动态增加、删除移动终端设备的通话组信息，限制该设备的组呼通信范围	
	遥毙、遥启	调度员能够通过空中接口禁用、启用移动终端设备，限制该设备注册使用	
容错处理	服务器备份	调度服务器支持双机热备，当单个服务器故障时，另一台服务器能够自动接管调度服务，不影响调度系统整体功能业务	
	调度台备份	多个调度台互为备份，当某个调度台硬件故障时，该调度员可以在其他调度台上使用其用户信息登录启动调度服务。一般情况下，维修、防灾调度台可以作为行车调度台的备份	
时钟同步	时钟同步	调度服务器能够与时钟系统互联互通接收时钟系统提供的对时信息，并调整本机系统时间	
	对时服务	调度服务器能够向各调度台、车载台和固定台提供对时服务，以确保各设备时间统一	

续上表

类别	项 目	说 明	备注
记录管理	语音呼叫记录	能够存储调度相关的各种语音呼叫活动信息,包括时间、类型、发起方、接收方等信息	
	数据呼叫记录	能够存储调度相关的各种数据呼叫活动信息,包括时间、类型、发起方、接收方等信息	
	运行记录	能够记录调度软件运行期间的各种操作活动信息,包括启动、关闭、出错以及其他相关事件信息	
	记录管理	支持各种记录信息的存储、查询、统计和打印等操作,并支持自动导出和回删处理	
录音	录音输出	能够把调度员参与的各种通话输出给外部录音系统,支持事后查询和回放	需要录音系统配合
	全网录音	能够自动记录无线系统内所有语音通信活动,包括组呼、单呼的语音信息和数据信息	

6.2.2 终端系统

地铁专用无线通信系统中终端系统应用开发的一般性需求,如表6-2所示。

地铁专用无线通信系统中终端系统应用开发一般性需求示例 表6-2

类别	项 目	说 明	备注
语音通信	组呼	一对多的半双工呼叫方式,呼叫对象是系统通话组,包括普通通话组和通播组	
	单呼	一对一的呼叫,可以是半双工或者全双工,两个无线个人用户之间的呼叫,无线个人用户包括调度台、车载台、车站台和便携台用户	
	紧急呼叫	最高优先级的呼叫,系统资源紧张时,可以强拆其他低优先级的呼叫,呼叫形式可以是组呼或单呼	
	电话呼叫	一对一的呼叫,指无线用户与电话用户之间的呼叫	
	呼叫请求与调度回叫	系统内的无线个人用户需要与调度员通话时,为了防止干扰调度员正在进行的工作(可能正在与其他用户通话),需要向调度员发送呼叫请求;调度员在接收到呼叫请求之后可以回叫该无线用户,呼叫形式可以为组呼或个呼;当系统内有多个调度员用户时,只需一个调度员进行回叫,其他调度台将同步显示该呼叫已处理	
组管理	组监听	能够监听守候通话组呼叫活动,能够调节通话组的输出音量,包括增大、减小	
	组扫描	能够扫描多个通话组的呼叫活动,并能够根据优先级加入组呼通话	
	动态组管理	能够接受中心用户的动态组管理操作,动态增加、删除终端设备通话组	
数据通信	文本短信	系统内无线用户之间可以收发文本短信,传输形式可以是单呼、组呼或广播;短信传输支持传输报告和阅读报告;短信的内容可以是即时编辑的,也可以提前预编辑	
	状态消息	系统内无线用户之间能够收发状态消息——状态消息是提前预定义好的16位数据编码,收发双方可以把该编码转换为预定义的语义	

续上表

类别	项　目	说　　明	备注
辅助调度	基于列车位置的调度	能够自动显示更新调度转发的列车位置信息； 能够根据列车位置自动转换调度归属	需要ATS系统配合
	列车广播支持	支持调度台对本列车进行语音广播，语音广播的对象是车厢内的旅客	需要车载广播系统配合
	车站广播支持	支持车站便携台对本车站旅客广播通话，呼叫方式为单向通话；呼叫方式为组呼，广播方式为分区广播、多区广播或者全站广播	需要车站广播系统配合
	旅客紧急通话	紧急情况下，支持车厢内的旅客呼叫中心调度员，建立语音通话	需要车载广播系统配合
	站车呼叫	正线运行列车的司机可以呼叫当前车站、上一站、下一站的车站值班员建立语音通话，呼叫方式可以是自动的，也可以是经过调度转接的	
时钟对时	时钟对时	能够接收中心发送的时间信息，并根据该信息调整本机系统时钟，实现时间统一	
记录管理	语音呼叫记录	能够存储本设备相关的各种语音呼叫活动信息，包括时间、类型、发起方、接收方等信息	
	数据呼叫记录	能够存储本设备相关的各种数据呼叫活动信息，包括时间、类型、发起方、接收方等信息	
	运行记录	能够记录本设备软件运行期间的各种操作活动信息，包括启动、关闭、出错以及其他相关事件信息	
	记录导出	支持各种记录信息的存储、导出和自动回删处理	
录音	录音	能够记录本设备参与的各种语音呼叫活动，记录内容包括时间、呼叫类型、发起方、接收方和语音信息	
	录音输出	能够把车站台、广播台参与的各种通话输出给外部录音系统，支持事后查询和回放	需要录音系统配合
	回放	支持录音回放功能，包括即时回放和查询回放操作	
	导出	支持录音信息存储容量设置和余量指示，并支持导出和回删操作，允许用户导出录音信息之后，在计算机设备上查看和回放	

6.2.3　传输系统

地铁专用无线通信系统中传输系统应用开发的一般性需求，如表6-3所示。

地铁专用无线通信系统中传输系统应用开发的一般性需求示例　　表6-3

类别	项　目	说　　明	备注
列车状态信息传输	业务需求	在控制中心和车辆之间提供车地信息传输通道，支持车载设备主动上报或者中心设备查询上报，信息传输方向主要为车辆至中心地面	
	传输形式	支持一列或多列车辆同时向中心上传状态信息	
	传输控制	支持出错重传、分片和打包等	

续上表

类别	项 目	说 明	备注
车载 PIS 显示信息传输	业务需求	在控制中心和车辆之间提供车地信息传输通道,支持中心设备向车载设备下发显示信息,信息传输方向主要为中心地面至车辆	
	传输形式	支持中心同时向一列或多列车辆下发显示信息	
	传输控制	支持出错重传、分片和打包等	
记录管理	传输记录	能够记录传输系统处理的各种数据传输任务,包括时间、发送方、接收方、信息内容等	
	运行记录	能够记录本设备软件运行期间的各种操作活动信息,包括启动、关闭、出错,以及其他相关事件信息	
	记录导出	支持各种记录信息的存储、查询、导出和自动回删处理	
时钟对时	时钟对时	能够接收中心发送的时间信息,并根据该信息调整本机系统时钟,实现时间统一	

6.2.4 网管系统

地铁专用无线通信系统中网管系统应用开发的一般性需求,如表 6-4 所示。

地铁专用无线通信系统中网管系统应用开发的一般性需求示例 表 6-4

类别	项 目	说 明	备注
配置管理	管理范围	包括数字集群系统设备、基站设备、直放站设备和应用开发设备	
	管理操作	能够在网管上集中配置各设备工作参数,完成设备开通、优化等工作,支持增删查改等基本操作	
用户管理	无线用户管理	能够通过数字集群系统提供的 API 接口管理系统的组用户和无线个人用户信息,完成开号、删号、权限更改等工作,支持增删查改等基本操作	
	组动态管理	能够通过空中接口动态增加、删除移动终端设备的通话组信息,限制该设备的组呼通信范围	
	遥毙、遥启	能够通过空中接口禁用、启用移动终端设备,限制该设备注册使用	
告警管理	告警接收	能够接收和查询数字集群系统内各种设备的状态信息,生成对应的告警消息和恢复消息;告警信息能够定位到子系统、站点、设备和板卡;支持多级告警,并可按照告警级别,配置告警提示音	
	告警操作	支持用户手动确认和清除操作	
	存储和查询	能够存储网管系统接收到的各种告警信息和事件信息,支持事后查询和统计	
	告警转发	能够根据项目需要,把本系统的告警信息转发给上级网管系统(例如集中告警系统)	
记录管理	告警记录	能够记录接收到的各种告警信息和事件信息,包括时间、子系统、设备、告警编码、故障情况等	
	运行记录	能够记录本设备软件运行期间的各种操作活动信息,包括启动、关闭、出错以及其他相关事件信息	
	记录导出	支持各种记录信息的存储、查询、导出和自动回删处理	
时钟对时	时钟对时	能够接收中心发送的时间信息,并根据该信息调整本机系统时钟,实现时间统一	

6.3 技术方案

不同城市不同项目的地铁专用无线通信产品应用开发需求不同,不同厂家的实现办法也各不相同,下面仅以地铁专用无线通信产品应用开发的典型技术方案为例进行介绍,重点描述各地铁专用无线通信产品应用开发系统的硬件体系结构和软件体系结构。

6.3.1 调度系统

1)硬件体系结构

调度系统是一套采用客户端/服务器(C/S)架构设计、基于 IP 网络的计算机设备。图 6-3 表示了调度系统的设备构成,主要包括调度服务器、调度台、接口转换设备和网络交换机,其核心设备是服务器和调度台,分别安装部署服务器软件和调度台软件。

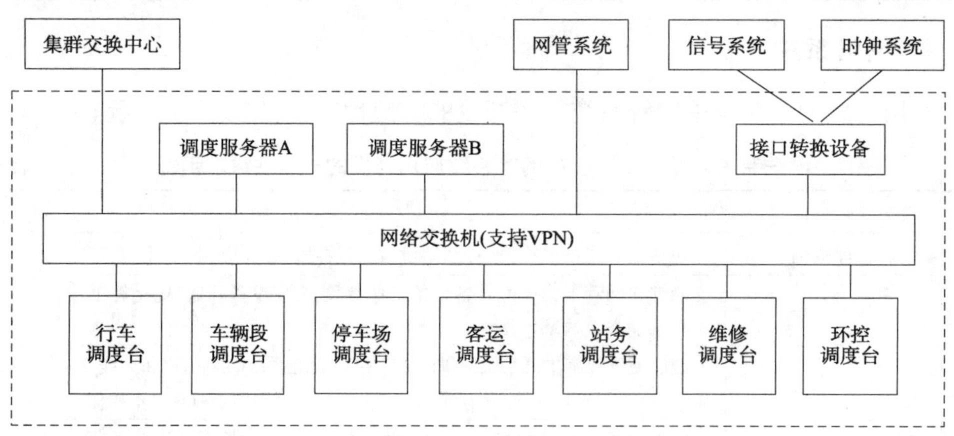

图 6-3 调度系统的设备组成

(1)服务器是指挥调度系统的核心控制和对外通信“网关”,负责协调控制各调度台工作运行,并与外部系统接口完成各种数据传输和信息共享,是 C/S 架构中的服务器端。服务器 A 和服务器 B 互为备份,可提高系统可用性。

(2)调度台是用户实现各种指挥调度操作的主要工作平台,负责向用户提供各种语音和数据通信功能操作界面,是 C/S 架构中的客户端。根据轨道交通运营指挥需要,TETRA 指挥调度系统中一般设置行车、车辆段、停车场、维修、环控、站务、客运等多种调度类型,每种调度类型又可能设置多个调度台。

图 6-4 表示了调度台的典型硬件组成,主要包括计算机、语音处理模块、音频接口模块以及扬声器、麦克风(MIC)、通话手柄、头戴式耳机等各种音频输入、输出附件。语音处理模块是插入到计算机主板插槽的专用处理接口卡,负责与集群交换中心连接,实现各种语音和呼叫控制信息的分析和处理,并向音频接口模块提供本地接口;音频接口模块则负责为各种音频输入输出附件提供接口,并对外提供调度录音输出接口。

(3)接口转换设备负责把与信号系统、时钟系统等外部系统的 RS232、RS422 等低速数据接口统一转换为 IP 网络接口,便于实现调度系统内的信息传输和共享。

(4)网络交换机负责连接系统内、外的各种网络设备,实现调度系统与网管系统、信号系统、时钟系统等外部系统的互联互通和信息传输。该网络交换机支持虚拟专网技术(VPN),能够根据系统内各种不同信息的传输路径和传输需求划分出多个业务网络,包括集群交换中心与各调度台组成的语音、控制网络,调度服务器、调度台及集群交换中心组成的调度通信网络,调度服务器与网管系统、信号系统、时钟系统等组成的外部通信网络。调度系统中的服务器和调度台全部采用多网卡配置。

一般情况下,车辆段调度台和停车场调度台都是远端调度台,需要通过地铁骨干传输网络连接到系统网络交换机。

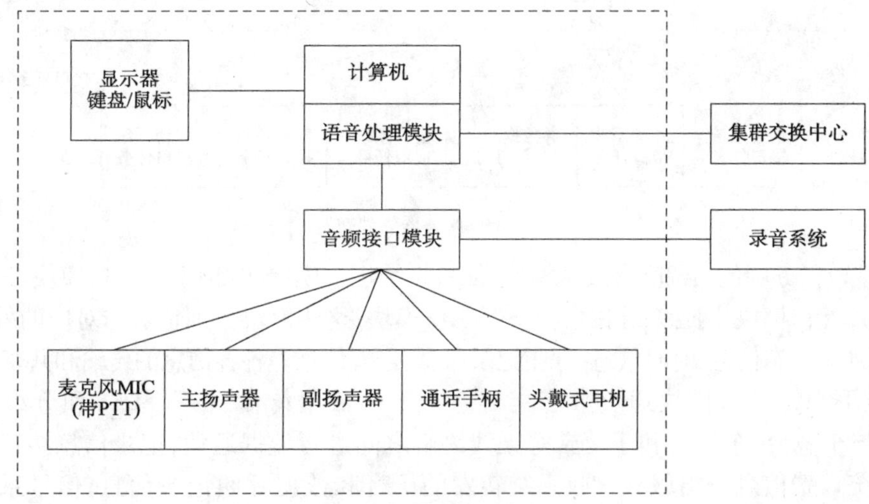

图6-4 调度台典型硬件组成

2)软件体系结构

调度系统的服务器和调度台软件都采用分层模块化设计,上层的应用功能完全独立于底层和接口实现细节,能够快速适应用户需求和底层接口的变化,具有很好的可扩展性、可裁剪性和可重用性。

服务器软件和调度台软件都由应用服务层、中间处理层和接口任务层共三层组成。其中,应用服务层负责向用户提供各种操作显示界面;中间处理层是软件的核心,负责控制接口任务层各模块的启动和运行,并维护软件运行所需的各种信息,在各模块之间完成信息分发和共享;接口任务层则负责与各外部系统或者设备通信,以实现数据的接收和转发。由于服务器与调度台在系统内的功能和角色不同,其软件模块组成也不相同。下面分别介绍服务器软件和调度台软件体系架构。

(1)服务器软件

服务器软件的体系架构如图 6-5 所示。

服务器应用服务层负责向用户提供各种显示和操作界面,允许用户监视各模块工作状态、系统内各调度台和无线终端设备工作状态,查看列车运行信息,配置软件工作参数,管理和查看系统数据库中的各种记录信息。

服务器中间处理层则负责维护系统运行所需的各种数据信息,并根据信息变化情况触发相应的事务处理。该模块维护的信息既有从数据库中读取的基础信息,也有软件运行期间从各接口模块接收处理之后的动态信息，例如列车运行状态信息、无线终端状态信息等。中间处理层的典型事务处理包括界面更新、在各个模块之间转发数据以及从数据库中读取记录，或者向数据库中存储记录等。

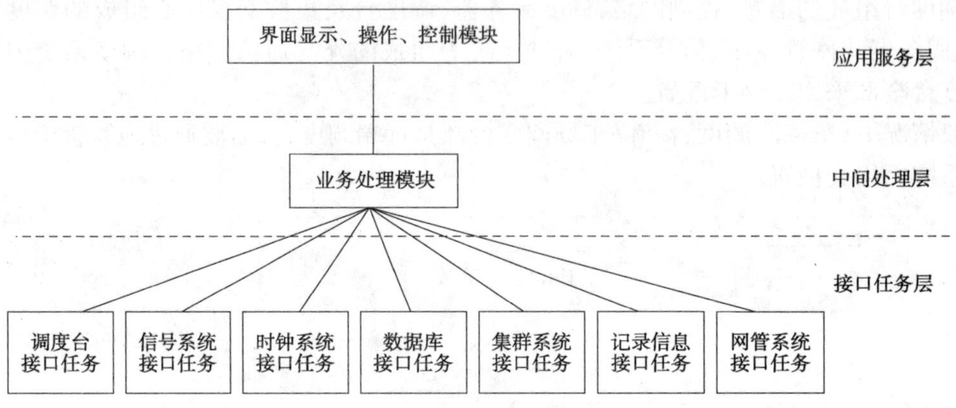

图 6-5　调度服务器软件架构

服务器接口任务层包括调度台接口模块、信号系统接口模块、时钟系统接口模块、记录信息处理模块、数据库接口模块、网管系统接口模块等工作模块，这些模块分别负责与对应的外部系统互联互通，实现列车状态信息、对时信息、呼叫记录信息、告警信息等各种信息的传输和共享。

其中，集群系统接口模块通过数字集群系统的短数据传输服务（SDS）和分组数据传输（PDS）服务与车载台、车站台和手持台等无线终端之间进行数据通信；记录信息接口模块利用数字集群系统计费信息输出服务接收系统转发的语音和数据呼叫记录信息；信号系统接口模块负责接收列车运行信息；时钟系统接口模块负责接收对时信息，完成系统对时；告警系统接口模块负责把系统检测的各种告警信息转发给告警系统。

为了适应各外部接口的多变性，一般把对应的接口任务模块设计为动态库或者系统组件，当外部接口变化时，只需加载与其对应的动态库或者组件。根据不同的应用要求，其中的部分模块可以不启动。

（2）调度台软件

调度台软件的体系架构如图 6-6 所示。

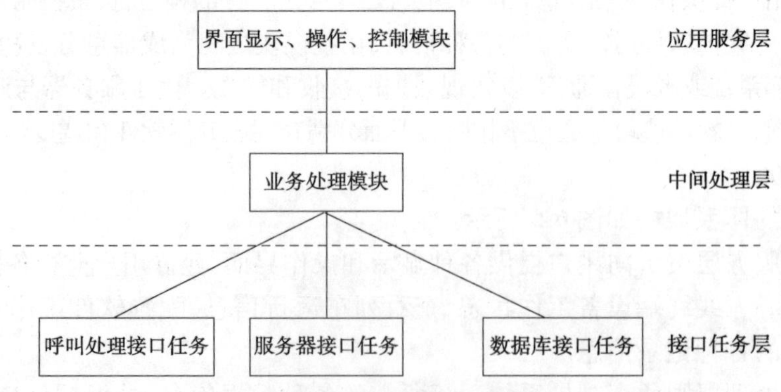

图 6-6　调度台软件架构

调度台应用服务层负责向用户提供各种显示和操作界面。允许用户发起和接收单呼（点对点）、组呼（点对多点）、广播呼叫（单向点对多点）等各种调度指挥呼叫操作。并能够以友好的方式和格式显示系统内的各种信息，包括各模块工作状态、系统内其他调度台和无线终端设备工作状态、列车运行信息、历史记录信息等。

调度台中间处理层负责接收应用服务层发出的各种操作请求，并转发给相应的接口层模块发出该请求。此外，该模块还负责处理从接口层接收到的各种回复、指示等信息，并根据需要转发给应用服务层处理。

调度台接口任务层包括呼叫处理模块、数据库接口模块、服务器接口模块等工作模块。其中，呼叫处理模块是调度台软件的关键功能模块，该模块利用数字集群系统调度 API 向集群交换中心发出各种语音、数据呼叫请求，接收系统中其他用户呼入。在数字集群系统提供的调度 API 中，不仅包括各种语音调度呼叫的接口，还包括以计算机电信集成（CTI）技术封装的电话呼叫接口，允许用户在调度台上拨打和接听电话呼叫。服务器接口模块负责与服务器进行数据通信，实现调度台与服务器、其他调度台之间的信息传输；数据库接口模块则负责向调度台提供数据库访问服务，允许调度台读取和存储数据库记录信息。

服务器和调度台软件中的每个模块都设计有一个独立的工作线程，作为该模块的驱动器。上下层模块之间通过函数调用和消息传递实现信息交互与同步，增强了任务并发度，缩短了系统响应时间。

6.3.2 终端系统

地铁工程项目中，典型的终端设备包括车载台、固定台、车站广播台等。其中，车载台安装在列车头部和尾部，供列车司机使用；固定台安装在各车站或者车辆段车控室，供车站值班员使用；车站广播台安装在车站通信机房，支持本车站便携手持台进行车站广播。

虽然各种终端产品应用环境和功能需求各不相同，但是它们的设计思路基本上是一致的，只是在产品结构、外围电路、应用设计等方面存在一些差异。

各种终端产品中，车载台最具代表性，技术要求最高，下面重点以车载台为例进行描述。

1）硬件平台设计——车载台设计

车载台采用分体式结构设计，主要由控制单元（控制头）、主机和天馈系统组成，它们之间通过主控线缆和射频馈线连接在一起，如图 6-7 所示。

车载台主要包括以下三个部分组成。

（1）控制头

控制头负责提供人机操作接口，包括显示屏、按键、语音输入输出附件等。用户可以通过控制头实现开关机、语音呼叫和数据呼叫功能。

控制头采用嵌入式方式安装到司控室操控面板上，与其他行车设备、仪表安装在一起，便于列车司机操作使用。

（2）主机

主机负责实现内部控制和各种内外接口，包括主控、天线、广播、数据、编程、调试、供电、接地等接口。

主机内部又可以分为主控模块、无线电台、接口电路和电源模块，由主控模块控制整机工作。它一般采用19in机架式结构设计,安装在司控室设备机柜中。

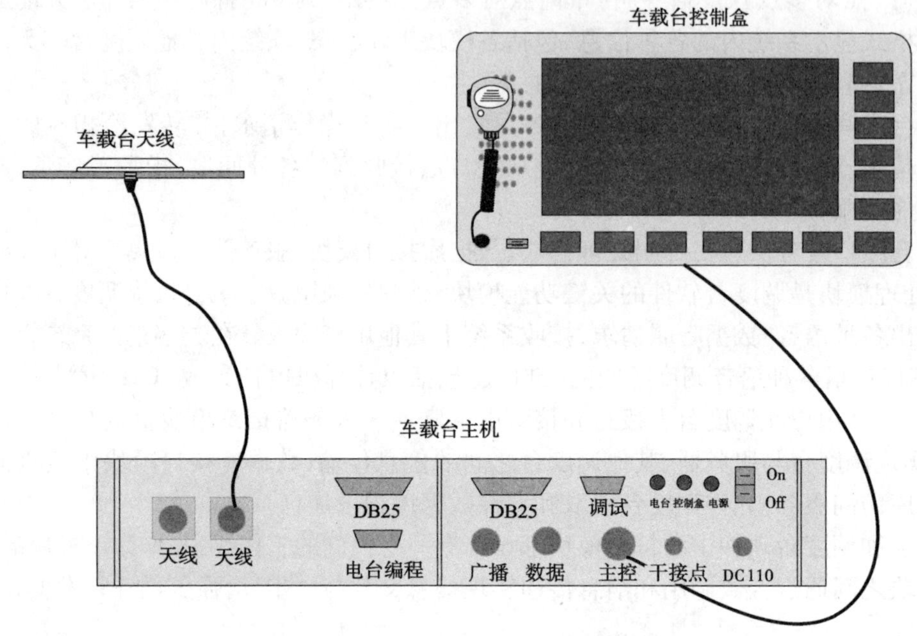

图6-7 车载台组成示意图

(3)天线及配套线缆

根据工程项目需要,车载台可以配置一根或者两根天线,以适应各种高架、地下区段的信号覆盖需求。

为了满足车载应用需求,车载台设计时必须满足以下环境适应性要求,包括:

①高抗震性。车辆高速行驶时,车载设备将随着车体高频震动,车载台结构、部件、连接头等均须采用不宜松脱的紧固设计。例如,可采用带锁扣的航空插头,而不能采用常规的RJ45水晶头。

②性能优良的电源模块。车辆供电波动范围大,必须采用宽压电源模块,且须具有较强的抗浪涌能力。

③大功率的扬声器。车辆行驶时,环境噪声比较大,车载台必须采用大功率扬声器,以便用户能够在大噪声环境下正常进行各种语音通话。

④支持自动调节的高亮度显示屏。车辆驾驶室的光照情况随着列车运行变化快、变化大,特别是在同时存在地下、地面区段的工程项目中该问题则更为突出,这就要求车载台必须采用高亮度的显示屏,且显示亮度应能够随着外部光照情况自动调节。

车站固定台与车载台的硬件平台基本一致,只是它的控制头采用桌面式摆放安装,结构设计稍有不同。车站广播台无须人机操作界面,无须设计控制头,可以看作是去掉控制头之后的车载台产品。车载台采用110V直流供电,其他终端设备均采用220V交流供电。

2)软件架构设计

车载台采用嵌入式Linux系统平台,其软件架构采用分层设计,整个软件体系突出系统裁剪便捷化、软件平台重用性最大化的特点。如图6-8所示,车载台软件架构由4层组成,分别

为:启动加载(Boot Loader)系统引导层、嵌入式 Linux 操作系统层、动态加载式专用驱动层和多线程应用层。

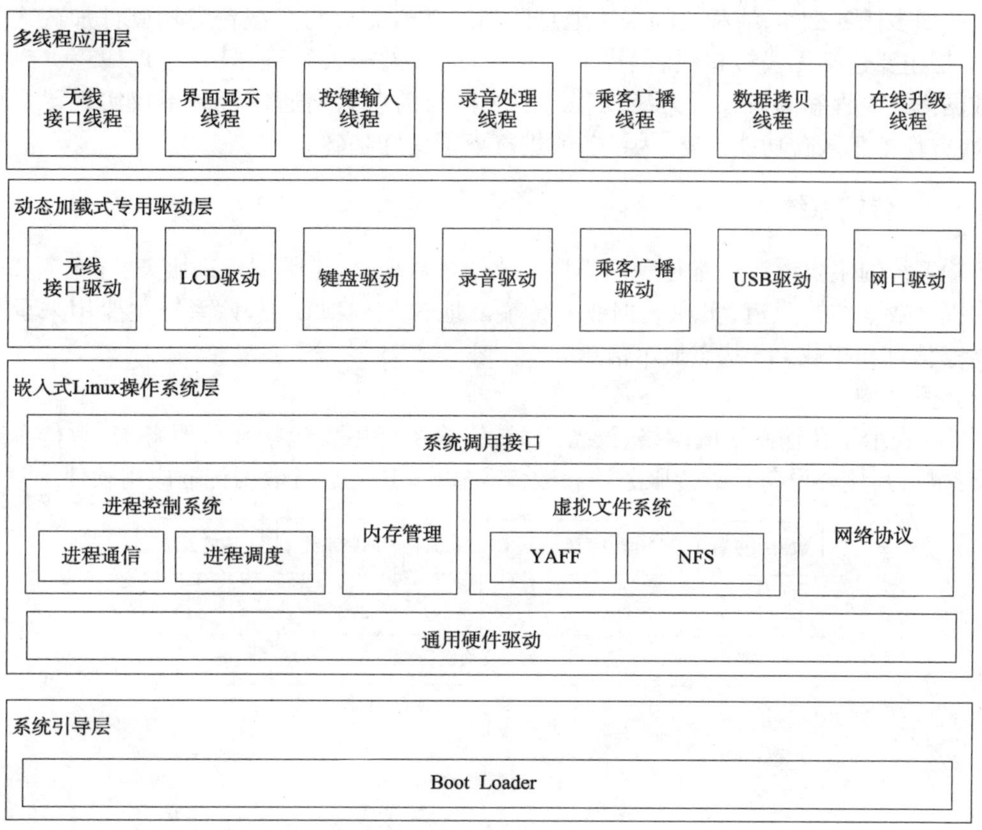

图 6-8 车载台软件架构

(1)Boot Loader 系统引导层

Boot Loader 系统引导层是系统加电之后运行的第一段目标码。首先完成基本硬件的初始化,随后为加载自身准备 SDRAM 空间并拷贝自身到 SDRAM 内,之后进行指针跳转,开始初始化关键外围硬件、检测系统内存映射、将嵌入式 Linux 内核映象和根文件系统映像从 FLASH 读入 SDRAM,最后为内核设置启动参数并加载内核。

(2)嵌入式 Linux 操作系统层

嵌入式 Linux 操作系统层是嵌入式 Linux 操作系统内核,通过裁剪,实现最小功能集。本层主要包括通用硬件驱动、进程控制管理、内存管理、虚拟文件系统、网络协议和系统调用接口。其中,进程控制管理包括进程通信和进程调度,虚拟文件系统包括闪存文件系统 YAFF(Yet Another Flash File System)和网络文件系统 NFS(Network File System)。

(3)动态加载式专用驱动层

车载台动态加载式专用驱动层围绕车载台专用硬件,采用加载方式实现驱动设计,并构成车载台专用硬件加载式驱动层,本层主要包括无线接口驱动、LCD 驱动、键盘驱动、录音驱动、广播驱动、USB 驱动和网口驱动等。

(4)多线程应用层

车载台多线程应用层是车载台专用功能的应用层实现。本层采用一个进程运行多个线程的机制实现多任务操作,线程之间采用消息队列通信机制。与车载台专用硬件加载式驱动层呼应,本层主要包括无线接口线程、界面显示线程、按键输入线程、录音处理线程、广播线程、USB 数据拷贝线程和网口在线升级线程。多线程与消息队列通信机制不仅实现了多任务处理,同时方便了车载台功能扩充,为设备改进打下了良好基础。

6.3.3 传输系统

传输系统的主要设计思路是利用集群系统的短数据、分组数据承载服务,在车辆和中心地面之间提供数据传输通道,实现数据业务传输。地铁工程项目中,该系统主要用来承载车辆 TMS 状态信息和车载 PIS 状态显示信息。

1)体系结构

图 6-9 表示了传输系统的网络、设备组成,传输系统主要包括数传服务器、数传车载台和网络交换机,其核心设备是数传服务器和数传车载台,其上运行数据传输应用软件。

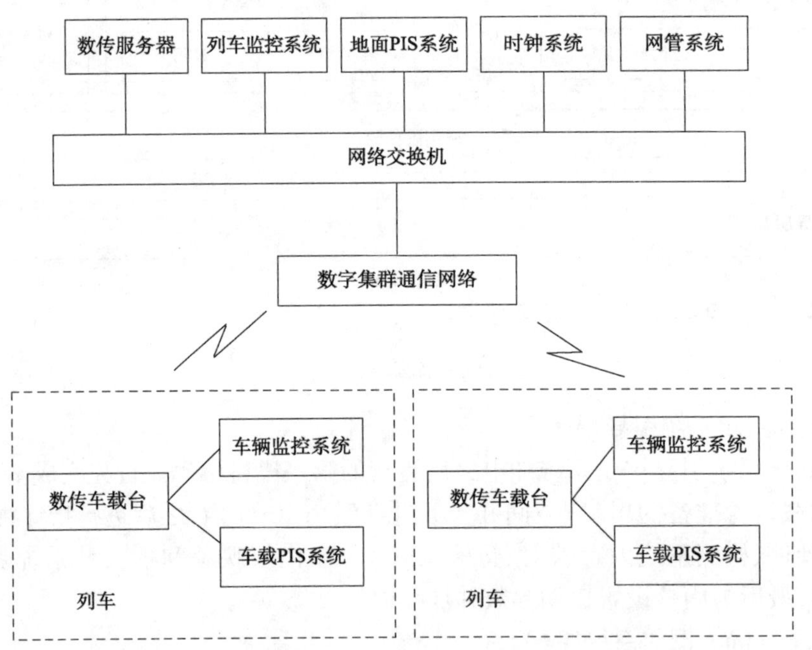

图 6-9 传输系统网络、设备组成

(1)数传服务器

数传服务器是传输系统的核心设备,负责通过各种外部接口与其他系统和设备互联互通,完成各种数据传输和信息共享,对内负责向客户端提供各种网络管理服务。

数传服务器与列车监控系统、地面 PIS 系统之间,一般采用以太网 RJ45 接口进行数据通信。

(2)数传车载台

数传车载台是没有控制头的车载台设备,它负责向车辆监控系统和车载 PIS 系统提供数据传输接口,与中心数传服务器一起配合实现车载信息传输。数传车载台与车载设备之间一

般采用 RS232、RS422 接口进行数据通信。

数传车载台软件与终端系统的车载台软件体系结构、分层设计基本一致，只是由于业务功能不同，其应用层设计存在较大差异。

2)关键问题与解决办法

在传输系统中，数传服务器与各车辆数传车载台之间需要进行大量的数据通信。数字集群系统虽然能够提供短数据、分组数据两种主要数据传输服务，但是其总数据传输带宽相对较窄。如果不加区别、不进行控制，这些数据传输业务将很容易引起系统拥堵，很难保障关键数据传输的可靠性和及时性。

在传输系统软件设计时应充分考虑数据传输控制设计，提高系统数据传输，特别是关键数据传输的可靠性和及时性。

(1)集中控制

传输系统采用集中控制，所有经过传输系统收发的业务数据都必须由数传服务器集中控制、统一传输，包括车辆设备紧急状态告警、车辆运行日志、车载 PIS 紧急文本等。此外，数传车载台需要向中心发送大包数据时，必须获得数传服务器的允许，例如，车载设备发送向中心的车辆运行日志信息。

通过上述方式能够有效减少系统内数据传输的逻辑链路，实现数据传输的集中控制，并使得对数据传输进行优先级设置、出错重传成为可能。

(2)数据传输优先级

在对数据传输进行集中控制的基础上，还根据各种业务数据的重要程度、时延要求、数据量对其进行优先级排队，把重要、时延要求高、数据量小的作为关键数据，优先发送。

根据该优先级原则，把车辆设备紧急状态告警、车载 PIS 紧急文本等数据设置为最高优先级，而把车辆设备每天的例行日志报告设置为最低优先级。

(3)端到端应答与出错重传

一方面，数字集群系统的数据传输服务，除了基于 SDS-4 构建的 SDS-TL 传输服务能够支持端到端应答之外，其他传输服务都是“尽力交付”服务。另一方面，从地铁项目工程经验来看，由于无线信号异常、无线信道耗尽、业务冲突等情况时有发生，数据传输出错不可避免。基于上述情况，传输系统设计时针对系统中关键、重要数据的传输提供了端到端应答和出错重传保护机制。

当系统中关键、重要数据的传输在一定时间内没有收到对端的应答，或者是收到系统返回的出错通知，发送方将立即自动重传之前的数据包。该方式能够有效提高关键数据传输的可靠性。

6.3.4 网管系统

1)硬件体系结构

图 6-10 为网管系统的设备组成，主要包括服务器、客户端、接口转换设备和网络交换机，其核心设备是服务器和客户端。它们一般采用服务器/客户端模式(C/S)，某些项目中也可能采用服务器/浏览器模式(B/S)。

一般情况下，服务器采用机架式计算机设备，安装部署在控制中心通信机房；客户端采用桌面台式机，安装部署在通信网管室。此外，在工程项目实施时，服务器和客户端也可以部署在同一台计算机上,向用户提供网管服务。

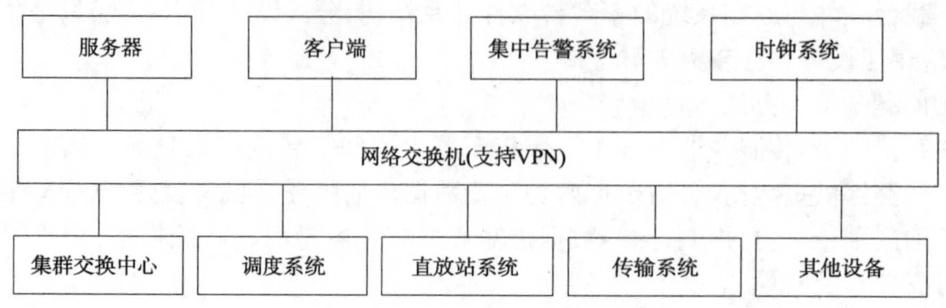

图 6-10 网管系统的设备组成

(1)服务器是网管系统的核心设备,对外负责通过各种外部接口与其他系统和设备互联互通,完成各种数据传输和信息共享,对内负责向客户端提供各种网络管理服务。

(2)客户端是用户实现各种网络管理操作的主要工作席位,负责向用户提供各种管理功能操作界面。一个工程项目,可以设置一套或者多套网管客户端,各客户端可以根据其用户登录信息调出不同的功能界面。

(3)网络交换机负责连接系统内、外的各种网络设备,实现网管系统与集群系统、直放站系统、其他应用开发系统(例如调度系统、传输系统)、时钟系统等外部系统的互联互通和信息传输。该网络交换机支持虚拟专网技术(VPN),能够根据系统内各种不同信息的传输路径和传输需求划分出多个业务网络。此外,网管服务器一般均采用多网卡配置,以满足不同项目的设备组网需求。

(4)某些项目中,网管系统与其他设备之间可能采用 RS232、RS422 等低速、非标接口形式,此时,需要配置接口转换设备,负责在网管系统和这些设备之间进行数据转换,把 RS232、RS422 等数据接口统一转换为 IP 网络接口,以便于实现网管系统内的信息传输和共享。

2)软件体系结构

网管系统主要包括服务器软件、前置机软件和客户端软件。其中,服务器软件和前置机软件安装部署在服务器计算机上,客户端软件安装部署在客户端上。网管系统软件部署情况如图 6-11 所示。

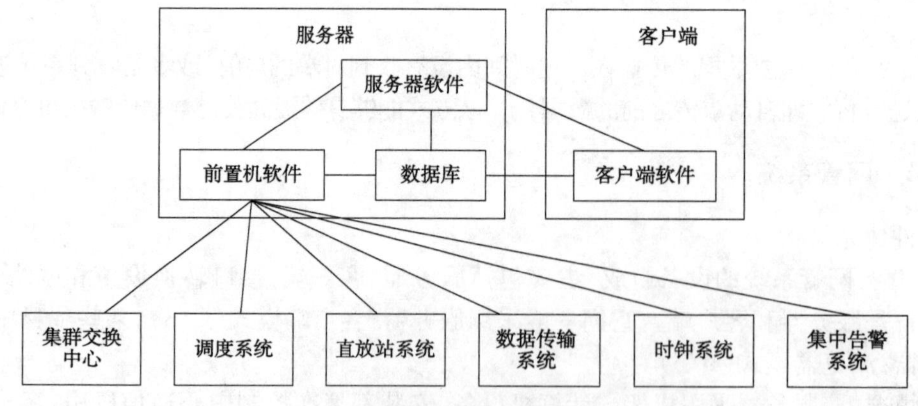

图 6-11 网管系统软件部署示意图

地铁工程项目中，网管系统主要有 C/S 和 B/S 两种结构模式，这两种模式的最大差异是客户端软件的部署不同：B/S 模式下，无须在客户端部署应用软件，用户通过网页浏览器访问服务器上的 Web 服务，即可完成各种客户端功能应用。

网管系统内部各软件之间采用 TCP/IP 协议进行通信，通信协议完全由厂家自行定义；服务器计算机上运行有数据库服务，用来存储网管系统运行所需的各种配置信息和运行产生的各种记录信息，各软件通过通用的数据库访问方式（例如 ODBC 或者 ADO）访问数据库服务，实现各种信息交互。

（1）服务器软件

服务器软件负责进一步处理前置机软件转发的各种外部系统信息，并把这些信息存储到系统数据库，供客户端软件访问，这些信息主要是各外部系统上报的告警信息和事件信息；另一方面，服务器软件同时还负责把数据库中的配置信息转发给前置机软件——这些配置信息是客户端软件用户执行用户管理、配置管理操作时存储到数据库的。

服务器软件在后台运行，无须用户干预，其操作界面较为简单，主要用来显示系统内部各软件、任务、接口的工作状态，便于用户及时掌握系统运行情况。

（2）客户端软件

客户端软件负责向用户提供网管系统的各种功能操作界面，允许用户执行配置管理、用户管理、告警管理和记录管理操作，这些管理操作的基本对象均是数据库中存储的记录信息。

网管系统中，客户端软件可以根据用户输入的用户信息，提供与其管理权限对应的操作界面，限制其执行与其权限不符的管理操作。

（3）前置机软件

网管系统中，统一由前置机软件负责与图 6-11 中的外部系统和设备进行接口通信，前置处理各接口数据，并在外部系统和内部软件之间完成协议转换和信息分发。

从网管系统软件部署示意图（见图 6-11）中可以看出，与网管系统存在接口的外部系统非常多，包括集群交换中心、调度系统、直放站系统、数据传输系统、时钟系统和集中告警系统等，每个外部系统支持不同的业务功能，例如，集群系统支持告警管理、用户管理和配置管理，直放站系统支持告警管理和配置管理，集中告警系统则仅支持告警上报。

而且，这些外部接口几乎都具有一个显著特点，即接口通信协议不统一，即不同厂家、不同型号的设备，其接口通信协议也各不相同。

该软件架构中，由前置机软件统一与各外部系统接口通信，当外部系统接口变化时，只需重新开发与之对应的接口模块即可，一般情况下，无须更改网管系统的整体架构，也不需要重新开发服务器软件和客户端软件，这对于降低开发工作量、保持网管系统的系统性能非常有利。

第7章 话务量估算与规划

7.1 话务理论

7.1.1 电话接续

通话时,需在主叫方和被叫方之间建立一个连接。这个连接,一般是由有线和无线的链路组成的,如图7-1所示。交换系统在通话期间接通所需的链路,提供这样的连接。

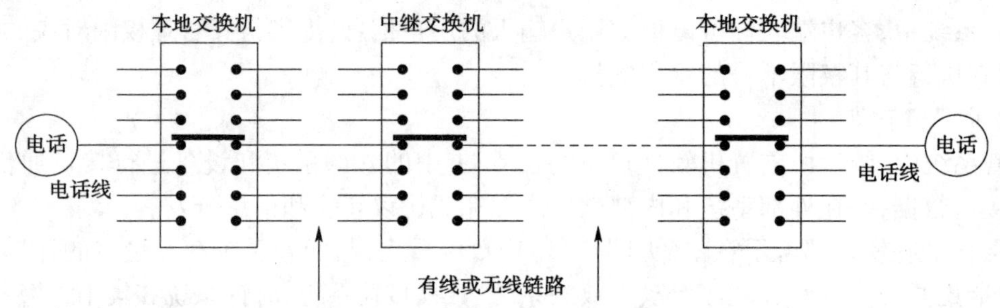

图7-1 电话接续

电话系统中的交换设备,由称之为"中继线"的一组有线或无线链路相连接。中继线既传输话音信号,又传输交换设备间建立呼叫路由和系统控制所需的信令(见图7-2)。例如,当用户拿起话机时,距离该话机最近的交换机将会检测到这个"摘机"信号,从而知道有人申请服务。如果出局的中继线空闲,呼叫会被路由到中继交换机,否则会听到"忙音"。

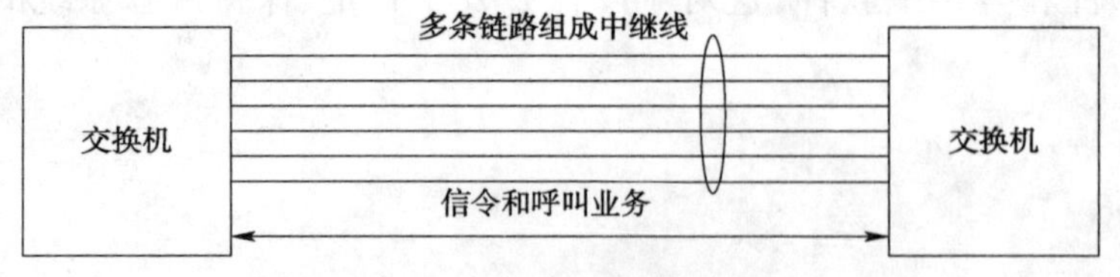

图7-2 通信中继线

在一个区域,由于经济方面的原因,所提供的链路往往比电话用户数或潜在的用户数要少得

多。当有人要打电话时,会发现所有的链路可能全部处于繁忙状态,则称这种情况为“阻塞”或“时间拥塞”。提供的链路越多,则系统的阻塞越小,提供给用户的服务质量就会越好。当然,随着链路数的增加,系统成本也会随之增加,因此在服务质量和系统成本之间应有一个折中的选择。

电话系统的承载能力决定了链路的数目,而链路的数目又决定了系统的阻塞率。阻塞率和其他衡量系统质量的性能指标共同构成了系统提供给用户的服务等级。

7.1.2 话务量定义

话务量,指在一特定时间内呼叫次数与每次呼叫平均占用时间的乘积,用来定量描述通话用户使用网络通信的频繁程度及通话时间长短等。在满足一定服务质量条件下,话务量越大,需要的通信设备就越多。

话务量与用户数量、用户通信的频繁程度、每次通信占用的时间长度以及观测的时间长度(例如1min、1h或是1昼夜等)有关。单位时间内通信的次数越多、每次通信占用的时间越长、观测的时间越长,则话务量就越大。由于通信次数、每次通信占用时间的长短等都在变化,所以话务量也是一个随时间变化的量,即是一个“随机变量”。

国际通用的话务量单位是原国际电报电话咨询委员会(CCITT)建议使用的单位,即“Erl”。该单位的命名是为了纪念话务理论的创始人A. K. Erlang而命名的。1Erl就是一条电路可能处理的最大话务量。如果观测1h,这条电路被连续不断地占用了1h,话务量就是1Erl,也可以称作“1小时呼”。

通俗地讲,话务量就是一条电话线一个小时内被占用的时长。如果一条电话线被占用1h,话务量就是1Erl。如果一条电话线被占用(统计)时长为0.5h,话务量是0.5Erl。

在移动电话系统中,话务量可分为流入话务量和完成话务量。流入话务量,取决于单位时间(1h)内发生的平均呼叫次数λ(次/h),以及每次呼叫平均占用无线信道的时间S(h/次),计算公式为:

$$A=\lambda S \tag{7-1}$$

式中,A为忙时话务量(简称话务量),单位Erl(爱尔兰),是一个无量纲的量。

A是平均1h内所有呼叫需占用信道的总小时数,1Erl表示平均每小时内用户要求的通话时间为1h。例如:

若 $\lambda=20\text{ 次/h}, S=3\text{min/次}$

则 $A=20\times 3/60=1(\text{Erl})$

这就表示,1h平均20次所要求的总通话时间为1h。

一般来讲,1个信道所能完成的话务量必定小于1Erl,也就是说,信道的利用率不可能是100%。

7.1.3 话务量计算模型

在移动通信领域,话务量计算通常有两种模型:呼损制系统话务量计算模型和等待制系统话务量模型。分别介绍如下:

1)呼损制系统

公众移动通信系统,如GSM、WCDMA,是典型的呼损制系统。

在信道共用情况下,通信网无法保证每个用户的所有呼叫都能成功,必然有少量呼叫会失败,即发生呼损。或者说,若所有信道忙,则新的呼叫建立请求被阻塞,称为呼损。

设单位时间内呼叫成功的次数是 λ_0,在 S 时间内完成的话务量为 A_0,则有:

$$A_0 = \lambda_0 S \tag{7-2}$$

在系统流入的话务量 λ 中,呼叫完成接续的那部分话务量称作完成话务量(记作 λ_0),未完成接续的那部分话务量称作损失话务量,为($\lambda - \lambda_0$)。损失话务量与流入话务量之比,称为呼损率(记作 B):

$$B = \frac{\lambda - \lambda_0}{\lambda} \tag{7-3}$$

对一个通信网来说,要想呼叫损失小即呼损率低,只有让流入话务量小,即容纳的用户少一些。可见呼损率和流入话务量是矛盾的,要折中处理。

假设:

(1)话源无限;

(2)中继或服务信道数有限;

(3)所服务的话源组中的任意一个话源,都能使用中继或信道,且全部可用;

(4)呼叫到达过程服从泊松分布;

(5)呼叫到达的间隔时间相互独立,平均呼叫到达间隔时间服从指数分布;

(6)呼叫占用信道时间(服务时间),即等待一信道的释放时间,服从指数分布。

其中(4)、(5)、(6)假设适合移动通信系统,并且可以证明呼损率公式为:

$$B(n_c, A) = \frac{\dfrac{A^{n_c}}{n_c!}}{\sum\limits_{i=0}^{n_c}\dfrac{A^i}{i!}} \tag{7-4A}$$

或

$$B_c = \frac{\dfrac{A^N}{N!}}{\sum\limits_{X=0}^{N}\dfrac{A^X}{X!}} \tag{7-4B}$$

式中,B 是呼损率,它是信道数 n_c(或 N)和流入话务量 A 的函数。

式(7-4)是著名的爱尔兰呼损公式,它在交换工程中得到广泛应用。为方便工程计算,已把爱尔兰呼损公式的计算值列成表,称作爱尔兰 B 表(见图 7-3 和表 7-1)。

使用爱尔兰 B 表,已知信道数 n_c、呼损率 B 和话务量 A 当中的两个量,就可求得第三个量。表 7-2 说明了平均每户话务量为 0.01 ~0.1Erl 时,信道数与用户数的对应关系。

2)等待制系统

专用集群通信系统,如 TETRA、MPT1327,是典型的等待制系统。

若所有信道忙,则新的呼叫建立请求被置入队列排列等待空闲信道,称为等待。在等待制系统中,呼叫排队等待“T 秒”的概率为:

$$P(W > T) = P_T = P_0 e^{\frac{(N-A)T}{H}} \tag{7-5}$$

等待制系统话务量采用爱尔兰 C 公式计算：

$$P_0 = \frac{A^N}{A^N + \left[N! \quad + \left(\frac{N-A}{N}\right)\sum_{X=0}^{N-1}\frac{A^X}{X!}\right]} \tag{7-6}$$

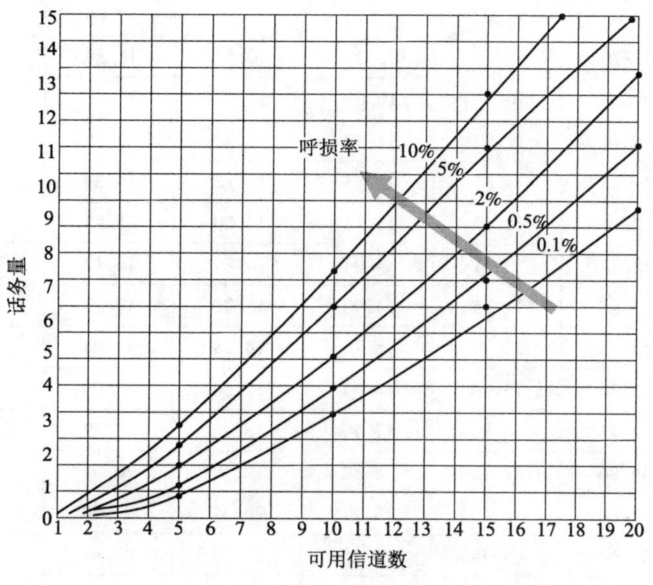

图 7-3　爱尔兰 B 表列线图

爱 尔 兰 *B* 表　　表 7-1

信道数 n_c	呼损率 B							
	0.005	0.01	0.015	0.02	0.03	0.05	0.07	0.1
	话务量 A(Erl)							
1	—	0.01011	0.01524	0.02041	0.03039	0.05264	0.07527	0.1111
2	—	0.1527	0.1904	0.2235	0.2816	0.3814	0.4705	0.5955
3	—	0.4556	0.5352	0.6022	0.7152	0.8994	1.057	1.271
4	—	0.8693	0.9919	1.092	1.259	1.525	1.748	2.045
5	—	1.361	1.524	1.657	1.875	2.219	2.504	2.881
6	—	1.909	2.112	2.276	2.543	2.961	3.305	3.759
7	—	2.501	2.741	2.936	3.25	3.738	4.139	4.666
8	—	3.127	3.405	3.627	3.987	4.543	4.999	5.597
9	—	3.783	4.095	4.345	4.748	5.371	5.88	6.547
10	—	4.462	4.808	5.084	5.53	6.216	6.777	7.511
11	—	5.159	5.540	5.842	6.328	7.076	7.688	8.487
12	—	5.877	6.288	6.615	7.142	7.950	8.61	9.474

续上表

信道数 n_c	呼损率 B							
	0.005	0.01	0.015	0.02	0.03	0.05	0.07	0.1
	话务量 A(Erl)							
13	—	6.607	7.050	7.401	7.967	8.835	9.543	10.47
14	—	7.352	7.825	8.201	8.804	9.730	10.49	11.47
15	—	8.109	8.61	9.010	9.651	10.63	11.43	12.48
16	—	8.876	9.406	9.829	10.51	11.54	12.39	13.50
17	—	9.653	10.21	10.66	11.37	12.46	13.35	14.52
18	—	10.44	11.03	11.49	12.24	13.39	14.32	15.55
19	—	11.23	11.85	12.33	13.12	14.31	15.29	16.58
20	—	12.03	12.67	13.18	14.00	15.25	16.27	17.61
21	11.86	12.84	13.51	14.04	14.89	16.19	17.25	18.65
22	12.63	13.65	14.35	14.90	15.78	17.13	18.24	19.69
23	13.42	14.47	15.19	15.76	16.68	18.08	19.23	20.74
24	14.20	15.30	16.04	16.63	17.58	19.03	20.22	21.78
25	15.00	16.13	16.90	17.50	18.48	19.99	21.22	22.83
26	15.80	16.96	17.75	18.38	19.39	20.94	22.21	23.89
27	16.60	17.80	18.62	19.27	20.31	21.90	23.21	24.94
28	17.41	18.64	19.48	20.15	21.22	22.87	24.22	26.00
29	18.22	19.49	20.35	21.04	22.14	23.83	25.22	27.05
30	19.04	20.34	21.23	21.93	23.06	24.80	26.23	28.11
31	19.85	21.19	22.10	22.83	23.99	25.77	27.24	29.17
32	20.68	22.05	22.98	23.73	24.92	26.75	28.25	30.24
33	21.51	22.91	23.87	24.63	25.85	27.77	29.26	31.30
34	22.34	23.77	24.75	25.53	26.78	28.70	30.28	32.37
35	23.17	24.64	25.64	26.44	27.71	29.68	31.29	33.43
36	24.01	25.51	26.53	27.34	28.65	30.66	32.33	34.50
37	24.85	26.38	27.42	28.26	29.59	31.64	33.33	35.57
38	25.69	27.25	28.32	29.17	30.53	32.62	34.35	36.64
39	26.54	28.13	29.22	30.08	31.47	33.61	35.37	37.72
40	27.38	29.01	30.12	31.00	32.41	34.60	36.40	38.79
41	28.23	29.89	31.02	31.92	33.36	35.59	37.42	39.86
42	29.09	30.77	31.92	32.84	34.31	36.57	38.45	40.94
43	29.94	31.66	32.83	33.76	35.25	37.57	39.47	42.01
44	30.80	32.55	33.74	34.68	36.20	38.56	40.50	43.09
45	31.66	33.43	34.65	35.61	37.16	39.55	41.53	44.17
46	32.52	34.32	35.56	36.54	38.11	40.55	42.56	45.24

续上表

信道数 n_c	呼损率 B							
	0.005	0.01	0.015	0.02	0.03	0.05	0.07	0.1
	话务量 A(Erl)							
47	33.38	35.22	36.47	37.46	39.06	41.54	43.59	46.32
48	34.25	36.11	37.38	38.39	40.02	42.54	44.62	47.40
49	35.12	37.01	38.30	39.32	40.98	43.54	45.65	48.48
50	35.99	37.90	39.21	40.25	41.93	44.53	46.69	49.56
51	36.86	38.80	40.13	41.19	42.89	45.53	47.72	50.64
52	37.73	39.70	41.05	42.12	43.85	46.53	48.76	51.73
53	38.60	40.61	41.97	43.06	44.81	47.54	49.79	52.81
54	39.47	41.51	42.90	44.00	45.78	48.54	50.83	53.89
55	40.36	42.41	43.82	44.94	56.74	49.54	51.86	54.98
56	41.23	43.32	44.74	45.88	47.71	50.54	52.90	56.06
57	42.11	44.23	45.67	46.82	48.67	51.55	53.94	57.15
58	43.00	45.13	46.60	47.76	49.64	52.55	54.98	58.23
59	43.87	46.04	47.52	48.70	50.60	53.56	56.02	59.32
60	44.75	46.95	48.45	49.65	51.57	54.57	57.06	60.40
61	45.65	67.86	49.38	50.59	52.54	55.57	58.10	61.49
62	46.53	48.78	50.31	51.54	53.51	56.58	59.14	62.58
63	47.42	49.69	51.24	52.48	54.48	57.59	60.18	63.66
64	48.30	50.60	52.18	53.43	55.45	58.60	61.22	64.75
65	49.20	51.52	53.11	54.38	56.42	59.61	62.27	65.84
66	50.09	52.43	54.05	55.33	57.40	60.62	63.31	66.93
67	50.98	53.36	54.98	56.28	58.37	61.63	64.35	68.02
68	51.87	54.27	55.92	57.23	59.34	62.64	65.40	69.11
69	52.76	55.20	56.85	58.18	60.32	63.66	66.44	70.20
70	53.66	56.12	57.79	59.13	61.29	64.67	67.49	71.29
71	54.55	57.04	58.73	60.08	62.27	65.68	68.53	72.38
72	55.46	57.96	59.67	61.04	63.25	66.69	69.58	73.47
73	56.36	58.88	60.61	61.99	64.22	67.71	70.63	74.56
74	57.26	59.81	61.55	62.95	65.20	68.72	71.67	75.65
75	58.15	60.73	62.50	63.90	66.18	69.74	72.72	76.74
76	59.06	61.66	63.44	64.86	67.16	70.75	73.77	77.83
77	59.96	62.58	64.38	65.82	68.14	71.77	74.81	78.93
78	60.87	63.51	65.32	66.77	69.12	72.79	75.86	80.02
79	61.77	64.44	66.27	67.73	70.10	73.80	76.91	81.11
80	62.67	65.36	67.21	68.69	71.08	74.82	77.96	82.20

续上表

信道数 n_c	呼损率 B							
	0.005	0.01	0.015	0.02	0.03	0.05	0.07	0.1
	话务量 A(Erl)							
81	63.58	66.30	68.16	69.65	72.06	75.84	79.01	83.30
82	64.47	67.23	69.11	70.61	73.04	76.86	80.06	84.39
83	65.38	68.16	70.05	71.57	74.03	77.88	81.11	85.49
84	66.30	69.09	71.00	72.53	75.01	78.89	82.16	86.58
85	67.20	70.02	71.95	73.49	75.99	79.91	83.21	87.67
86	68.11	70.95	72.90	74.46	76.98	80.93	84.26	88.77
87	67.03	71.89	73.85	75.42	77.96	81.95	85.31	89.86
88	69.93	72.81	74.80	76.38	78.95	82.94	86.36	90.96
89	70.85	73.75	75.74	77.34	79.93	83.99	87.41	92.05
90	71.76	74.69	76.70	78.31	80.92	85.02	88.46	93.15
91	72.67	75.62	77.65	79.27	81.90	86.04	89.52	94.24
92	73.58	76.56	78.60	80.24	82.89	87.06	90.57	95.34
93	74.50	77.50	79.56	81.20	83.88	88.08	91.62	96.43
94	75.41	78.43	80.51	82.17	84.86	89.10	92.67	97.53
95	76.33	79.37	81.46	83.14	85.85	90.13	93.73	98.63
96	77.25	80.30	82.42	84.10	86.84	91.15	94.78	99.72
97	78.16	81.25	83.37	85.07	87.83	92.17	95.83	100.8
98	79.08	82.19	84.33	86.03	88.82	93.19	96.89	101.9
99	80.80	83.12	85.28	87.01	89.81	94.22	97.94	103.0
100	80.92	84.07	86.24	87.98	90.80	95.24	99.00	104.1

平均每户话务量为 0.01 ~ 0.1Erl 时,信道数与用户数的对应关系 表 7-2

信道数 N	用户数 M													
	平均每户话务量 A 为 0.01Erl		平均每户话务量 A 为 0.02Erl		平均每户话务量 A 为 0.03Erl		平均每户话务量 A 为 0.04Erl		平均每户话务量 A 为 0.05Erl		平均每户话务量 A 为 0.06Erl		平均每户话务量 A 为 0.1Erl	
	呼损率 B 为 5%	呼损率 B 为 10%	呼损率 B 为 5%	呼损率 B 为 10%	呼损率 B 为 5%	呼损率 B 为 10%	呼损率 B 为 5%	呼损率 B 为 10%	呼损率 B 为 5%	呼损率 B 为 10%	呼损率 B 为 5%	呼损率 B 为 10%	呼损率 B 为 5%	呼损率 B 为 10%
4	153	206	76	103	51	68	38	51	30	41	25	34	15	21
8	454	560	227	280	251	187	113	140	91	112	76	97	45	56
12	795	947	3.97	473	265	316	198	236	159	189	132	158	80	95
16	1154	1350	577	675	385	450	288	337	231	270	192	225	115	135
20	1525	1761	762	880	508	587	381	440	305	352	254	293	153	176
24	1903	2178	951	1089	634	726	476	544	380	435	317	363	190	218

续上表

信道数 N	用户数 M													
	平均每户话务量 A 为0.01Erl		平均每户话务量 A 为0.02Erl		平均每户话务量 A 为0.03Erl		平均每户话务量 A 为0.04Erl		平均每户话务量 A 为0.05Erl		平均每户话务量 A 为0.06Erl		平均每户话务量 A 为0.1Erl	
	呼损率 B 为 5%	呼损率 B 为 10%	呼损率 B 为 5%	呼损率 B 为 10%	呼损率 B 为 5%	呼损率 B 为 10%	呼损率 B 为 5%	呼损率 B 为 10%	呼损率 B 为 5%	呼损率 B 为 10%	呼损率 B 为 5%	呼损率 B 为 10%	呼损率 B 为 5%	呼损率 B 为 10%
30	2480	2811	1240	1405	826	937	620	703	496	562	413	468	248	281
40	3460	3879	1730	1939	1153	1293	865	969	692	776	576	646	346	388
60	5457	6040	2728	3020	1819	2013	1364	1510	1091	1208	909	1006	546	604
100	9524	10411	4762	5205	3175	3470	2881	2603	1905	2082	1589	1735	952	1041
200	19851	21432	9925	10716	6617	7144	4962	5358	3970	4286	3308	3572	1985	2143
300	30262	32498	15131	16249	10087	10833	7565	8048	6052	6499	5043	5416	3026	3250

7.1.4 公众移动通信室内话务量测算

移动通信室内话务量的测算通常采用经验公式，以下是我国公众移动通信室内话务量测算的经验公式及经验数据，可供专用数字集群通信系统参考：

(1)写字楼话务量

$$写字楼话务量=建筑面积\times 75\% \times 1/20\times 20\% \times 0.01 \tag{7-7}$$

其中，75%为实用面积的比率；1/20为人员与办公面积的比率；20%为手机的拥有率；0.01为人均话务量。

(2)商场话务量

$$商场话务量=建筑面积\times 75\% \times 1/2\times 1/3\times 20\% \times 0.02 \tag{7-8}$$

其中，75%为实用面积的比率；1/2为实用面积与营业面积的比率；1/3表示每平方米人数；20%为手机的拥有率；0.02为人均话务量。

(3)会展中心话务量

$$会展中心话务量=建筑面积\times 80\% \times 50\% \times 1/3\times 20\% \times 0.015 \tag{7-9}$$

其中，80%为实用面积的比率；50%为柜台的面积；1/3为人员与会展面积的比率；20%为手机的拥有率；0.015为人均话务量。

(4)会议中心话务量

$$会议中心话务量=容纳的人数\times 80\% \times 0.02 \tag{7-10}$$

其中，80%为手机的拥有率；0.02为人均话务量。

(5)三、五星级宾馆话务量

$$三、五星级宾馆话务量=房间数\times 2\times 80\% \times 70\% \times 0.01 \tag{7-11}$$

其中，2为床位数；80%为宾馆的入住率；70%为手机的拥有率；0.01为人均话务量。

(6)四星级宾馆话务量

$$四星级宾馆话务量=房间数\times 2\times 80\% \times 80\% \times 0.015 \tag{7-12}$$

其中，2为床位数；80%依次为宾馆的入住率、手机的拥有率；0.015为人均话务量。

(7)大型娱乐场所话务量(忙时)

$$大型娱乐场所话务量 = 建筑面积 \times 70\% \times 1/3 \times 60\% \times 0.02 \tag{7-13}$$

其中,70%为使用面积;1/3为每3m²有一个人;60%为手机的拥有率;0.02为人均话务量。

(8)停车场话务量

停车场使用面积按50%,每停车位按7m²,人均手机使用率按20%,人均话务量0.01Erl/人,则:

$$停车场话务量 = 建筑面积 \times 20\% \times 50\% \times 0.01 \div 7 \tag{7-14}$$

7.2 话务量与信道数估算

7.2.1 话务量估算

1)每个车站及所辖区间的话务量估算

(1)调度与司机通话话务量 A_1

估算条件:高峰期,每3min有1列车通过车站,每小时上下行共有40列车通过车站。

假设调度与每车司机平均通话2次,每次10s;发送短信2次,每次0.5s;发送数据2次,每次1s。则每个车站及所辖区间调度与司机通话话务量为:

$$A_1 = 40 \times (2 \times 10 + 2 \times 0.5 + 2 \times 1) \div 3600 = 0.256\text{Erl}$$

(2)车站值班员与司机通话话务量 A_2

估算条件:高峰期,每3min有1列车通过车站,每小时上下行共有40列车通过车站。

假设车站值班员与每车司机平均通话1次,每次10s;发送短信2次,每次0.5s。则每个车站及所辖区间车站值班员与司机通话话务量为:

$$A_2 = 40 \times (1 \times 10 + 2 \times 0.5) \div 3600 = 0.122\text{Erl}$$

(3)其他人员调度(小组)通话话务量 A_3

估算条件:繁忙时,每个车站及所辖区间共有其他人员10人,其中5人进行单基站范围内的组呼,另5人进行多基站范围内的组呼。

假设平均每一用户、每小时呼叫1次,每次平均通话20s。则每个车站及所辖区间其他人员调度(小组)通话话务量为:

$$A_3 = 5 \times (1 \times 20) \div 3600 + 5 \times (1 \times 20) \div 3600 = 0.056\text{Erl}$$

(4)调度通话话务量 A_4

每个车站及所辖区间的调度通话话务量为以上三项之和:

$$A_4 = A_1 + A_2 + A_3 = 0.434\text{Erl}$$

(5)所有人员电话呼叫通话话务量 A_5

估算条件:繁忙时,每个车站及所辖区间共有各种人员50人,其中15%(7人)进行电话呼叫。

假设平均每用户每小时呼叫1次,每次平均通话108s。则每个车站及所辖区间所有人员电话呼叫通话话务量为:

$$A_5 = 7 \times (1 \times 108) \div 3600 = 0.21\text{Erl}$$

2)每个基站及管辖车站、区间的话务量估算

估算条件：每个基站最多管辖3个车站及所属区间。

(1)调度通话话务量A_6

高峰期，每个基站及管辖车站、区间的话务量A_6，为每个车站及所辖区间调度通话话务量的3倍：

$$A_6 = 3 \times A_4 = 1.302\text{Erl}$$

(2)电话互联呼叫通话话务量A_7

繁忙时，每个基站及管辖车站、区间的电话呼叫通话话务量A_7，为每个车站及所辖区间电话呼叫通话话务量A_5的3倍：

$$A_7 = 3 \times A_5 = 0.63\text{Erl}$$

3)换乘站基站及管辖车站、区间的话务量估算

估算条件：高峰期或繁忙时，每个基站最多管辖4条线换乘站，即4个车站及所辖区间。

高峰期，换乘站调度通话话务量是每个车站及所辖区间调度通话话务量的4倍：

$$A_8 = 4 \times A_4 = 1.736\text{Erl}$$

繁忙时，换乘站电话呼叫通话话务量是每个车站及所辖区间电话呼叫通话话务量的4倍：

$$A_9 = 4 \times A_5 = 0.84\text{Erl}$$

7.2.2 信道数估算

估算思路：所需信道数按最大话务量估算。7.2.1节分析说明，4条线换乘站基站的话务量最大，因此，只要根据话务量和服务质量的要求，计算出该换乘站基站所需信道数，则其他基站均能满足要求。

1)调度通话所需信道数

取调度通话最大话务量：$A_8 = 1.736\text{Erl}$。

取服务质量：呼叫等待时间大于零的概率$P(0) = 0.15$。

查爱尔兰C表，可得信道数$n_c = 4$，且对应$T_1 = 0.072$、$T_2 = 0.476$、$P(0.5) = 0.055$。这就是说：

(1)对于调度(车站值班员)与司机的通话(平均时长10s)，按全部呼叫数计算的平均等待时间为0.72(10×0.072)s，按等待呼叫数计算的平均等待时间为4.76(10×0.476)s，平均等待时间大于5s的概率为5.5%。

(2)对于其他人员调度的通话(平均时长20s)，按全部呼叫数计算的平均等待时间为1.44(20×0.072)s，按等待呼叫数计算的平均等待时间为9.52(20×0.476)s，平均等待时间大于10s的概率为5.5%。

2)电话互联呼叫通话所需信道数

取电话互联呼叫通话最大话务量：$A_9 = 0.84\text{Erl}$。

取服务质量：呼损率$B = 5\%$。

查爱尔兰B表，可得信道数$n_c = 3$。

于是，该站业务(包括调度通话和电话互联呼叫通话)信道的总数为4+3=7。

7.2.3 控制信道容量估算

控制信道容量与控制信道的数字信令处理能力有关。控制信令有下行(基站至移动台)

和上行(移动台至基站)两个传输方向,而且用不同频率(一对频率)分开传输。下行信令来自基站控制器,可以做到有序进行,没有争用问题;上行信令来自移动用户,相互独立,有随机性,因此有用户的争用的空隙问题,即存在可用系数问题,并且控制信道容量主要取决于上行用户的容量。

陆上集群无线电(TETRA)标准规定:信令传输速率为36kbps,时分复用方式,控制信道占1/4时隙。

设每个移动用户平均忙时呼叫30次,每次移动用户发3种突发信号(分别进行),即上行链路控制信息猝发(255bit),上行链路移动台功放线性化猝发(255bit),上行链路常规猝发(510bit),共计1010bit,则控制信道可容纳的用户数m(单位:用户/控制信道)为:

$$m=\frac{R_b\times3600\times K_C}{I_B}=\frac{36\times10^3\times1/4\times3600\times0.7}{30\times1010}=749$$

其中,R_b为信令传输速率,取36kbps;K_C为可用系数,取0.7;I_B为平均每用户忙时上行数据量,取5×1010bit。

这就是说,每个移动用户平均忙时呼叫30次,1个控制信道的数字信令处理能力可达749户,完全满足地铁用户对容量的要求。

7.2.4 估算小结

可有不同的估算假设,但上述估算假设比较严格。

估算说明:每台基站采用7个业务信道和1个控制信道,共8个信道,即可完全满足地铁用户对话务量和服务质量的要求。而每台TETRA双载频基站,正好有8个信道。

7.3 地铁话务量规划

7.3.1 规划前提

(1)业务类型:个呼(半双工,双工,PSTN);组呼(半双工);状态信息、短数据信息;IP数据。

(2)忙时话务量。

(3)服务等级(QOS)。

(4)基站的载波数(地铁通常是2载波)。

(5)基站话务量计算,呼损制系统使用爱尔兰B公式,等待制系统使用爱尔兰C公式。

7.3.2 地铁调度系统话务量

通信类别不同,话务量也不同。在以下条件下:

(1)基站侧——排队时间超过5s的概率不大于5%。

(2)交换机侧——呼损率B不大于0.1%。

地铁调度通信话务量占85%,电话互联通信占5%,数据通信占10%,平均话务量为0.012Erl/户。详见表7-3。

地铁调度系统话务量 表7-3

通信类别	话务量 A	所占百分比(%)
调度通信	0.01Erl/户	85
电话互联通信	0.02Erl/户	5
数据通信	0.015Erl/户	10
用户平均话务量	0.012Erl/户	

7.3.3 基站话务容量

基站的话务容量取决于载波数和服务等级,详见表7-4,其条件如下:

(1)用户平均话务量为0.012Erl/户。

(2)地铁基站通常是2载波,也可以是4载波、6载波、8载波。

(3)服务等级为排队时间大于5s的概率不大于5%。

基站话务容量和容纳的用户数 表7-4

基　站	基站能提供的话务量 (排队时间大于5s的概率不大于5%)	基站能容纳的用户数
2载波基站	4.34Erl	362
4载波基站	11.64Erl	970
6载波基站	19.28Erl	1607
8载波基站	27.05Erl	2254

第 8 章　基站配置与频率规划

目前,我国地铁共有 3 个无线通信系统,即专用无线通信系统、民用无线通信系统和警用无线通信系统。其中,后两个系统是地面系统向地铁的延伸,它们的频率配置必须与地面系统保持一致。而地铁专用调度通信系统,又称地铁无线专网,是一个新建系统,应当进行基站配置与频率规划。

8.1　基本依据

8.1.1　陆上集群无线电(TETRA)基站信道数

TETRA 系统适合工作的频率范围为 150~900MHz。这是因为,高于 900MHz,电波的绕射能力和建筑物渗透能力会大大减弱;低于 150MHz,天线尺寸太大。

TETRA 系统采用 TDMA 时分复用技术,每一个无线电载波,无论是上行链路,还是下行链路,在时间上都分为 4 个时隙,而每个时隙都被用作一个物理信道,用于传输话音、数据或信令。这样,一对频点(下行和上行各一个频率)便有 4 个物理信道。

上行时隙数和下行时隙数相等,但在时间上错开 2 个时隙,见图 8-1。

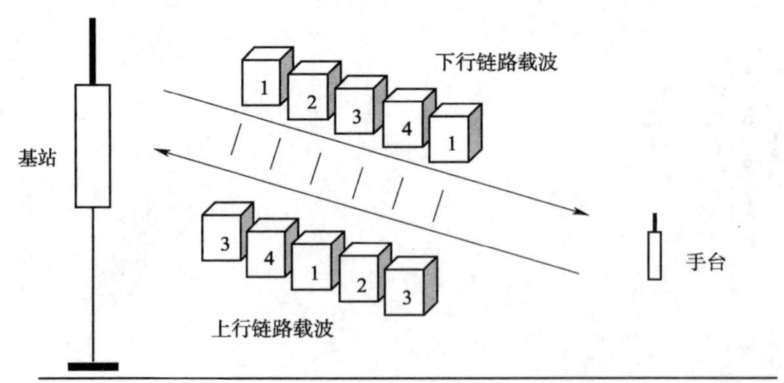

图 8-1　TDMA 的物理信道

TETRA 系统可以全双工方式工作,也可以半双工方式工作(基站双工,移动台按键通话)。全双工方式,又分单时隙和多时隙。

(1)单时隙全双工方式时,系统通过同时分配下行链路一个时隙和上行链路一个相应时

隙来实现。因链路时隙在时间上是错开的,故移动台能在收发状态间不断切换,而不需要双工器。该种方式适用于话音通信及速率不超过 7.2kb/s 的数据传输。

(2)多时隙全双工方式时,将 4 个时隙合并使用。该种方式适用于话音通信及速率高达 28.8kb/s 的数据传输。

对 1 个 TETRA 基站而言,在全双工方式下,如果是 1 对频点,则有 4 个物理信道,其中 1 个信道作控制信道,3 个信道作为话音或业务信道;如果有 2 对频点,则有 8 个物理信道,其中 1 个信道作控制信道,7 个信道作为话音或业务信道。

8.1.2 我国数字集群通信频率规定

我国数字集群通信系统工作在 800MHz 频段,根据通信行业标准《数字集群通信工程设计暂行规定》(YD/T 5034—2005),集群专用网执行以下规定:

①频率范围:下行 851 ~866MHz,上行 806 ~821MHz;

②双工收发间隔:45MHz;

③频道间隔:25kHz;

④频率容差:移动台 ±100Hz(相对于基站接收的频率)。

我国 800MHz 数字集群单频点频率图,如图 8-2 所示。

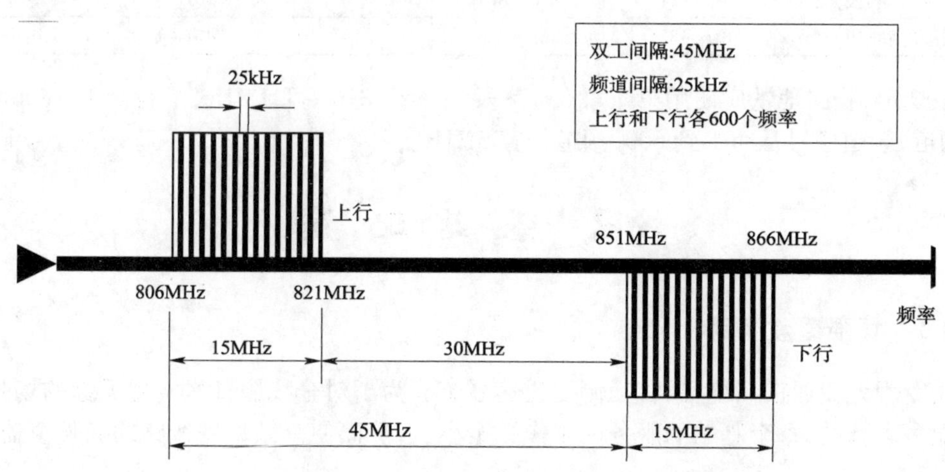

图 8-2 800MHz 数字集群单频点频率图

我国数字集群专用网的频率配置,采用等间隔配置方法,频道序号和频道标称中心频率的关系如下:

上行载波中心频率(上行频道标称中心频率):

$$F_{上} = F_{上\min} + 0.001G + 0.025(N - 0.5) \tag{8-1}$$

式中:N——频道序号(1,2,…,600);

G——防卫带宽,kHz(G 按国家无线电管理部门的相关规定设置);

$F_{上\min}$——上行最小频率(按国家无线电管理部门规定,现为 806MHz)。

下行载波中心频率(下行频道标称中心频率):

$$F_{下} = F_{上}(N) + 45 \tag{8-2}$$

根据式(8-1)、式(8-2),可得上行和下行载波的中心频率各600个,如表8-1所示。

800MHz集群通信载波中心频率　表8-1

频道序号	上行发送载波中心频率(MHz)	下行发送载波中心频率(MHz)
1	806.0125	851.0125
2	806.0375	851.0375
3	806.0625	851.0625
…	…	…
600	820.9875	865.9875

8.1.3　我国地铁使用频段

国家无线电管理部门规定了我国800MHz集群通信频率分段及适用对象,如表8-2所示。

我国800MHz集群通信频率分段及适用对象　表8-2

频率分段	频率范围(MHz)		频道带宽 (MHz)	频道序号 FCC	适用对象
	上行	下行			
第一段(低频段)	806~811	851~856	5	001~200	军队
第二段(中频段)	811~816	856~861	5	201~400	专业部门
第三段(高频段)	816~821	861~866	5	401~600	民用行业用户

按该规定,我国地铁应使用第三段(高频段):上行816~821MHz,下行861~866MHz,共200个频道,频道序号从401到600,频道带宽5MHz。

8.2　基站配置

8.2.1　场强覆盖区制

地铁专用无线通信系统,属移动调度通信系统。为了对全线服务区实现无缝的场强覆盖,需要设立多个基站,每个基站的服务区称作一个小区,从而使一条地铁线路的场强覆盖成为链状覆盖。

每个小区都是一个频率相同的通信区域,这个区域有大有小。在地面蜂窝移动通信领域,一个覆盖大区采用1台基站的称作大区制,每个蜂窝区采用1台基站的称作小区制,在同一小区中同时采用1台基站及若干台直放站的称作中区制。

对地铁而言,大区制不存在,但必须在小区制与中区制之间做出正确选择。

对地铁而言,小区制又称全基站覆盖区制。在全线每个车站设置基站,各基站与中心交换机通过2M传输通道连接,负责覆盖本站区域和邻近区间。

对地铁而言,中区制又称基站+直放站覆盖区制。一个车站设置基站,负责覆盖本站区域。相邻车站设置直放站组,负责覆盖该站区域。

对地铁而言,中区制还可分为中区制Ⅰ和中区制Ⅱ。中区制Ⅰ是“一拖一”,即在相邻两车站各设1台基站和1台直放站。中区制Ⅱ是“一拖二”,即在相邻3车站的中间车站设1台

基站，其余两车站设直放站。如图 8-3 所示。

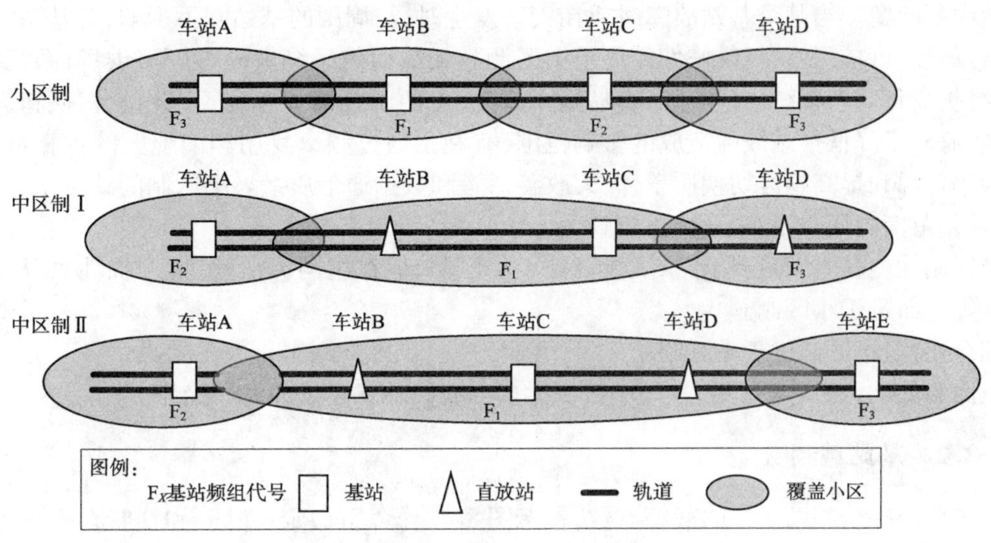

图 8-3 小区制、中区制Ⅰ和中区制Ⅱ示意图

小区制与中区制各有优缺点，两者比较见表 8-3。

小区制方案与中区制方案的比较 表 8-3

	比较项目	小区制方案（全基站）	中区制方案（基站＋直放站）
1	系统功能	可实现集群系统一般功能，能满足地铁运营的基本需求	
2	系统性能	性能完善，组网灵活性强	性能完善，组网灵活性较强
3	远期容量	满足	基本满足
4	区间掉话	不会有	会有
5	越区切换	较多	较少
6	分区管理呼叫	满足	满足
7	无基站站厅覆盖	满足	满足
8	区间无线覆盖	隔两站频率复用，无同频干扰	高架区段采用空间波传输时，基站与其所带直放站远端机之间易产生同频干扰
9	信道利用率	每基站按 2 载频设置，运营初期信道利用率不高，但以后会因终端用户增加而改善	运营初期信道利用率高，但若系统终端用户增加迅速，则需系统扩容
10	网络管理	可组成统一的网管，系统出现故障时，容易判断原因，便于修复	直放站需单独设置网管，或在基站网管系统中增加直放站网管
11	可扩展性	好	较低
12	运行可靠性	好	一般
13	可维修性	好	一般
14	系统投资	基站和交换机接口板较多，基站投资高于直放站，系统投资高于中区制	基站数少，交换机接口板少，直放站投资低于基站，系统投资低于小区制

小区制系统功能较强，可组成统一的网络管理，可避免同频干扰以及因漏缆截断带来的区间通话中断问题。当某个基站故障时或在灾害发生时，与周围的基站互不影响，各基站能独立工作，可靠性、可扩展性、可维修性等优于中区制。无线通信系统由同一厂家供货，系统招标、施工、维护简化。若系统出现故障，容易判断原因，也便于维修。有利于采用软切换和提高通话质量，有利于降低单站故障造成的影响范围，有利于通过频率复用和漏缆区的重叠覆盖，以节省频率资源和提高越区切换质量，大大改善话音和数据通信质量。小区制的缺点是，在运营初期，基站范围内用户不多，系统投资较大。

中区制性能基本满足要求，系统投资低于小区制，但在组网灵活性、抗干扰性、可靠性、通信质量等方面逊于小区制。

综合比较，小区制优于中区制。

正因为如此，2005 年以后，采用小区制已成为我国地铁建设的发展趋势。

8.2.2 基站载频数

为了确定一台基站工作的载频点数，参考图 8-4，作以下假定：在同一时间，在列车上行和下行方向，隔一个区间有 1 辆列车，每辆车上有 1 个车载台在工作。而且，在车站范围，有 1 个固定台和 1 个便携台在工作。

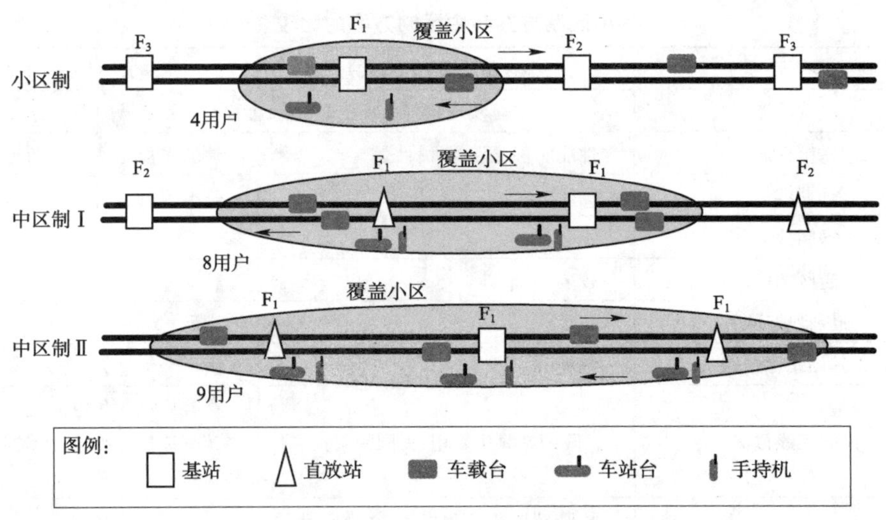

图 8-4　小区制和中区制的信源配置及容量估算

在这种假定下，对小区制来说，会有 4 个通信终端同时工作，需要 4 个业务信道。单载频基站只有 3 个业务信道，故不能满足通信容量要求。双载频基站有 9 个业务信道，能满足通信容量要求。

在这种假定下，对中区制Ⅰ来说，会有 8 个通信终端同时工作，需要 8 个业务信道。单载频基站不能满足通信容量要求。双载频基站有 9 个业务信道，能满足通信容量要求。

在这种假定下，对中区制Ⅱ来说，会有 10 个通信终端同时工作，需要 10 个业务信道。单载频基站不能满足容量要求。双载频基站虽有 9 个业务信道，也不能满足通信容量要求。

因此，如果已经选择了小区制，则必须选择双载频基站。

8.2.3 基站配置方案

根据场强覆盖区制和基站载频点数的分析结论，不难确定基站配置方案如下：

(1)在非换乘站，每个车站配置一台基站，每台基站为双载频。

(2)在换乘车站，有三种方案：

①配置一台双载频基站；

②配置两台双载频基站；

③配置一台三载频或四载频基站。

具体选择何种方案，应根据对该换乘车站话务量的估算结果来确定。

8.3 频率复用方式

8.3.1 频率复用方式分类

假设每个基站覆盖小区的形状为椭圆，每个基站使用1个载频，并分别用f_1、f_2、f_3、f_4等表示，则适用于地铁无线覆盖的频率复用方式主要有3种(见图8-5)：

(1)AB复用方式，又称隔站频率复用方式，它形成双频组链状网；

(2)ABC复用方式，又称隔两站频率复用方式，它形成三频组链状网；

(3)ABCD复用方式，又称隔三站频率复用方式，它形成四频组链状网。

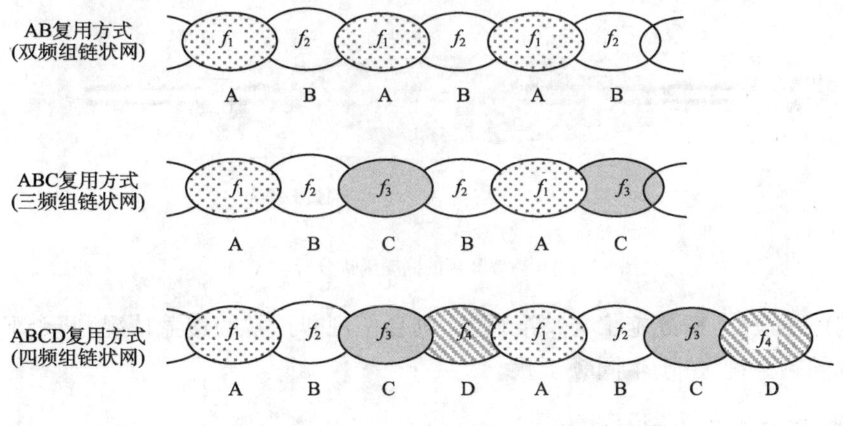

图8-5 3种复用方式及对应的覆盖链状网

8.3.2 AB复用方式的弊端

理论上，AB复用方式可以避免同频干扰，但在工程中却难于避免。

假若地铁线路在地上线(地面线和高架线的总称)，而且线路常有迂回弯曲之处，采用全向天线进行覆盖，如果采用隔站AB复用方式，有可能出现信号跨站覆盖情况，进而产生同频干扰，如图8-6所示。

如果采用隔两站或隔三站频率复用的方式，即ABC或ABCD方式，会大大拉开同频信号的空间距离,有效降低因跨站覆盖而带来的同频干扰。

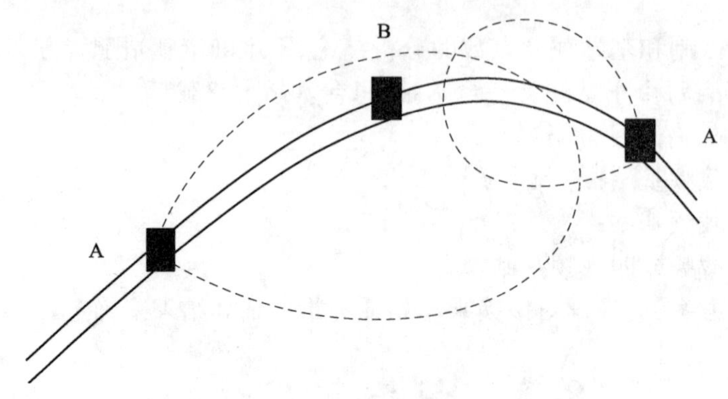

图 8-6 地上线路 AB 复用方式跨站覆盖产生同频干扰

在地下线,区间覆盖靠漏缆完成。AB 复用产生同频干扰的可能性是存在的,如图 8-7 所示。在精准设计、精准施工与精准调测下,呈现覆盖正常情况:分别以车站甲和车站乙为中心的两个 F_1 同频小区不会重叠,不会产生同频干扰。

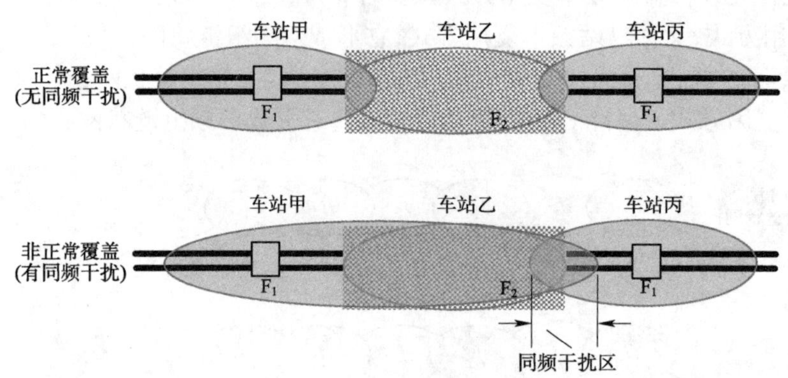

图 8-7 AB 频率复用的同频干扰分析

如果做不到精准设计、精准施工与精准调测,则会呈现非正常的覆盖情况:两个 F_1 同频小区因重迭而形成同频干扰区,产生同频干扰。

8.3.3 三种频率复用方式的比较

三种频率复用方式的比较见表 8-4,它清楚显示:

(1)从节省频率资源考虑,AB 复用方式最好,但容易产生同频干扰,不适用于地铁,更不适用于地面线和高架线。

(2)ABC 复用方式频率使用量居中,能避免同频干扰,适用于地铁,包括地下线、地面线和高架线等各种线路。

(3)ABCD 复用方式频率使用量较多,避免同频干扰的能力最好,适用于对抗同频干扰有特殊要求的场合。

三种频率复用方式的比较 表 8-4

频率复用方式	无线覆盖网	使用频率	优 缺 点	适 用 范 围
AB 式	双频组链状网	2 组	使用频率数量最少，容易产生同频干扰	不适用于地铁线路，特别不适于高架线
ABC 式	三频组链状网	3 组	使用频率数量居中，能避免同频干扰	适用于地铁各种线路
ABCD 式	四频组链状网	4 组	使用频率数量较多，避免同频干扰能力最好	适用于对抑制同频干扰有特殊要求的场合

8.3.4 频率复用方式的选择

地铁频率复用方式的选择原则应当是：避免同频干扰，节省频率资源。

分析表明，AB 复用方式节省频率资源，但容易产生同频干扰。ABCD 复用方式能很好地避免同频干扰，但需要的频率资源较多。ABC 复用方式频率使用量居中，能够避免同频干扰，适用于地铁（含地下线、地面线和高架线）。

因此，在线路比较复杂、换乘站较多的大中城市，特别是区间较短的地区，应当采用小区制和 ABC 频率复用方式。在中小城市或频率资源比较紧张的城市，采用中区制和 AB 复用方式也是适宜的。

8.4 频率规划工作流程

地铁无线专网频率规划，地铁业主责无旁贷，但系统集成商和设备供应商应大力支持。

地铁无线专网频率规划，应在当地无线电管理部门的指导下进行，并得到该部门批准。

地铁无线专网频率规划工作流程，如图 8-8 所示。

整个规划工作的流程，分为三个阶段：准备阶段、规划阶段和测试阶段。

在准备阶段，通过了解线网规划，弄清全网基站安装地点，特别是换乘站密集区情况。确定基站配置方案，是指采用小区制配置（全基站），或是中区制配置（基站加中继器）。

确定频率复用方案，是指采用 ABC 复用方式，或是 AB 复用方式。基站频率间隔，是指同一基站中不同频率的最小间隔，以及相邻基站不同频率的最小间隔。

频率规划工作，拟从换乘站密集区开始。这是因为，地铁成网后，一般都有一个换乘站密集区域。在此区域，换乘站不仅较多，而且靠得较近，基站数量也最多。经验证明，换乘站密集区的频率指配如何，对全网频率规划情况有重大影响。

完成换乘站密集区频率指配后，即可开始各线各基站的频率指配，然后对指配频率进行干扰评估。

干扰评估，包括对同频干扰、邻频干扰和互调干扰的评估。如果发现某个频率会受到干扰，则应作必要的调整。

干扰评估全部通过后，进入测试阶段。通过现场测试，确认基站安装地点没有同频和邻频干扰，否则要对指配频率作适当调整。换句话说，指配频率通过现场环境测试，满足要求后，方能使用。

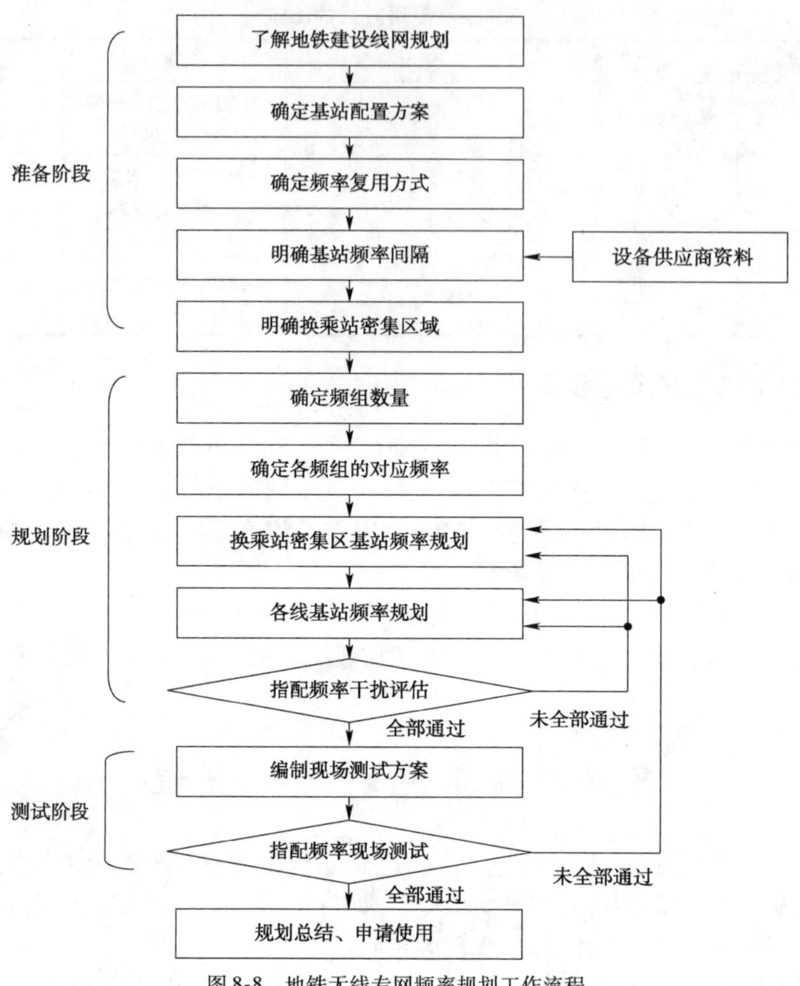

图 8-8　地铁无线专网频率规划工作流程

8.5　频率规划中主要考虑的问题

8.5.1　频率规划的一般原则

地铁专用无线通信系统频率规划应当遵循下列五个原则：

(1)统筹规划原则：对全网各条线路的使用频率进行统一规划，实现资源共享。

(2)频率复用原则：采用合理的频率复用方式，最大限度地减少频率用量。

(3)无干扰原则：线网内部及与周边无线网络之间无干扰产生。

(4)专用性原则：规划及申请的频率只能用于地铁线网之中。

(5)有余量原则：规划频率数量具有一定的余量，以此满足线网发展的需要。

8.5.2　频率规划的具体原则

频率规划的具体原则，随城市甚至随线路而异。深圳地铁频率配置的具体原则是：

(1)采用数字集群体制和 TETRA 标准。

(2)工作在 800MHz 集群频段的高端:上行 816 ~ 821MHz,下行 861 ~ 866MHz。

(3)地铁全网频点总对数不超过无线电管理部门的规定值。

(4)基站配置采用全基站小区制。

(5)频率复用采用 ABC 复用方式。

(6)每个基站使用一个频组(两载频),每个载频含上行频率和下行频率,上下行频率间隔 45MHz,最小频率间隔 25kHz。

(7)为防止同频干扰和邻频干扰,同一基站两载频的间隔不小于 300kHz,相邻基站载频的间隔不小于 50kHz。

(8)为防止三阶互调干扰,同一基站和相邻基站所用频率之间不为等间隔。

8.5.3　双载频基站的频率间隔

目前,地铁采用双载频基站居多。图 8-9 是 TETRA 双载频基站原理框图。

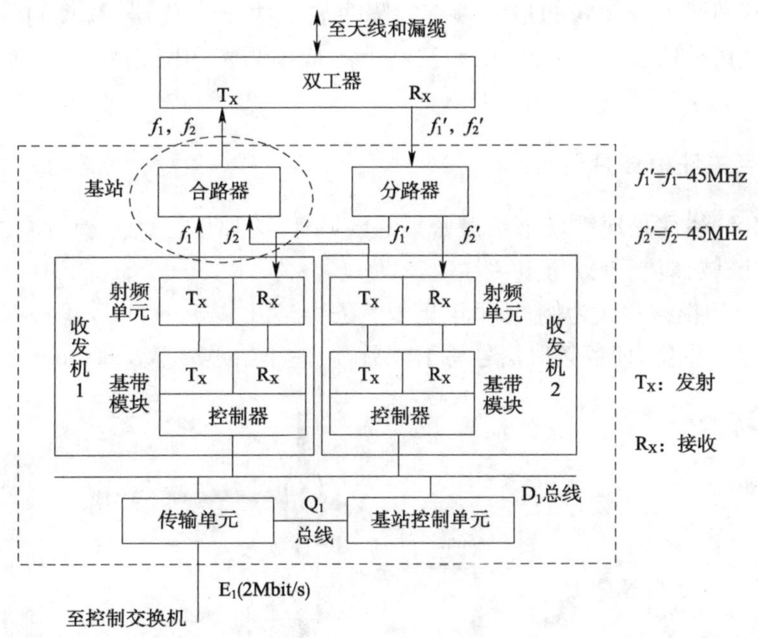

图 8-9　TETRA 双载频基站原理框图

每个基站收发机,均由射频单元和基带模块组成。合路器将两个发射机的射频信号合路,并送给双工器。分路器将来自双工器的射频接收信号分路,并分别送到两个接收机。双工器经耦合器、功分器等,与天线、漏缆相连。

基站合路器原理框图,见图 8-10。

合路器的主要功能是将两路输入信号合成一路,并输出到同一个天线系统。主要构成包括:隔离器、腔体滤波器、内部射频连接缆、T 形连接器。两路射频信号通过各自的隔离器输入到各自的腔体,T 形连接器连接两个腔体和天线。经 T 形连接器输出后,连接到共同的天线系统。

合路器的主要指标包括:频率范围、最小频率间隔、射频接口阻抗、每信道最大输出功率、2

信道合路器的最大插损、输出回波损耗、Tx-天线间隔离、Tx-Tx 间隔离、Tx 输出端口所有互调产物的电平值。

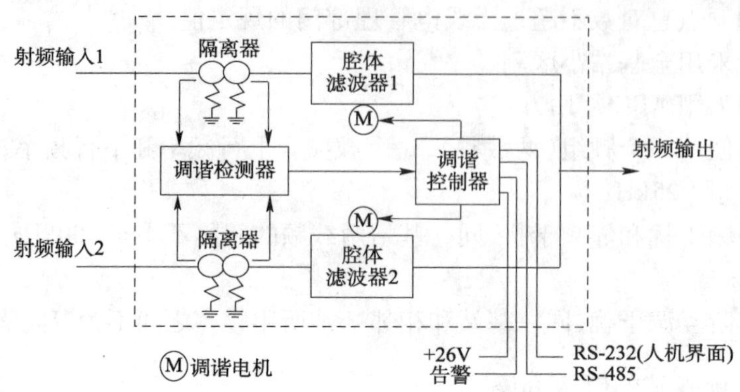

图 8-10　基站合路器原理框图

因此,同一基站两个载频间的最小频率间隔主要取决于合路器,载频间隔太小会降低隔离,隔离降低会直接导致互调。因此,同一基站下的最小频率间隔,要大于合路器的频率间隔(150kHz 或 300kHz)。

8.5.4　重点关注枢纽片区

地铁枢纽片区,往往是地铁换乘站最密集的区域,因为那里是话务量最大、需要频点最多、容易产生干扰的区域,应当予以重点关注。

以深圳地铁福田枢纽片区为例,那里汇集了 5 条线路(1、2、3、4、11 号线),有 5 个换乘站,全部在地下。地下基本挖空,使各频段信号易于"窜行",最小站距离不到 600m。如图 8-11 所示。

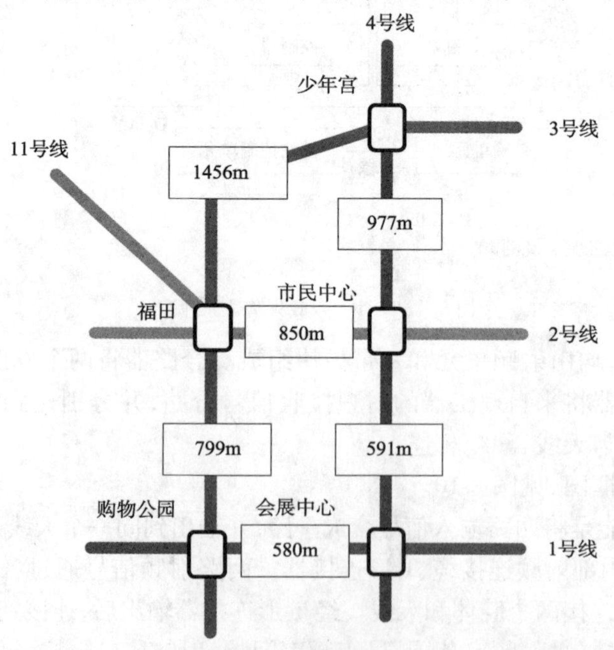

图 8-11　深圳地铁福田枢纽片区 5 个换乘站的距离间隔

8.5.5 频率复用系数分析

在工程上,最关注的是同频频点的安全复用距离,但实际上计算频率复用系数更为重要,频率复用系数可以更为直观地表示正同频频点的可复用情况。

如果在给定地区有数个基站同频工作,则移动台将会受到无关基站的干扰,从而降低与自己基站成功通信的概率。如图8-12所示,假设一个在位置L的移动台,正在接收位置M的有用基站,距离为r;在位置N有一个干扰基站,距离R。移动台受到干扰的概率与r、R的距离值,也与路径损耗指数n有关。

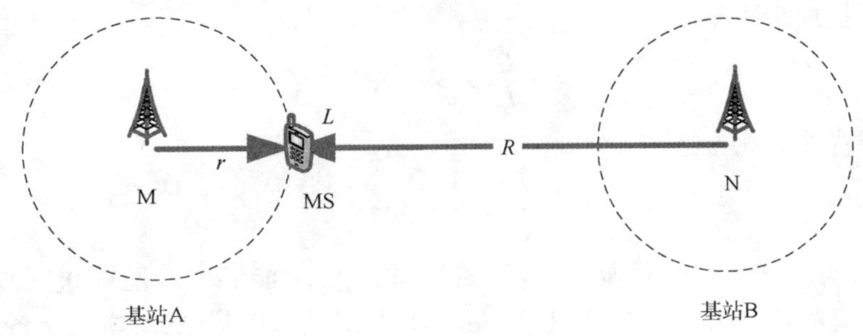

图8-12 同频干扰示意图

频率复用系数定义为同频基站间的总距离$(R+r)$与有用基站覆盖半径r之比,频率复用系数取决于调制方式、传播损耗、所需要的信号质量、通信概率与干扰频率,计算公式如下:

$$\Gamma=\frac{r+R}{r}=1+\frac{R}{r}=1+10^{\frac{\frac{C}{I}+2Q^{-1}(P)}{40}} \tag{8-3}$$

其中,P为干扰概率,$2Q^{-1}(P)$为函数$Q(a)$的反函数,按互补差错函数定义为:

$$Q(a)=\frac{1}{2}\mathrm{erfc}\left(\frac{a}{2}\right) \tag{8-4}$$

常用值为$Q^{-1}(0.05)=1.6$,对应干扰概率5%;$Q^{-1}(0.1)=1.3$,对应干扰概率10%。

由图8-12可以得出,移动台MS在L处的同频载干比C/I如下:

$$\frac{C}{I}=\frac{\frac{KP_{\mathrm{A}}}{r^n}}{\frac{KP_{\mathrm{B}}}{R^n}}=\frac{\frac{KP_{\mathrm{A}}}{r^4}}{\frac{KP_{\mathrm{B}}}{R^4}}=\frac{R^4}{r^4} \tag{8-5}$$

式中:C——基站A的有用信号的功率,W;

I——基站B的同频干扰信号的功率,W;

K——衰减系数,并假定基站A和基站B无线信号的衰减因子一致,工程实际一般也可以这样假定;

n——路径损耗指数,不同的电磁环境,n取值不同,但是一般约为4,这里n的取值为4。

假定$n=4$,$\frac{C}{I}=19\mathrm{dB}$,并考虑留有6dB的位置不确定的余量,最后通过式(8-3)和式(8-4),可以计算出在5%干扰概率下,频率复用系数约为6。

上述计算的频率复用系数是用在开放空间的，而实际地铁基本都是使用漏缆覆盖，因此在地铁中有用基站的信号主要是经过漏缆传播，而同频干扰基站的信号是先经过漏缆再经过隧道自由空间传播，电磁波在自由空间传播比漏缆衰减大得多，因此同频干扰信号的衰减会更大，所以实际频率复用系数应比6更小。

8.5.6 确定全网频点总数

集群系统每个基站的信道配置应满足国家《数字集群移动通信系统体制》(SJ/T 11228—2000)行业标准中规定的共道干扰抑制比和邻道干扰抑制比：

(1)共道干扰抑制比参考值：

$$\frac{C}{I_{\mathrm{C}}} >> 19\mathrm{dB}$$

(2)邻道干扰抑制比参考值：

$$\frac{C}{I_{\mathrm{a}}} >> -45\mathrm{dB}$$

如图8-13所示，采用ABC的复用方式(复用系数为6)能够很好地防止同频干扰，其中基站A、基站B和基站C互为异频基站，基站A与基站A′是同频基站，其中假定各基站的覆盖半径都是r，则对于同频复用系数为6时，同频基站A和A′的距离为$6r$，则在基站A和基站A′之间刚好可以插入2个异频的基站B和基站C。

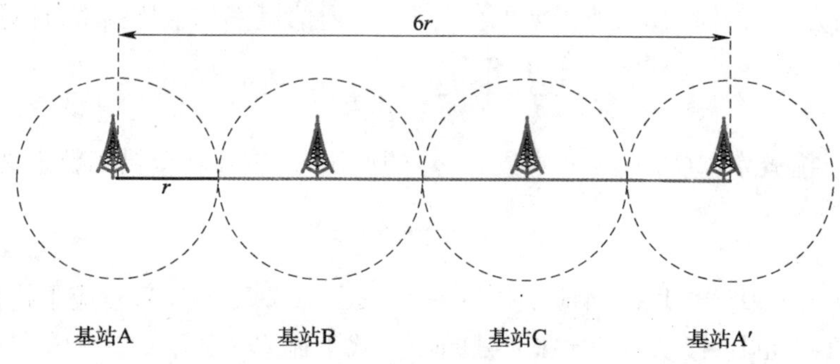

图8-13 复用系数和复用方式的关系

如果每条线路在换乘站各设一台双载频基站，则所需频率对数将随换乘线路数的增加而增加。例如，2条线路的换乘站需4对频点，3条线路的换乘站需6对频点。

同时，依照ABC频率复用方式指配相邻车站的频组，所得深圳地铁福田枢纽片区无线专网频率指配方案，如图8-14所示。图8-14中，无下横线的F_X是双载频基站的频组代号，有横线的F_X是直放站的频组代号，代号相同意味基站或直放站属同一频组。

根据图8-14，可以确定全网频点总数为18(18对频点)，或称9个频组(每个频组有2对频点)。

8.5.7 干扰评估

1)干扰评估准则

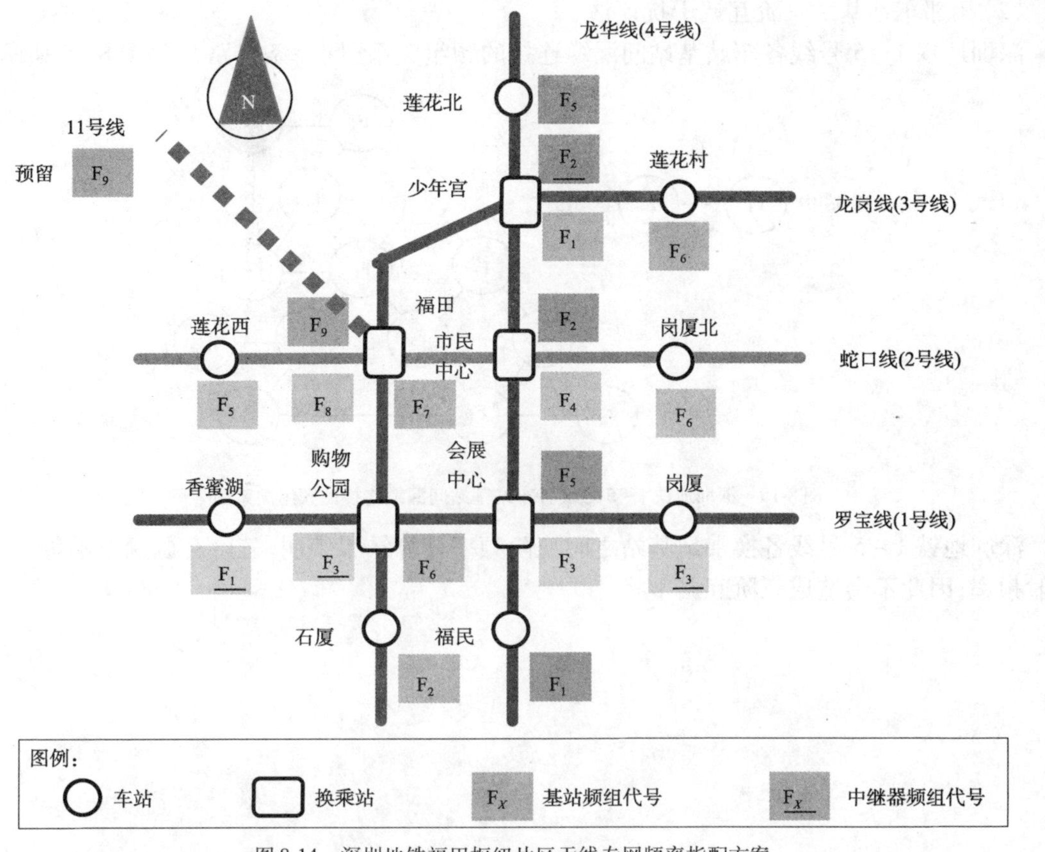

图 8-14 深圳地铁福田枢纽片区无线专网频率指配方案

对指配频率的干扰评估,应当遵循以下准则:

(1)相邻基站的频率配置,要避免同频干扰、邻频干扰,必须保证同频时载干比大于19dB,邻频时载干比大于45dB。为此,邻站频率间隔应大于50kHz。

(2)由于频率等间隔设置会产生互调干扰,所以在同一基站或相邻基站,应避免频率的等间隔设置。

(3)互调干扰主要考虑三阶互调干扰。

2)同频干扰和邻频干扰评估

在深圳地铁1~5号线中,无线专网采用上述频率指配方案后:

(1)同一基站两载频的间隔为40个频道间隔(1MHz),满足不小于500kHz要求。

(2)相邻基站载频的最小间隔为7个频道间隔(175kHz),满足不小于125kHz要求。

因此,深圳地铁1~5号线无线专网不会产生同频干扰和邻频干扰。

3)互调干扰评估

互调干扰,主要是三阶互调干扰。五阶以上互调干扰很小,工程上一般不予考虑。

若基站发射频率为 f_1 和 f_2,则三阶互调频率为 $2f_1-f_2$ 及 $2f_2-f_1$。

(1)换乘站基站三阶互调干扰评估

各换乘站各基站三阶互调频率计算结果表明,三阶互调频率高于或低于基站发射频率,因此不会造成三阶互调干扰。

(2)相邻车站基站三阶互调干扰评估

深圳地铁1~5号线各车站基站间漏缆连接的频组关系(同一条线路),如图8-15所示。

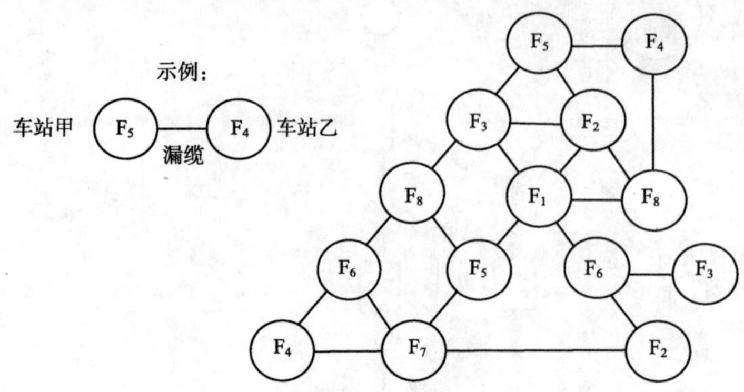

图8-15 深圳地铁1~5号线各车站基站间漏缆连接的频组关系图

深圳地铁1~5号线各换乘站基站之间三阶频率计算结果表明,三阶互调频率不等于基站发射频率,因此不会造成三阶互调干扰。

第9章　漏缆辐射频率和极化分析

9.1　概　　述

现代地铁,无论上行还是下行,在道旁都要敷设4条漏缆,分别用于专用无线通信(1条漏缆)、民用无线通信(2条漏缆)和警用无线通信(1条漏缆),承担着覆盖地铁线路的重任,且其投资占三个通信系统的很大比重,自然引起各方关注。

漏缆,在原理上,也可以被称作辐射电缆或同轴天线,这是因为它具有同轴电缆和线型天线的双重特性。

说漏缆具有同轴电缆的特性,是因为它能如同普通同轴电缆那样传输电磁波,它也有和同轴电缆一样的电参数,包括传输损耗和驻波系数。

说漏缆具有线型天线的特性,是因为它能如同普通线型天线那样辐射或接收电磁波,线型天线用增益和极化描述其辐射性能,泄漏电缆则用耦合损耗和极化描述它的辐射性能,二者何等相似。

自20世纪60年代北京地铁引进日本八字形漏缆至今的40多年来,漏缆在我国的研究与生产都取得了很大成绩,而且我们探索与创新的脚步从未停止过。

为了弄清漏缆槽孔与辐射频率的关系,弄清漏缆槽孔与极化的关系,以便更好地使用漏缆,在工程中,我们进行了相关的研究与测试,所得结果让人眼前一亮,对工程设计起到了指导作用。本章整理出来,供大家分享。

9.2　二元阵天线

地铁无线专网和无线公网所用漏缆的外导体侧壁上,有规律地分布着许多一字形槽孔,这些槽孔是电磁波辐射的窗口,它们垂直于漏缆轴。我们的分析工作就从一字形槽孔开始。

9.2.1　一字形槽孔

从漏缆外导体内表面高频电流分布图可知,一字形槽孔截断高频电流后,会在槽孔处产生辐射。

为了进一步了解漏缆辐射原理,现研究一字形单横槽孔,其可被当作一个裂缝天线。

设想,在无限大无限薄理想导电的金属板上开一裂缝,构成一个裂缝天线。再用无限薄理想导电的金属片,作一个尺寸与裂缝天线完全相同的带(线)状天线。那么,根据电磁场理论中的对偶性原理,这两个天线周围的电磁场便具有对偶性,即对一个天线是电场,对另一个天线便是磁场,反之亦然。

这虽是理想情况,但应用在产品中依然非常接近实际。

图 9-1 形象地说明了相当裂缝天线的一字形单横槽孔,会在周围形成电磁场的情况。一字形单横槽孔的方向图如图 9-2 所示,图中实线是实际裂缝方向图,虚线是理想裂缝天线方向图,二者差别主要在 E 面上。

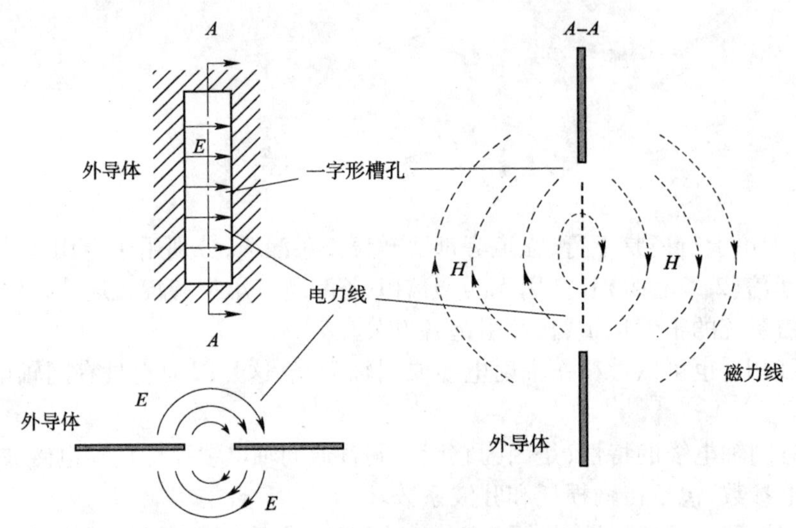

图 9-1 一字形单横槽孔的辐射原理

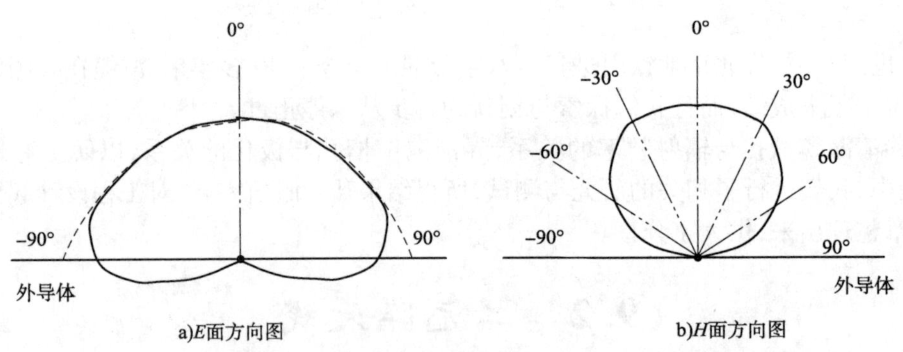

图 9-2 一字形单横槽孔 E 面和 H 面方向面

9.2.2 二元阵天线

为了增强天线辐射的方向性,往往由许多天线组成天线阵,并常常遵循以下两个原则:

(1)组成天线阵的阵元天线,形式一致,空间取向也一致。

(2)各阵元按一定规律排列,馈电电流的幅度和相位按一定规律变化。

天线阵的种类很多,有二元阵、多元阵、线阵、面阵等,但二元阵是最基本的阵,也是分析其他天线阵的基础。

从辐射角度看，开有规律性槽孔的漏缆是典型的线形天线阵（线阵），而一字形双槽孔则是典型的二元天线阵（二元阵）。

为了解二元阵方向图的形成，请参看图9-3。两天线相距d，到观察点P的距离分别是r_0和r_1。P点的场强，是两天线在该点场强的矢量相加。若d远远小于r_1，则在计算P点合成场强幅度时，可认为r_0和r_1平行、相等。但在计算P点合成场强相位时，则不能忽略路程差（$r_1 = r_0 - d\cos\varphi$），所带来的如下相位差Ψ：

$$\psi = \frac{2\pi}{\lambda} d\cos\varphi - \beta \tag{9-1}$$

式中：λ——波长；

β——天线1电流和天线0电流的相位差；

φ——r_0与两天线连线的夹角，（°）。

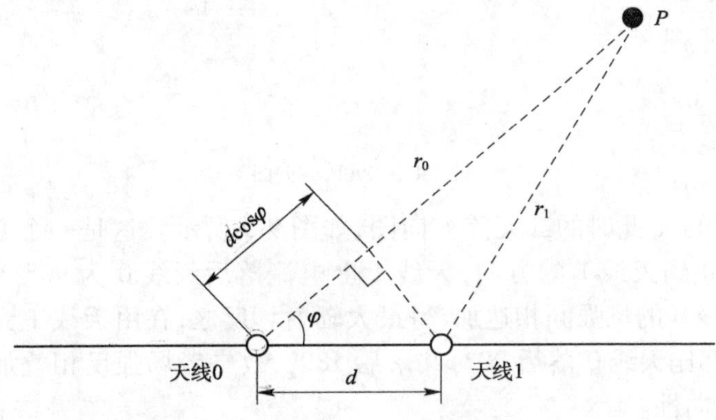

图9-3 二元天线阵

设两天线在该点场强的幅度相等，记作E_0，则P点的合成场强E为：

$$E = E_0(1 + e^{j\psi}) \tag{9-2}$$

将式(9-1)代入，并对式(9-2)取绝对值，则得E平面（垂直一字槽宽边）内二元阵方向图为：

$$|E| = 2|E_0|\cos\left(\frac{\pi d\cos\varphi}{\lambda} - \frac{\beta}{2}\right) \tag{9-3}$$

当β和$\frac{d}{\lambda}$取不同数值时，得到不同的二元阵方向图，如图9-4所示。

显然，图9-4e）这样的方向图比较符合要求，因为：

（1）它把辐射能量较好地集中到了需要覆盖的区域。

（2）槽距较短，只有$\lambda/4$，便于设置较多槽孔，以控制泄漏能量。

（3）槽距$\lambda/4$，正好满足二元阵对二元相位相差90°的需要。

（4）合理采用不同$\lambda/4$槽距，可以实现漏缆的多频带工作。

为了加深理解，我们再对图9-4e）作进一步分析。

将$E=1$、$\beta=90°$和$d=\lambda/4$代入式(6-32)，并去掉绝对值符号，得：

$$E = 2\cos\left(\frac{\pi}{4}\cos\varphi - \frac{\pi}{4}\right) \tag{9-4}$$

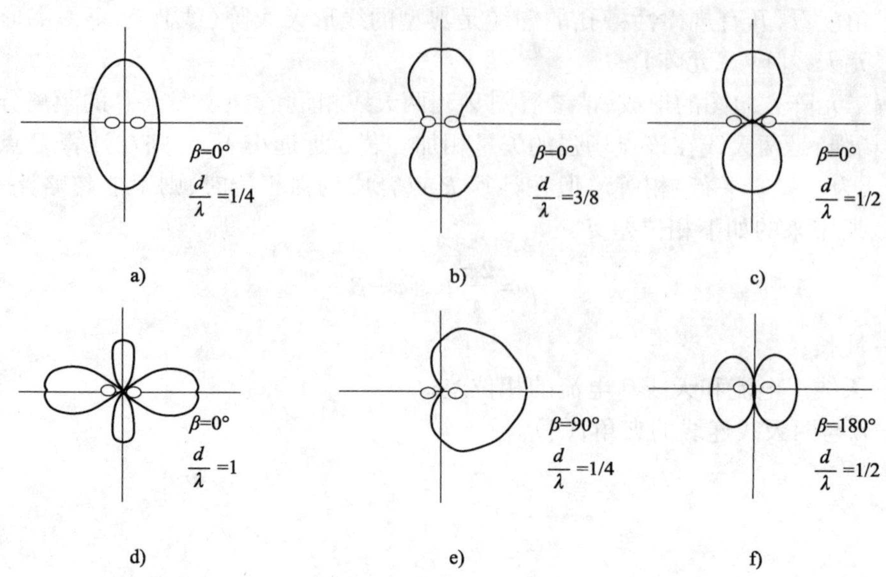

图 9-4　二元阵方向图

取不同的 φ 值,可得此时的二元阵方向图,如图 9-5 所示。这是一个心形方向图,具有单方向性。在由天线 0 到天线 1 的方向,天线 1 上电流落后天线 0 为 90°,但在行程上却相差 $\lambda/4$,故其场强与天线 0 的场强同相迭加,得最大辐射。反之,在由天线 1 到天线 0 的方向,天线 1 的电流和行程都比天线 0 落后 90°,共落后 180°,故二者场强反相叠加,完全抵消。这样一来,变形成了单方向性。

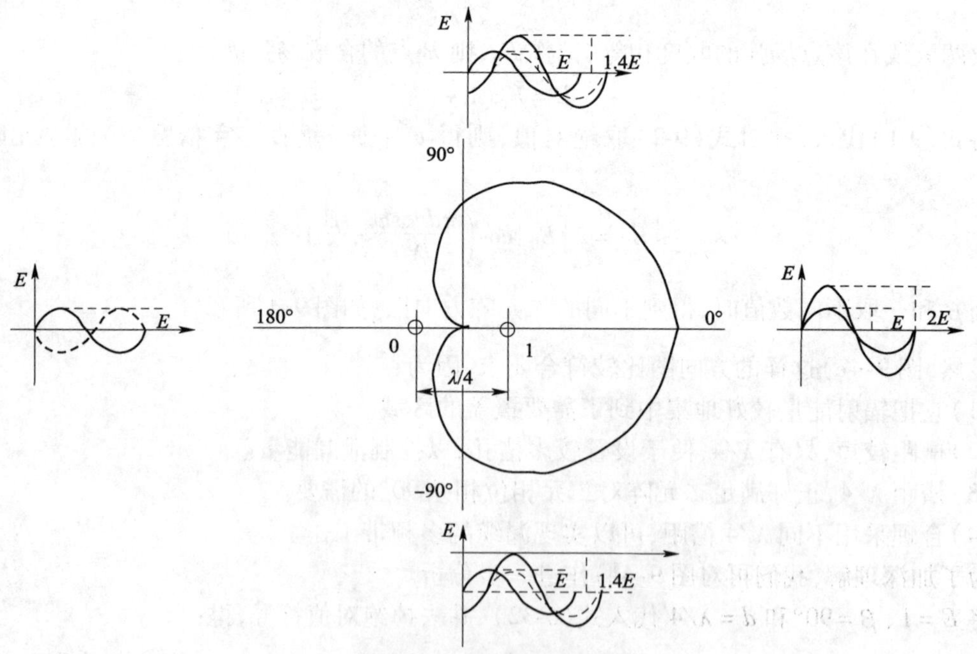

图 9-5　$\beta=90°$ 和 $d=\lambda/4$ 时的二元阵方向图

9.3 单频段漏缆辐射频率分析

漏缆,按频段划分,有单频段漏缆和多频段漏缆之分。

地铁无线专网漏缆工作在800MHz频段,属单频段漏缆。

地铁无线公网漏缆工作在752~2400MHz中的多个频段,属多频段漏缆。

9.3.1 漏缆导波波长

1)绝缘介质的介电常数 ε_r

地铁无线专网漏缆有如下参数:特性阻抗 $Z_C=50\Omega$;内导体外径 $d=(17.3\pm0.3)$mm;外导体外径 $D=(43.5\pm0.8)$mm。

采用同轴电缆的下述公式:

$$Z_C=\frac{60}{\sqrt{\varepsilon_r}}\ln\left(\frac{D}{d}\right) \tag{9-5}$$

得到

$$\varepsilon_r=\left(\frac{60}{Z_C}\ln\frac{D}{d}\right) \tag{9-6}$$

将数据代入式(9-6),求得 $\varepsilon_r=1.224$,或 $\sqrt{\varepsilon_r}=1.1064$。

不同厂家,漏缆绝缘介质(物理发泡聚乙烯)的介电常数 ε_r 不同。据称,地铁漏缆的 ε_r 可低至1.12。为使分析结果接近实际,下面取标称值 $\varepsilon_r=1.224$ 进行计算。

2)漏缆导波波长 λ_r

采用同轴电缆的下述公式,计算漏缆的导波波长 λ_r:

$$\lambda_r=\frac{\lambda_0}{\sqrt{\varepsilon_r}} \tag{9-7}$$

式中:λ_0——自由空间波长。

将 $\sqrt{\varepsilon_r}=1.1064$ 代入,得 $\lambda_r=0.904\lambda_0$,即地铁漏缆的导波波长是自由空间波长的90.4%。换言之,电波在地铁漏缆中的传播速度,只有自由空间传播速度的90.4%。

9.3.2 单频段漏缆槽孔排列规律

为了尽可能准确地弄清地铁专网漏缆的槽孔排列规律,我们对地铁专网漏缆实物进行了精准测绘,结果如图9-6所示。

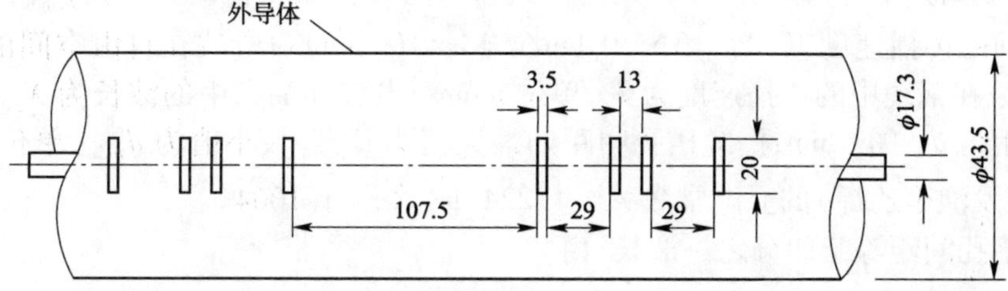

图9-6 地铁无线专网漏缆槽孔排列测绘图(单位:mm)

从图 9-6 中可以看到：

(1)专网漏缆绝缘介质为物理发泡聚乙烯。

(2)专网漏缆槽孔为垂直漏缆轴线的竖条状，高 20mm、宽 3.5mm。

(3)专网漏缆槽孔 4 个一组，组内孔距有 29mm 和 13mm 两种，组间距离为 107.5mm。

(4)专网漏缆槽孔，在整条漏缆上，从头至尾，按上述规律呈周期性的排列。

9.3.3 泄漏频率分析思路

定性地说，漏缆槽孔的形状、尺寸和数量，决定漏缆泄漏辐射的强弱；漏缆槽孔的宽度和间距，决定漏缆泄漏辐射的频率(简称泄漏频率)。

为了定量地探索地铁漏缆泄漏频率和槽孔排列的关系，采用如下思路，加以分析：

(1)把一条漏缆看作一条线形天线阵，该线阵由无数个不同的二元阵组合而成，每个槽孔是一个阵元。其中任意一对二元阵槽孔，如图 9-7 所示。

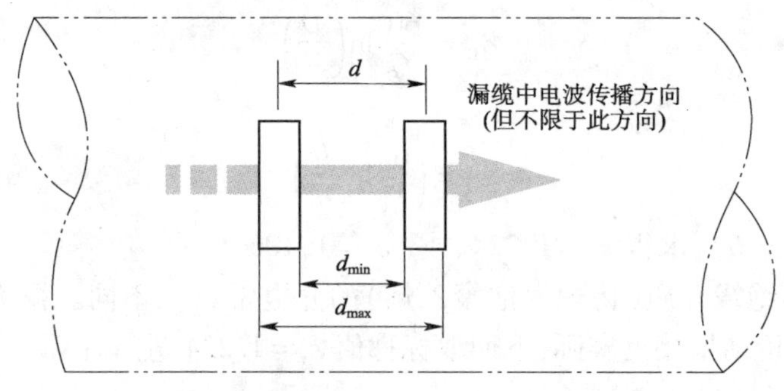

图 9-7 漏缆上的二元槽孔

(2)一种二元阵对应一个频率，该频率取决于该二元的间距 d 和介电常数 ε_r。

(3)由于槽孔有一个宽度，即二元间距 d 有最大值和最小值，分别对应着最低频率和最高频率，故每一种二元阵对应一个频段。

(4)把每一种二元阵看作一个带通滤波器，它只让对应频段的高频信号通过。由于存在多种二元阵，故一条漏缆可以泄漏多个频段的高频信号，从而成为多频段漏缆。

(5)由于每一种二元阵并非是一个理想的带通滤波器，它的幅频特性有前沿和后沿，故偏离对应频段不远的高频信号也能通过一部分。

9.3.4 泄漏频率计算公式

设：漏缆泄漏频率为f，单位 MHz；最高泄漏频率为f_{rmax}，最低泄漏频率为f_{rmin}，单位 MHz；电波在自由空间的传播速度 V_0，$V_0 = 3\times10^5$km/s $=3\times10^{11}$ mm/s；电波在自由空间的波长为 λ_0，单位 mm；电波在漏缆中的传播速度为 V_r，单位 mm/s；电波在漏缆中的波长为 λ_r，单位 mm；漏缆槽孔的间距为 d，单位 mm；漏缆槽孔间距的最大值为 d_{rmax}，最小值为 d_{rmin}，单位 mm；漏缆绝缘介质(物理发泡聚乙烯)的介电常数 $\varepsilon_r = 1.224$，或$\sqrt{\varepsilon_r} = 1.1064$。

取漏缆槽孔间距等于四分之一波长，由

$$d = \frac{\lambda_r}{4}$$

$$\lambda_r = \frac{\lambda_0}{\sqrt{\varepsilon_r}}$$

$$\lambda_0 = \frac{C_0}{f}$$

推得泄漏频率计算公式：

$$f = \frac{C_0}{4d\sqrt{\varepsilon_r}} = \frac{75 \times 10^3}{d\sqrt{\varepsilon_r}} \quad (\text{MHz}) \tag{9-8}$$

$$f_{\max} = \frac{75 \times 10^3}{d_{\min}\sqrt{\varepsilon_r}} \quad (\text{MHz}) \tag{9-9}$$

$$f_{\min} = \frac{75 \times 10^3}{d_{\max}\sqrt{\varepsilon_r}} \quad (\text{MHz}) \tag{9-10}$$

基于介电常数的标称值 $\varepsilon_r = 1.224$，或$\sqrt{\varepsilon_r} = 1.1064 \approx 1$（若 $\varepsilon_r = 1.12$，$\sqrt{\varepsilon_r} = 1.0583 \approx 1$），则式(9-10)便可简化为：

$$f \approx \frac{75 \times 10^3}{d} \quad (\text{MHz}) \tag{9-11}$$

式(9-11)是槽孔间距等于四分之一波长条件下，漏缆泄漏频率的近似计算公式，这在工程上十分有用（注意 f 的单位是 MHz，d 的单位是 mm）。

9.3.5 计算结果与分析

如图 9-8 所示，对地铁专网漏缆，取 4 对槽孔（4 对二元阵），槽宽 3.5mm。漏缆泄漏频率的计算结果示于表 9-1。

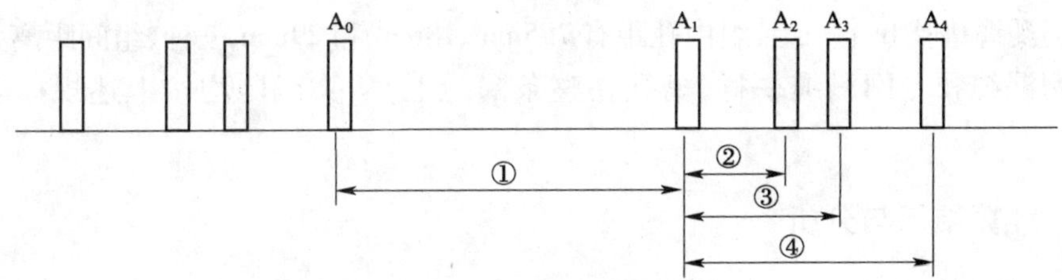

图 9-8 专网漏缆上的二元槽孔对

地铁专网漏缆泄漏频率的计算结果 表 9-1

二元阵槽孔		槽孔间距 d(mm)		泄漏频率 f(MHz)	
序号	代号	最大 $d_{r\max}$	最小 $d_{r\min}$	最低 $f_{r\min}$	最高 $f_{r\max}$
①	A_0—A_1	114.5	107.5	592	629
②	A_1—A_2	36.0	29.0	1882	1903
③	A_1—A_3	52.5	45.5	1291	1489
④	A_1—A_4	85.0	78.0	797	869

现综合分析，并小结如下：

(1)表 9-1 中第四组，即序号④是 A_1—A_4 槽孔，泄漏频率的计算结果为 797 ~ 869MHz，完全包括数字集群专网频率 806 ~ 866MHz,完全满足地铁要求。

(2)表 9-1 中其余三组计算结果涵盖了 600MHz 和 1800MHz 等频段,这说明此漏缆很可能是以一种频带较宽的漏缆为基础改进而来,或者原有那种频带较宽的漏缆本来就满足地铁要求,并未针对地铁专网进行专门设计。

(3)可以认为,对专网漏缆泄漏频率的分析思路、计算公式和计算结果是正确的。

9.4 多频段漏缆辐射频率分析

9.4.1 多频段漏缆槽孔排列规律

图 9-9 是地铁无线公网漏缆槽孔排列测绘图。从图可以看到下述规律:

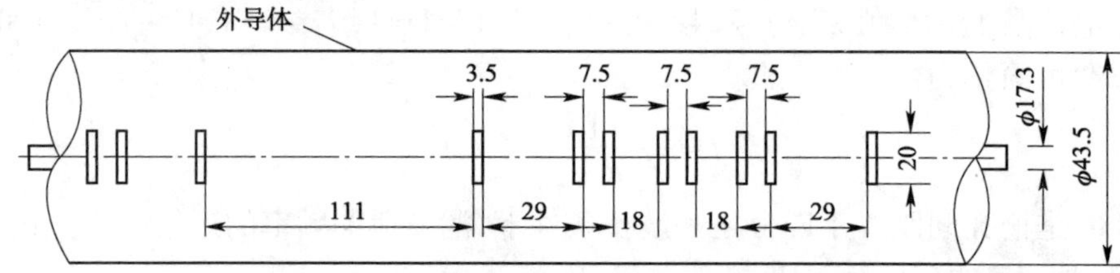

图 9-9 地铁无线公网漏缆槽孔排列测绘图(单位:mm)

(1)公网和专网漏缆的内外导体直径和介质材料相同,绝缘介质均为物理发泡聚乙烯。

(2)公网和专网漏缆槽孔的形状和尺寸相同,槽孔为垂直漏缆轴线的竖条状,高 20mm,宽 3.5mm。

(3)公网漏缆槽孔 8 个一组,组内孔距有 7.5mm、18mm 和 29mm 三种,组间距离为 111mm。

(4)公网漏缆和专网漏缆一样,槽孔在整条漏缆上,从头至尾均按上述规律呈周期性的排列。

9.4.2 计算结果与分析

如图 9-10 所示,对地铁公网漏缆(调频广播除外),取 10 对槽孔(10 对二元阵),槽宽 3.5mm。公网漏缆泄漏频率(广播频段除外)的计算结果示于表 9-2。

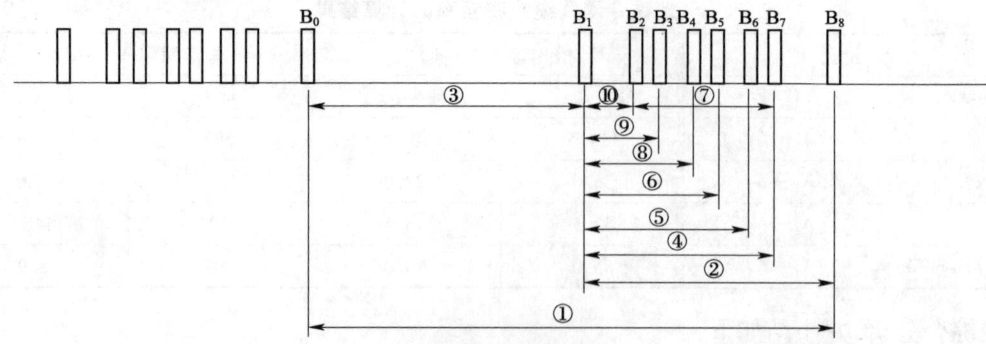

图 9-10 公网漏缆上的二元槽孔对

地铁公网漏缆泄漏频率的计算结果

表 9-2

二元阵槽孔		槽孔间距 d(mm)		泄漏频率 f(MHz)	
序号	代号	最大 d_{rmax}	最小 d_{rmin}	最低 f_{rmin}	最高 f_{rmax}
①	B_0—B_8	259.0	252.0	261	269
②	B_1—B_8	144.5	137.5	469	493
③	B_0—B_1	118.0	111.0	574	610
④	B_1—B_7	112.0	105.0	605	645
⑤	B_1—B_6	101.0	94.0	671	721
⑥	B_1—B_5	79.5	72.5	852	935
⑦	B_2—B_7	76.9	70.3	881	964
⑧	B_1—B_4	68.5	61.5	989	1102
⑨	B_1—B_3	47.0	40.0	1442	1695
⑩	B_1—B_2	36.0	29.0	1882	2337

漏缆泄漏频率和公网工作频率的对照图如图 9-11 所示。

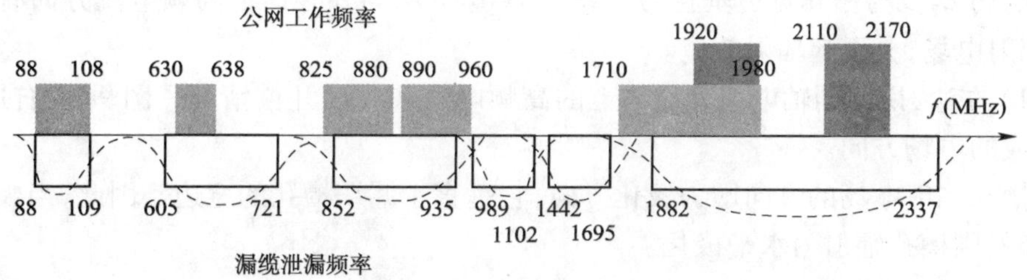

图 9-11 漏缆泄漏频率和公网工作频率对照图

现综合分析如下：

(1)表 9-2 所载计算结果及图 9-11 显示，公网漏缆泄漏频率基本上涵盖了地铁无线公网所有的工作频段。

(2)除此之外，公网漏缆泄漏频率还可以涵盖其他频段，这也说明此漏缆很可能是以一种频带较宽的漏缆加以改进而来，或者说设计者打算此漏缆用于其他场合。

(3)可以认为，对公网漏缆泄漏频率的分析思路、计算公式和计算结果是正确的。

9.5 漏缆极化方式分析

9.5.1 漏缆开槽与极化方式

地铁使用的漏缆属辐射型漏缆，其外导体上，按一定规律连续开制不同形式的槽孔，槽孔有斜一字形、横一字形等，漏缆辐射的电磁波就是这些槽孔产生的。如图 9-12 所示，开槽情况可有以下三种：

1)与漏缆轴平行开槽

此槽为纵槽，槽孔不截断高频电流，不会形成裂缝电场，因此不会引起辐射效应。

2)与漏缆轴正交开槽

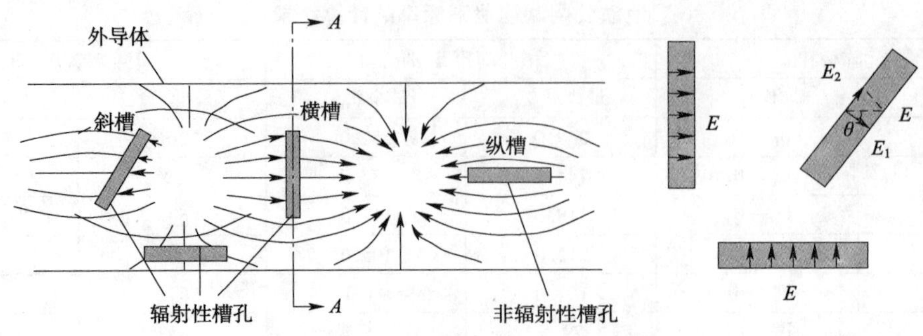

图 9-12 辐射型漏缆外导体外上的电流分布

此槽称为垂直槽或横槽，槽孔截断了高频电流，会在槽孔处形成与电流方向相同（垂直宽边）的电场 E，因此会引起辐射效应。

3）与漏缆轴向成一定角度开槽

此槽为斜槽，槽孔部分截断了高频电流，会在槽孔处形成电场，该电场 E 可以分解为与宽边平行的电场 E_2 及与槽孔宽边垂直的电场 E_1。电场 E_1 与外导体上高频电流方向有一个夹角 θ。E_1 是辐射电场，会引起辐射效应。

图 9-12 左边，说明同轴电缆外导体上的高频电流和 3 种开槽情况。图 9-12 右边，说明漏槽孔处形成的电场方向。

漏缆槽孔辐射电场的方向即为极化方向，它垂直于漏缆槽孔的宽边。因此，当横槽式漏缆水平安装时，则槽孔辐射为水平极化。

9.5.2 漏缆外导体典型槽孔

辐射型漏缆和耦合型漏缆外导体典型槽孔的常见形状，如图 9-13 所示。辐射型漏缆有竖向槽孔（竖一字槽孔）、UL 槽孔和八字槽孔。耦合型漏缆是横一字槽孔。

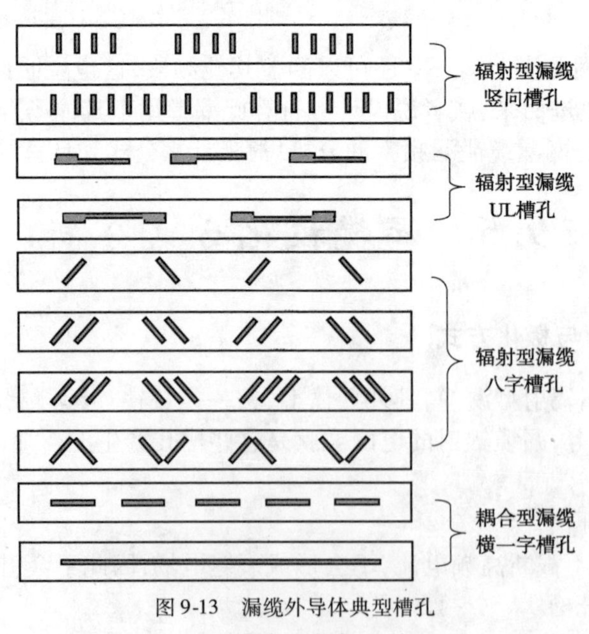

图 9-13 漏缆外导体典型槽孔

9.5.3　水平极化漏缆

图9-14是地铁水平极化漏缆槽孔分布及槽孔分析图。A型漏缆是窄带漏缆,B型漏缆是宽带漏缆。由于它们的裂缝状槽孔匀与漏缆轴线垂直,故都是典型的水平极化漏缆。

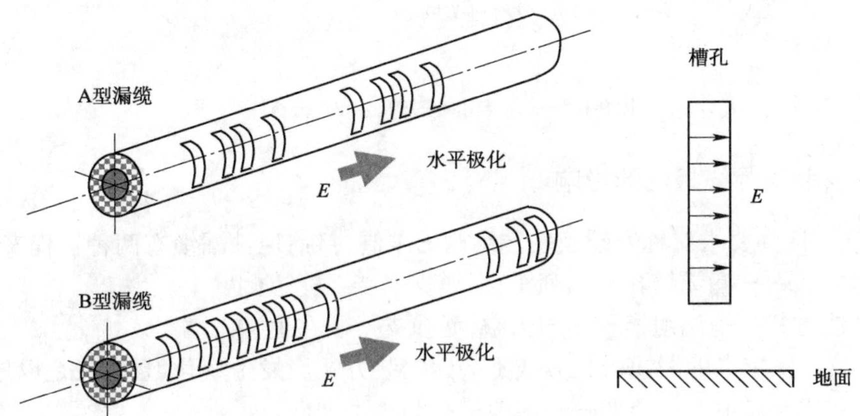

图9-14　水平极化漏缆槽孔分布及槽孔分析

9.5.4　准垂直极化漏缆

图9-15是准垂直极化漏缆槽孔分布及槽孔分析图。由于裂缝状槽孔细长,且与漏缆轴线有一个小夹角θ,因此不是典型的垂直极化漏缆,而是准垂直极化漏缆,它以垂直分量$E_{\perp}$为主,水平分量$E_{=}$较小。

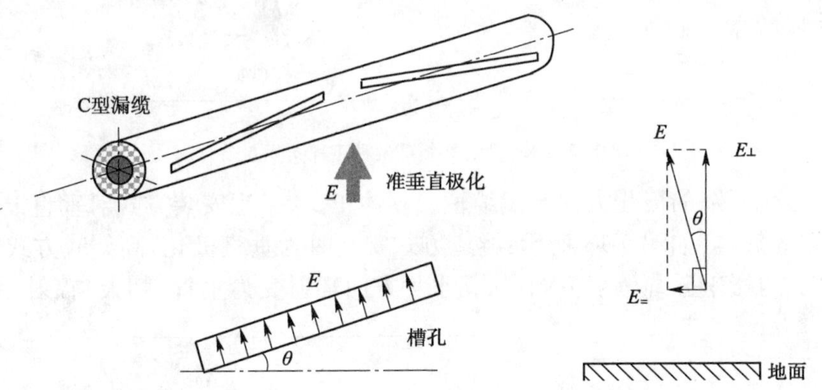

图9-15　准垂直极化漏缆槽孔分布及分析图

9.5.5　垂直极化漏缆

图9-16是地铁垂直极化漏缆槽孔分布及槽孔分析图。由于裂缝状槽孔与漏缆轴线平行,因此是典型的垂直极化漏缆。但由于表面波及辐射环节的影响,也有较小的水平分量存在,它以垂直分量为主,垂直分量场强比水平分量场强高10～12dB。

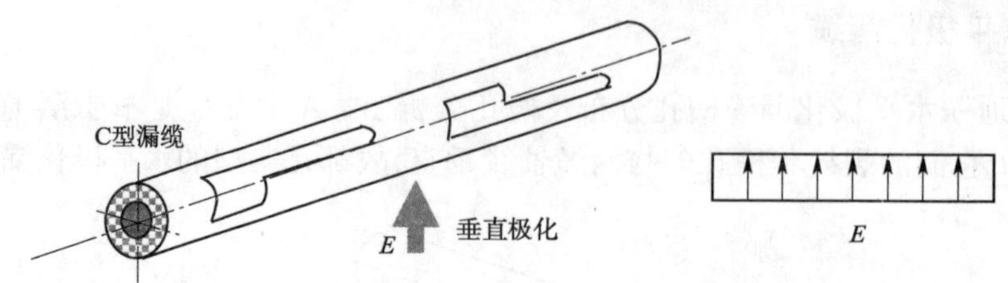

图 9-16 垂直极化漏缆槽孔分布及分析图

9.5.6 安装对漏缆极化的影响

由于上下行区间要求对称安装及安装结构的限制，目前地铁漏缆有两种工程安装方式：

(1)隧道方式——漏缆槽孔朝向列车，漏缆支架装在隧道侧壁上。

(2)高架线方式——漏缆槽孔朝向天空，漏缆支架装在道旁围墙上。

应当指出，厂家定义的漏缆极化方式不会因安装方式而发生变化，且定义是以地面为基准的，漏缆安装方式与隧道方式类似——漏缆槽孔为水平朝向。

在实际工程中，由于水平极化漏缆的极化方向与漏缆轴线空间平行，两种安装方式对水平极化漏缆的极化方式没有影响，如图 9-17 所示。此时，影响漏缆辐射方向：从朝水平方向辐射变为朝天辐射。

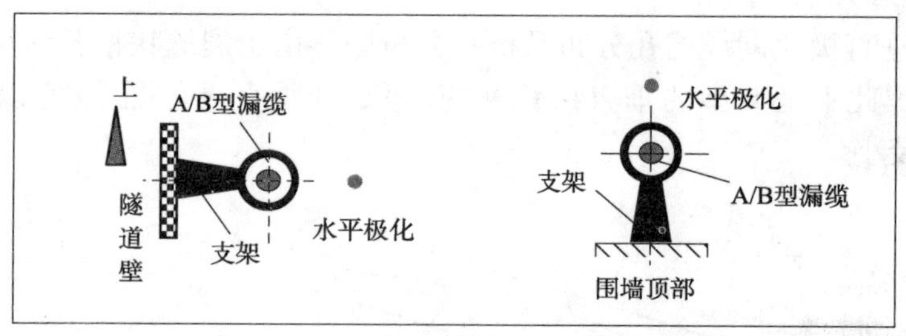

图 9-17 水平极化漏缆的两种工程安装方式

但是，垂直极化漏缆的极化方向与漏缆轴线立体正交，工程安装方式对垂直极化漏缆的极化方式会产生重大影响，如图 9-18 所示：隧道方式安装时为垂直极化，高架线方式安装时变成水平极化。此时，也影响漏缆辐射方向：从朝水平方向辐射变为垂直(朝天)辐射。

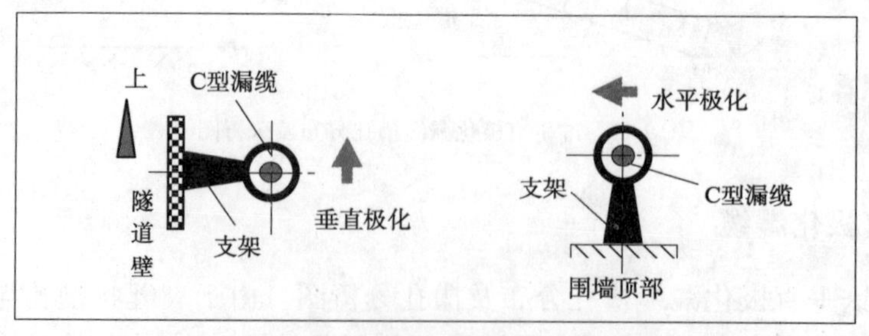

图 9-18 垂直极化漏缆的两种工程安装方式

9.5.7 极化损耗分析

极化损耗,是指收发天线极化不一致所造成的增益损失。

实际通信中,为在收发天线之间得到最大的功率传输,不仅要求收发天线与馈线匹配(驻波系数趋于1),而且要求收发天线极化方向一致(或称极化匹配)。对线极化天线而言,有3种情况:

(1)收发天线极化匹配时,在理论上,极化损耗为零。

(2)收发天线极化正交时,在理论上,极化损耗为无穷大。

(3)收发天线极化方向有一定夹角时,极化损耗为某个分贝值。

漏缆属于特殊的线极化天线,地铁无线调度通信系统车载台天线为垂直极化天线,便携台极化天线为线极化天线(绝非圆极化天线),但极化方向随便携台取向而定。因此,也有3种情况:

1)极化损耗最小情况

例如,漏缆辐射的是垂直极化波,车载台天线为垂直极化天线,二者极化匹配,无极化损耗,如图9-19a)所示。

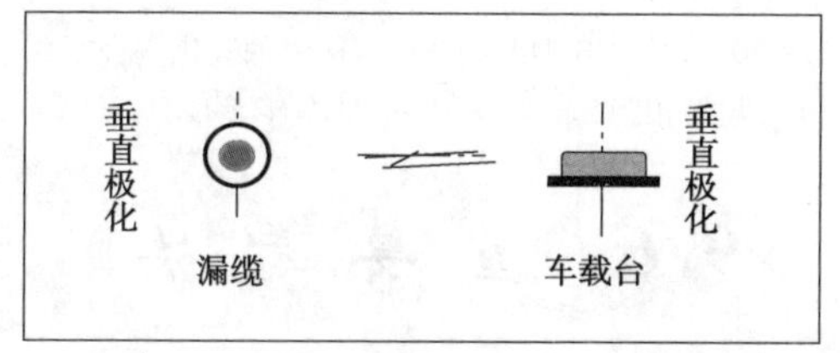

a)极化匹配

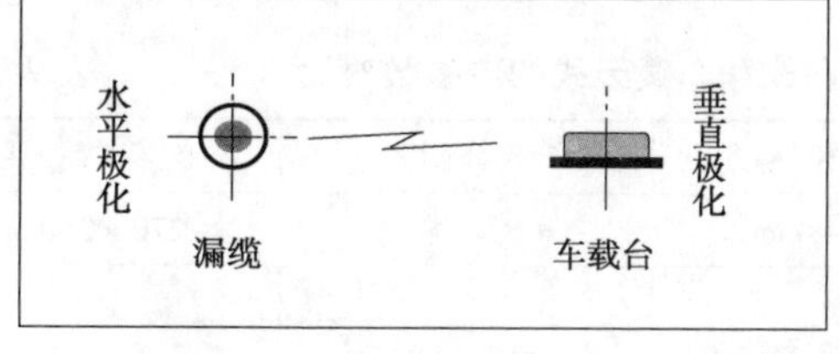

b)极化正交

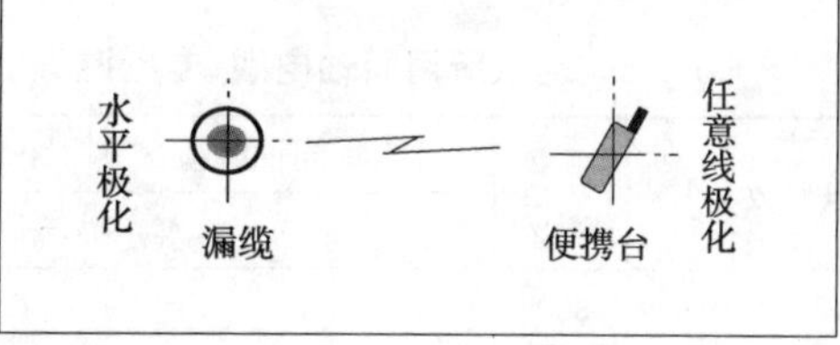

c)极化有夹角

图9-19 地铁极化损耗的3种情况

2)极化损耗最大情况

例如,漏缆辐射的是水平极化波,车载台天线为垂直极化天线,二者极化正交,如图9-19b)所示。模拟这种情况的测试,远东通信在地铁现场做过多次,因环境影响,测试结果起伏较大,极化损耗在10db以上。

2010年5月10日,上海举办世博会期间,远东通信在RFS上海工厂对极化损耗组织了一次正规测试。当时,漏缆是水平极化,测试天线为垂直极化。测试结果如图9-20所示,它清楚表明:垂直极化天线与水平极化漏缆之间的极化损耗为20dB。

3)极化损耗居中情况

例如,漏缆辐射的是水平极化波,便携台极化天线为线极化天线,但极化方向具有不确定性,按概率统计估算平均值,极化损耗取3dB(相当收发天线极化方向夹角45°)比较合理,如

图9-19c)所示。

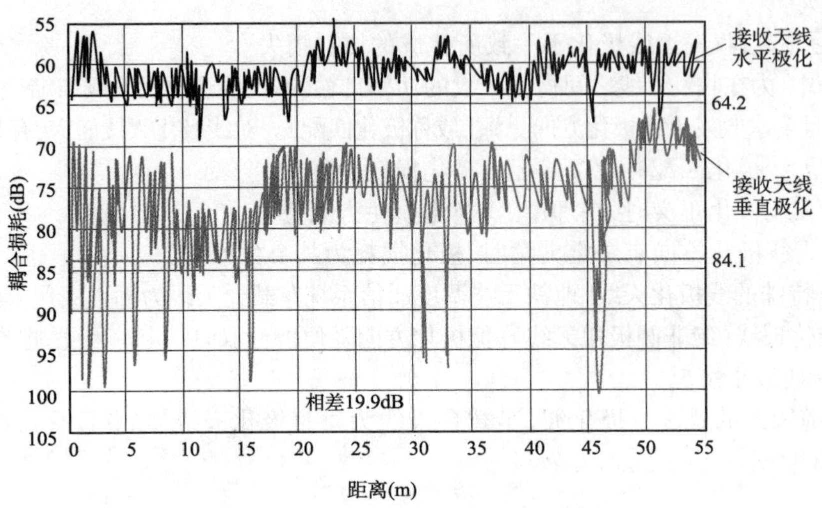

图9-20 1-5/8″B 型漏缆900MHz两种极化耦合损耗

注:收发相距2m,95%概率,2010年5月10日测

9.6 重要看法

为了对地铁所用同轴电缆、专网漏缆、公网漏缆和专网车载天线的电参数进行对比,编制了表9-3。

地铁所用同轴电缆、专网漏缆、公网漏缆和车载天线的电参数对比　　表9-3

<table>
<tr><td rowspan="2">电参数</td><td rowspan="2">频率(MHz)</td><td>1-5/8″同轴电缆</td><td>1-5/8″专网漏缆</td><td>1-5/8″公网漏缆</td><td>专网车载天线</td></tr>
<tr><td colspan="3">外径48mm</td><td>270×25mm</td></tr>
<tr><td rowspan="4">驻波系数</td><td>800</td><td rowspan="4"><1.13</td><td rowspan="4"><1.3</td><td rowspan="4"><1.3</td><td rowspan="4">≤1.3</td></tr>
<tr><td>820</td></tr>
<tr><td>860</td></tr>
<tr><td>900</td></tr>
<tr><td rowspan="4">传输损耗(dB/100m)</td><td>800</td><td>≤2.19</td><td>—</td><td>2.3</td><td rowspan="8">无此参数</td></tr>
<tr><td>820</td><td>—</td><td>2.4</td><td>—</td></tr>
<tr><td>860</td><td>—</td><td>2.5</td><td>—</td></tr>
<tr><td>900</td><td>≤2.27</td><td>—</td><td>2.5</td></tr>
<tr><td rowspan="4">耦合损耗(dB)(95%,2m距离)</td><td>800</td><td rowspan="6">无此参数</td><td>—</td><td>65</td></tr>
<tr><td>820</td><td>68</td><td>—</td></tr>
<tr><td>860</td><td>68</td><td>—</td></tr>
<tr><td>900</td><td>—</td><td>63</td></tr>
<tr><td>极化方式</td><td>任意</td><td colspan="2">水平极化(条形槽垂直漏缆轴)</td><td>垂直极化</td></tr>
<tr><td>天线增益(dBi)</td><td>800/900</td><td colspan="2">无此参数</td><td>≥3</td></tr>
</table>

为了便于比较，把同轴电缆和漏缆选得一样粗（外径都是 48mm），频率在 800 ~ 900MHz 之间。专网车载天线和专网漏缆对应工作，一个发，一个收。

根据表 9-3 所列结果，得出如下重要结论：

（1）在相同频率范围内，四者的驻波系数都不超过 1.3。

（2）在相同频率范围内，前三者每 100m 的传输损耗都在 2.5dB 以下。

（3）在相同频率范围内和 95% 和 2m 距离条件下，两种漏缆的耦合损耗都在 60dB 以上。

（4）漏缆有耦合损耗参数，专网车载天线有增益参数，分别从不同角度描述辐射特性。

（5）两种漏缆水平安装，泄漏槽孔均为与漏缆轴线垂直的条形槽，因此漏缆都是水平极化；专网车载天线垂直安装，为垂直极化。由于极化正交，极化损耗在 20dB 左右。

值得强调的是，长期以来，极化问题在业内未引起足够重视。漏缆技术规格书不提极化，漏缆出厂验收不看极化，场强覆盖设计不考虑极化损耗，这些现象屡见不鲜。近年来，情况虽有改变，但重视程度依然不容乐观。

第10章 越区切换分析

10.1 越区切换的定义和分类

对移动终端的移动性管理，是移动通信的重要特征之一。

在移动性管理多项任务中，移动终端的切换是重中之重。

图 10-1 是移动通信切换和越区切换的分类图。该图表明，移动终端的切换有三种：移动越区切换、业务平衡切换和通话质量切换。发生在地铁无线专网中的切换是移动越区切换，而非后两种切换。

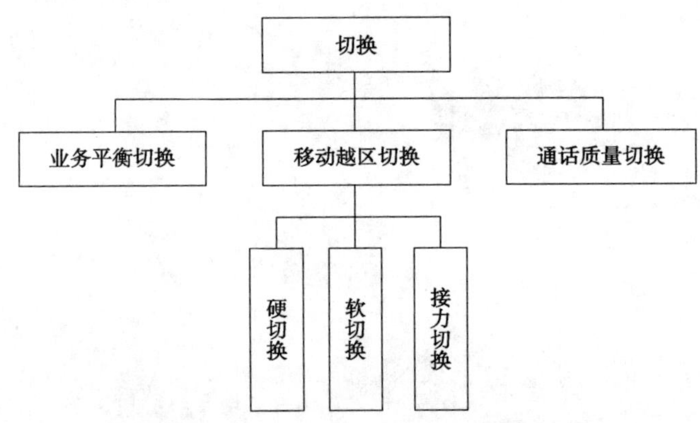

图 10-1 移动通信切换和越区切换的分类图

移动越区切换，简称越区切换，顾名思义，是指移动台在通信进行中，从一个基站覆盖小区进入到另一个基站覆盖小区时，维持通信连续的过程。或者说，越区切换是移动台与基站之间的通信链路，从当前基站转移到另一个基站的过程。对地铁无线专网而言，就是从一个车站覆盖区进入下一个车站覆盖区的过程。

图 10-1 还表明，越区切换分三类：硬切换、软切换和接力切换。

所谓硬切换，是指先切断旧的连接，再建立新的连接，即“先断后切”。硬切换的信道利用率高，适用于频分多址(FDMA)和时分多址(TDMA)体制，例如 GSM 系统、TETRA 系统等。

所谓软切换，是指在维持旧连接的同时建立新连接，并利用新旧链路的分集合并来改善通信质量，当新连接可靠建立后才中断旧连接，即“先切后断”。软切换的成功率高，适用于码分

多址(CDMA)体制,例如CDMA系统。

所谓接力切换,乃是一种改进型的硬切换,它同时拥有硬切换的高信道利用率和软切换的高成功率,适用于同步码(SCDMA)分多址体制,例如TD-SCDMA系统。

地铁无线专网采用TETRA体制,因此它的切换属于硬切换。

10.2 越区切换的准则及控制方式

10.2.1 越区切换一般准则

决定何时进入越区切换过程的依据,通常是移动台接收信号的平均强度,也可以是移动台处的信噪比(或信干比)、误码率等。对公众移动通信系统而言,假定移动台从基站1向基站2运动,其接收信号强度的变化如图10-2所示。判定何时进入越区切换的一般准则如下:

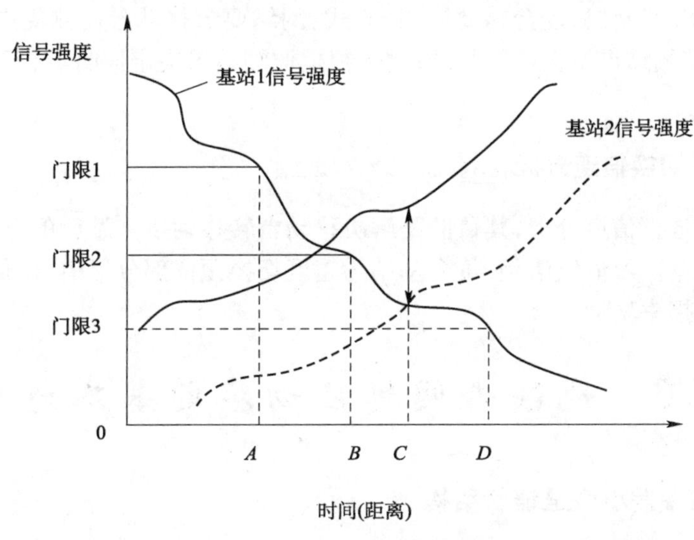

图10-2 越区切换示意图

【准则1】 相对信号强度准则:在任何情况下都选择信号最强的基站,如图10-2中A点处将要发生越区切换。

此准则缺点是,在原基站仍满足要求时,由于信号的起伏会引发太多不必要的越区切换。

【准则2】 具有门限规定的相对信号强度准则:只允许移动台在当前基站信号足够弱(如低于门限2),且新基站信号强于本基站信号情况下,才可以进行越区切换,如图10-2中B点处将要发生越区切换。

在此准则执行中,门限选择至关重要。门限太高,则与准则1相同。门限太低,会引起较大的越区延时,从而导致因链路质量变差而使通信中断。

【准则3】 具有滞后余量的相对信号强度准则:只允许移动台在新基站信号比当前基站信号强很多情况下,才可以进行越区切换,如图10-2中C点处将要发生越区切换。

此准则可以防止因信号波动所引起的在两个基站之间的来回切换(即“乒乓效应”)。

【准则4】 具有门限规定和滞后余量的相对信号强度准则:只允许移动台在当前基站信

号低于规定门限,且新基站信号高于当前基站规定滞后余量情况下,才可以进行越区切换。

10.2.2 越区切换控制方式

越区切换控制有两层含义:一是越区切换的参数控制,二是越区切换的过程控制。越区切换过程控制有3种方式:

【方式1】 移动台控制方式:移动台连续监测当前基站和越区几个候选基站的信号强度和质量,当满足规定的切换准则后,移动台选择最佳基站,并发送越区切换请求。TETRA系统采用这种方式,又称移动台主导的切换方式。

【方式2】 网络控制(基站控制)方式:基站监测来自移动台的信号强度和质量,当信号低于规定的门限后,网络安排向另一个基站的越区切换。网络要求移动台周围的所有基站都监测该移动台的信号,并把监测结果报告给网络。网络从这些基站中选择一个基站作为越区切换的新基站,通过旧基站告诉移动台,并通知新基站。GSM采用这种方式,又称基站主导的切换方式。

【方式3】 联合控制(移动台辅助控制)方式:网络要求移动台监测周围所有基站的信号强度和质量,并把监测结果报告给旧基站,网络根据监测结果决定何时进行越区切换以及切换到哪个基站。

10.2.3 越区切换信道分配

越区切换时需进行信道分配,其目的是解决移动台转移到新基站后的有信道使用,以减少越区切换的失败概率。习惯做法是,每个基站为越区切换预留部分信道,代价是因新呼叫使可用信道数减少而呼损率增加。

10.3 地铁专网越区切换的基本特征

10.3.1 基站覆盖小区呈链状结构

地铁专用无线通信系统,又称地铁专网,属专用移动通信系统,其服务区在地铁沿线呈带状分布。为了对服务区实现无缝覆盖,提高系统容量,需要设立多个基站,每个基站的服务区称作一个覆盖小区,从而使一条地铁线路的无缝覆盖成为链状覆盖,如图10-3所示。

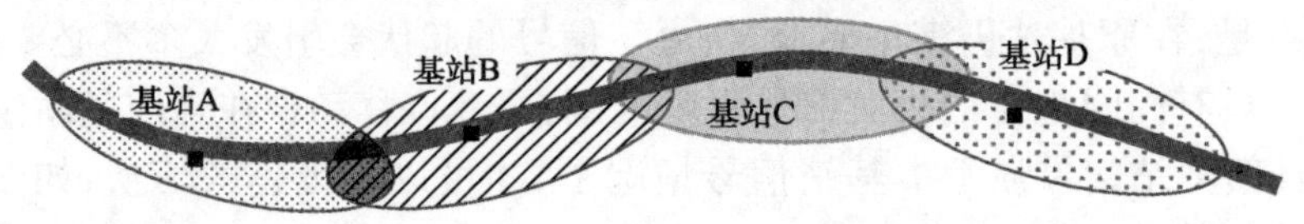

图10-3 地铁的链状无线覆盖

10.3.2 基站配置以小区制为主

地铁专网覆盖,目前有中区制和小区制两种。小区制,又称“全基站”方案,地铁全线每个车站均设一台基站。中区制,又称“基站+直放站”方案,地铁全线有的车站设基站,有的车站设直放站。

地铁专网覆盖,目前以小区制为主,并有全部过渡到小区制的明显趋势。

10.3.3 越区切换以保证车载台为主

地铁专网的移动终端，主要是车载台和手持机两种，但越区切换应以保证车载台为主，这是因为：

(1)地铁专网的主要功能是保证列车安全、正点运行，因此车载台是本网的主要保证对象。

(2)由于车载天线相对区间漏缆的极化损耗较大(约 20dB)，故漏缆到车载台的路径损耗，要大于漏缆到车厢内手持机的路径损耗。因此，若满足了车载台的覆盖要求，则能满足了手持机的覆盖要求，反过来则不行。

(3)车载天线相对区间漏缆的位置比较固定，故覆盖场强测试结果也较稳定。

10.3.4 一个基站覆盖四个区间

图 10-4 表明，在一个车站，基站输出功率分为两部分：一部分给分布式天线系统，用来覆盖站厅、进出口等；另一部分给四条漏缆，用来覆盖四个区间：区间Ⅰ(右线送出)、区间Ⅱ(右线迎接)、区间Ⅲ(左线送出)和区间Ⅳ(左线迎接)。

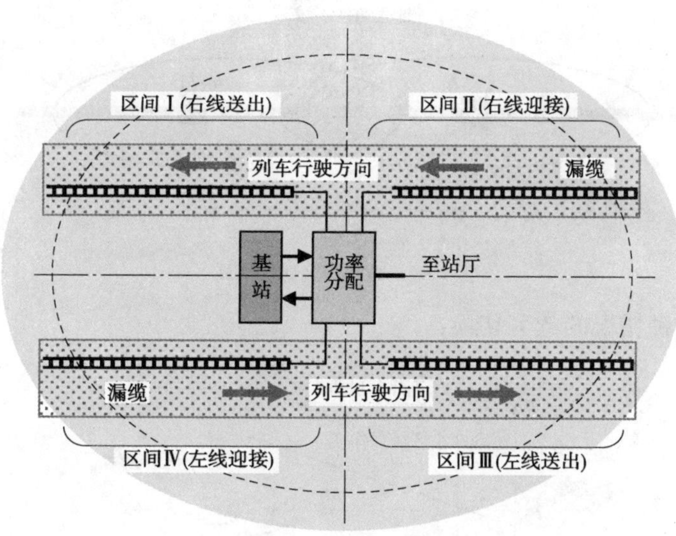

图 10-4 基站信号覆盖四个区间时的切换状态

图 10-5 表示基站信号覆盖四个区间时的切换状态(P 为覆盖功率)：

(1)在区间Ⅰ，列车远离，基站覆盖该区间，为右线送出切换状态；

(2)在区间Ⅱ，列车临近，基站覆盖该区间，为右线迎接切换状态；

(3)在区间Ⅲ，列车远离，基站覆盖该区间，为左线送出切换状态；

(4)在区间Ⅳ，列车临近，基站覆盖该区间，为左线迎接切换状态。

10.3.5 越区切换必须在区间完成

站台区域是车载台通话的主要区域。为保持车载台通信的连续性和稳定性，必须保证车载台在区间完成越区切换，而不能在站台区域完成切换。图 10-6 表示正确的切换区域。

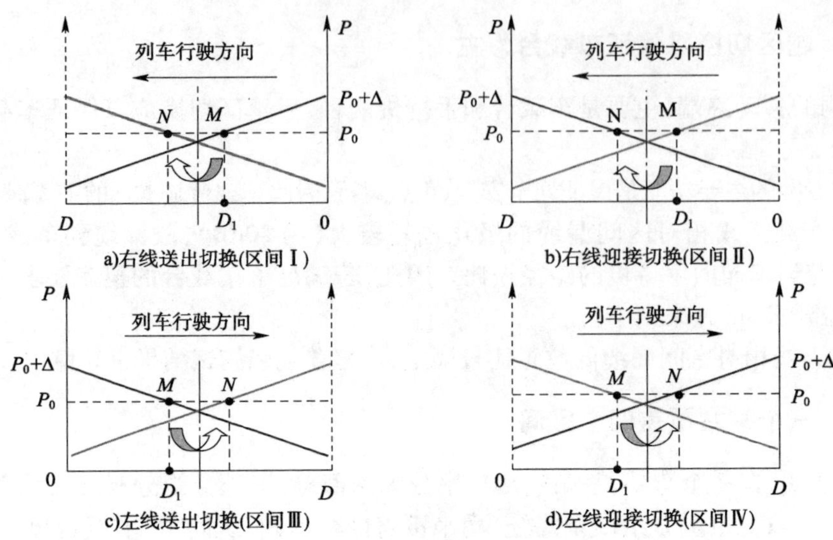

图 10-5 一个基站四个覆盖区间的切换状态

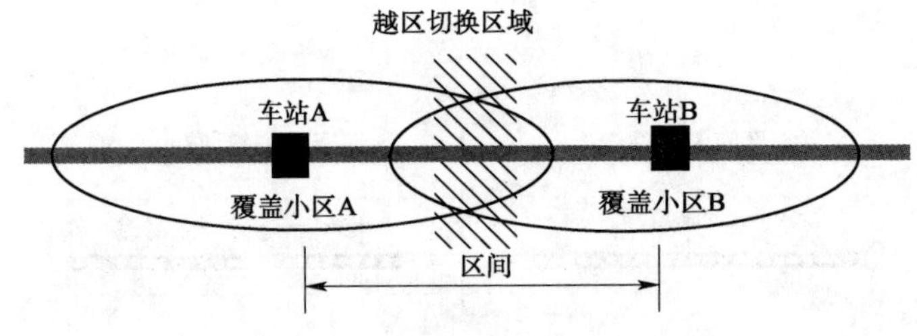

图 10-6 地铁越区切换区域

图 10-7 表示三种错误的越区切换：

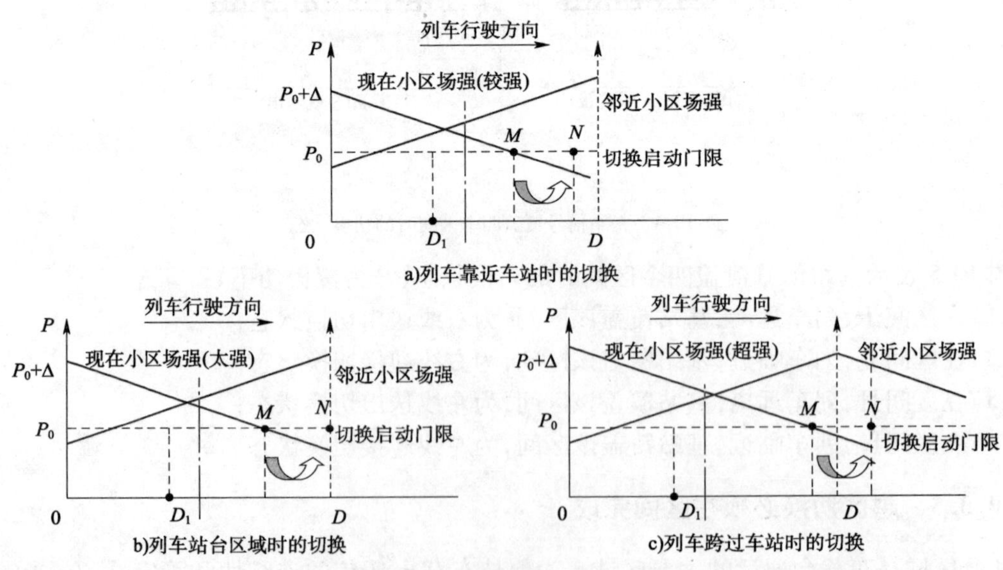

图 10-7 3 种错误的越区切换

(1)列车靠近车站时,切换;

(2)列车进到车站时,切换;

(3)列车离开车站时,切换。

10.4 TETRA标准的越区切换类型

地铁专网(地铁专用无线通信系统),采用数字集群体制和TETRA标准。图10-8是移动台越区切换流程图,它表明了移动台用户从一个小区切换到另一个小区时所经历的流程。

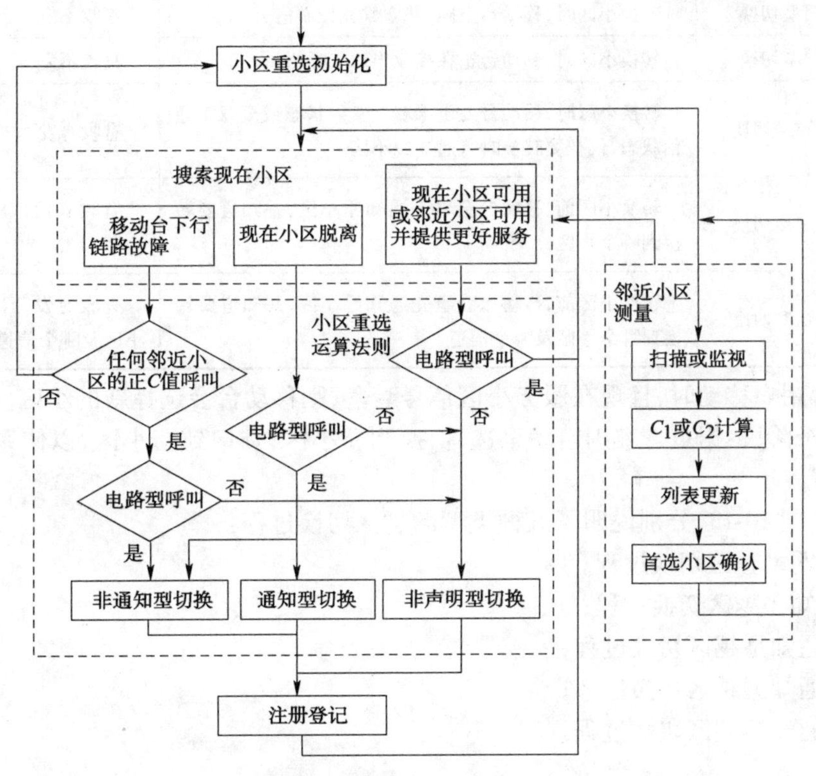

图10-8 移动台越区切换流程图

在越区切换方面,TETRA标准提供以下五种类型:

(1)非声明型切换:在转换小区时,移动台空闲,并守候在控制信道,此时的切换称为非声明型切换。此时移动台不收不发。

(2)非通知型切换:在转换小区时,无线用户台正在接收半双工呼叫,此时的切换称为非通知型切换。此类型时移动台只收不发。

(3)3类通知型切换:当移动台处于半双工通信的发射状态或处于全双工通信状态时,如果要转换小区,此时发生的切换称为通知型切换。此时移动台有收有发。

(4)2类通知型切换:在此类切换情况下,移动台有收有发,若移动台想要转换小区,会事先通知原来的小区。移动台会在控制信道上发送信令,并在切换前知道它应该转换到哪个小区。转换到新小区后,移动台进入新小区的控制信道,并获得一个新的话音信道。

(5)1 类通知型切换:在此类切换情况下,移动台有收有发,移动台会通知原来的小区,它要转到新的小区。移动台送出请求,在它转换小区前,移动台会知道切换到哪个小区以及哪个信道。1 类通知型切换允许移动台在离开原来的小区以前在新的小区分配一个话音信道,保证为移动台预先准备话音信道。

TETRA 标准提供五种类型的越区切换的定义见表 10-1。具体应用哪种切换类型,取决于系统配置和终端类型。

TETRA 越区切换类型的定义 表 10-1

序号	切换类型	定 义	移动台特征
1	非声明型切换	转换小区时,移动台空闲,并守候在控制信道	不收不发
2	非通知型切换	转换小区时,移动台正在接收半双工呼叫	只收不发
3	3 类通知型切换	转换小区时,移动台处于半双工发射状态或全双工通信状态,仅在要转换时才通知原小区	有收有发
4	2 类通知型切换	转换小区前,移动台会事先通知原小区,并知道要转换到哪个小区	有收有发,且知切换到哪个小区
5	1 类通知型切换	转换小区前,移动台会事先通知原小区,并知道要转换到哪个小区及哪个信道	有收有发,且知切换到哪个小区及哪个信道

当移动台用户移动时,且现在服务小区信号衰落,则移动台会选择新的小区。成功的小区重选,包括三个阶段:据重选准则启动重选;切换到新小区;登记到新小区,以使系统知道移动台用户的位置。

图 10-9 ~ 图 10-13,分别说明了五种类型的越区切换过程:

(1)非声明型越区切换过程;

(2)非通知型越区切换过程;

(3)3 类通知型越区切换过程;

(4)2 类通知型越区切换过程;

(5)1 类通知型越区切换过程。

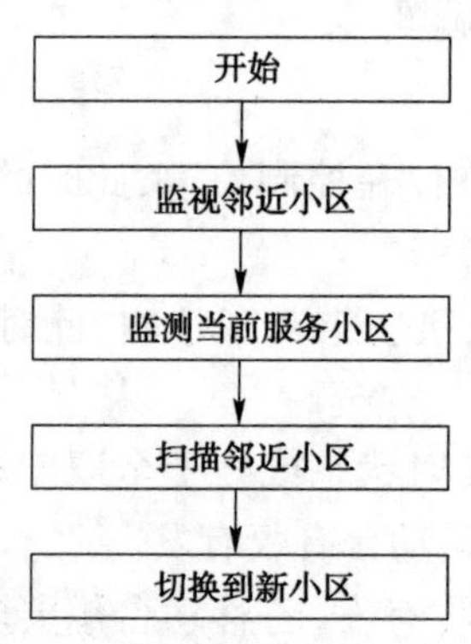

图 10-9 非声明型切换过程

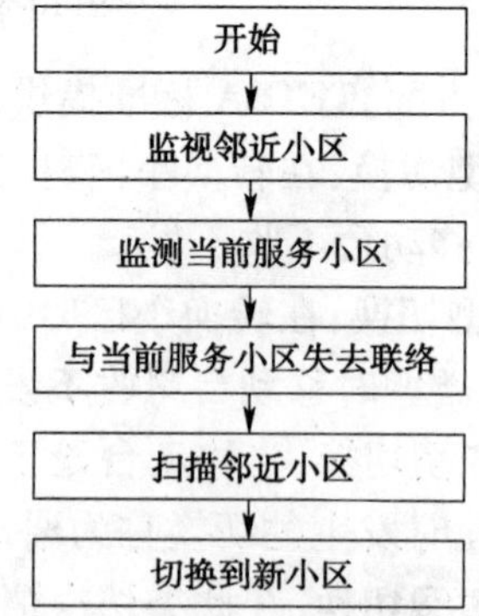

图 10-10 非通知型切换过程

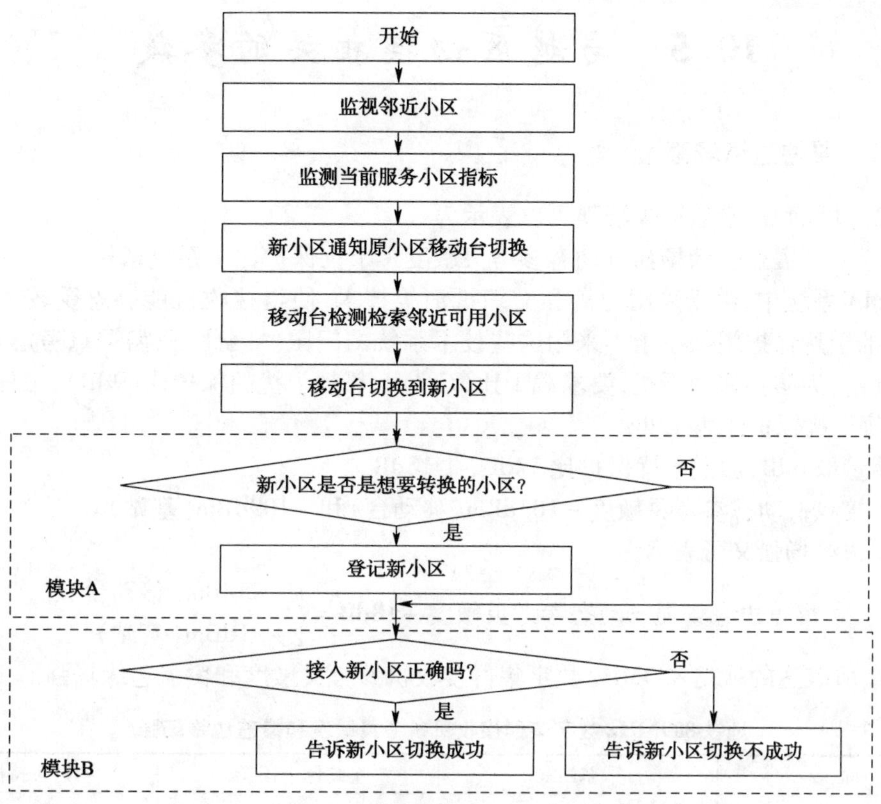

图 10-11　3 类通知型切换过程

图 10-12　2 类通知型切换过程　　图 10-13　1 类通知型切换过程

10.5 与越区切换相关的参数

10.5.1 覆盖边缘场强

对地铁专网而言，覆盖边缘场强可以表示为：

覆盖边缘场强 = 动态参考灵敏度 + 干扰保护比 + 系统裕量

在 TDMA 系统中，由于采用均衡和交织抵消等技术，使得接收机能够忍受较大的同频干扰，其所需的干扰保护门限小于不采用这些技术系统的门限。因此，只需重点考虑邻频干扰。相关标准规定，为防止邻频干扰，要求载干比（C/I）> 邻频干扰的保护比（9dB），工程中一般加 3dB 余量，故干扰保护比为 12dB。

系统裕量取 6dB，加上干扰保护比 12dB，共 18dB。

再代入接收机动态参考灵敏度 -103dBm（移动台）和 -109dBm（基站）。

故覆盖边缘场强又可表示为：

$$覆盖边缘场强 = 动态参考灵敏度 + 18\text{dB} = \begin{cases} -85\text{dBm}（移动台）\\ -91\text{dBm}（基站）\end{cases}$$

表 10-2 所表达的就是 800MHz 数字集群接收机参考灵敏度和覆盖边缘场强。

地铁 800MHz 数字集群接收机参考灵敏度和覆盖边缘场强 表 10-2

名称	基站	车载台/固定台	手持机
产品型号	TB3	TMR880i	THR880i
发射频率（MHz）	851 ~ 866	806 ~ 825	
接收机动态参考灵敏度（dBm）	< -109	-103	
干扰保护比及系统裕量（dB）	12 + 6 = 18	12 + 6 = 18	
覆盖边缘场强（dBm）	-91	-85	

10.5.2 移动台最小接收接入电平（RXL）

工程上给出，移动台最小接收接入电平（RXL）= -105dBm，这和移动台接收机动态参考灵敏度（-103dBm）非常接近。

10.5.3 路径损耗

当正在服务的小区链路质量降低到一定程度，而邻近小区的下行链路质量又较好时，移动台将启动小区重选过程。在执行该过程前，移动台将根据现在小区和邻近小区的信息进行链路质量评估与比较，同时根据预定的且与网络服务标准有关的无线参数进行判断，以决定是否重选小区。决定小区重选的主要无线参数是 C_1 和 C_2。

1）现在小区路径损耗 C_1

C_1 是现在小区的路径损耗，单位 dB，计算公式为：

$$C_1 = A - B - \text{Max}(0, C - D) \tag{10-1}$$

式中：A——移动台收到该小区基站下行信号强度（所在点场强），dBm；

B——移动台在该小区内允许的最小接收接入信号电平(RXL),dBm;

C——移动台在该小区内允许的最大发射电平(系统广播数据,也就是基站系统设置的参数),dBm;

D——移动台最大发射电平,dBm。

$$\mathrm{Max}(0,C-D)=\begin{cases}C-D & (C>D\text{ 时})\\ 0 & (C\leqslant D\text{ 时})\end{cases} \tag{10-2}$$

$\mathrm{Max}(0,C-D)$表示取0与$(C-D)$中的最大值。这就是说,当移动台在该小区内允许的最发射大强度高于最大发射电平时,即$C>D$时,$\mathrm{Max}(0,C-D)$等于高出值$(C-D)$,否则$\mathrm{Max}(0,C-D)$等于零。

将式(10-2)代入式(10-1),可得:

$$C_1\begin{cases}(A-B)-(C-D) & (C>D\text{ 时})\\ (A-B) & (C\leqslant D\text{ 时})\end{cases} \tag{10-3}$$

这就是说:

(1)当移动台最大发射电平允许值高于实际值时,C_1就是移动台收到现在小区基站下行信号强度相对允许的最小接收信号强度之高出值,再减去移动台最大发射电平允许值与实际值之差。

(2)当移动台最大发射电平允许值低于或等于实际值时,C_1就是移动台收到现在小区基站下行信号强度相对允许的最小接收信号强度之高出值。

显然,C_1数值愈高,说明移动台当前所在小区基站场强信号愈好。

例如,对地铁车载台,若取$C=35\text{dBm}(3\text{W})$、$D=35\text{dBm}$及$A=-95\text{dBm}$,已知$B=-105\text{dBm}$,则$C_1=10\text{dB}$。

2)邻近小区路径损耗C_2

C_2是邻近小区的路径损耗,单位dB,计算公式为

$$C_2(n)=A'-B-\mathrm{Max}(0,C-D) \tag{10-4}$$

式中:A'——移动台收到邻近小区基站下行信号强度(所在点场强),dBm;

B——移动台在邻近小区内允许的最小接收接入信号电平(RXL),dBm;

C——移动台在邻近小区内允许的最大发射电平(系统广播数据,也就是基站系统设置的参数),dBm;

D——移动台最大发射电平,dBm;

n——邻近的第n个小区,其他定义同前。对地铁而言,正常时前方只有1个邻近小区,非正常时前方才会有多个邻近小区。

将式(10-2)代入式(10-4),可得:

$$C_2=\begin{cases}(A'-B)-(C-D) & (C>D\text{ 时})\\ (A'-B) & (C\leqslant D\text{ 时})\end{cases} \tag{10-5}$$

这就是说:

(1)当移动台最大发射电平允许值高于实际值时,C_2就是移动台收到邻近小区基站下行信号强度相对允许的最小接收信号强度之高出值,再减去移动台最大发射电平允许值与实际值之差。

(2)当移动台最大发射电平允许值低于或等于实际值时,C_2就是移动台收到邻近小区基站下行信号强度相对允许的最小接收信号强度之高出值。

显然,C_2数值愈高,说明移动台邻近小区基站场强信号愈好。

例如,对地铁车载台,若取 $C=35$dBm(3W)、$D=35$dBm 及 $A'=-90$dBm,已知 $B=-105$dBm,则 $C_2=15$dB。

10.6 越区切换的重选参数

10.6.1 移动台重选参数

和其他移动通信系统(如 GSM)不同,TETRA 系统的越区切换是由移动台对小区质量进行判断来决定的,而不是由系统决定的。

在 TETRA 系统中,越区切换有两种情况:一种是移动台处于通话状态,需进行小区快速重选;另一种是移动台处于不通话状态,需进行小区慢速重选。因此,与越区切换有关的主要参数有 5 个:快速重选门限(FRT)、慢速重选门限(SRT)、快速重选滞后量(FRH)、慢速重选滞后量(SRH)和最小接收信号强度(RXL)。它们的工程建议值和适用状态,见表 10-3。从中我们看到:

(1)移动台通话状态下,采用快速重选门限,该门限建议值为 30dBm。

(2)移动台不通话状态下,采用慢速重选门限,该门限建议值比通话状态高 16dBm。

(3)移动台通话或不通话,快速重选和慢速重选的滞后量均为 0dB 或 2dB。

(4)最小接收接入电平为 -105dBm,且与移动台是否通话无关。

越区切换重选参数　　表 10-3

序号	参数名称	英文缩写	工程建议值	适用状态
1	快速重选门限	FRT	30dBm	移动台通话状态
2	慢速重选门限	SRT	FRT + 16dBm	移动台不通话状态
3	快速重选滞后量	FRH	0dB 或 2dB	移动台通话状态
4	慢速重选滞后量	SRH	0dB 或 2dB	移动台不通话状态
5	最小接收接入电平	RXL	-105dBm	

10.6.2 快速越区切换参数

在移动台通话状态下,应进行快速重选,快速重选门限(FRT)为 30dBm。此时,地铁快速越区切换参数取值如下:

(1)现在小区启动越区切换测量计算的门限电平:高于移动台允许的最小接收接入电平 30dBm,即$(A-B)=30$dBm。

例如,若移动台允许的最小接收接入电平为 -105dBm,则启动越区切换测量计算的门限电平为:-105dBm + 30dBm = -75dBm。这相当于在覆盖边缘场强(-85dBm)基础上,提高了 10dB。

(2)现在小区与邻近小区的信号质量差值(C_2-C_1):0dBm(表示邻近小区与现在小区持平),或2dBm(表示邻近小区优于现在小区,为2dBm最小步长)。

(3)现在小区与邻近小区的信号测量计算总时间:5~10s。时速80千米的列车10s行进222m,故对应的场强重叠覆盖区宽度为222m。

简而言之,小区快速重选的原则是:

(1)现在小区的 $C_1<$ FRT(快速重选门限),且持续5s;

(2)邻近小区的 $C_2>C_1+$ FRH(快速重选滞后量),且持续5s。

10.6.3 慢速越区切换参数

在移动台不通话状态下,应进行慢速重选,慢速重选门限=FRT+16dB。亦即,慢速重选时,重选门限要在快速重选门限(30dBm)基础上再提高16dB,其他切换参数取值同前,见表10-4。

越区切换参数取值 表10-4

参数名称	快速越区切换(移动台在通话状态)	慢速越区切换(移动台在非通话状态)
重选门限(dBm)	30 (FRT,快速重选)	30+16=46 (慢速重选)
C_1(dBm)	$C_1<30$ (FRT)	$C_1<46$ (FRT)
C_2(dBm)	$C_2>32$ (C_1+FRH)	$C_2>48$ (C_1+FRH)
移动台最小接收接入电平(dBm)	-105	-105

10.7 小区快速重选条件

图10-14说明了在通话情况下,移动台越区切换时小区快速重选的过程与条件。

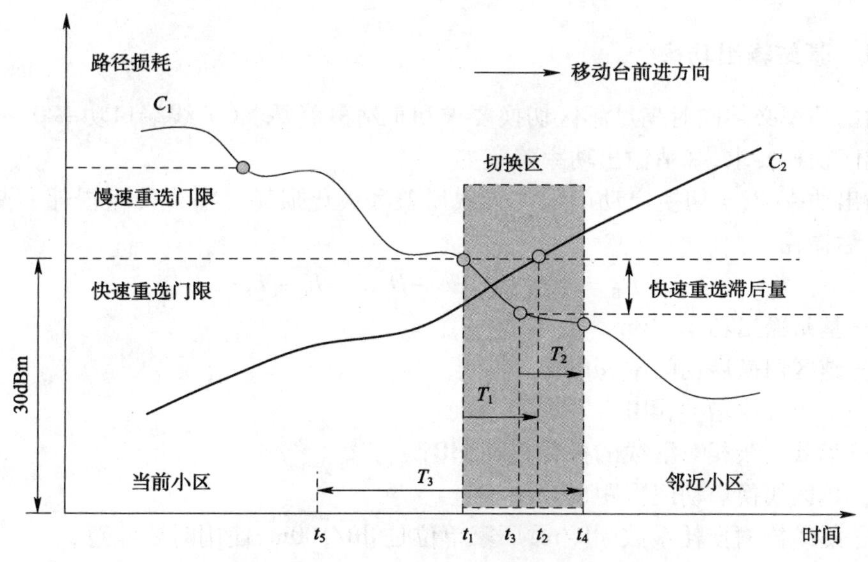

图10-14 地铁越区切换的小区快速重选过程

(1)当路径损耗 C_1 下降到快速重选门限(30dBm)后,移动台对小区的快速重选启动,开始对邻近小区参数进行监测和比较,并保持5s以上,从而形成快速重选区 T_1,$T_1>5s$。这是切换的第一个条件。

(2)当路径损耗 C_2 上升到快速重选门限时,移动台进入快速重选滞后状态。如果邻近小区信号好,且超过滞后量,并保持5s以上,则可进行切换,从而形成快速重选滞后区 T_2,$T_2>5s$。这是切换的第二个条件。

(3)第三个切换条件是:在自 T_2 末端向后计算的 T_3 时间内($T_3>15s$),此前没有进行过重选。T_3 可看作是未重选过的区域。

无论移动台处于空闲状态还是通话状态,该移动台都会不停地监视当前小区基站和邻近小区基站的下行信号。在 C_1 值衰落到一定门限值时,移动台就开始对邻近小区的 C_2 数值进行测量与计算,并不停地与 C_1 值进行比较,根据实际情况和判定原则进行切换。

计算邻近小区 C_2 时,移动台从现有频率转换至临近小区的频率进行测量,但不接收该小区的下行网络广播信息。

当移动台半双工通信时,在完成一个时隙的发射与接收后,移动台必须将频率转换至邻近小区频率进行 A 的测量,并在下一个时隙到来之前,将频率转回当前小区,并与当前小区同步,接收该下行网络广播信息,计算出具体的 C_2 数值。

当移动台进行全双工通信时,TDMA 帧中的所有时隙都被用作发射或接收,在本帧内没有空余时隙进行邻近小区的频率切换及邻近小区 A 的测量,只有在每超帧的第18帧进行。

完成 C_1 和 C_2 的计算及切换点的选择,移动台需要5~10s时间,但实施小区切换只要0.1~0.3s时间,因此用户不会感觉到越区切换过程的存在。

10.8 越区切换的设计步骤

10.8.1 基站输出功率

基站输出功率必须同时满足越区切换要求和车站覆盖要求(天线端口功率0~15dBm)。

根据越区切换要求,基站输出功率确定如下:

基站输出功率 P_B = 切换启动门限 - 天线增益和极化损耗 - 漏缆传输损耗 - 漏缆耦合损耗 - 馈线传输损耗

$$P_B=P_Q+G_A-L_J-D_1L_T-L_C-L_K \tag{10-6}$$

式中:P_B——基站输出功率,dBm;

P_Q——越区切换启动门限,dBm;

G_A——车载天线增益,dBi;

L_J——车载天线相对漏缆的极化损耗,dB;

D_1——越区切换启动门限距离,m;

L_T——漏缆传输损耗系数,dB/m,厂家单位是dB/100m,使用时要注意;

L_C——漏缆耦合损耗,dB;

L_K——馈线传输损耗,dB。

10.8.2 越区切换设计步骤

图 10-15 是越区切换设计步骤图。

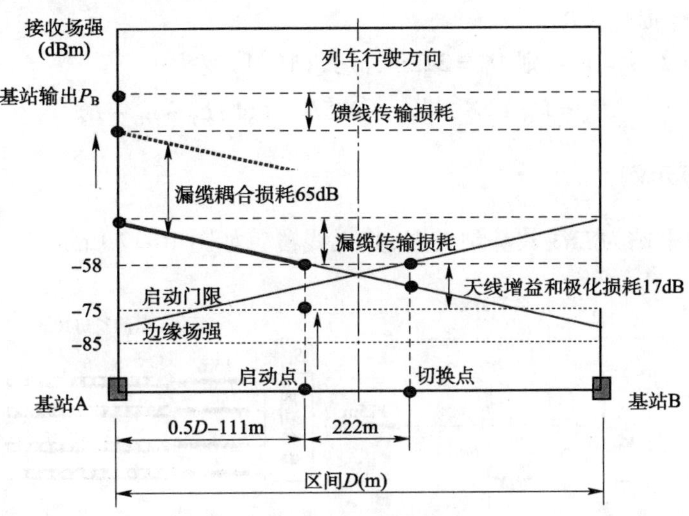

图 10-15 越区切换设计步骤

依据活动门限法，地铁越区切换设计步骤有两类，以适应双向设计要求。

设计步骤 1：自上而下设计——先确定切换启动门限，反推基站功率。

设计步骤 2：自下而上设计——根据基站功率，推算切换启动门限。

参见图 10-16，越区切换启动门限距离 D_1 用下式计算：

$$D_1 = 0.5(D - D_0) \tag{10-7}$$

而且

$$D_0 = 0.28VT \tag{10-8}$$

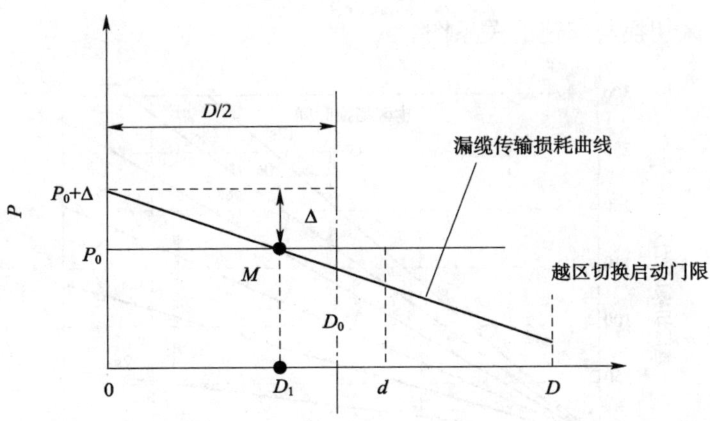

图 10-16 越区切换启动门

图 10-16 及式(10-7)、式(10-8)中：

D——列车行驶的区间距离，m；

D_0——在越区切换时间内列车行驶距离,m;

V——列车最大时速,km/h;

T——越区切换时间,s;

Δ——漏缆传输损耗,dB。

若 $V = 80$km/h 及 $T = 10$s,则 $D_0 = 222$m,故式(10-4)变为:

$$P_B = P_Q + G_A - L_J - (0.5D - 111)L_T - L_C - L_K \tag{10-9}$$

10.8.3 估算示例

已知某地铁换乘站为二线共基站方案,其无线覆盖如图 10-17 所示。

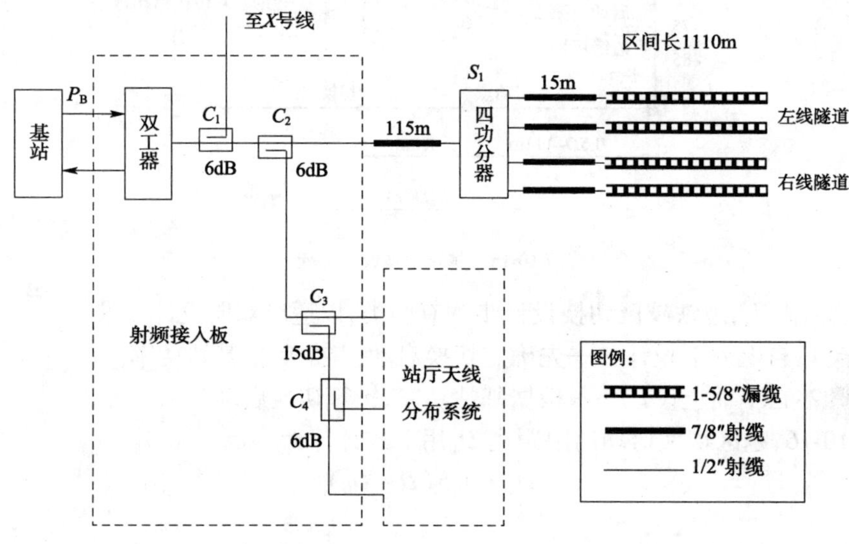

图 10-17 越区切换计算示例用图

图 10-18 是越区切换与车速的关系图。

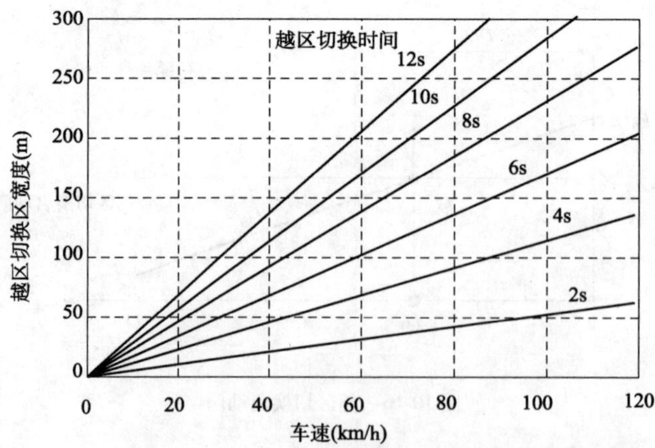

图 10-18 越区切换与车速的关系图

并知 $P_Q = -75\text{dBm}$, $G_A = 3\text{dBi}$, $D = 1000\text{m}$, $L_J = 20\text{dB}$, $L_T = 0.0226\text{dB/m}$, $L_C = 65\text{dB}$, $V = 80\text{km/h}$ 及 $T = 10\text{s}$,求基站输出功率。

计算可得:

$$(0.5D - 101)L_T = 439L_T = 10\text{dB}(439\text{m 漏缆传输损耗})$$

$$L_K = 15\text{dB}(\text{基站输出至漏缆输入的馈线传输损耗})$$

将给定数据和计算结果代入式(10-9)得 $P_B = 32\text{dBm}$。

然后,根据 $P_B = 32\text{dBm}$,计算站厅各吸顶天线的端口功率,如果在 5 ~ 15dBm 之间,则站厅覆盖满足要求。否则,作适当调整,直到满足要求为止。调整时,送漏缆的 $P_B = 32\text{dBm}$ 不得改变,以免对越区切换位置产生明显影响。

再看切换点的情况:从启动点到切换点,大约要 10s 时间。在 10s 内,列车行驶 222m。1 - 5/8″漏缆传输 222m,要损耗 5dB。

如果迎接基站在本区间的场强,与送出基站在本区间的场强呈对称分布,则迎接场强在切换点会比送出场强高 5dB。然而,系统只要求迎接场强不低与送出场强(0dB 或高 2dB)达 5s 时间,即可进行切换,而切换的执行时间仅 0.1 ~ 0.3s。

因此,可以认为,对同一个基站面对同一个区间来说,如果送出场强能够满足切换的启动要求,则其迎接场强也能满足切换的执行要求。

10.9 越区切换的实现方法

地铁越区切换实现方法有两种:固定门限法与活动门限法。

1)固定门限法

固定门限法又称统一门限法,在控制交换机上,对所控制的所有基站覆盖区间,固定设置统一快速重选门限 FRT。

对应此快速重选门限,现在小区重选启动电平 = FRT + RXL。例如,30 + (- 105) = - 75dBm。

如果基站输出功率经传输损耗、耦合损耗和其他辐射损耗后,仍然高于启动电平,则高出部分用加装固定衰减器的办法予以抵消。

2)活动门限法

活动门限法,又称基站门限法,不按建议固定(统一)取值:通过事前对各个基站区间覆盖计算或现场实测,对各基站高出快速重选门限部分的输出功率,在控制交换机上相应提高快速重选门限值,从而不用加装固定衰减器,而又能起到加装固定衰减器的作用。

活动门限法,应由系统集成商和设备供应商共同完成。采用此法,虽然系统设计工作量增大(对每个基站的区间覆盖情况都要计算),但却换来不用或很少使用固定衰减器的好处,从而在工程进度、工作可靠性、建设成本和维修成本等方面,都优于固定门限法(统一门限法),因此是合理的,应当优先选用。

3)两种设计方法的比较

表 10-5 给出了两种越区切换参数取值方法的比较。

越区切换参数取值方法的比较　表 10-5

比较项目		固定门限法(统一门限法)	活动门限法(基站门限法)
1	执行单位(责任单位)	系统集成商	系统集成商 + 设备供应商
2	系统设计工作量	较小	较大
3	使用固定衰减器情况	使用数量较大	不用或少量使用
4	对工程进度的影响	影响较大	影响较小
5	工作可靠性	潜在故障风险较大	潜在故障风险较小
6	建设成本	增加	不增加
7	维修成本	增加	不增加
8	结论	不太合理	合理

活动门限法(基站门限法),应当由系统集成商和设备供应商共同完成。此法系统设计工作量较大(对每个基站的区间覆盖情况都要计算),但不用或很少使用固定衰减器,从而在影响工程进度、工作可靠性、建设成本和维修成本等方面都优于固定门限法(统一门限法),因此是合理的,应当优先选用。

第11章　场强覆盖分析

11.1　地铁场强覆盖的定义和类型

地铁场强覆盖的定义是:使用有效的辐射手段,把无线电波运载的有用信号传播到地铁预定的服务区,称作无线场强覆盖,简称场强覆盖或覆盖。

地铁场强覆盖良好的标志是:位于服务区内的所有用户,特别是服务区边沿的用户,都有满意的接收效果。

对地铁预定服务区的覆盖率,是地铁无线通信系统服务质量的重要指标之一。

按覆盖质量划分,地铁预定服务区有三种情况:

(1)正常区:使用常规基站、天线或漏缆,该区场强即可较强,接收信号正常,达到满意的接收效果。

(2)弱场区:使用常规基站、天线或漏缆,该区场强还是微弱,虽有信号但达不到满意的接收效果。

(3)零场区或盲区:使用常规基站、天线或漏缆,该区场强依然很弱甚至为零,没有接收信号。

按业务类型划分,地铁场强覆盖有两种类型:单独建设系统和多制式合路系统。

地铁专用无线通信系统,和地铁警用无线通信系统一样,属单独建设系统,上下行信号传输共用一套天馈线分布系统,包括一套漏缆分布系统和一套天线分布系统。

图 11-1 是一个地铁站的专用无线通信系统图。

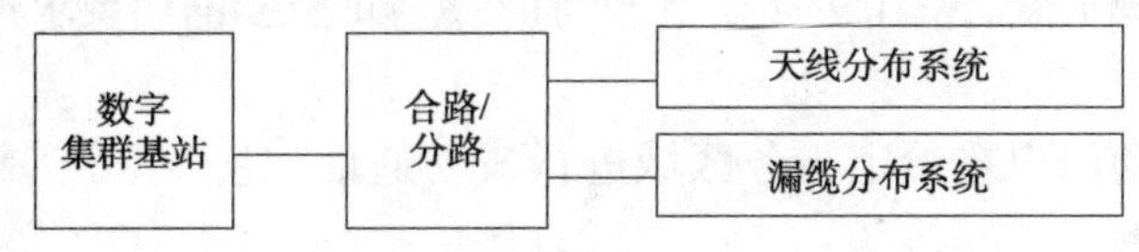

图 11-1　一个地铁站的专用无线通信系统图

多制式合路系统的合路方式有三种:

【方式 1】　将所有制式系统的上下行信号进行合路,并在一套天馈线分布系统中传送。

【方式 2】　将频段间隔较大、相互干扰较小的不同制式系统进行合路,而将频段间隔较小、相互干扰较大的不同制式系统分别建设。

【方式 3】　将同一业务类型的不同制式系统进行合路,而将其他业务类型的其他制式系统分别建设。

地铁民用无线通信系统,属采用方式 3 的多制式合路系统。

在此多制式合路系统中，不同制式指 DTV、GSM、CDMA、WCDMA、TD-SCDMA、LTE 等，都是公众类业务。

在此多制式合路系统中，将不同制式的下行信号借助下行 POI 进行合路，然后分别送给下行信号的漏缆分布系统和天线分布系统。

在此多制式合路系统中，将来自漏缆分布系统和天线分布系统的不同制式上行信号，借助上行 POI 分别进行分路，然后分别送给不同制式的信源（基站）。

图 11-2 是一个地铁站的民用无线通信多制式合路系统图。

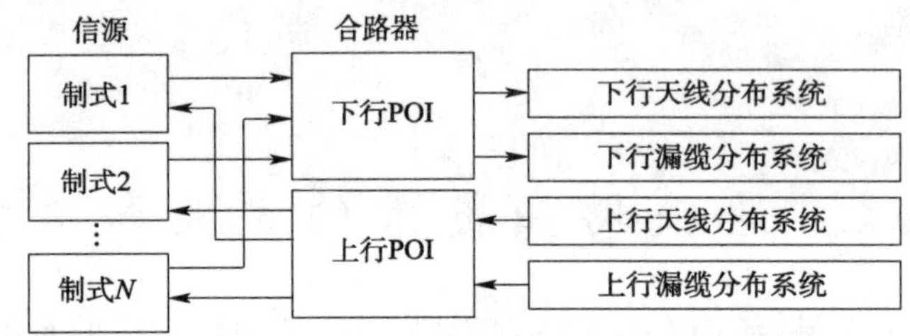

图 11-2　一个地铁站的民用无线通信多制式合路系统图

11.2　地铁专网覆盖的设计要求与实施流程

1）地铁专网覆盖的设计要求

根据公众移动通信室内和地下覆盖设计经验，结合地铁实际情况，地铁无线专网覆盖设计应满足以下 8 个要求：

（1）工作频率

工作频率在 800MHz 频段的第三段（高频段）：上行 806 ~ 821MHz，下行 851 ~ 866MHz。

（2）覆盖区域

覆盖地铁运营和维修的所有区域，包括行车区间（隧道、地面线、高架线）、行进中的列车、各车站站台、各车站站厅、各出入口、各站办公区、指挥控制中心（OCC）、联络线、折返线、停车场、车辆段和车辆段进出线等。

对覆盖区域，通常规定覆盖率在 95% 以上，个别区域（如隧道）有时要求覆盖率达到 98% 以上。

（3）通信概率

通信概率是指移动用户在给定服务区域进行成功通话（达到规定通话质量）的概率，它包括位置概率和时间概率。

要求在覆盖区域内任何位置及边缘地区，移动终端（车载台、固定台和手持机）在 99% 的时间可接入本系统网络，满意通话的成功概率不低于 95%。

（4）话音质量

相关标准规定，通话质量测试等级按误码率（FER）大小分为 8 级：0 级，FER≤0.2；1 级，0.2 < FER≤0.4；2 级，0.4 < FER≤0.8；3 级，0.8 < FER≤1.6；4 级，1.6 < FER≤3.2；5 级，3.2 < FER≤6.4；6 级，6.4 < FER≤12.8；7 级，FER > 12.8。

我国规定公众移动通信的通话质量为 4 级，专用移动通信的通话质量为 3 级。

（5）越区切换

地铁覆盖应当满足越区切换要求，要在行车区间中部实现越区平滑切换，切换时保持连续正常通信。

(6)上下行平衡

上下行链路损耗及其平衡情况，对覆盖效果有重大影响。有两种情况：

第一种情况，是指没有采用有源器件的分布系统，其下行和上行系统余量的差值要在5～10dB以内。

第二种情况，是指采用了有源器件的分布系统，则应考虑上行信号和噪声对覆盖范围的限制以及上下行链路的平衡问题，其下行和上行系统余量的差值应在3～5dB以内。

地铁无线专网属于第一种情况。

(7)环境保护

地铁覆盖区的最大辐射场强，应符合《电磁环境控制限值》(GB 8702—2014)中的公众曝露控制限值标准规定，室内天线口每一载频最大发射信号功率应在10～15dBm以下。

(8)电磁兼容

覆盖应符合《公共建筑电磁兼容设计规范》(DG/TJ 08-1104—2005)的规定，防止相互干扰，在出现干扰时系统仍能正常工作。

2)地铁专网覆盖设计与实施流程

根据公众移动通信室内和地下覆盖设计规范，结合地铁实际情况，地铁无线专网覆盖设计与实施拟遵循如下流程：

(1)消化《覆盖设计任务书》，明确覆盖范围、网络容量和覆盖质量等要求。

(2)确定覆盖区的边沿场强(接收机输入端射频信号电平的最低容限值)，在土建平面图上进行覆盖设备器材布局的初步设计及其修改设计。

(3)预测覆盖区内业务(用户)分布并确定基站初始布局方案，根据车站覆盖最远距离和区间长度进行器材初步选型及其修改选型。

(4)进行区间切换预测，包括根据车站上下区间长度确定上下区间切换启动门限距离，根据车站上下区间长度确定上下区间切换启动接入电平。

(5)选择地铁传播模型并计算传播损耗，进行覆盖区域和覆盖强度预测，根据下列因素，初步确定基站输出功率(应低于最大值)：

①切换启动时最低接入电平；

②车载天线增益和极化损耗；

③漏缆传输损耗和耦合损耗；

④馈线分配损耗和传输损耗。

(6)根据下列因素，分别估算各天线端口功率(应在0～15dBm范围内)：

①基站输出功率；

②无源器件插入损耗；

③射频电缆传输损耗。

(7)进行频率规划和干扰分析，服从地铁通信建设的总体部署，制定抗干扰预案。

(8)测试各天线端口功率。若天线端口功率满足要求，则进行覆盖指标和越区切换测试；否则，进行分析和调整，然后再测试。

(9)若覆盖指标和越区切换测试满足要求,则视为设计成功,进行总结归档,报地铁业主批准或认同;否则,进行分析、调整和再测试,以满足业主要求。

11.3 地铁专网覆盖设备的典型配置

对地铁专网覆盖设备的典型配置而言,深圳地铁会展中心站及其附近4个站区情况无疑是一个较好的工程案例,其特点如下:

第一,该站站厅层较大。会展中心站是1号线和4号线的交会站和转乘站,站厅大小仅次于罗湖站(罗湖站是亚洲最大的地铁站),有地下二层和地下三层,地下二层是1号线站台,地下三层和是4号线站台。站厅用一个吸顶天线覆盖。

第二,该站与8条隧道相通。地下二层,贯通1号线,上行加下行共4条隧道。地下三层,贯通4号线,上行加下行也有4条隧道。8条隧道都要进行覆盖。

第三,该站的相邻车站较为典型。东西相邻车站安装的是中继器,南北相邻车站安装的是基站。会展中心基站要和它们联手覆盖区间。

第四,要完成补盲任务。需用漏缆覆盖西联络线,需用隧道天线覆盖至岗厦段中的盲区。

图11-3是地铁无线专网隧道漏缆和站厅天线在深圳地铁会展中心站的连接图,它清楚地体现了上述4个特点。

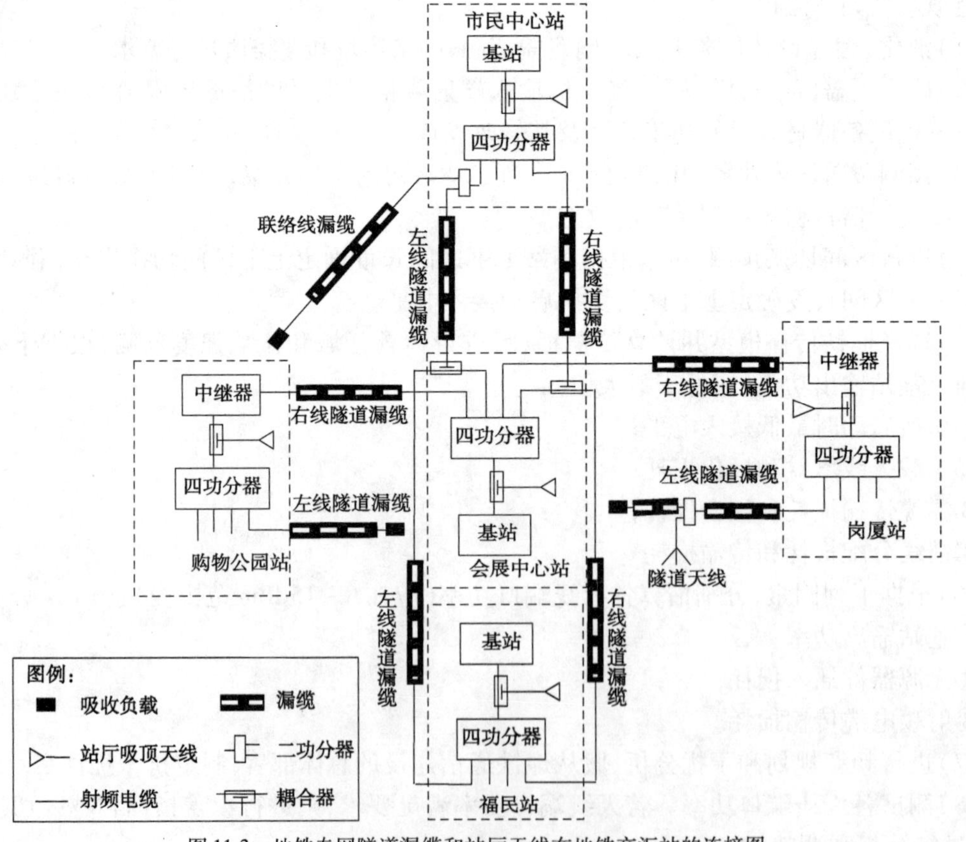

图11-3 地铁专网隧道漏缆和站厅天线在地铁交汇站的连接图

需要强调的是：

(1)与地铁无线公网不同，集群系统的射频传输是收发合一，因此站厅只有一套天馈线，每个隧道只有一条漏缆。

(2)东西相邻车站的中继器，由会展中心基站馈电。

(3)西北联络线隧道漏缆，由北边的市民中心基站馈电。

(4)至岗厦段的盲区，用一副隧道天线覆盖。

11.4 地铁无线专网覆盖边缘场强分析

为了保证服务区边沿用户也能获得满意的通信效果，必须确定覆盖区的边缘场强，或称最低接收门限电平。边缘场强决定覆盖区的大小，是场强覆盖的重要指标。

决定地铁专网覆盖边缘场强的主要因素是：接收机最低接收电平、电波衰落、载波干扰比(C/I)、越区切换算法和最小接入电平。下面，先讨论这五个因素，然后再确定边缘场强。

11.4.1 接收机最低接收电平(静态参考灵敏度)

灵敏度，是衡量接收机在一定条件下接收小信号的能力，它和诸多因素有关。例如，在不同的误码率、信纳比、信噪比等条件及不同的接收环境(静态、动态、多径信道模型)情况下，灵敏度概念和数值会有差异。

无论移动通信接收机，还是数字电视接收机或调频广播接收机，都有自己的最低接收电平。所谓最低接收电平(或称最小接收功率)，是指其所在位置的信号强度超过该数值时才能被接收，才有可能实现覆盖。否则，信号将被拒之门外，不能实现覆盖。此时，与最低接收电平所对应的场强，便是最起码的覆盖区边缘场强，单位 dBm 或 dBμV/m。

其实，最低接收电平和边缘场强是从两个角度去限定覆盖区域的大小：最低接收电平是讲用户接收机的接收能力，而边缘场强是讲基站(或中继器)的信号强度。

如图 11-4 所示，接收机最低接收电平是一个门限电平，外来信号超过它才会被接收。由于接收机噪声是随机信号，有可能在某一时刻超过这个门限，从而以某一虚警概率造成“虚警”，因此接收机最低接收电平不能定得太低。通常，是在较高的接收概率(例如95%)和很低虚警概率(例如 10^{-10})或很低误码率前提下，来确定接收机最低接收电平。

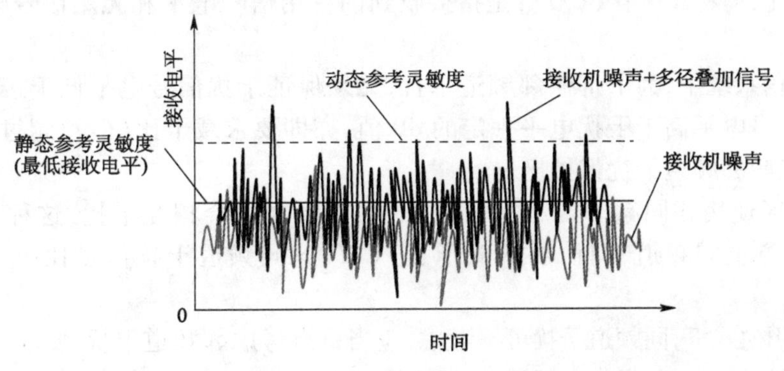

图 11-4 接收机参考灵敏度

接收机最低接收电平，又叫接收机静态参考灵敏度，是指接收机在静态理想传播环境（相当于有用信号直接输入接收机，没有任何外界干扰）下，误码率小于某一规定值时接收机可以接收最小有用信号的能力。

应当注意到，在移动通信系统中，覆盖是双向的，即既有基站（或中继器）对移动台的下行覆盖，也有移动台对基站（或中继器）的上行覆盖。

还应注意到，基站发射功率和接收机灵敏度，通常都高于移动台。于是，下行时信源发射功率大而信宿接收门限高，上行时信源发射功率小而信宿接收门限低，这有利于下行覆盖和上行覆盖的平衡。

11.4.2 电波衰落（动态参考灵敏度）

在实际工作中，移动通信接收机所处环境非常复杂，其通信信道不可能是一个静态信道，有用信号不可能无衰减、无干扰地通过空间介质到达接收机。相反，它是一个多径衰落的信道，信源发射的信号要经过直射、发射、散射等多条传播路径才能到达信宿接收端，而且随着移动台的移动，各条传播路径上的信号幅度、时延及相位随时随地在发生变化，因而接收信号的电平总是起伏不定的，这些多径信号相互叠加必然会形成衰落。于是，便有接收机动态灵敏度概念的引入。

接收机动态参考灵敏度，是在实际传播环境下测得的接收机灵敏度，是误码率小于某一规定值时接收机可以接收最小有用信号的能力。

例如，TETRA 定义：动态参考灵敏度是指在典型市区环境下，车速 50km/h，业务信道上达到 4% 误码率时的灵敏度（它包括了此状态下的多径衰落）。

接收机动态参考灵敏度，涵盖了接收机静态参考灵敏度，包含了接收机噪声的限制和多径衰落的影响，使静态参考灵敏度所限定最起码的覆盖边缘场强相应提高。

电波传播的衰落，有瑞利快衰落和正态慢衰落两种。考虑到电波衰落的影响，覆盖区边缘场强需要增加瑞利快衰落保护 10dB 和正态慢衰落保护 8dB。

11.4.3 载波干扰比（C/I）

除有用信号能进入接收机外，无用信号（如同频、邻频干扰信号）也会进入接收机，对有用信号造成干扰。

载波干扰比，简称载干比（C/I），是指接收到的有用信号电平和无用信号电平的比值，单位 dB。

在移动通信系统中，为了抑制邻频道干扰，无须保证干扰信号电平低于接收机的接收门限，只需有用信号电平高于干扰电平一定的 dB 值，亦即要求载干比（C/I）超过接收机的接收门限，此门限又叫邻频道干扰保护比 γ。

当不同小区使用相同频率时，频率相同的两小区之间会相互干扰，这种干扰被称作同频道干扰。为防止同频道干扰，要求载干比（C/I）> 同频道干扰保护比 γ_1。工程中一般取 $\gamma_1 = 12\text{dB}$。

在频率复用模式下，同频道干扰可不考虑，应当重点考虑邻频道干扰，要求载干比（C/I）> 邻频道干扰保护比 γ_2。工程中一般取 $\gamma_2 = 12\text{dB}$。

11.4.4　越区切换算法

当移动台从一个小区移动到另一个小区时，要经历越区切换。越区切换的算法不同，对切换电平的要求也不相同，这就会给覆盖范围的大小带来轻微影响。这个影响，计算时可以忽略，或以适当扩大切换区来弥补。

为保证越区切换的可靠进行，场强覆盖重叠区须考虑移动台计算的最大时间及地铁列车运行的最高时速。移动台对本小区与相邻小区信号质量测量计算的最大时间为10s，地铁列车运行的最高速度为80km/h，场强重叠区的最大值为：

$$S = V \times t = (80 \times 1000/3600) \times 10 = 222\text{m}$$

如果系统在每个车站独立设置基站，则对移动信号来说，同一站区使用单一小区进行覆盖，避免了站区内信号的切换。

从整个系统来看，越区切换主要发生在区间内，并在相邻车站区间的中间位置附近完成。

如图11-5所示，假设相邻两车站各设一个基站，列车从基站1驶向基站2，车上移动台接收信号强度逐渐降低，到达 A 点时启动越区切换程序，到达 C 点时两基站信号之差为6dB，实施切换（切换时间小于0.5s）。

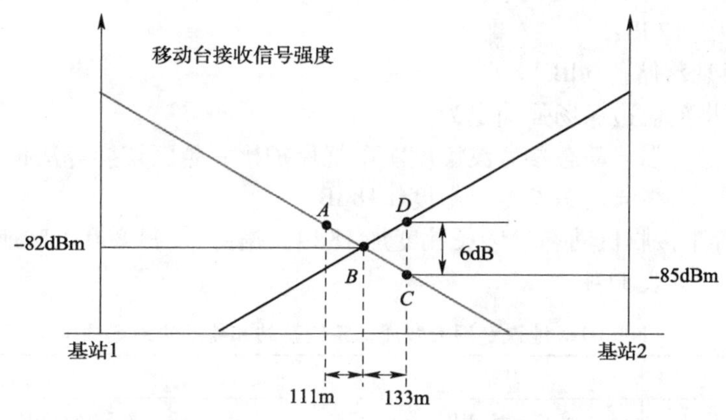

图11-5　越区切换衰落储备推导用图

稳定的越区切换需要在大约10s内有足够的信号重叠区。列车速度在80km/h或22.2m/s时，当达到切换电平后，从切换开始到结束需要大约111m（时间5s）。

如果漏缆每100m的传输损耗为2.26dB，则在电平监测点两个信号有6dB信号差别时，相当于每个信号差3dB长度为133m。因此，切换需要的总长度为244m（111m＋133m）。244m漏缆插入损耗为 $2.44 \times 2.26 = 5.51$dB，亦即使用此漏缆的区间在两个信号场强相等时的衰落储备应不小于5.51dB。

如果使用漏缆每100m的传输损耗为3.06dB，则在电平监测点两个信号有6dB信号差别时，相当于每个信号差3dB长度为98m。因此，切换需要的总长度为209m（111m＋98m）。209m漏缆插入损耗为 $3.06 \times 2.09 = 6.4$dB，亦即使用此漏缆的区间在两个信号场强相等时的衰落储备应不小于6.4dB。

因此，越区切换对地铁覆盖的影响是：在设计对列车上移动台（车载台和手持台）的覆盖时，要考虑越区切换所引起的衰落储备 6dB。

应当指出，由于各个站点的配置不同，信号场强相等处不一定是两个站的中心点。

还应指出，在一些短区间内，有可能由于信号场强太强而造成区间内切换不发生的情况。

11.4.5 最小接入电平

移动通信系统蜂窝小区最小接入电平（ACCMIN），是指移动台要求接入该系统时必须达到的最小接收电平。改变最小接入电平，便可调整小区服务范围，从而可以达到调节话务量的目的。但是，最小接入电平不能设置过高，否则将有许多移动台被拒之门外。最小接入电平也不能设置过低，否则通话质量高将会变得很差。因此，一个小区的服务范围，往往小于场强覆盖范围，而不会大于场强覆盖范围。

在地铁无线通信系统中，小区服务范围一般已经确定，最小接入电平不必考虑。

11.4.6 覆盖边缘场强的确定

基于以上分析，由于接收机动态参考灵敏度涵盖了静态参考灵敏度，不存在最小接入电平影响问题，因此对地铁专用无线通信系统而言，确定覆盖边缘场强主要考虑 3 个因素：

（1）接收机动态参考灵敏度（例如 -103dBm）；

（2）干扰保护比 12dB；

（3）越区切换衰落储备 6dB。

也就是说，可将覆盖边缘场强确定为：

$$\begin{aligned}\text{边缘场强} &= \text{动态参考灵敏度} + \text{干扰保护比} + \text{越区切换算法损耗}\\ &= \text{动态参考灵敏度} + 18\text{dB}\end{aligned}$$

即边缘场强等于接收机动态参考灵敏度加 18dB。据此，可得 800MHz 地铁专用无线通信系统覆盖边缘场强，见表 11-1。

800MHz 地铁专用无线通信系统基站和终端边缘场强 表 11-1

名称	基站	车载台（固定台）	手持机
发射频率	851 ~ 866MHz	806 ~ 825MHz	
接收机静态参考灵敏度	< -115dBm	-112dBm	
接收机动态参考灵敏度	< -109dBm	-103dBm	
动态—静态灵敏度相差	6dBm	9dBm	
覆盖边缘场强	上行 -91dBm	下行 -85dBm	

下行（基站发，终端收）覆盖边缘场强为 -85dBm；上行（终端发，基站收）覆盖边缘场强为 -91dBm。其中，终端包括车载台、固定台和手持机。上行和下行覆盖边缘场强相差 6dB。

11.5 地铁专网覆盖上下行平衡分析

11.5.1 上下行平衡概念

在所要求的覆盖区域中，保证上行覆盖链路和下行覆盖链路正常传输，TETRA 基站和移

动台分别接收的信号都可以成功解调,从而使双向通信得以正常建立。这种状况,就是上行覆盖链路和下行覆盖链路的覆盖的平衡,简称上下行平衡。

11.5.2 理想平衡条件

TETRA 系统上行覆盖和下行覆盖链路图,如图 11-6 所示。

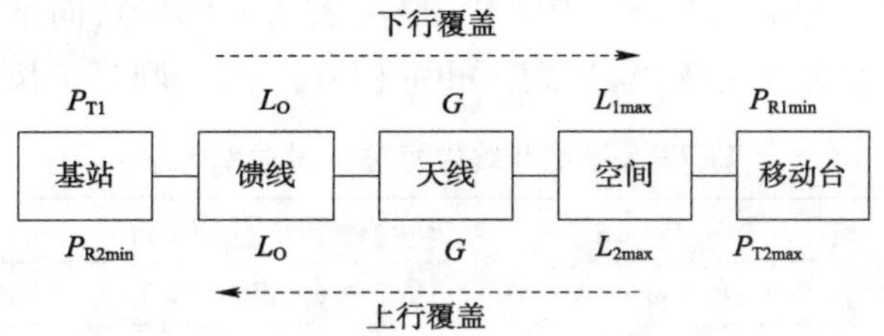

图 11-6 系统上行覆盖和下行覆盖链路图

下行参数为:基站发射功率 P_{T1}、基站馈线损耗 L_O、基站天线增益 G、下行可允许的最大空间损耗 L_{1max} 和移动台接收机动态灵敏度 P_{R1min}。

上行参数为:移动台最大发射功率 P_{T2max}、上行可允许的最大空间损耗 L_{2max}、基站天线增益 G、基站馈线损耗 L_O、基站接收机动态灵敏度 P_{R2min}、基站上行接收动态灵敏度 P_{R2min}、移动台下行接收动态灵敏度 P_{R1min}、移动台最大发射功率 P_{T2max}、基站发射功率 P_{T1}、基站馈线损耗 L_O(上下行相同)、基站天线增益 G(上下行相同)、上行可允许的最大空间损耗 L_{2max}、下行可允许的最大空间损耗 L_{1max}。上行覆盖链路计算公式为:

$$P_{R2min} = P_{T2max} - L_{2max} + G - L_O \tag{11-1}$$

下行覆盖链路计算公式为:

$$P_{R1min} = P_{T1} - L_O + G - L_{1max} \tag{11-2}$$

如果上行和下行可允许的最大空间损耗相等,即 $L_{2max} = L_{1max}$,可得上下行覆盖的理想平衡公式为:

$$P_{T1} = P_{T2max} + (P_{R1min} - \mathrm{P}_{R2min}) \tag{11-3}$$

或

$$P_{T1} = P_{T2max} + |P_{R2min} - P_{R1min}| \tag{11-4}$$

这就是说,上下行覆盖的理想平衡条件是:基站发射功率等于移动台最大发射功率,加上上下行接收动态灵敏度之差。换句话说,如果基站发射功率等于移动台最大发射功率与上下行接收动态灵敏度差值之和,则可达上下行覆盖的理想平衡。

例如,对车载台和固定台来说,将 $P_{T2max} = 35\text{dBm}$(车载台和固定台最大发射功率)、$P_{R1min} = -103\text{dBm}$ 和 $P_{R2min} = -109\text{dBm}$ 代入式(11-3),可达理想平衡时基站发射功率为 $P_{T1} = 41\text{dBm}$。

对手持机来说,若将 $P_{T2max} = 30\text{dBm}$(手持机最大发射功率)代入式(11-3),可达理想平衡时基站发射功率为 $P_{T1} = 36\text{dBm}$。这清楚表明:

(1)在车载台和固定台取最大发射功率时,基站发射功率取 41dBm,即可达理想平衡;

(2)在手持机取最大发射功率时,基站发射功率取 36dBm,可达理想平衡。

两者相差 5dB,这正是车载台(固定台)和手持机最大发射功率之差。

11.5.3 发射功率取值

TETRA 基站、车载台和手持机发射功率的取值,应符合《TETRA 基站和终端标称发射功率等级》的规定,见表 11-2。该表清楚显示:

(1)基站发射功率分 10 个等级,最大 46dBm(40W),向下调节步长为 2dB;

(2)车载台和固定台发射功率分 5 个等级,最大 35dBm(3W),向下调节步长为 5dB;

(3)手持机发射功率分 4 个等级,最大 30dBm(1W),向下调节步长为 5dB。

TETRA 基站和终端标称发射功率等级 表 11-2

功率等级	基　站	车载台(固定台)	手持机
1	46dBm(40W)	35dBm(3W)	30dBm(1W)
2	44dBm(25W)	30dBm(1W)	25dBm(300mW)
3	42dBm(15W)	25dBm(300mW)	20dBm(100mW)
4	40dBm(10W)	20dBm(100mW)	15dBm(30mW)
5	38dBm(6.4W)	15dBm(30mW)	—
6	36dBm(4W)	—	—
7	34dBm(2.5W)	—	—
8	32dBm(1.6W)	—	—
9	30dBm(1W)	—	—
10	28dBm(0.6W)	—	—

11.5.4 上下行平衡指标

先看基站发射功率偏大情况。例如,TETRA 基站发射功率偏大 5dB——取最大值 46dBm(40W),车载台(固定台)取最大值 35dBm(3W),手持机取最大值 30dBm(1W)。此时,上行情况没有变化。下行情况是,车载台(固定台)接收功率将比理想平衡高 5dB,手持机接收功率将比理想平衡高 10dB。

再看基站发射功率偏小情况。例如,TETRA 基站发射功率偏小 5dB——取 36dBm(4W),车载台(固定台)取最大值 35dBm(3W),手持机取最大值 30dBm(1W)。

此时,上行情况没有变化。下行情况是,车载台(固定台)接收功率将比理想平衡低 5dB,手持机接收功率将与理想平衡持平。

因此,据以上分析,通常将上下行平衡指标确定为:系统下行覆盖和上行覆盖余量的差值在 5 ~ 10dB 以内。

11.6 地铁无线专网覆盖系统分析

11.6.1 专网覆盖总体方案

地铁专用无线通信系统(专网)覆盖的总体方案是:

(1)两站之间的区间,用漏缆进行覆盖;

(2)站台,用漏缆或吸顶天线进行覆盖;

(3)站厅、进出口、车站控制室、设备间等,用吸顶天线进行覆盖;

(4)车辆段和停车场,用全向天线或定向天线进行覆盖。

图11-7是一个地铁站的基站和无线覆盖框图。

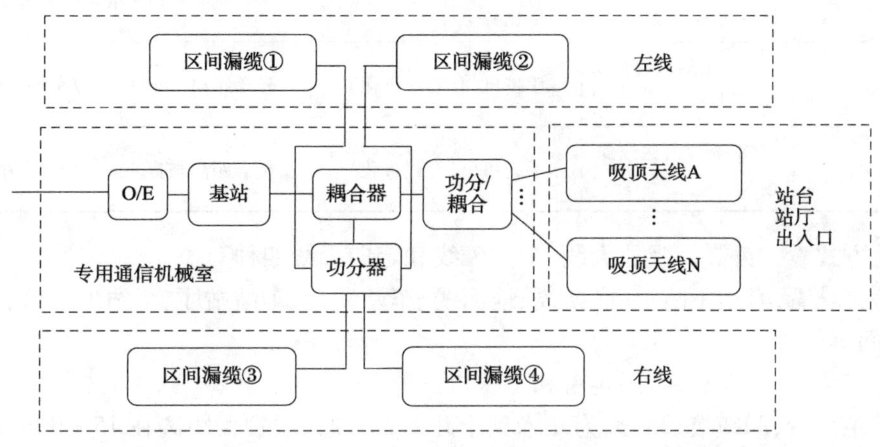

图11-7 一个地铁站的基站和覆盖框图

基站输出的下行信号,一路经耦合器和四功分器,送给左线区间漏缆①②和右线区间漏缆③④,用来覆盖区间。

同时,基站输出下行信号的另一路,经耦合器和功分器/耦合器,送给站台、站厅、出入口等处的各个吸顶天线,用来覆盖车站。O/E设备(用于地铁光纤传输系统与基站的连接)、基站、耦合器、功分器等,安装在车站专用通信机械室。

11.6.2 专网覆盖实施方案

地铁专用无线通信系统覆盖有多种实施方案,它们与覆盖方式、覆盖区域和覆盖对象有关,见表11-3。

地铁专用无线通信系统覆盖实施方案 表11-3

覆盖方式	覆盖区域	覆盖对象	覆盖距离
1.漏缆（水平极化）	(1)地下隧道	①车载台（垂直极化）	天线在车顶,离轨面3.8m,漏缆至该天线距离为覆盖距离
		②列车中手持机（任意线极化）	手持机位于车中列车中线时,手持机到漏缆距离为覆盖距离
	(2)高架线与地面线	①车载台（垂直极化）	天线在车顶,离轨面3.8m,漏缆至该天线距离为覆盖距离
		②列车中手持机（任意线极化）	手持机位于车中远离漏缆一侧时,手持机到漏缆距离为覆盖距离,4m左右
	(3)车站站台	手持机(任意线极化)	隧道宽度加站台宽度,为漏缆覆盖距离
	(4)停车场等	手持机(任意线极化)	手持机到漏缆距离为覆盖距离

续上表

覆盖方式	覆盖区域	覆盖对象	覆 盖 距 离
2. 吸顶天线（垂直极化）	(5)站台、站厅、出入口、通道、商场等	手持机（任意线极化）	手持机到吸顶天线距离为覆盖距离
	(6)车站综控室、设备间等	固定台与手持机（任意线极化）	手持机到吸顶天线距离为覆盖距离
3. 全向天线	(7)车辆段、停车场等	手持机（任意线极化）	覆盖距离与车辆段、停车场大小有关
4. 定向天线	(8)覆盖盲区或弱场区	手持机（任意线极化）	覆盖距离与盲区或弱场区大小有关

从覆盖方式看，有漏缆、吸顶天线、全向天线和定向天线四种。

从覆盖区域看，有地下隧道、高架线、地面线、车站站台、车站站厅、车站出入口、车辆段、停车场、设备间等。

从覆盖对象看，有车载台、固定台和手持机三种。

从覆盖距离看，漏缆覆盖距离为几米到十几米，吸顶天线覆盖距离在 15 ~ 30m 之间，全向天线覆盖距离可达 2 ~ 3km，定向天线覆盖距离一般在 1km 以内。

值得强调的是，目前地铁的极化情况如下：

(1)漏缆是水平极化，吸顶天线、全向天线和定向天线是垂直极化。

(2)车载台天线、固定台天线是垂直极化，手持机是任意线极化（手持机本身是线极化，但因其位置朝向的随意性而成任意线极化）。

(3)工程覆盖设计容易忽略极化损耗。

实际上，垂直极化车载台接收水平极化漏缆的辐射信号，会有 20dB 左右的极化损耗。任意线极化手持机接收水平极化漏缆，或接收垂直极化吸顶天线、全向天线和定向天线的辐射信号，会有 3dB 左右的极化损耗。下行如此，上行亦然，不可忽视。

11.6.3 专网覆盖估算常用器材参数

1)发射/接收参数

发射/接收参数见表 11-4。

发射/接收参数 表 11-4

名 称	发射功率	接收动态灵敏度
基站	40W(46dBm)	-109dBm
车载台	3W(35dBm)	-103dBm
便携台	1W(30dBm)	-103dBm
固定台	3W(35dBm)	-103dBm

2)双工器参数

双工器参数见表 11-5。

双 工 器 参 数　　表 11-5

功率等级	插入损耗	收发端口隔离度
100W	收发 <1dB	>75dB

3)定向耦合器参数

定向耦合器参数见表 11-6。

定向耦合器参数　　表 11-6

规　格	直通损耗	耦合损耗
20dB 耦合器	0.1dB	20dB
15dB 耦合器	0.15dB	15dB
10dB 耦合器	0.5dB	10dB
6dB 耦合器	1.2dB	6dB

4)功分器参数

功分器参数见表 11-7。

功 分 器 参 数　　表 11-7

规　格	插入损耗	功分比
四功分器	6.5dB	四等分
三功分器	5.3dB	三等分
二功分器	3.5dB	二等分

5)天线参数

天线参数见表 11-8。

天 线 参 数　　表 11-8

名　称	极化方式	天线增益	下行端口功率
室外全向天线	垂直	>11dBi	-5 ~ +10dBm
车载全向天线	垂直	3dBi	-5 ~ +10dBm
室内吸顶全向天线	垂直	3dBi	-5 ~ +10dBm
室外定向天线	垂直	>12dBi	-5 ~ +10dBm

6)1-5/8″漏缆参数

极化方式:水平极化。

传输损耗:2.09dB/100m(800MHz)。

耦合损耗(2m 距离,95% 概率):68dB(800MHz)。

7)低耗射频同轴电缆参数

(1)7/8″同轴电缆传输损耗:≤3.65dB/100m(800MHz)。

(2)1/2″同轴电缆传输损耗:≤6.45dB/100m(800MHz)。

(3)1/2″超柔跳线传输损耗:0.26dB/条(1m 长),0.38dB/条(3m 长),(1/2″超柔同轴电缆传输损耗 6dB/100m,1 个接头损耗 0.1dB)。

8)避雷器参数

插入损耗:0.2dB。

9)直流隔断器参数

插入损耗：<0.1dB。

11.7 漏缆覆盖分析

11.7.1 漏缆长度的确定原则

（1）区间距离是漏缆的最大长度。

此区间距离，与土建设计所述相邻两站的距离是有区别的，后者通常是指相邻两个车站站台中点之间的距离，而前者是指相邻两站引入口之间的距离，因此二者在数量上会有所差异（注：引入口是土建工程中为站厅层和站台隧道层预留的走线槽孔）。

漏缆价格十分昂贵，区间距离概念的引入，可以使每盘漏缆的生产长度更符合实际安装要求，避免了浪费。

如果没有区间设备，一条无截断完整漏缆的最大长度就是区间距离。如果有区间设备，则一个区间几段漏缆累加的最大长度也是“区间距离”。

（2）按相邻频段中传输损耗最大者确定漏缆长度。

为了减少区间设备和漏缆接头的数量，以降低成本，使传输损耗最低，应按相邻频段中传输损耗最大者确定漏缆长度。

（3）下行信号和上行信号共用一条漏缆。

（4）区间漏缆不因两站信号对传而人为截断。

11.7.2 漏缆在隧道中的安装位置

漏缆在隧道中的安装位置，主要有四种情况，分别如图 11-8 ~ 图 11-11 和表 11-3 所示。

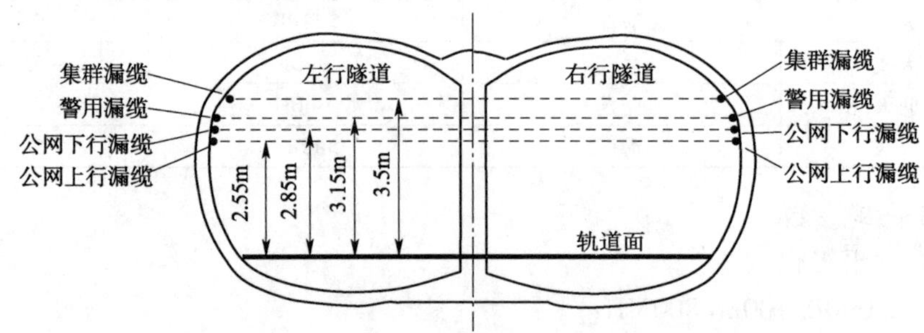

图 11-8　漏缆在隔墙单向隧道中的安装位置

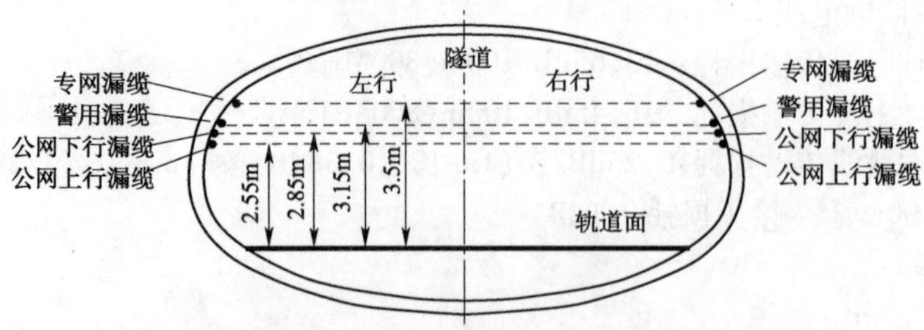

图 11-9　漏缆在椭圆形双向隧道中的安装位置

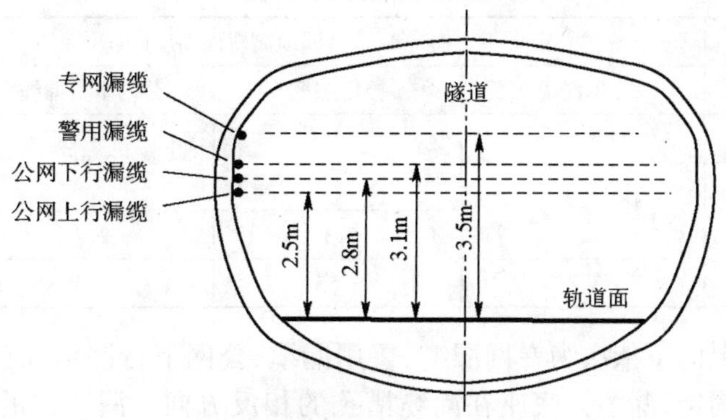

图 11-10 漏缆在圆形单向隧道中的安装位置

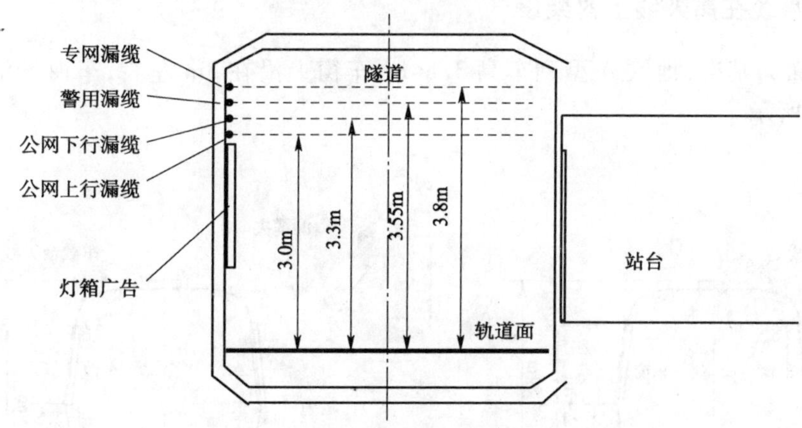

图 11-11 漏缆在车站单向隧道中的安装位置

为了避开灯箱广告牌的阻挡,在车站单向隧道中,专网漏缆离轨面高度为 3.8m,警用漏缆、公网下行漏缆和公网上行漏缆也相应升高。在其他隧道中,专网漏缆离轨面高度为 3.5m,警用漏缆、公网下行漏缆和公网上行漏缆也相应降低。

11.7.3 漏缆隧道覆盖分类

专网漏缆对隧道的覆盖,一般有四种类型:

类型一:区间两端都是基站,漏缆不截断;

类型二:区间两端都是中继器,漏缆不截断;

类型三:区间一端是基站,另一端是中继器,漏缆在隧道中部截断并接上吸收负载;

类型四:区间一端是基站,另一端是中继器,漏缆在其中一端截断并接上吸收负载。

不难发现,在前两种类型下漏缆两端信号的频率相同,而在后两种类型下则不相同。

这是因为,无论在隧道中部截断漏缆,还是在一端截断漏缆,都是为了防止同频干扰。

11.7.4 漏缆在隧道壁上的安装高度

漏缆在隧道壁上的安装高度实例,见表 11-9。

漏缆在隧道壁上的安装高度实例 表 11-9

序号	隧道类型	漏缆离轨面高度(m)			
		专网漏缆	警用漏缆	公网下行漏缆	公网上行漏缆
1	隔墙单向隧道	3.5	3.15	2.85	2.55
2	椭圆形双向隧道				
3	圆形单向隧道		3.1	2.8	2.5
4	车站单向隧道	3.8	3.55	3.3	3.0

在隧道壁上,自上而下依次为专网漏缆、警用漏缆、公网下行漏缆和公网上行漏缆。在隧道中,漏缆用漏缆夹固定,漏缆夹底座在漏缆槽孔的相反方向。漏缆夹的间隔有 1m 的,也有 1.2m 的,在设计时确定。

11.7.5 漏缆在高架线上的架设

以地铁轨面为基准,地铁 A 型列车高 3.84m,车窗上沿在 3m 左右,车窗下沿在 1.8m 左右,如图 11-12 所示。

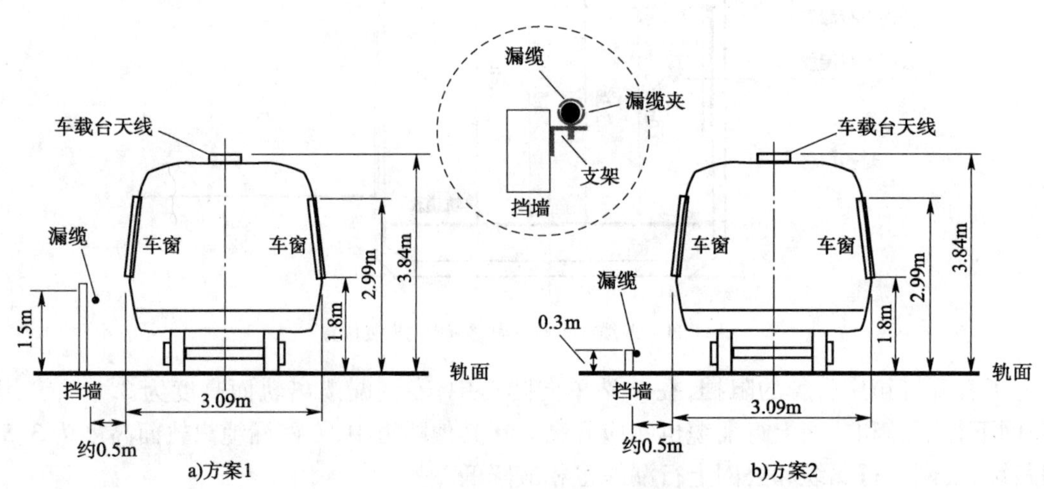

图 11-12 高架线漏缆架设方案

在高架线上,漏缆是用漏缆夹固定在道旁的挡墙上。由于挡墙通常低于车窗,因此有两种架设方案:

一种是低高度方案,漏缆离轨面高度在 0.3m 左右;另一种是中高度方案,漏缆离轨面高度在 1.5m 左右。两种方案的漏缆槽孔均朝向天空。

在高架线上,漏缆夹间隔通常为 1m 左右。由于挡墙另有用途(如安装隔音屏),故只能将漏缆夹装在 L 形支架或角钢上面。

11.7.6 2m 外的漏缆耦合损耗

前已指出,漏缆耦合损耗的测试条件是:采用极化相同(例如水平极化)、高度相同的半波振子天线,在离漏缆 2m 远处接收给定频率信号,测试结果按 95% 概率取值。例如,1.5/8″漏

缆 900MHz 耦合损耗 67dB(95%,2m 距离)。

距离超过 2m,带来附加耦合损耗,耦合损耗的计算公式为:

$$L_C = L_{C0} + Q = L_{C0} + 20\lg(R/2) \quad (\mathrm{dB}) \tag{11-5}$$

式中:L_{C0}——2m 处耦合损耗,dB;

Q——补偿因子,dB;

R——接收点到漏缆的垂直距离,m。

考虑到站台左右两边漏缆最远相距 20m,故以 2m 为步长,计算 1-5/8″漏缆 2m 外的耦合损耗。计算结果列于表 11-10 和图 11-13。

95%概率下不同距离处 1-5/8″漏缆的耦合损耗 表 11-10

序号	耦合损耗(dB) 距离(m) 频率(MHz)	1-5/8″漏缆与接收点之间距离 R									
		2	4	6	8	10	12	14	16	18	20
1	108	76	82	85.5	88	90	91.6	92.9	94.1	95.1	96
2	150	78	84	87.5	90	92	93.6	94.9	96.1	97.1	98
3	280	82	88	91.5	94	96	97.6	98.9	100.1	101.1	102
4	450	89	95	98.5	101	103	104.6	105.9	107.1	108.1	109
5	636	65	71	74.5	77	79	80.6	81.9	83.1	84.1	85
6	800	68	74	77.5	80	82	83.6	84.9	86.1	87.1	88
7	900	63	69	72.5	75	77	78.6	79.9	81.1	82.1	83
8	1800	67	73	76.5	79	81	82.6	83.9	85.1	86.1	87
9	1900	65	71	74.5	77	79	80.6	81.9	83.1	84.1	85
10	2200	65	71	74.5	77	79	80.6	81.9	83.1	84.1	85
11	2400	64	70	73.5	76	78	79.6	80.9	82.1	83.1	84

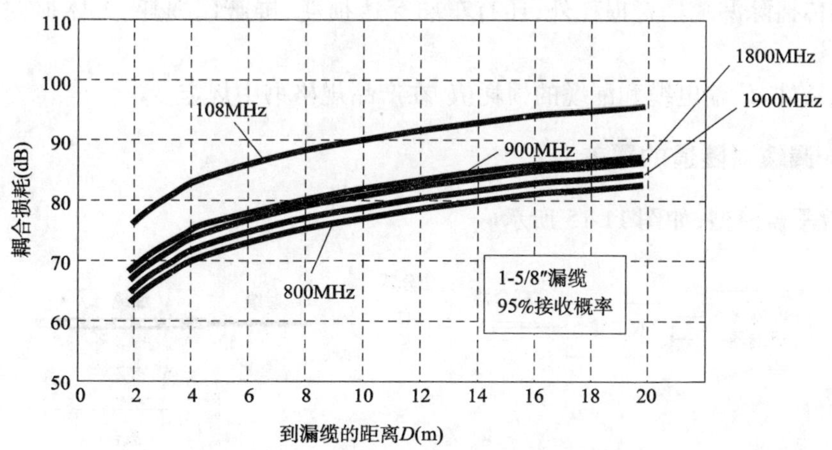

图 11-13 95%概率下不同距离处的耦合损耗

从图 11-13 中可以看出,耦合损耗随距离增加而增加,4m 处增加 6dB,8m 处增加 12dB,12m 处增加近 16dB,18m 处增加 19dB。

应当注意的是，在900MHz频段、离漏缆4m处（相当车厢内远侧），$L_C=69\text{dB}$；离漏缆14m处（相当站台上远侧），$L_C=80\text{dB}$。

11.7.7 漏缆覆盖链路图

漏缆覆盖链路图如图11-14所示。该图展示了漏缆覆盖的10个主要环节。

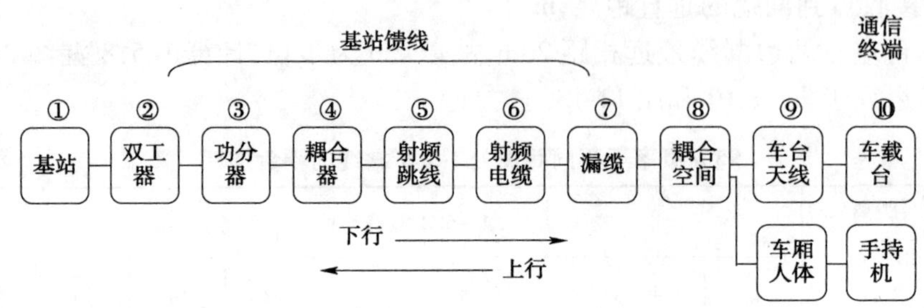

图11-14 漏缆覆盖链路图

由于漏缆覆盖有车载台和手持机两种通信终端，因此①为基站，②~⑦为基站馈线，⑧为耦合空间，⑨为车台天线（装在驾驶室顶部）或车厢人体，⑩为车载台（装在驾驶室内部）或手持机（位于车厢内）。为简明起见，基站馈线中的避雷器和直流隔断器略去未画。

在漏缆覆盖链路图中，自左至右为下行链路（基站发移动台收），自右至左为上行链路（移动台发基站收）。

下行工作频率虽然高于上行工作频率，但二者相差仅45MHz，故除发射功率和接收门限外，下行和上行覆盖链路的其他参数都可视为相同。值得注意的是：

（1）耦合器有插入损耗和耦合损耗两种损耗。

（2）漏缆有传输损耗和耦合损耗两种损耗，传输损耗与漏缆长度、频率有关，耦合损耗与耦合距离、频率有关。

（3）空间传播除漏缆耦合损耗外，还有车厢穿透损耗、屏蔽门损耗、人体损耗和手持机天线极化损耗等。

（4）传输器件、传输电缆和漏缆的损耗值，在产品规格书中规定。

11.7.8 漏缆对隧道的覆盖

漏缆隧道覆盖模型，如图11-15所示。

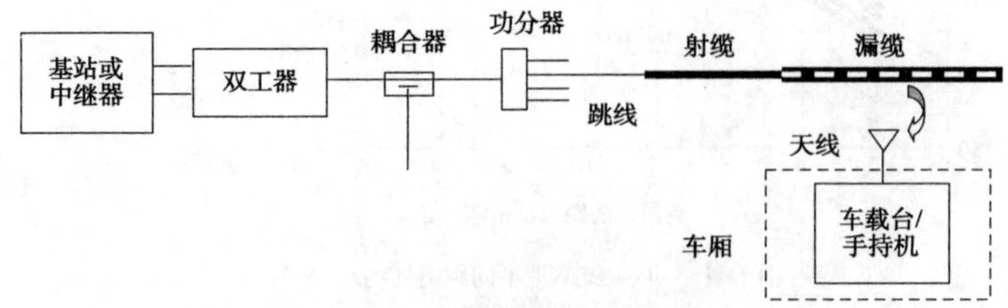

图11-15 漏缆隧道覆盖模型

漏缆隧道覆盖边缘场强预算公式：

$$P_{R1} = P_{T1} - L_{O1} \quad (11\text{-}6)$$

式中：P_{R1}——漏缆覆盖信宿接收功率，dBm，预算取值为：下行车载台或手持机的接收功率，上行为基站或中继器的接收功率；

P_{T1}——漏缆覆盖信源输出功率，dBm，预算取值为：下行 47dBm（基站）或 36dBm（中继器），上行 35dBm（车载台）或 30dBm（手持机）；

L_{O1}——漏缆覆盖链路总损耗，dB，包括馈线损耗、传播损耗、天线增益、极化损耗、隧道因子、穿透损耗、人体损耗和附加损耗等。

以 1-5/8″型 1000m 长漏缆为例，使用式（11-6），隧道区间中部（500m 处）覆盖边缘场强的预算数据和预算结果见表 11-11。

漏缆隧道区间中点边缘场强预算表（漏缆全长 1000m，预算中点 500m 处场强） 表 11-11

参数名称		预算示例		结果评价
		下行	上行	
发射功率	基站发射功率	46dBm（40W）	—	基站发射功率比车载台高 12dBm，比手持机高 17dBm
	车载台发射功率	—	35dBm（3W）	
	手持机发射功率	—	30dBm（1W）	
链路损耗	基站端馈线损耗	12.1dB		上行和下行的路径损耗相同，车台总损耗比手持机高 2dB
	漏缆传输损耗	13dB（2.6dB/100m，漏缆一半长度 500m）		
	漏缆耦合损耗	68dB（95% 概率，2m 距离）		
	吸顶天线增益	3dBi		
	手持机天线增益	0dBi		
	天线极化损耗	车载台 20dB，手持机 3dB		
	隧道衰减因子	5dB		
	车厢穿透损耗	7dB（车载台无）		
	人体阻挡损耗	5dB（车载台无）		
	链路总损耗	车载台链路 115.1dB 手持机链路 113.1dB		
接收电平	基站接收机	—	车载台 −80.1dBm 手持机 −83.1dBm	上下行均满足边缘场强指标要求：下行车载台余量 15.9dBm，下行手持机余量 17.9dBm；上行车载台余量 10.9dBm，上行手持机余量 7.9dBm
	车载台接收机	−69.1dBm	—	
	手持机接收机	−67.1dBm	—	
备注	最小接收电平（边缘场强）指标	基站 −91dBm（上行） 车载台和手持机 −85dBm（下行）		

表 11-11 中，基站端馈线损耗 12.1dB，包括双工器插入损耗 1dB，四功分器插入损耗 6.5dB，15dB 耦合器插入损耗 0.2dB，避雷器插入损耗 0.2dB，直流隔断器插入损耗 0.1dB，射频跳线

插入损耗 0.5dB,7/8″射频电缆传输损耗 3.6dB(100m)。1-5/8″漏缆的一半长度为 500m,传输损耗 2.6dB/100m,耦合损耗 68dB(95% 概率,2m 距离)。

预算结果表明:

(1)上下行覆盖均满足最小接收电平要求

下行接收电平为 -69.1dBm(基站发车载台收)及 -67.1dBm(基站发手持机收),高于 -85dBm 最小接收电平指标。

上行接收电平为 -80.1dBm(车载台发基站收)及 -83.1dBm(手持机发基站收),高于 -91dBm 最小接收电平指标。

(2)下行覆盖余量大于上行覆盖余量

车载台链路下行余 15.9dB,上行余量 10.9dB;手持机链路下行余 17.9dB,上行余量 7.9dB。

(3)上下行覆盖场强平衡

车载台链路上下行覆盖余量差 6dB,手持机链路上下行覆盖余量差 10dB,达到上下行覆盖场强平衡要求。

11.7.9 漏缆截断分析

截断漏缆,不是因为的覆盖需要,而是为了防止同频干扰。图 11-16 为形成同频干扰区示意图。

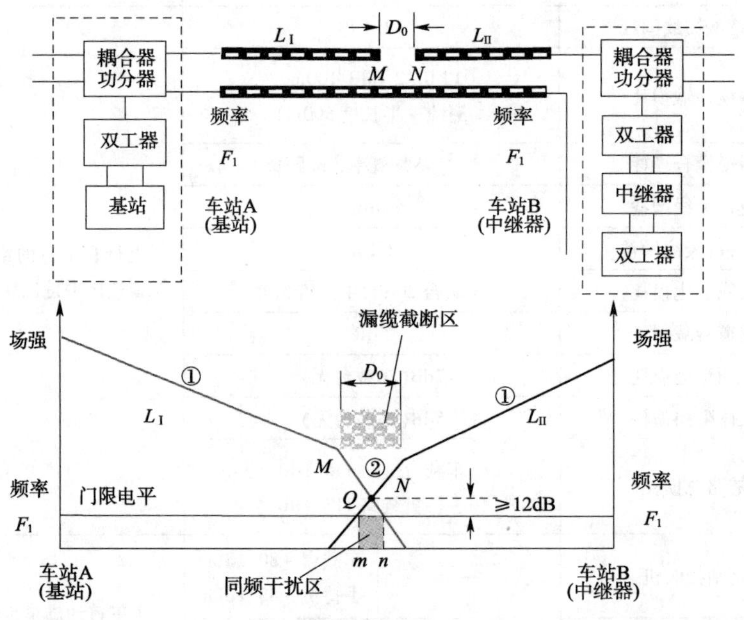

图 11-16　形成同频干扰区示意图

如图 11-16 所示,移动台所接收的信号场强随着与信源(基站和中继器)的距离增加而减小,漏缆传输衰减系数为 2.4dB/100m。假定漏缆的耦合损耗不变,则漏缆的总衰减(传输衰减 + 耦合损耗)增量亦为 2.4dB/100m。但在漏缆截断点前方(L_I 之 M 点右方、L_{II} 之 N 点左方),耦合损耗会迅速增大,有关资料给出此时耦合损耗近似按表 11-12 所列的值变化。因此,总衰减系数(斜率)远大于漏缆的正常覆盖区间。

漏缆截断后耦合损耗表　　表 11-12

截断距离 D_0(m)	漏缆截断后耦合损耗(dB/m)	截断距离 D_0(m)	漏缆截断后耦合损耗(dB/m)
8	$13\lg(D_0/2)$	10 ~ 100	$(30\sim35)\lg D_0$
8 ~ 10	$20\lg(D_0/2)$	100 ~ 300	$(50\sim65)\lg D_0$

为防止同频干扰,在系统场强设计时,应根据基站与中继器之间的距离(站间距离)、漏泄电缆的传输衰减与传输距离的关系,以及漏泄电缆截断并终接负载后耦合损耗与距离的关系,适当选择截断间距 D_0,使得基站场强衰减曲线和中继器场强衰减曲线的交点场强值,正好等于移动台接收机的接收门限值。

然而,为保证系统的通信概率指标(≥95%),在系统场强设计时,必须为系统场强衰耗留有一定的余量,通常取 10dB。即必须使基站场强衰减曲线和中继器场强衰减曲线的交点(Q 点)场强值,大于等于移动台接收机门限值 12dB(12dB 为抗同频干扰的载干比),由此便产生可能有同频干扰的区间 $m-n$。

据表 11-12,设截断距离 $D_0=8\sim10\text{m}$,漏缆截断后耦合损耗用下式计算:

$$L_{11}=20\lg(D_0/2)\quad(\text{dB/m})\tag{11-7}$$

代入数据,得:

$$L_{11}=\begin{cases}12\text{dB/m} & (D_0\text{为 8m 时})\\ 13\text{dB/m} & (D_0\text{为 9m 时})\\ 14\text{dB/m} & (D_0\text{为 10m 时})\end{cases}$$

这就是说,在区段①,漏缆总损耗(传输损耗 + 耦合损耗)的下降斜率为 0.064dB/m(6.4dB/100m)。在区段②,漏缆总损耗的下降斜率高达 12 ~ 14dB/m,是区段①的 200 倍。

假设:科学馆为 A 站,输出功率 47dBm(基站)。大剧院为 B 站,输出功率 36dBm(中继器)。二者相距 1386m(D)。

记 D_A 为 M 点到 A 站的距离,D_B 为 N 点到 B 站的距离。令 $D_0=8\text{m}$,在 M 点和 N 点场强相等($E_A=E_B$)时,可算得:$D_A=775\text{m}$,$D_B=603\text{m}$,$E_A=E_B=16.2\text{dB/m}$。此时,接收功率为:-56.8dB/m(车载台),-47.8dB/m(手持机),远大于防范同频干扰的门限值。

某些工程取专网漏缆截断距离≥8m,实测满足覆盖要求,且未发现同频干扰。

11.7.10 漏缆对站台的覆盖

漏缆覆盖站台的情况,如图 11-17 和图 11-18 所示。

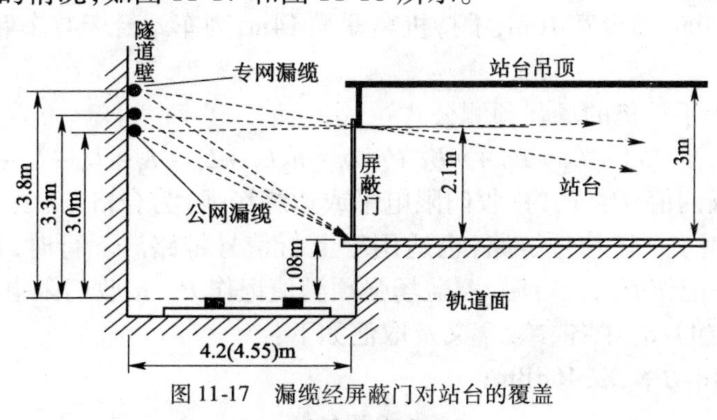

图 11-17 漏缆经屏蔽门对站台的覆盖

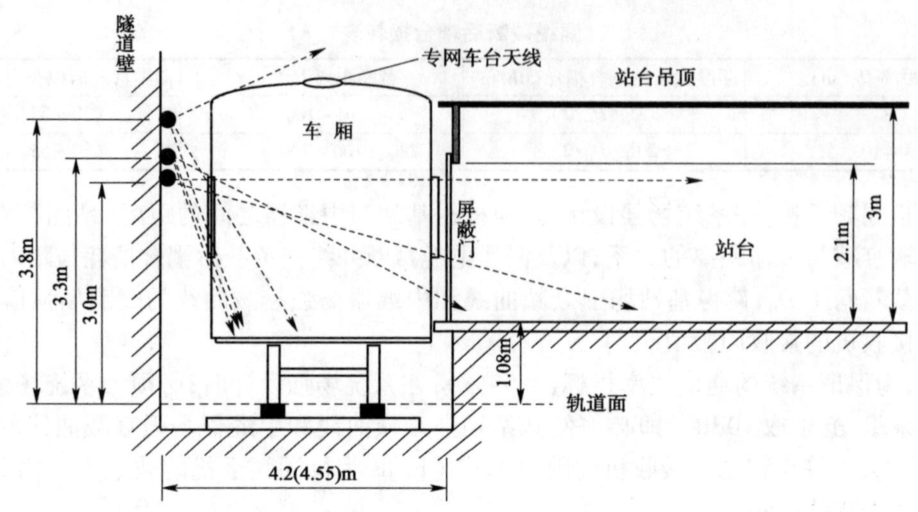

图 11-18 漏缆对站台的覆盖受到车厢的阻挡

图 11-17 表明，车站无列车时，漏缆辐射的电磁波被玻璃屏蔽门上方金属板所阻挡，但可穿过玻璃屏蔽门进入站台，以覆盖整个站台。

图 11-18 表明，列车停靠车站时，漏缆辐射的电磁波不仅被玻璃屏蔽门上方的金属板所阻挡，而且受到车厢金属外皮的阻挡，但可以穿过玻璃车窗和玻璃屏蔽门进入站台，以覆盖站台。同时，漏缆辐射的电磁波还能通过车厢和屏蔽门上下之间的间隙，以绕射方式进入站台。但和没有列车情况相比，此时的覆盖面积和信号强度，将明显下降。

漏缆对站台上手持机覆盖的模型如图 11-19 所示。

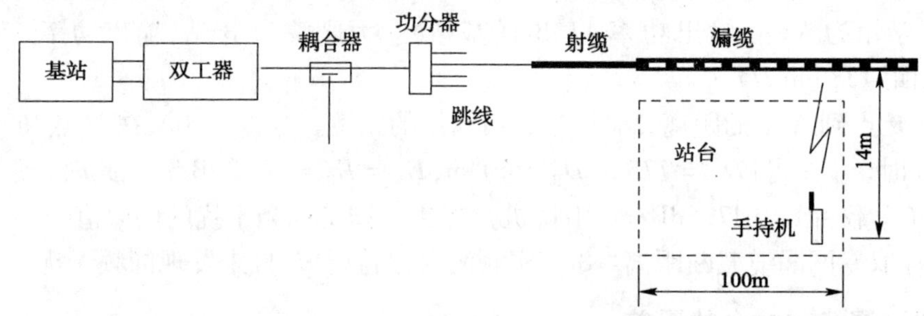

图 11-19 漏缆覆盖站台上手持机模型

假定：站台长 100m，站台宽 10m，手持机离漏缆 14m，列车站台旁有车厢、屏蔽门和人群的阻挡。

漏缆覆盖站台上手持机的场强预测公式：

$$P = P_{T1} - (L_1 + L_2 + L_H + mL_4 + n_1 L_t + n_2 L_T + L_C + L_j + L_x + L_r + L_F) \qquad (11\text{-}8)$$

P 为覆盖场强预测值，$P \geqslant P_r$（接收门限电平或边缘场强）为合格，反之不合格。

式(11-8)既适用于下行信号链路，也适用于上行信号链路。下行时，覆盖场强预测值记作 P_d，接收门限电平记作 P_{rd}；上行时，覆盖场强预测值记作 P_u，接收门限电平记作 P_{ru}。

对下行而言，式(11-8)中各参数含义及取值如下：

P_{T1}——基站输出功率，取 46dBm；

L_1——双工器插入损耗,取 1dB;

L_2——功分器插入损耗,取 6.5dB(四功分器);

L_H——耦合器插入损耗,取 0.5dB(15dB 耦合器);

L_4——射频跳线(含接头)插入损耗,m 为跳线数。1/2″跳线损耗 0.2dB/条,$m=10$ 条共 2dB;

L_t——射频电缆传输损耗,n_1 为电缆长度,7/8″射缆损耗 3.6dB/100m,$n_1=100$m,计 3.6dB;

L_T——漏缆传输损耗,n_2为漏缆长度,1－5/8″漏缆传输损耗 2.4dB/100m,最大传输距离取 $n_2=100$m,故漏缆传输损耗为 2.4dB;

L_C——漏缆耦合损耗,1－5/8″漏缆耦合损耗,80dB(95%概率,14m 距离);

L_j——极化损耗,取 3dB;

L_F——屏蔽门损耗,取 3dB;

L_x——车厢穿透损耗,取 7dB;

L_r——人体阻挡损耗,取 10dB(含人流阻挡增加的 5dB 损耗)。

将上述数据代入式(11-8),算得下行覆盖场强预测值:

$$P_d=-74\text{dBm}>-85\text{dBm}(\text{满足要求,余量 }11\text{dBm})$$

对上行而言,$P_t=30$dBm,$P_r=-91$dBm,其他参数相同。将相关数据代入式(11-8),算得上行覆盖场强预测值:

$$P_u=-81\text{dBm}>-91\text{dBm}(\text{满足要求,余量 }10\text{dBm})$$

分析说明:漏缆覆盖站台上手持机满足要求,上下行覆盖平衡。

11.7.11 漏缆对车辆段室内的覆盖

假定:车辆段长 100m,手持机在室内,手持机离漏缆 14m,有墙壁阻挡和物件阻挡。

漏缆对车辆段室内手持机实施覆盖的模型如图 11-20 所示。

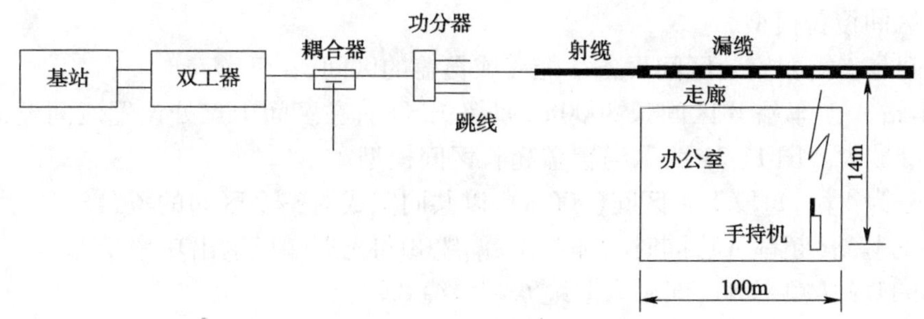

图 11-20 漏缆覆盖站台上手持机模型

漏缆覆盖车辆段室内手持机预测公式:

$$P=P_{T1}-(L_1+L_2+L_H+mL_4+n_1L_t+n_2L_T+L_C+L_j+L_x+L_r+L_F) \tag{11-9}$$

P 为覆盖场强预测值,$P\geqslant P_r$(接收门限电平或边缘场强)为合格,反之不合格。

式(11-9)既适合于下行,也适合于上行。下行时,覆盖场强预测值记作 P_d,接收门限电平记作 P_{rd};上行时,覆盖场强预测值记作 P_u,接收门限电平记作 P_{ru}。

对下行而言，式(11-9)中各参数含义及取值如下：

P_{T1}——基站输出功率，取46dBm；

L_1——双工器插入损耗，取1dB；

L_2——功分器插入损耗，取6.5dB(四功分器)；

L_H——耦合器插入损耗，取0.5dB(15dB耦合器)；

L_4——射频跳线(含接头)插入损耗，m为跳线数，1/2″跳线损耗0.2dB/条，$m=10$条，共2dB；

L_t——射频电缆传输损耗，n_1为电缆长度，7/8″射缆损耗3.6dB/100m，$n_1=100$m，计3.6dB；

L_T——漏缆传输损耗，n_2为漏缆长度，1-5/8″漏缆传输损耗2.4dB/100m，最大传输距离取$n_2=100$m，故漏缆传输损耗为2.4dB；

L_C——漏缆耦合损耗，1-5/8″漏缆耦合损耗，80dB(95%概率，14m距离)；

L_j——极化损耗，取3dB；

L_F——室内物件的阻挡损耗，取7dB；

L_x——墙壁穿透损耗，取15dB；

L_r——人体阻挡损耗，取3dB。

将上述数据代入式(11-9)，算得下行覆盖场强预测值：

$$P_d=-79\text{dBm}>-85\text{dBm}(\text{满足要求，余量}6\text{dBm})$$

对上行而言，$P_t=30$dBm，$P_{ru}=-91$dBm，其他参数相同。将相关数据代入式(11-9)，算得上行覆盖场强预测值：

$$P_u=-89\text{dBm}>-91\text{dBm}(\text{满足要求，余量}2\text{dBm})$$

本节分析说明：漏缆覆盖车辆段室内手持机满足要求，上下行覆盖平衡。

11.7.12 漏缆对超长区间的覆盖

1)超长区间覆盖模型

超长区间是指需要安装区间设备才能完成覆盖的区间。

假定：车站A至车站B区间长3600m，属超长区间，在区间中点处设置区间设备——光远端机进行中继放大。图11-21为漏缆覆盖超长区间模型。

将漏缆分为4段，每段1/4区间(900m)，以共同完成对整个区间的覆盖。

车站A的基站(频率A)，同时为漏缆①、漏缆③和光近端机输出功率。

车站B的基站(频率B)，同时为漏缆⑥和漏缆⑧输出功率。

设在车站A的光近端机带两台光远端机(频率A)。两台光远端机，分别为漏缆②漏缆⑤和漏缆④漏缆⑦输出功率(频率A)。

因所传信号频率相同，漏缆①和漏缆②断开，漏缆③和漏缆④断开。

因所传信号频率不同，漏缆⑤和漏缆⑥相连，漏缆⑦和漏缆⑧相连。

2)漏缆①覆盖分析

漏缆①覆盖车载台预测公式：

$$P=P_{T1}-(L_1+L_2+L_H+mL_4+n_1L_t+n_2L_T+L_C+L_j+L_F)+G \tag{11-10}$$

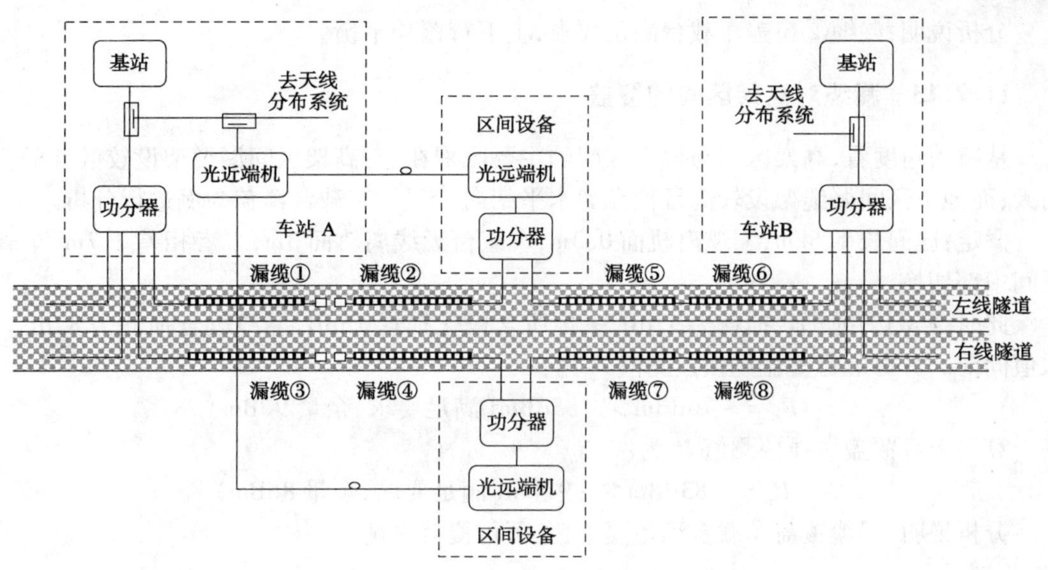

图11-21 漏缆覆盖超长区间模型

P 为覆盖场强预测值，$P \geqslant P_r$（接收门限电平或边缘场强）为合格，反之不合格。

对下行而言，漏缆长度为900m（1/4 区间）加切换距离，其他取值同前。算得下行覆盖场强预测值 P_d 为：$P_d = -75.36\text{dBm} > -85\text{dBm}$（满足要求，余量9.64dBm）。

对上行而言，$P_t = 30\text{dBm}$，$P_{ru} = -91\text{dBm}$，其他参数相同。算得上行覆盖场强预测值 P_u 为：$P_u = -82.36\text{dBm} > -91\text{dBm}$（满足要求，余量9.64dBm）。

分析说明：漏缆①覆盖车载台满足要求，上下行覆盖平衡。

3）漏缆②覆盖分析

漏缆②覆盖车载台预测公式：

$$P = P_{T1} - (L_1 + L_2 + L_H + mL_4 + n_1 L_t + n_2 L_T + L_C + L_j + L_F) + G \tag{11-11}$$

P 为覆盖场强预测值，$P \geqslant P_r$（接收门限电平或边缘场强）为合格，反之不合格。

式（11-11）既适合于下行，也适合于上行。

下行时，覆盖场强预测值记作 P_d，接收门限电平记作 P_{rd}。

上行时，覆盖场强预测值记作 P_u，接收门限电平记作 P_{ru}。

对下行而言，取值如下：中继器输出功率36dBm，双工器插入损耗1dB，二功分器插入损耗3.5dB，15dB耦合器插入损耗0.5dB，射频跳线（含接头）插入损耗1.2dB，射频电缆很短传输损耗略而不计，1－5/8″最大传输距离取 $n_2 = 1.011\text{Km}$（漏缆长度为1/4 区间900m加切换距离），漏缆传输损耗24dB，1－5/8″漏缆耦合损耗67dB（95%概率，2m距离，$\Delta H = 0\text{m}$），极化损耗15dB，切换损耗3.3dB，车载台天线增益3dBi，移动台接收门限电平或边缘场强－85dBm。

将上述数据代入式（11-10），算得下行覆盖场强预测值 P_d 为：

$$P_d = -60.1\text{dBm} > -85\text{dBm}（满足要求，余量24.9\text{dBm}）$$

对上行而言，$P_t = 30\text{dBm}$，$P_{ru} = -91\text{dBm}$，其他参数相同。将相关数据代入式（11-11），算得上行覆盖场强预测值 P_u 为：

$$P_u = -66.1\text{dBm} > -91\text{Bm}（满足要求，余量24.9\text{dBm}）$$

分析说明:漏缆②覆盖车载台满足要求,上下行覆盖平衡。

11.7.13 漏缆对高架区间的覆盖

从覆盖角度看,高架区间与地下区间的主要区别在于:高架区间漏缆架设较低且槽孔垂直向天,而地下区间漏缆架设较高且槽孔为水平朝向。现对车载台覆盖为例进行分析。

假定:区间长1.6km,漏缆离轨面0.3m,车载台天线离轨面3m,二者相差2.7m,车载台在区间中部切换。

此时,实测漏缆耦合损耗为97dB,去掉所含极化损耗15dB,漏缆耦合损耗为82dB。其他取值同前。算得下行覆盖场强预测值P_d为:

$$P_d = -76\text{dBm} > -85\text{dBm}(\text{满足要求,余量 9dBm})$$

算得上行覆盖场强预测值P_u为:

$$P_u = -83\text{dBm} > -91\text{Bm}(\text{满足要求,余量 8dBm})$$

分析说明:漏缆覆盖车载台满足要求,上下行覆盖平衡。

11.8 天线覆盖分析

11.8.1 吸顶天线覆盖距离

1)自由空间传播路径损耗

自由空间是一个没有损耗的无限大空间,是为研究电波传播而设定的理想情况。自由空间的特点是:各向同性,电导率为零,相对介电常数和相对磁导率为1。

在自由空间中,假设有两个天线增益为1的点源天线(无方向性天线),分别位于A点和B点,A点的输入功率为P_t,均匀地向外辐射,经传播路径R衰减后,均匀地分布在以A为中心的球面上,在B处降为P_r,如图11-22所示。

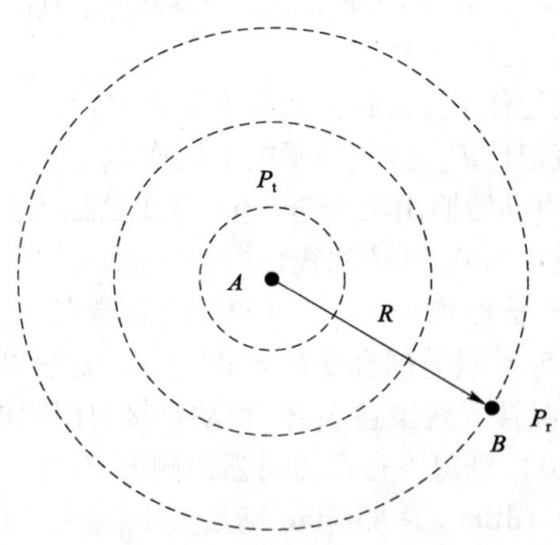

图11-22 自由空间传播路径

由于距中心R(m)处的球面积为$4\pi R^2$,故导出自由空间传播路径损耗公式为:

$$L_{AB}=10\lg\frac{P_t}{P_r}=20\lg\left(\frac{4\pi R}{\lambda}\right) \tag{11-12}$$

式中：L_{AB}——自由空间传播损耗，dB；

P_t——发射功率，dBm；

P_r——接收功率，dBm；

R——收发距离，m；

λ——工作波长，m。

若工作频率单位用 MHz，收发距离单位用 km，则自由空间传播路径损耗公式的对数形式为：

$$L_{AB}=32.45+20\lg f+20\lg R \quad (dB) \tag{11-13}$$

若取集群通信最高频率 $f=866$MHz，则 800MHz 频段自由空间传播路径损耗公式的对数形式可以简化为：

$$L_{AB}=31.2+20\lg R \quad (dB) \tag{11-14}$$

显然，当 $R=1$m 时，$L_{AB}=31.2$dB。

2）地铁空间传播路径损耗

地铁里的电波传播，属于特定空间的电波传播，而且是近距离（几米至几十米）的电波传播。和地面建筑物内电波传播情况类似，地铁里的电波传播，除要计及自由空间传播损耗外，还须考虑阻挡损耗和多路径损耗。

实验研究表明，在建筑物内，有障碍物路径的传播信号要经历瑞利衰落（快衰落），无障碍物路径的视距信号要经历莱斯衰落（慢衰落），但都与建筑物类型无关。其中，莱斯衰落是强的视距信号加上许多弱反射的其他路径信号综合引起的，可以略而不计。

图 11-23 是地铁里的电波传播示意图。

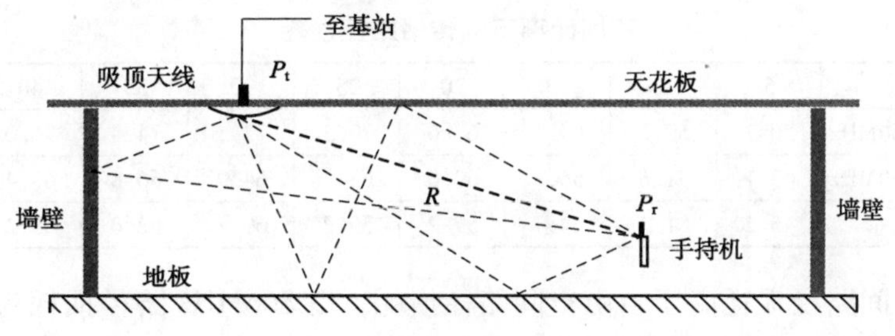

图 11-23　地铁里的电波传播

在公众移动通信领域，为预测室内传播路径损耗 L_W，推荐使用下述计算公式：

$$L_W(R)=L_W(R_0)+10N_{sf}\lg(R/R_0)+F_{AF} \tag{11-15}$$

式中：R——收发之间的距离，m；

$L_W(R_0)$——发射点到参考距离 R_0（m）的路径损耗，$R_0=(3\sim10)\lambda$（λ 为波长）；

N_{sf}——同一楼层测试得到的路径损耗因子，一般为 1.6～3.3，其典型值为 2.8；

F_{AF}——不同楼层的路径损耗，在 10～20dB 之间。

研究表明，式（11-15）准确性较好，因其预测值与实测值的偏差只有 4dB。

对地铁而言，其站台层或站厅层属同一楼层，$F_{AF}=0$。再将 $N_{sf}=2.8$ 代入式(11-15)，便可得地铁空间路径损耗 L_W 计算公式：

$$L_W(R)=L_W(R_0)+28\lg(R/R_0)\quad(\text{dB})\tag{11-16}$$

取频率 $f=866\text{MHz}$，$R_0=1\text{m}$，可得地铁 866MHz 空间传播路径损耗模型的对数形式为：

$$L_W=31.2+28\lg R\quad(\text{dB})\tag{11-17}$$

同理，可得地铁 360MHz 空间传播路径损耗模型的对数形式为：

$$L_W=23.6+28\lg R\quad(\text{dB})\tag{11-18}$$

图 11-24 是传播路径损耗与收发距离的关系图。表 11-13 是不同距离下的传播路径损耗。

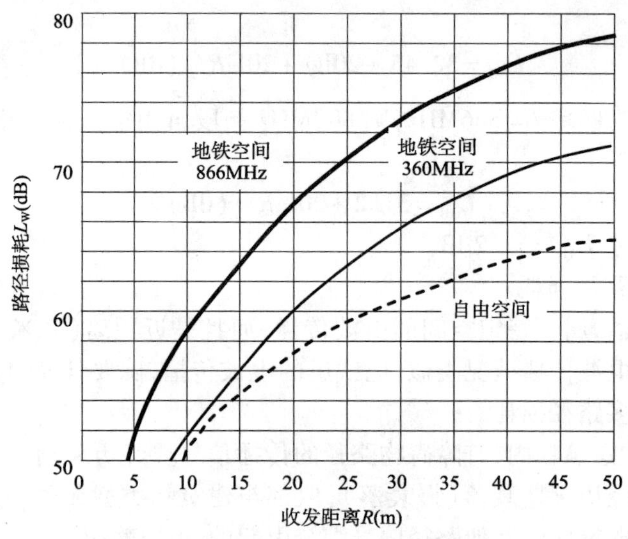

图 11-24 传播路径损耗与收发距离的关系

不同距离下的传播路径损耗 表 11-13

R(m)			5	10	15	20	25	30	35	40	45	50
L_W (dB)	地铁空间	866MHz	50.7	59.2	64.1	67.6	70.3	72.5	74.4	76.0	77.4	78.7
		360MHz	43.1	51.6	56.5	60.0	62.7	64.9	66.8	68.4	68.8	71.1
	自由空间		45.2	51.2	54.7	57.2	59.2	60.7	62.0	63.2	64.2	65.1

显然，地铁空间路径损耗高于自由空间路径损耗。以 866MHz 路径损耗为例，它与自由空间路径损耗的差值随距离增大而增大，在 5～50m 范围内相差 5.6～13.6dB。

同时，必须指出，地铁的实际环境要比式(11-17)和式(11-18)的假设条件复杂，应当根据实测值加以修正或采用实测值。例如，实测表明，测量值变化范围可达 15dB 左右，或者说 95% 概率测量值要比 50% 概率测量值高 15dB 左右。

3)吸顶天线端口功率电平

(1)确定吸顶天线端口功率电平的因素

为确定吸顶天线端口功率电平，须考虑六个因素：

①吸顶天线端口功率低于 10dBm(环保要求)；

②边缘场强≥－85dBm(覆盖要求)；

③工作频率,最高866MHz;

④地铁空间传播路径损耗L_W;

⑤吸顶天线增益3dBi;

⑥人体阻挡损耗5dB。

(2)吸顶天线端口功率与覆盖距离的关系

据上述因素,求得866MHz频率下吸顶天线端口的功率电平P_A,如表11-14和图11-25所示。从中不难看出:

866MHz地铁空间吸顶天线端口功率电平 表11-14

天线到手持机距离R(m)	10	20	30	40	50	60	70	80	90	100
手持机位置的边缘场强(dBm)	≥-85									
吸顶天线增益(dBi)	3									
人体阻挡损耗(dB)	5									
地铁空间传播路径损耗L_W(dB)	59.20	67.63	72.56	76.06	78.77	80.99	82.86	84.49	85.92	87.20
吸顶天线端口功率P_A(dBm)	-23.80	-15.37	-10.44	-6.94	-4.23	-2.01	-0.14	1.49	2.92	4.20

①吸顶天线端口功率P_A,与吸顶天线到手持机的覆盖距离R有关,呈对数规律变化。

②吸顶天线端口功率P_A在-10~5dBm之间时,吸顶天线覆盖手持机的距离R在30~100m之间;

③吸顶天线端口功率P_A在-4~5dBm之间时,吸顶天线覆盖手持机的距离R在50~100m之间。

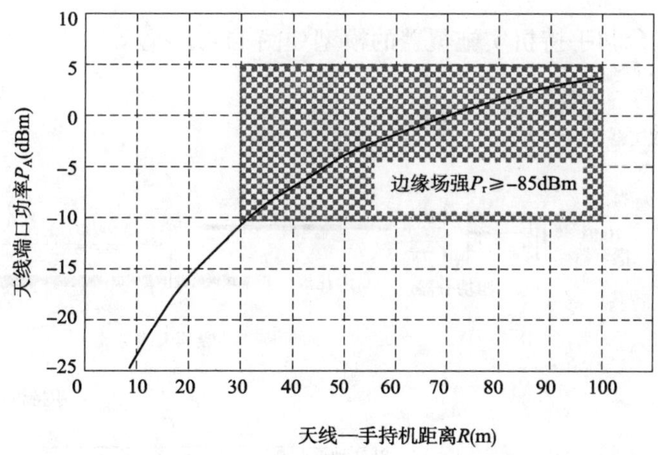

图11-25 天线端口功率与天线至手持机距离的关系曲

11.8.2 天线覆盖链路图

天线覆盖链路图如图11-26所示。该图展示了天线覆盖的十个主要环节。

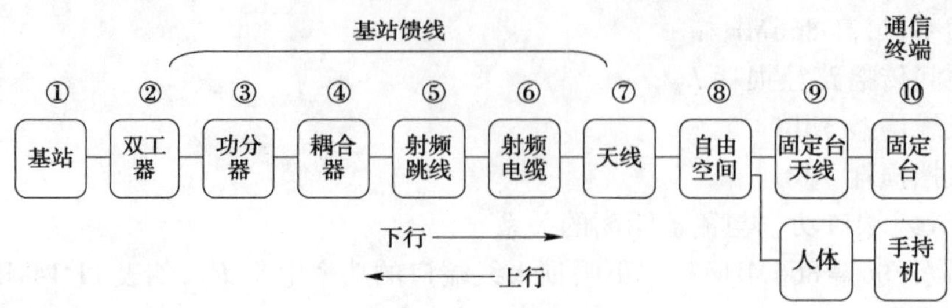

图 11-26　天线覆盖链路图

由于天线覆盖有固定台和手持机两种通信终端，因此①为基站，②～⑦为基站馈线，⑧为自由空间，⑨为固定台天线或人体，⑩为固定台（装在室内）或手持机。为简明起见，基站馈线中的避雷器和直流隔断器略去未画。

在天线覆盖链路图中，自左至右为下行链路（基站发移动台收），自右至左为上行链路（移动台发基站收）。

下行工作频率虽然高于上行工作频率，但两者相差仅 45MHz，故除发射功率和接收门限外，下行和上行覆盖链路的其他参数都可视为相同。

值得注意的是：

（1）耦合器有插入损耗和耦合损耗两种损耗。

（2）天线，主要有吸顶天线、全向天线和定向天线三种。

（3）空间传播有传播损耗和附加损耗两种损耗。传播损耗，与距离、频率、多路径有关。附加损耗，有车厢穿透损耗、穿墙损耗、屏蔽门损耗、人体损耗、手持机天线极化损耗等。

（4）传输器件、传输电缆和漏缆的损耗值，在产品规格书中规定。

11.8.3　吸顶天线对固定台和手持机的覆盖

吸顶天线对固定台和手持机实施覆盖的模型如图 11-27 所示。

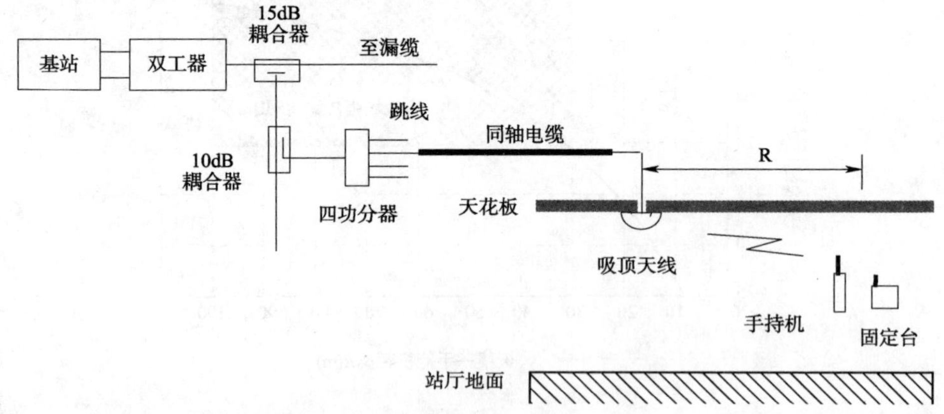

图 11-27　吸顶天线覆盖固定台和手持机模型

天线覆盖边缘场强计算公式：

$$P_{R2} = P_{T2} - L_{O2} \tag{11-19}$$

式中：P_{T2}——天线覆盖信源输出功率，dBm，常用值为：下行46dBm（基站）或36dBm（中继器），上行35dBm（车载台）或30dBm（手持机）；

P_{R2}——天线覆盖信宿接收功率，dBm，常用值为：下行车载台或手持机的接收功率，上行为基站或中继器的接收功率；

L_{O2}——天线覆盖链路总损耗，dB，包括馈线损耗、传播损耗、天线增益、极化损耗、穿透损耗、人体损耗和附加损耗等。

使用式（11-19），吸顶天线覆盖（距离30m）边缘场强的预算数据和预算结果见表11-15。

吸顶天线覆盖30m距离边缘场强预算表 表11-15

<table>
<tr><th colspan="2" rowspan="2">参数名称</th><th colspan="2">预算示例</th><th rowspan="2">结果评价</th></tr>
<tr><th>下行</th><th>上行</th></tr>
<tr><td rowspan="3">发射功率</td><td>基站发射功率</td><td>47dBm(25W)</td><td>—</td><td rowspan="3">基站发射功率比固定台高12dBm，比手持机高17dBm</td></tr>
<tr><td>固定台发射功率</td><td>—</td><td>35dBm(3W)</td></tr>
<tr><td>手持机发射功率</td><td>—</td><td>30dBm(1W)</td></tr>
<tr><td rowspan="8">链路损耗</td><td>基站端馈线损耗</td><td colspan="2">38.3dB</td><td rowspan="8">上行和下行的路径损耗相同，手持机链路总损耗比固定台链路高7.5dB</td></tr>
<tr><td>吸顶天线增益</td><td colspan="2">3dBi</td></tr>
<tr><td>终端天线增益</td><td colspan="2">固定台2.5dBi，手持机0dBi</td></tr>
<tr><td>天线极化损耗</td><td colspan="2">固定台0dB，手持机3dB</td></tr>
<tr><td>空间传播损耗</td><td colspan="2">75.1/72.5dB(R=30m)</td></tr>
<tr><td>人体阻挡损耗</td><td colspan="2">手持机5dB(无固定台)</td></tr>
<tr><td>玻璃窗穿透损耗</td><td colspan="2">固定台3dB(无手持机)</td></tr>
<tr><td>链路总损耗</td><td colspan="2">固定台链路108.3dB
手持机链路115.8dB</td></tr>
<tr><td rowspan="3">接收电平</td><td>基站接收机</td><td>—</td><td>固定台-73.3dBm，
手持机-85.8dBm</td><td rowspan="4">上下行均满足边缘场强指标要求：下行固定台余量23.7dB，下行手持机余量16.2dB；上行固定台余量17.7dB，上行手持机余量5.2dB</td></tr>
<tr><td>固定台接收机</td><td>-61.3dBm</td><td>—</td></tr>
<tr><td>手持机接收机</td><td>-68.8dBm</td><td>—</td></tr>
<tr><td>备注</td><td>最低接收电平
(边缘场强)指标</td><td>车载台和手持机收-85dBm</td><td>基站收-91dBm</td></tr>
</table>

表11-15中，基站端馈线损耗38.3dB，包括：

①双工器插入损耗1dB；

②四功分器插入损耗6.5dB；

③避雷器插入损耗0.2dB；

④15dB耦合器耦合损耗15dB；

⑤10dB耦合器耦合损耗10dB；

⑥射频跳线插入损耗，1/2″跳线损耗0.2dB/条，$m=10$条共2dB；

⑦射频电缆传输损耗，7/8″射缆损耗3.6dB/100m，长度100m，计3.6dB。

此外，空间传播损耗，取72.5dB（$R=30$m）。

预算结果表明：

(1)上下行覆盖均满足最小接收电平要求

下行接收电平为 -65.36dBm(基站发、固定台收)及 -72.86dBm(基站发、手持机收)，高于 -85dBm 最低接收电平(边缘场强)指标。

上行接收电平为 -74.8dBm(固定台发、基站收)及 -88.4dBm(手持机发、基站收)，高于 -91dBm 最低接收电平(边缘场强)指标。

(2)下行覆盖余量大于上行覆盖余量

固定台链路下行余量23.7dB，上行余量17.7dB；手持机链路下行余量15.2dB，上行余量5.2dB。

(3)上下行覆盖场强基本平衡

固定台链路上下行覆盖余量差6dB，手持机链路上下行覆盖余量差10dB，达到平衡指标要求。

11.8.4　全向天线对手持机的覆盖

地铁车辆段位于地面，调度通信系统采用塔架全向天线对其进行覆盖。覆盖范围：车辆段地区，最远覆盖距离 1km。覆盖模型如图 11-28 所示。

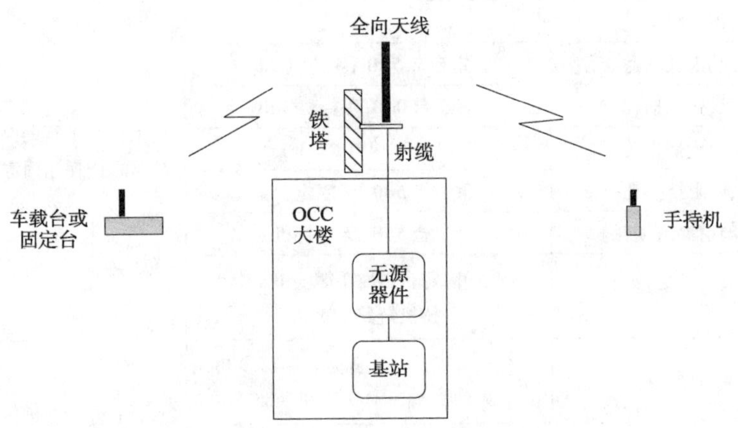

图 11-28　全向天线对车辆段的覆盖模型

全向天线对手持机覆盖的计算公式：

$$P = P_{T1} - (L_1 + L_2 + L_3 + L_4 + L_5 + L_6 + L_7) + G_T \tag{11-20}$$

在 800MHz 频段下，式(11-20)中各参数含义及取值如下：

P_{T1}——基站输出功率，取 46dBm；

L_1——双工器损耗，取 1dB；

L_2——1/2″跳线损耗，0.1dB/条，取 5 条共 0.5dB；

L_3——7/8″射缆损耗，3.6dB/100m，长度 150m，计 5.4dB；

L_4——离天线 1km 远处的电波传播路径损耗；

L_5——多径衰落损耗，取 7dB；

L_6——房间穿透损耗，取 17dB；

L_7——极化损耗，取 3dB；

G_T——天线增益，取11dB。

地铁车辆段地形平坦，比较开阔，除车内、室内、屋后之外，电波可以直达移动台或固定台，且最远覆盖距离才1km。因此，不宜使用适于市区准平滑地形的奥村模型预测（用奥村模型作过计算，结果很难满足要求，与实测情况相差甚远）。宜采用自由空间传播公式加损耗修正方法进行计算。

在自由空间，$f=0.866\text{GHz}$ 及 $d=1\text{km}$ 时，电波传播路径损耗为：

$$L_4 = 92.45 + 20\lg f + 20\lg d = 91.2\text{dB} \tag{11-21}$$

将上述各项数据代入式(11-21)，算得：

$P_d = -78.4\text{dBm}$（室内）$> -85\text{dBm}$（满足要求，余量6.6dBm）

或 $P_d = -60.4\text{dBm}$（室外）$> -85\text{dBm}$（满足要求，余量24.6dBm）

对手持机上行而言，$P_t = 30\text{dBm}$，$P_{ru} = -91\text{dBm}$，其他参数相同。将相关数据代入式(11-21)，算得上行覆盖场强预测值：

$P_u = -94.4\text{dBm}$（室内）$\approx -91\text{dBm}$（基本满足要求，余量 -3.4dBm）

或 $P_u - 77.4\text{dBm}$（室外）$> -91\text{dBm}$（满足要求，余量13.6dBm）

另外，车载台发射功率35dBm，比手持机大5dBm。因此，车载台上行覆盖情况优于手持机，满足要求（余量1.6dBm）。

本节分析说明：全向天线在车辆段对手持机和车载台的覆盖满足要求，达到上下行覆盖平衡。

11.9 重要问题分析

11.9.1 覆盖场强控制

覆盖场强并非愈强愈好，而应做到：既满足用户通信要求，又满足《电磁环境控制限值》标准要求。

我国《电磁环境控制限值》（GB 8702—2014）标准，规定了电磁环境中控制公众曝露的电场、磁场的场量限值（1Hz～300GHz）、评价方法和相关设施（设备）的豁免范围。

为加强电磁环境管理、保障公众健康，该标准规定，为控制电场、磁场、电磁场所致公众曝露，环境中电场、磁场、电磁场场量参数的方均根值应满足表11-16的要求。

公众曝露控制限值 表11-16

频率范围	电场强度 E（V/m）	磁场强度 H（A/m）	磁感应强度 B（μT）	等效平面波功率密度 S_{eq}（W/m^2）
1～8Hz	8000	$32000/f^2$	$40000/f^2$	—
8～25Hz	8000	$4000/f$	$5000/f$	—
0.025～1.2kHz	$200/f$	$4/f$	$5/f$	—
1.2～2.9kHz	$200/f$	3.3	4.1	—
2.9～57kHz	70	$10/f$	$12/f$	—
57～100kHz	$4000/f$	$10/f$	$12/f$	—

续上表

频率范围	电场强度 E (V/m)	磁场强度 H (A/m)	磁感应强度 B (μT)	等效平面波功率密度 S_{eq} (W/m²)
0.1 ~ 3MHz	40	0.1	0.12	4
3 ~ 30MHz	$67/f^{1/2}$	$0.17/f^{1/2}$	$0.21/f^{1/2}$	$12/f$
30 ~ 3000MHz	12	0.032	0.04	0.4
3000 ~ 15000MHz	$0.22f^{1/2}$	$0.00059f^{1/2}$	$0.00074f^{1/2}$	$f/7500$
15 ~ 300GHz	27	0.073	0.092	2

注:1. 频率 f 的单位为所在行中第一栏的单位。

2. 0.1MHz ~ 300GHz 频率,场量参数是任意连续 6min 内的方均根值。

因此,必须严格禁止高场强设计,吸顶天线端口的下行输入功率一般控制在 0 ~ 10mW 之间,同时把漏缆端口的下行输入功率控制在规定的范围之内。

吸顶天线端口的最大输入功率为 0 ~ 10mW,吸顶天线在水平面上是全向的,垂直面增益为 3dBi。装在天花板下的吸顶天线如图 11-29 所示。

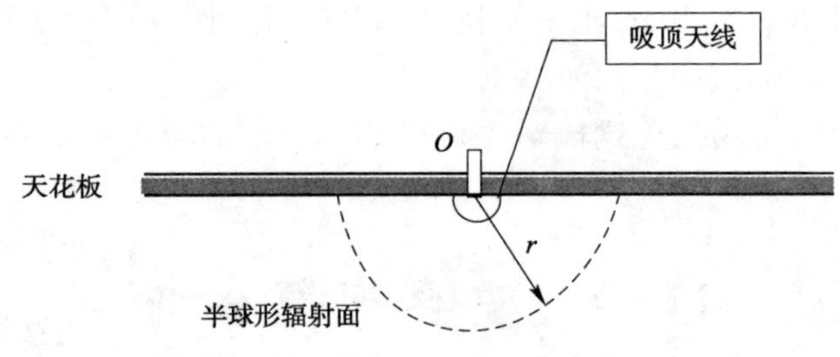

图 11-29 装在天花板下的吸顶天线

假设天线 10mW(10dBm)的最大输入功率全部均匀辐射到吸顶下半球面(半径 r),加上 2 倍的天线增益,可得最大辐射功率为 20mW,即 2×10^4 μW。半球表面积为 $2\pi r^2$,国标对 30 ~ 3000MHz 频段的限值为 0.4W/m²,即 40μW/cm²,故可得计算结果:$2 \times 10^4 \mu W / 2\pi r^2 < 40$,$r > 9$cm。

所以,距天线原点 10cm 以外,均为安全区域。

正因为如此,从人体安全辐射范围考虑,工程上通常要求天线最大输入功率,公共室内区间不大于 13dBm/载波,非室内区间不大于 15dBm/载波,而实际要求不大于 10dBm/载波居多,最大不超过 15dBm/载波。

吸顶天线端口最低输入功率,取决于电波的空间传播损耗,与工作频率、传播半径和覆盖场强等密切相关。

电波传播路径损耗 L_{10} 公式(按 ITU-R 建议 Rec ITU-R P1238,适用于 f = 150MHz ~ 10GHz):

$$L_{10} = 20\lg f + 20\lg d - 28 = 59 + 42 - 28 = 73\text{dB}$$

取:吸顶天线输入功率为 0dBm、5dBm、10dBm、15dBm,最高频率 f = 866MHz,天线增益 3dBi,多径衰落损耗 7dB,人体损耗(接收时)5dB,95% 时间地点概率余量 7dB,手持机天线及接头损耗 1.5dB,传播距离 d = 30m、40m、50m、60m、70m。

则可得手持机接收机输入功率与吸顶天线输入功率的对应关系,分别如图 11-30 和表 11-17 所示。

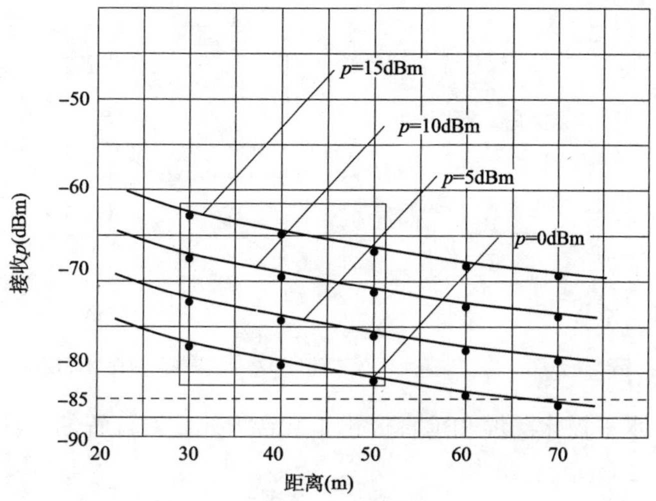

图 11-30 吸顶天线覆盖距离

手持机接收机输入功率与吸顶天线输入功率的对应关系 表 11-17

吸顶天线输入功率 p(dBm)	手持机接收机输入功率 p(dBm)				
	$d=30$m	$d=40$m	$d=50$m	$d=60$m	$d=70$m
0	-78.5	-80.5	-82.5	-84.5	-85.5
5	-73.5	-75.5	-77.5	-79.5	-80.5
10	-68.5	-70.5	-72.5	-74.5	-75.5
15	-63.5	-65.5	-67.5	-69.5	-70.5

11.9.2 漏缆附加耦合损耗

漏缆耦合损耗的测试条件是:采用极化相同(例如水平极化)、高度相同的半波振子天线,在离漏缆 2m 远处接收给定频率信号,测试结果按 95% 概率取值,如图 11-31 所示。例如,1-5/8″漏缆900MHz 耦合损耗 67dB(95%,2m 距离)。

在地铁工程中,车载台的主机与控制盒装在驾驶室内,车载台天线位于驾驶室顶部之外,垂直极化,与漏缆所在平面相距 2m 左右,但不一定等高,于是带来两种附加耦合损耗:

(1)极化损耗:因极化正交(漏缆水平极化而车载台天线垂直极化),带来一种附加耦合损耗——极化损耗,数量在 20dB 左右。

(2)高差损耗:因高度不同(漏缆往往低于车载台天线),带来另一种附加耦合损耗——高差损耗,计算公式为:

$$\Delta L_C = K_C \cdot \Delta H \tag{11-22}$$

式中:ΔL_C——高差损耗,dB;

K_C——高差损耗因子,对 1-7/8″漏缆,800MHz 频段,$K_C=10$dB/m,含义是漏缆相对车载台天线每降低 1m,将带来 10dB 的高差损耗;

ΔH——漏缆低于车载台天线的高度差,m。

图 11-32 表明,漏缆附加的高差损耗与高度差之间是线性关系。

研究表明,按式(11-22)计算所得结果,与实测数据非常接近。

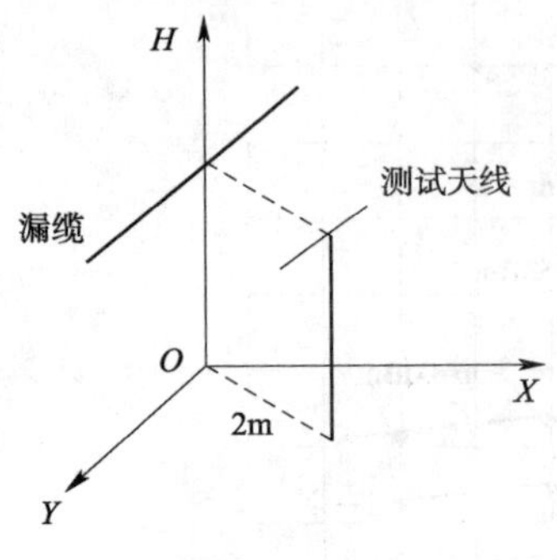

图 11-31　漏缆测试图

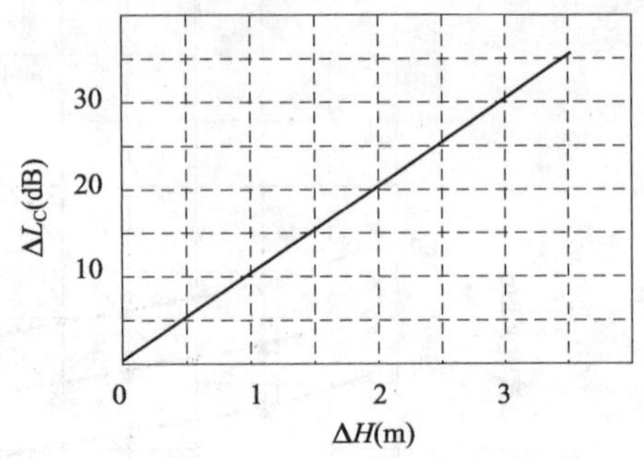

图 11-32　漏缆高差损耗与高度差之关系

图 11-33 给出了水平极化漏缆和垂直极化车载台天线相对位置的三种典型情况：

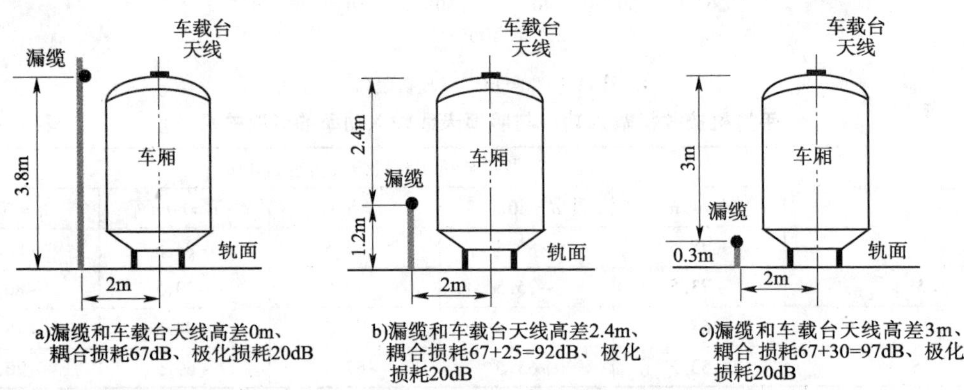

图 11-33　漏缆（水平极化）和车载台天线（垂直极化）相对位置的三种典型情况

第一种典型情况：漏缆与车载台天线同高。

例如，漏缆离轨面 3.8m，漏缆与车载台天线同高，$\Delta H = 0$m，附加耦合损耗为 0，耦合损耗 67dB，极化损耗 20dB。

第二种典型情况：漏缆低于车载台天线。

例如，漏缆离轨面 1.2m，漏缆低于车载台天线，$\Delta H = 2.4$m，附加耦合损耗 25dB，总的耦合损耗 92dB，极化损耗 20dB。

第三种典型情况：漏缆远低于车载台天线。

例如，漏缆离轨面 0.3m，漏缆低于车载台天线，$\Delta H = 3$m，附加耦合损耗为 30dB，总的耦合损耗 97dB，极化损耗 20dB。

11.9.3　越区切换数字门限

当移动台从一个覆盖小区进入另一个覆盖小区时，将通信链路从当前基站自动转移到另一个基站的过程，称一为越区切换，目的是保持通信的连续性。

如果地铁相邻车站设有基站，则车载台应在两站之间的中部附近完成切换。地铁专用无线覆盖要让相邻小区的覆盖在预定区间重叠，以保证越区切换在那里进行。而且，重叠区的宽度要适当，以保证各系统的越区切换都能顺利完成。

在移动通信领域,越区切换分硬切换和软切换:硬切换是指先切断旧的连接,再建立新的连接;软切换是指在维持旧连接的同时建立新连接,当新连接可靠建立后才中断旧连接。地铁专用无线通信系统,是硬切换而不是软切换。

在移动通信领域,越区切换的过程控制有三种方式:移动台控制、基站控制及联合控制。例如,GSM 移动通信系统是基站控制方式。地铁专用无线通信系统,采用 TETRA 标准,是移动台控制方式。

为了保证在区间完成切换,防止近站切换、到站切换和跨站切换,必须"精准"控制切换起始场强。为达目的,早期工程加装了一批微波衰减器,不仅使成本和工作量增加,而且衰减器还有可能带来故障。为克服此法的缺点,多数工程改用数字门限技术,即在无线交换机上注入数字——设置各区间的切换起始场强,而不再使用衰减器。

11.9.4 资源共享

实现资源共享,是地铁网络化设计的主要目标之一。以地铁专用无线通信系统为例,一台 TETRA 无线交换机可以同时控制 128 个基站,但目前远未达到这个数值。因此,如何充分利用该交换机,乃是资源共享的重要课题。

对地铁专用无线通信系统的无线覆盖设备而言,资源共享设计也不可或缺的。例如,在二线换乘站、三线换乘站或四线换乘站,如何减少基站配置,如何共用覆盖设备,都必须认真加以对待。研究、掌握并运用好无线通信资源的共享技术,是地铁规划、设计和建设单位的共同责任。

11.10 双基站覆盖分析

11.10.1 双基站覆盖方案

在双基站覆盖方案中,基站 A 和基站 B 的收发工作频率不同,分别由两个厂家提供,它们各自经传输系统与各自配套的无线交换机相连。

双基站覆盖方案有两种,分别如图 11-34 和图 11-35 所示。

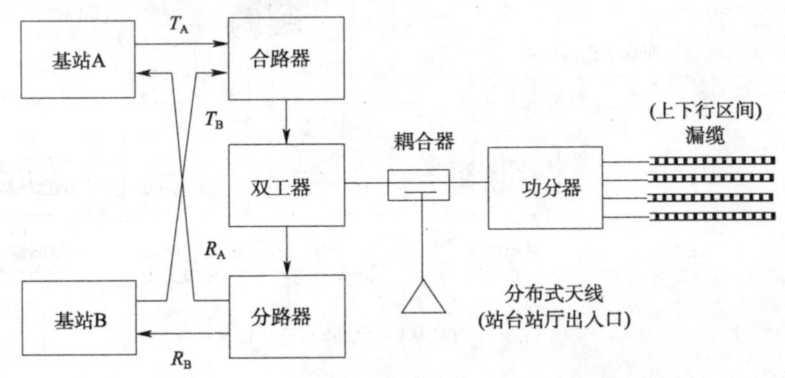

图 11-34 双基站覆盖方案一

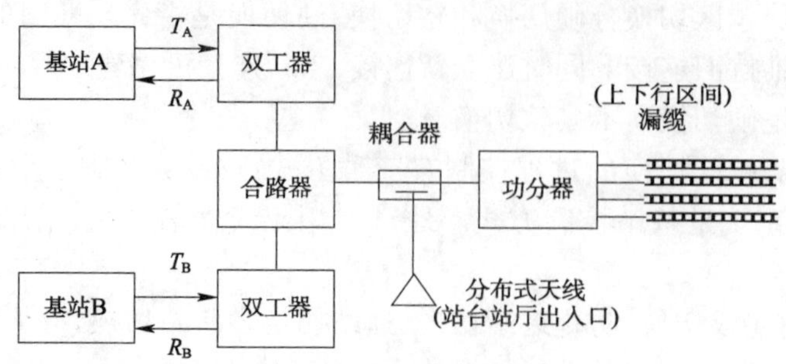

图 11-35　双基站覆盖方案二

在方案一中，基站 A 和基站 B 的发射信号经合路器合为一路，再送至双工器；两基站双工器输出的接收信号经分路器分为两路，然后分别送至两基站的接收端口。双工器、耦合器、功分器、4 条漏缆和分布式天线，要同时传输两个 TETRA 系统的高频收发信号，因此它们的带宽必须包含两个基站的工作频率。

在方案二中，基站 A 和基站 B 的收发信号先经双工器合为一路，再送至合路器。合路器、耦合器、功分器、4 条漏缆和分布式天线，要同时传输两个 TETRA 系统的射频收发信号，因此它们的带宽必须包含两个基站的工作频率。

在两种方案中，通信终端最好是兼容两个 TETRA 系统的双模终端（固定台或移动台），当然也可以是各厂家 TETRA 系统的固定台或移动台。

11.10.2　双基站覆盖方案试验

试验方案采用上述方案二，其构成如图 11-36 所示。

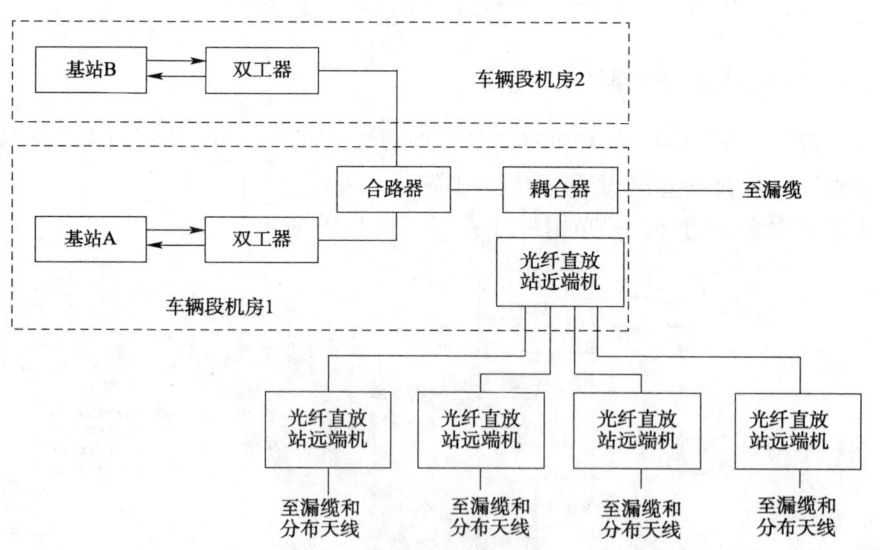

图 11-36　双基站覆盖试验系统构成

在车辆段机房 1，安装的是既有设备，包括 1 台基站 A、1 台光纤直放站近端机、4 台光纤直放站远端机等设备，系统运行正常，覆盖情况良好。

在车辆段机房2,安装的是试验设备,包括1台基站B及其相关配套产品(调度系统、网管系统、录音设备、网管和路由设备等)。

两基站共用既有的天馈系统,共同覆盖车辆段。

基站A和射频柜在同一机房,合路器安放在该机房。两机房相距20m,考虑到馈线损耗以及覆盖效果,基站A输出42dBm,基站B输出也设置为42dBm。经合路器后,基站A输出功率降为38.5dBm,基站输出功率降为37.3dBm。相比原基站A天馈系统,信号在到达直放站近端机功率减少了3.5dBm左右。调整直放站增益参数,让直放站远端机的输出功率保持不变,以维持原基站覆盖效果。

在试验方案实施过程中,既要保证既有系统能够正常运行,同时还要进行新建系统的安装、调试、开通工作,并且两套系统共用一套天馈分布系统。这就要求对既有系统和新建系统的频率,进行科学、合理的配置,以免互相干扰。

既有通信系统早有分配好的频率,而且运行正常,所以在实施中对于新建基站B的频率分配要避开车辆段既有的频率,遵循三个原则:

第一,不对既有系统产生干扰;

第二,不会导致三阶互调干扰;

第三,为了节约频率资源,复用5号线其他站点的频率。

原有基站频率和试验基站频率见表11-18。

原有基站频率和试验基站频率 表11-18

基站位置	频组代号	频率代号	频道序号	上行频率	下行频率
车辆段试验基站B	F2	F11	554	819.8375	864.5375
		F12	594	820.8375	865.5375
车辆段既有基站A	F8	F15	555	819.8625	864.8625
		F16	595	820.8625	865.8625
左邻站既有基站	F1	F1	524	819.0875	864.0875
		F2	564	820.0875	865.0875
右邻站既有基站	F3	F5	527	819.1625	864.1625
		F6	567	820.1625	865.1625

对基站A和基站B合路后的发射频谱和互调情况,用频谱仪在合路器端口进行测试,测试结果说明符合要求。

对基站A和基站B合路后的场强覆盖情况,用场强仪在预定的覆盖区域进行测试,测试结果表明:在车辆段车库内和车库外,覆盖满足要求,系统工作正常,从而证明两基站覆盖方案是正确的、可行的。

第12章 网管及录音分析

网管系统是一个软硬件结合、以软件为主的分布式网络应用系统，其目的是对通信网络的运行状态进行监测和控制，使其高效、可靠、安全、经济地运行，提高全网的通信能力和服务器质量，接入网管系统的通信设备可以做到无人值守。拓扑管理、告警管理、性能管理、配置管理、安全管理是网管系统的五大核心功能。

录音系统是指自动将语音通话内容记录在存储介质上，以便日后进行查询、管理和取证的应用系统。

通信设备、录音系统、网管系统三者的关系如图12-1所示。

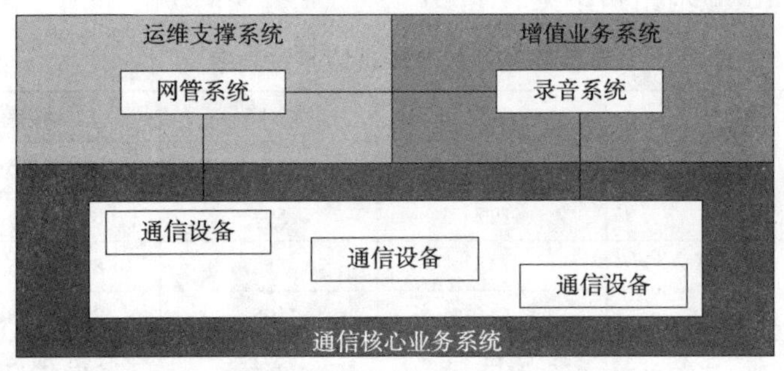

图12-1 通信设备、录音系统、网管系统三者关系

轨道交通行业通信专网按照逻辑功能角色通常分为通信核心业务、运维支撑和增值业务三大系统。

通信核心业务系统主要由各个通信设备实体及其互联互通网络设备构成，是通信网络对外提供业务的必备系统，理论上通信核心业务系统可以不依赖运维支撑系统和增值业务系统而独立完成核心业务服务。

录音系统是增值业务系统的一部分，与通信核心业务系统存在接口，向用户提供录音增值业务。

网管系统是运维支撑系统的一部分，与通信核心业务系统存在接口，实现对通信设备的运维管理，同时可与增值业务系统建立接口，实现对录音系统的管理。

12.1 网管分析

12.1.1 网管系统的网络结构

现代地铁专用无线通信专网的网管系统要求具有可灵活部署的分布式架构来满足地铁运

营的需求，地铁专用无线网管系统的架构如图12-2所示。

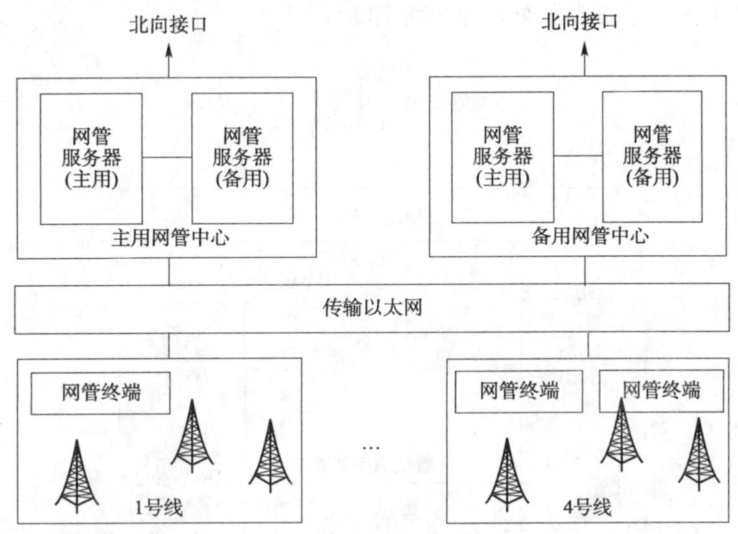

图12-2　地铁专用无线网管系统结构

首先地铁专用无线网管系统要具备多线共管的能力，即建设一套网管中心可同时管理多条地铁线路的无线装网；其次地铁专用无线网管系统要支持异地主备网管中心建设，能够实现异地容灾；最后网管服务器要支持主备冗余热备部署，提高系统的可靠性，支持多网管终端的并发访问。

1)网管中心服务器热冗余

网管服务器支持主备热冗余，一旦主用网管服务器故障停止服务后，备用网管服务器立即激活为主用，持续为网管终端提供业务，保证网管业务不中断。

网管中心服务器冗余分两个层面，一个是数据层面的冗余，即保证两个服务器存储的数据一致；另一个是服务层面的冗余，即保证两个网管服务器用相同的方式提供相同的业务。这样才能实现当网管服务器主备切换后网管终端无感知。

(1)数据层面的冗余

网管数据通常存储在数据库中，这需要网管服务器具有主备数据库数据冗余同步功能。目前主备数据库冗余同步主要有两种实现方式：

①商用群集镜像软件

商用群集镜像软件除了能够实现主备故障转移外，还可以实现主备数据镜像功能，图12-3是商用群集软件数据冗余镜像原理。

网管服务器双网卡，一块网卡接入传输以太网，为网管终端提供业务；另一块网卡背靠背直连两个服务器。两个网管服务器通过背靠背连接网线进行主备探测及数据镜像复制。

网管数据在两个网管服务器本地磁盘上各存储一份，由商用群集软件根据服务器主备状态自动将主用服务器数据复制到备用服务器端。

此实现方式的优点是部署简单，成本相对低廉；缺点是只有主用网管服务器上的数据库服务启动，当主备切换时，备用网管服务器的数据库服务需要加载启动，这样会增加主备切换时间。

②群集＋共享磁盘阵列

图 12-4 是群集＋共享磁盘阵列数据冗余原理。

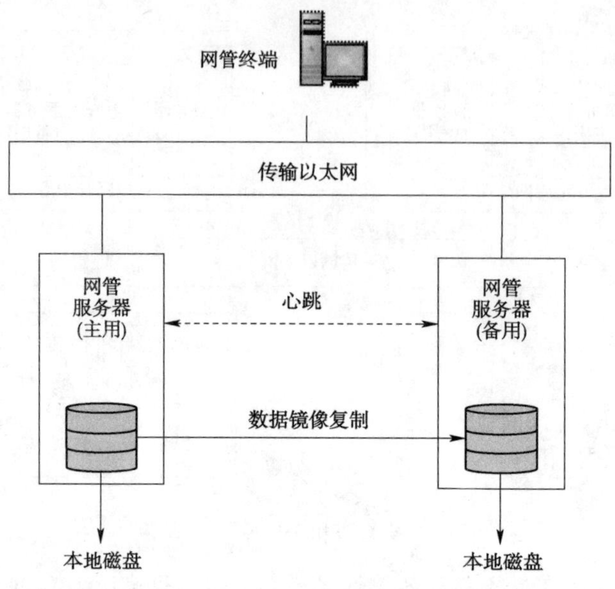

图 12-3 商用群集软件数据冗余镜像原理

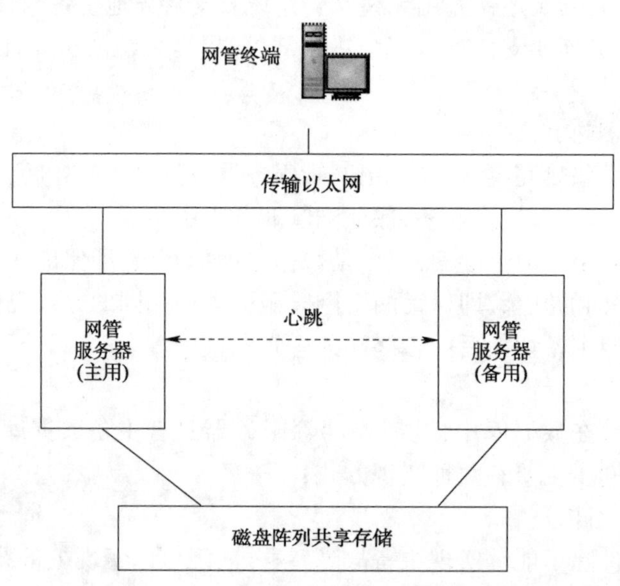

图 12-4 群集＋共享磁盘阵列数据冗余原理

网管服务器双网卡，一块网卡接入传输以太网，为网管终端提供业务；另一块网卡背靠背直连两个服务器，两个网管服务器通过背靠背连接网线进行主备探测。

网管服务器本地磁盘不存储网管数据，网管数据全部存储到磁盘阵列上。磁盘阵列由多块磁盘组成并配置成 RAID 模式，当一块或几块磁盘故障后（与具体 RAID 模式相关），插入新磁盘后数据能够自行恢复。磁盘阵列受群集软件控制，只有主用服务器才能访问磁盘阵列，这

样无论服务器主备如何切换,主用服务器所使用的数据始终是最新的。

此实现方式的优点是切换时延相对较低;缺点是部署成本相对较高。

(2)服务层面冗余

地铁专用无线网管系统两台服务器安装相同的业务软件,设置相同的参数对外提供业务(如网络通信端口等),在两台网管服务器上网管服务软件同时启动并具备提供网管业务的能力。

群集软件对外会提供一个虚拟的浮动 IP,该浮动 IP 会动态的绑定在激活的网管服务器上,网管终端或被管理设备通过该浮动 IP 与网管服务器通信,而不必关心浮动 IP 具体在哪个服务器上。因此无论主备如何切换,始终由主用服务器对外提供业务。

2)网管系统支持主备网管中心

地铁专用无线网管系统服务器热冗余能够保证网管系统的稳定性,而网管系统支持主备中心可以实现网管系统的异地容灾。

表 12-1 列出主备网管中心服务器部署的三种方式。

主备网管中心服务器部署方式 表 12-1

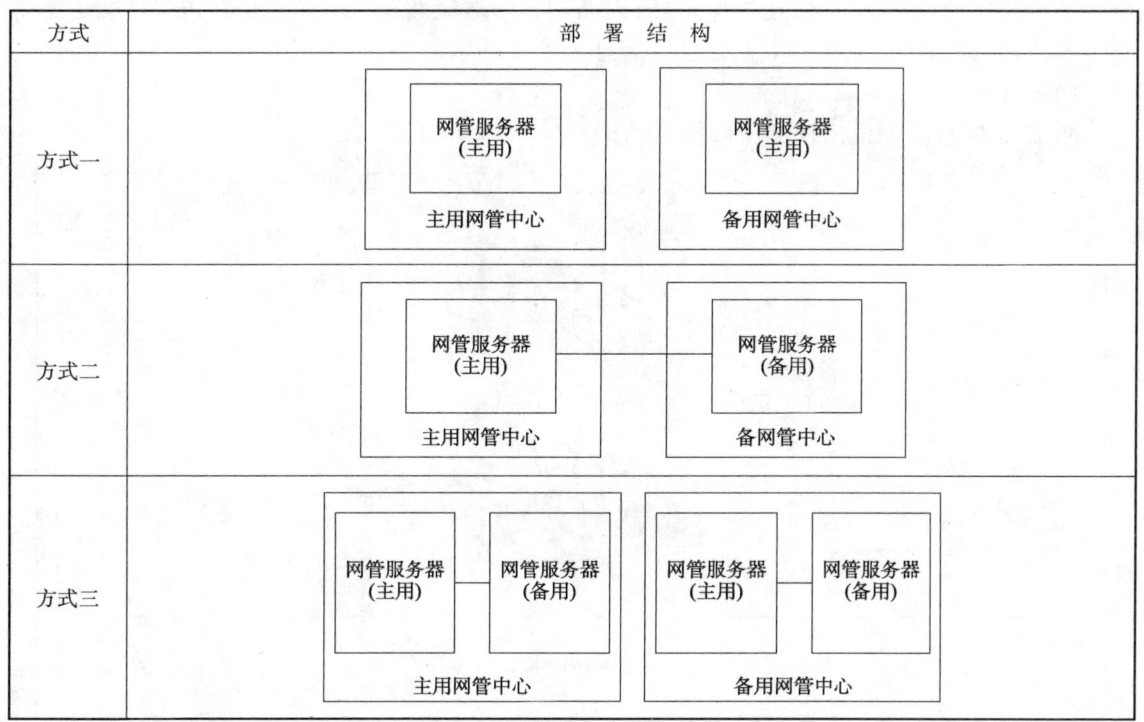

(1)方式一

主备网管中心各部署一台网管服务器,两台网管服务器独立运行。被管理的专用无线设备需启动两个网络管理接口同时与两台网管服务器建立连接。网管终端可以灵活选择接入的网管服务器。

此方式优点是部署简单,成本低廉;缺点是容易造成两台网管服务器数据不一致。

(2)方式二

主备网管中心各部署一台网管服务器,两台网管服务器配置成冗余模式。被管理的专用无线设备只需启动一个网络管理接口,与主用网管服务器(浮动IP)建立连接。网管终端接入主用网管服务器。

此方式优点是能够保证主备服务器数据一致;缺点是部署相对复杂。

(3)方式三

主备网管中心各部署一套冗余热备的网管服务器,两套网管服务器独立运行。被管理的专用无线设备需启动两个网络管理接口,同时与两套网管服务器的主用服务器建立连接。网管终端可以灵活选择接入的网管服务器。

此方式的优点是可靠性高;缺点是部署复杂,成本高。

12.1.2 拓扑管理

网络拓扑用来形象地描述通信网络的结构、设备间的逻辑关系以及设备的详细构成等。通信专网的规模及层次结构各不相同,带有很强的行业性及地域性色彩,也会受到行政管理权域的影响。由于网络拓扑会千变万化,要求网管可以根据网络结构及管理权域动态编辑网络拓扑结构及监控场景,灵活快速生成拓扑,提高网管的适应性及灵活性。拓扑也是网管业务的操作入口,网管的所有业务基本上是基于拓扑来实现的。

1)拓扑编辑

图12-5展现了一个拓扑倒树形抽象结构。

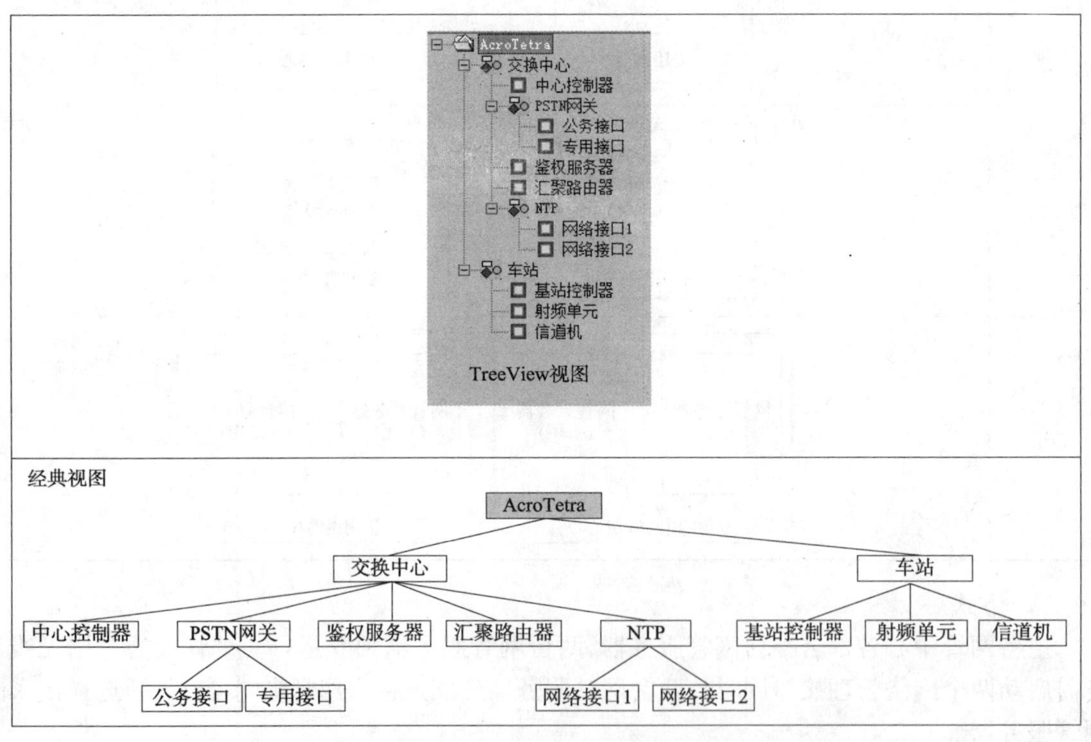

图12-5 拓扑倒树形抽象结构

网络拓扑可以抽象成一个“倒树”形的逻辑关系,最顶层是拓扑的“根”节点,可以展现设

备的组网结构;下层是“树枝”,可以展现设备的不同组成部分;最外层是“叶子”,可以展现设备的最小组成单元。

倒树形结构可以勾勒出网络拓扑的一个骨架,整个骨架由图层和图层间逻辑关系构成,每个图层下都可以动态增加子图层,拓扑结构的横向和纵向深度不受限制,因此可以完成任何复杂拓扑结构的描绘。

规划好拓扑结构以后,可以在拓扑的各图层内添加设备资源,相当于给骨架增加血肉,这样就绘制出一个完整的网络拓扑。拓扑管理提供丰富的图元及网络资源,可以编辑出丰富多彩的监控场景,完全适应各种设备类型的接入,无须修改程序。

图 12-6 展现了拓扑图层资源编辑。

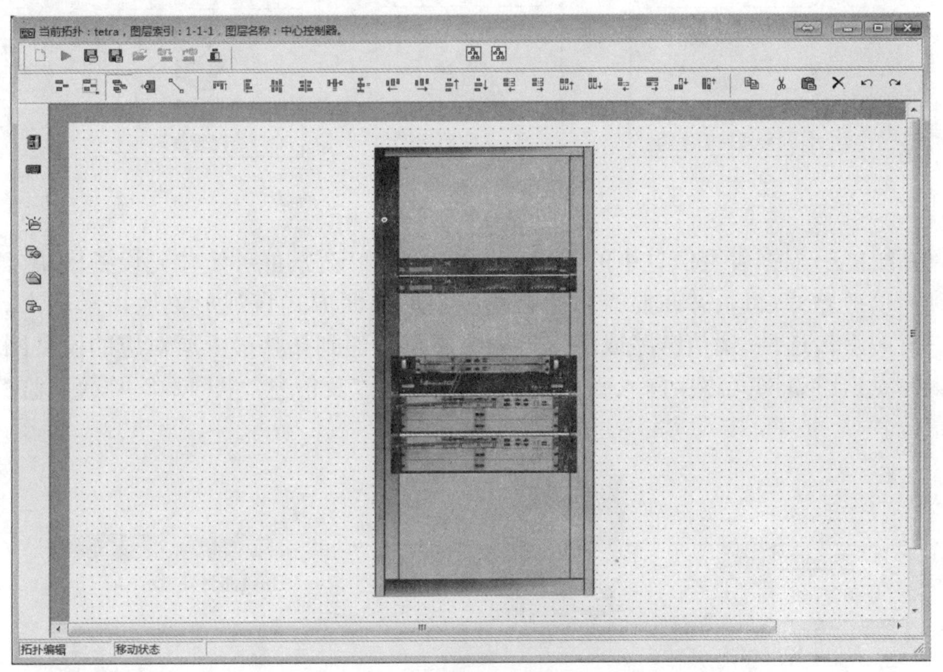

图 12-6 拓扑图层资源编辑

2)多拓扑管理

一套网管系统能够同时管理多个拓扑,可以为每条地铁线路建立一个拓扑,这样虽然网管中心共用,但还可以实现不同线路的分开管理。图 12-7 展现了多拓扑管理。

通过多拓扑管理,部署在网管室的网管终端连接到网管服务器上,网管系统根据登录用户识别该用户有权管理的拓扑,然后将拓扑加载到网管终端上,实现对加载拓扑的管理,用户不能加载无权管理的拓扑。

12.1.3 告警管理

告警管理是网管系统的一个核心功能,告警管理依托监控拓扑,以图形化的方式生动形象的向用户展示设备的运行状态及告警状态。

1)告警定位

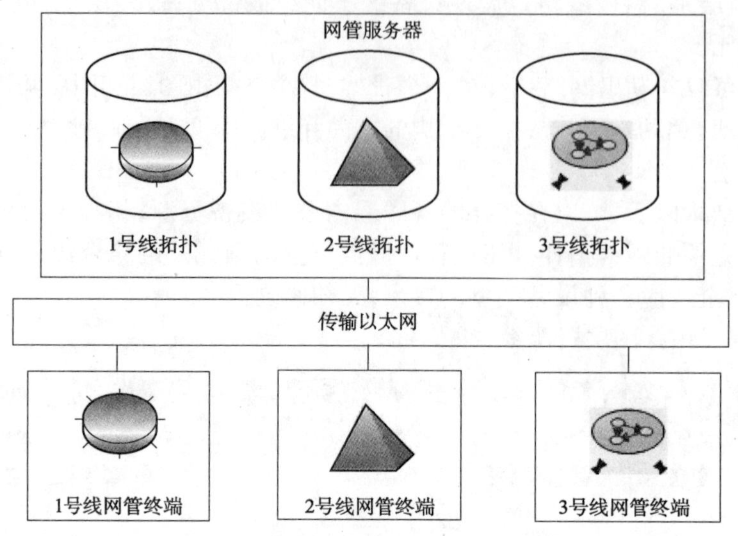

图 12-7　多拓扑管理

网管系统能够根据告警信息中的位置信息进行精确定位,能够定位到设备模块,详细的可以定位到通信链路或端口,并在监控拓扑上通过图形界面方式直观形象地指示出来。告警在拓扑上具有向上传递性,通信链路或端口告警会逐层传递到拓扑最上层对应的设备网元上,可以通过鼠标点击设备网元逐层深入查看告警的详细位置及信息。图 12-8 展示了监控拓扑上的告警定位。

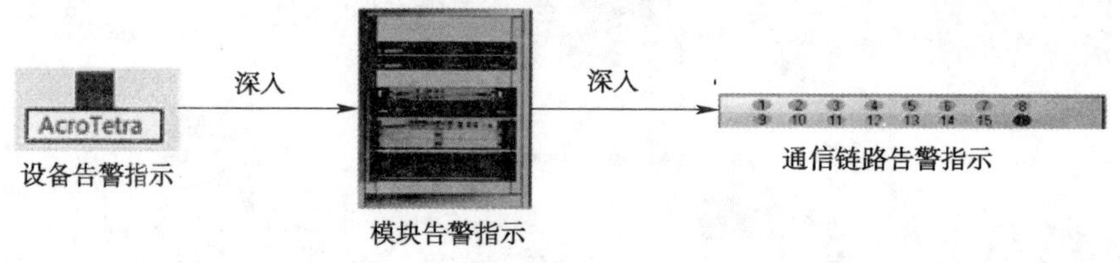

图 12-8　监控拓扑上的告警定位

2)告警颜色

网管系统能够通过不同的颜色标识不同的告警级别,告警标识颜色可以自定义。如果监控拓扑上一个网元同时存在多个级别告警,那么优先显示最高告警级别的标识色。

3)告警多态指示

网元告警一般分当前故障告警和历史恢复告警两种,通常维护人员关心的是当前故障告警,而历史恢复告警也是有实际意义的,例如某个模块产生的历史告警过多,说明该模块存在一定的隐患,需要尽快引起维护人员重视。一般情况下这两种状态是同时存在的,需要网管系统的网元能够通过不同的位置来指示不同的告警状态,如网元的外形区指示当前故障告警状态,网元的名称区指示历史恢复告警状态。告警多态指示规则在拓扑编辑时可灵活定义。

4)告警声光提示

通常设备维护人员不能 24h 一直值守在网管旁,这样容易忽略通信网络的重大故障而造

成损失。为此,当网管检测到重大故障后除了在拓扑上进行定位显示外,还需要发出声光提示来提醒设备维护人员。

声光提示可采用两种方式:一种是通过专用告警提示终端(如告警箱,其可以同时进行声音及灯光的提示,声音/灯光的提示模式可以灵活设定,包括:声光的开关、音量、声音提示模式、灯光闪烁方式等)与网管系统对接,由网管系统控制告警提示终端的声光行为;另一种是直接通过网管系统计算机的声卡接音箱进行声音提示,由网管计算机控制告警提示音的播放与停止。

另外,除声光提示外,网管还可以加入短信模块,直接将告警信息发送到设备维护人员的手机上进行提醒。

5)告警受理

设备维护人员可以在实际工作中,根据自己的设备维护经验来填写告警受理记录并保存。受理记录中可以填写告警产生的原因,告警对通信网络有何影响,告警如何处理等信息。这样可以不断积累设备维护经验,也可以与其他设备维护人员分享。

6)告警清楚

告警清除包括系统自动清除和手动清除两种方式:故障恢复后,系统自动清除对应的故障告警指示;管理员可在网元上通过鼠标操作手动清除告警指示。

告警清除后,由此告警触发的告警指示、声光提示等一并消除。

7)告警屏蔽

设备维护时,总会产生一些可预知的告警,如中断废弃的通信链路产生的告警。这些告警对通信网络不会产生任何影响,但这些告警的产生又会干扰到设备维护人员对其他重要告警的处理。因此对于频繁发生且对系统无关紧要的告警可以进行屏蔽,屏蔽后的告警不会在网管上产生任何指示,但可以在数据库中检索到。网管系统可按照设备、故障单元、重复告警、告警级别、告警类、告警号等条件灵活设置系统要屏蔽的告警。

8)告警过滤

告警过滤与告警屏蔽相反,对于一些特别重要的告警可以进行告警过滤,过滤后的告警除在拓扑上进行正常的声光提示外,还能在主界面显示出告警的详细信息,以最直接的方式对设备维护人员进行提示。网管系统可按照设备、故障单元、告警级别、告警类、告警号等条件灵活设置系统要过滤的告警。

9)告警查询、统计报表、打印、导出

网管系统支持灵活方便的告警检索功能,对于当前故障告警,可在网元上通过鼠标操作直接查询,无须输入复杂条件;对于历史告警可通过设置条件进行检索。告警查询结果可导出到文件中,支持 Excel 文件和文本文件 2 种类型。

告警统计分析能够帮助设备维护人员了解整个网络的运行状况,为通信网络升级改造提供决策支持。统计分析支持饼状、柱状、线状和表格 4 种方式生成报表,报表可输出到打印机。

10)告警在线帮助

为了增加设备维护人员的工作效率,网管系统提供告警在线帮助功能,在网管告警信息条目上可以直接调出告警的在线帮助,帮助信息包括:告警解释、告警产生原因、告警如何处理等相关信息。

12.1.4 性能管理

性能管理是网管系统的一个重要功能，性能管理可以实时监视网络的运行状况、负荷状况、通信资源使用状况、语音呼叫状况以及短消息状况等。设备维护人员通过性能管理可以清晰直观的了解整个通信网络。性能管理包括性能统计分析和性能越限分析两大功能。

1)性能统计分析

性能统计分析包括实时性能统计分析和历史性能统计分析两种。实时性能统计分析是对设备新产生的性能数据实时计算分析，并通过曲线或各种图表的方式实时跟踪显示性能数据的走势；历史统计分析可以指定一个历史时间段，对该时间段内的性能数据进行计算分析并输出结果。

性能统计分析支持环比统计分析和同比统计分析。图 12-9 展现了同比或环比性能统计分析样例。性能统计分析结果可以保存到文件或打印输出。

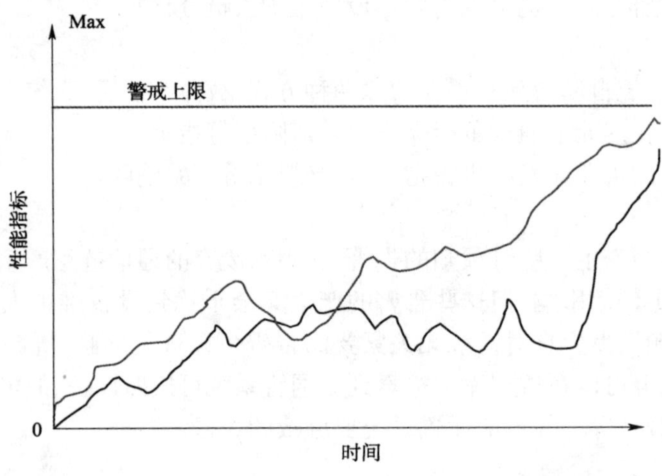

图 12-9 性能统计分析曲线样例(同比/环比)

2)性能越限分析

网管系统可以对接收的性能指标进行越限分析，性能指标可以自定义两级高门限和两级低门限。当性能指标超过高门限或低于低门限时，网管系统会产生性能越限告警并在监控拓扑上进行告警指示，当性能指标恢复到正常区间时清除拓扑上的性能越限告警指示。

12.1.5 配置管理

配置管理是网管系统的一个常用功能，系统设备的软件管理、无线网络管理、路由管理、结构管理、用户管理、跟踪维护、远程监测、版本升级以及移动台的遥毙/激活等全部通过配置管理功能实现，进行系统配置管理时不会中断对应的业务。

一个完整的无线通信专网内包括系统设备和终端设备，设备类型众多且可能来自不同的制作商，所以要求网管的配置管理支持多种接口形式，一般包括 Web、Telnet、SNMP 和专用配置 GUI4 种接口，网管系统可以根据设备支持的接口形式来启动对应的配置管理接口连接配

置设备。

12.1.6 安全管理

网络管理过程中,存储和传输的管理和控制信息对网络的运行和管理至关重要,一旦泄密、被篡改和伪造,将给网络造成灾难性的破坏。

安全管理应从网管系统和被管设备两方面同时入手,互相协作,共同保证网络安全。

1)网管系统的安全保证机制

(1)管理员身份认证,采用基于公开密钥的证书认证机制,为提高系统效率,对于信任域内(如局域网)的用户,可以使用简单口令认证。

(2)管理信息存储和传输采用加密方式并进行完整性校验,Web 浏览器和网络管理服务器之间采用安全套接字层(SSL)传输协议,对管理信息加密传输并保证其完整性,内部存储的机密信息,如登录口令等,也是经过加密的。

(3)网络管理用户分组管理与访问控制,网络管理系统的用户(即管理员)按任务的不同分成若干用户组,不同的用户组有不同的权限范围,对用户的操作由访问控制检查,保证用户不能越权使用网络管理系统。

(4)系统日志分析,记录用户所有的操作,使系统的操作和对网络对象的修改有据可查,同时也有助于故障的跟踪与恢复。

2)被管理设备的安全管理功能

(1)网络资源的访问控制,通过管理路由器的访问控制链表,完成防火墙的管理功能,即从网络层(IP)和传输层(TCP)控制对网络资源的访问,保护被管设备及其内部应用服务,防止外来的攻击。

(2)告警事件分析,接收被管对象所发出的告警事件,分析与安全相关的信息(如 SNMP 认证失败信息),实时向网管告警,并提供历史安全事件的检索与分析机制,及时地发现正在进行的攻击或可疑的攻击迹象。

(3)主机系统的安全漏洞检测,实时的监测主机系统的重要服务的状态,提供安全监测工具,以搜索系统可能存在的安全漏洞或安全隐患,并给出弥补的措施。

12.1.7 网管技术发展趋势

新一代网管系统必须具备开放系统的特征,即兼容性、可移植性、可互操作性、可伸缩性和易用性等特征,这是网络管理软件及其技术的发展趋势。现在网络管理的发展趋势和热点大致体现在以下几个方面:

1)基于策略的网络管理

基于策略的网络管理(PBNM,Policy Based Network Management)是网络管理任务目标复杂化,动态化的结果。由于管理任务的重点从网络(设备及其连接)转移到了业务上,面对纷繁复杂、动态多变的业务需求,静态的管理系统很难适应这种状况,特别是对由网络/业务运行状况触发的管理动作显得力不从心。显然,对于需求的适配,采用重新开发管理功能的方法是不合适的。策略管理将显著地改进网络管理所遵循的方法,它使业务和网络管理者能够采用面向应用的业务规则,并使这些业务规则的逻辑自动转换成设备特有的操作序列,从而对网络进行智能化的管理,增加了管理的决策能力。

2)基于移动代理的网络管理

传统的网络管理,如:SNMP 和 CMIP,采用了一种集中式的管理者/代理模型。这个模型的特点是代理几乎没有智能,管理智能主要集中在管理者,而且代理和管理者的行为在设计时就已经固定了。当网络的规模呈增长的趋势时,管理者/代理模型对网络资源的管理越来越困难。为了解决这种趋势带来的问题,引入了移动代理的概念。移动代理在网络管理领域应用的优势体现在:移动代理的高智能化和强大的远程数据处理能力,可明显地减少网络传输的数据量,减轻管理者的负担,它的并行执行特性,能够有效地平衡网络负载,使网络具有动态可编程的能力。移动代理技术的这些优点能够很好地适应现代网络发展的多样性需要。

3)基于分布式对象技术的网络管理

近年来,伴随着网络技术的迅速发展,网络规模迅速膨胀。这种发展趋势使网络的分布性、异构性增强,另一方面,网络业务的迅速发展,也使网络管理的功能多变、处理数据量剧增,从而对网络管理系统的可扩展性、开放性、分布式处理能力和互操作性等方面提出更高的要求。要解决网管系统的这些需求,需要从分布式技术、面向对象技术、构件技术等方面进行综合考虑。分布式对象技术是近几年发展起来的以面向对象为基础支持分布式应用的软件技术,它集成了分布式计算、构件化、面向对象等多方面技术的特点,提供了一种以对象为基础的、开放的、支持分布访问的体系结构。因此基于分布式对象技术的网络管理是目前网管技术的一个热门方向。

4)基于 Web 的网络管理

传统的网络管理模式存在诸多的不足:网管系统过分依赖于操作系统甚至硬件平台;对于网络管理人员的要求相对较高;开发管理应用和集成新技术较难;在网络规模较大时,管理系统的负载和管理通信开销大大增加,这使得网管系统在面对异构性越来越强、网络规模急剧膨胀的网络管理需求时表现得力不从心。基于 Web 的管理技术(WBM,Web Based Management)融合了 Web 的思想和网络管理的核心技术,它使得管理人员能够在任何站点、通过任何 Web 浏览器均可以监测和控制网络,并且能够解决很多由于多平台结构产生的互操作性问题;WBM 提供比传统的命令驱动的远程登录屏幕更直接,更易用的图形界面;另外 WBM 是发布网络操作信息的理想方法;而且由于 WBM 需要的仅仅是 Web 的服务器,所以 WBM 能够快速地集成到 Internet 企业网之中。可以说基于 Web 的网络管理技术是网管方案的一次革命。

网络管理发展到今天,功能上已经非常丰富,但仍然存在开发复杂性高和网络负担重等不足。随着网络规模的不断扩大,网络设备的种类和数量也不断地增加,整个网络的复杂性日益提高,网络管理变成了一项非常烦琐的工作。同时多厂商问题变得非常突出,由于各种网络和设备缺乏统一的接口标准和规范,给网管系统的设计和建设带来了很大的困难。因此未来网络管理系统的发展方向应该是能够实现大型和超大型网络管理的分布式网络管理系统框架,以及构建在这个框架之上的智能化和简单化的网络管理系统。

12.2 录音分析

录音系统负责向用户提供语音通话录音、回放和管理功能,支持语音录音、存储、查询、回

放、导出等各种应用操作，同时能够对系统内的短消息进行记录。具有全网无遗漏录音、全数字语音编码、传输存储无失真、全 IP 组网、支持 B/S 架构等特点。能够向用户提供功能完善、部署灵活、操作友好的录音管理操作平台，完全满足轨道交通领域用户对于专用无线系统通话录音的各种操作和使用需求。

12.2.1 录音系统的软件结构

全网录音系统主要包括录音接口软件、录音 Web 服务器软件、录音服务软件和录音数据存储四个模块。图 12-10 展现了专用无线全网录音系统软件结构。

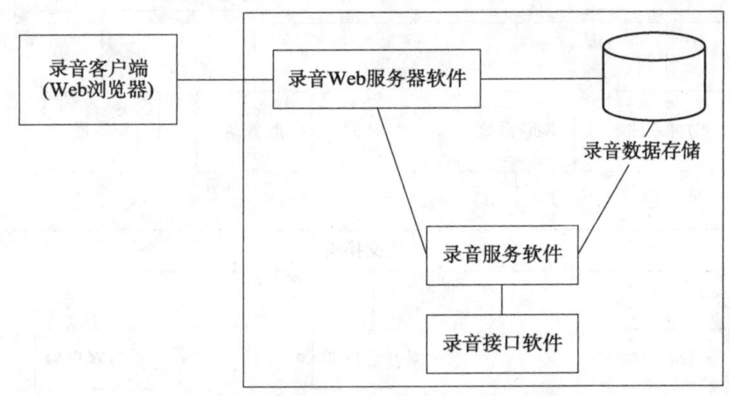

图 12-10 专用无线全网录音系统软件结构

录音接口软件：负责与专用无线系统通信，接收并解析录音状态信息和录音数据，并将其送给录音服务软件进行逻辑处理；同时能够将录音系统内的告警信息和状态信息传送给专用无线网管系统，接收网管系统的管理；也能够从外部时钟系统接收时钟信息，并同步于全网录音系统。

录音服务软件：负责录音系统信令和媒体的业务逻辑处理，使录音系统参与网内呼叫，录音媒体格式转换等，是录音系统的核心部分。

录音数据存储：负责管理录音数据，实现录音数据的查询、存储等操作。

录音 Web 服务器软件：是录音客户端运行的基础，用户在客户端打开浏览器就可以打开录音系统的操作界面，用户可以完成录音查询、检索、回放，配置数据库，设置录音资源的优先级，导出下载录音数据等操作。

12.2.2 录音系统的网络结构

专用无线录音系统为全 IP 架构，录音服务器通常部署在交换中心，通过中心核心交换机与专用无线系统互联。网管录音服务器可以是主备冗余配置，其原理与网管服务器的主备冗余原理相同，请参考 12.1.1 章节，这里不再赘述。

录音服务器支持多录音客户端并发访问，录音客户端可以通过一个单独的网络交换机与录音服务器相连，这样可以做到录音维护管理业务与专用无线呼叫业务隔离。当然录音客户端也可以通过中心核心交换机与录音服务器相连。

图 12-11 展现了专用无线全网录音系统结构。

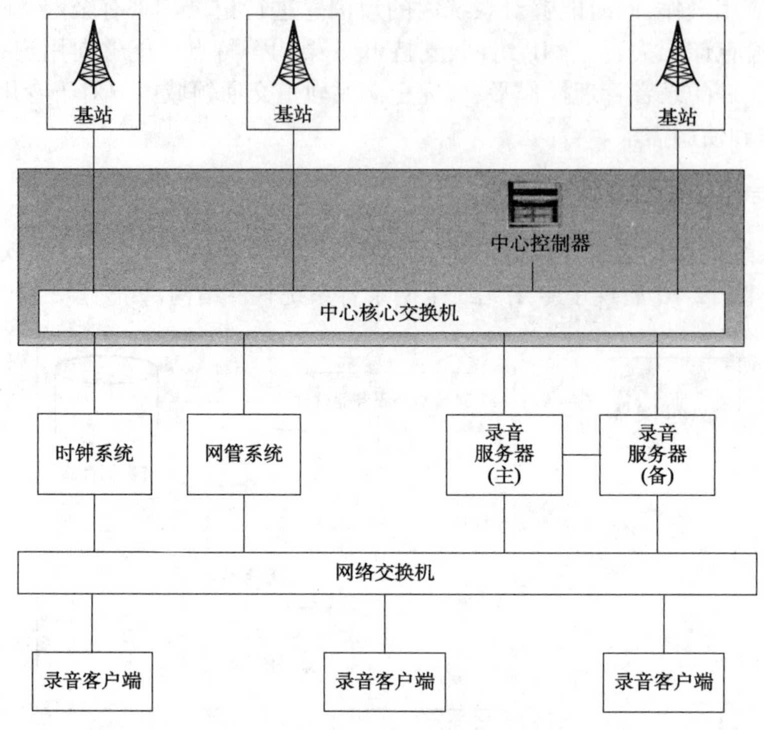

图 12-11 专用无线全网录音系统结构

12.2.3 录音系统的功能

1)全网 24h 录音

支持全网录音,支持组呼、私密呼叫、电话互联呼叫等各种语音呼叫录音,录音对象包括通话组、无线用户(调度台、车载台、固定台、手持台)。

支持全天 24h 录音,系统能够连续运行,支持全网全天 24h 无遗漏录音,一般录音存储时间不小于 1 个月。

录音范围可配置,允许用户配置当前系统录音范围,即能够指定需要录音的通话组、无线个人用户。

支持对指定的组呼号、个呼号进行录音监听,实时监听并记录通话内容。

2)录音存储

录音系统能够同步存储一个语音呼叫中的事件数据和语音数据,不同的语音呼叫对应的事件数据也不尽相同。表 12-2 列出了不同类型语音呼叫所包含的事件数据。

专用无线语音呼叫中的事件数据　　表 12-2

呼叫类型	事件数据	备注
组呼	1. 事件时间; 2. 发起呼叫的用户别名、用户号码; 3. 发起呼叫的通话组别名、号码; 4. 呼叫发起用户所在基站别名、基站 ID	包括组呼、紧急呼叫、区域广播呼叫

续上表

呼叫类型	事 件 数 据	备 注
个呼/私密呼叫	1. 事件时间; 2. 呼叫事件(建立、开始发送、结束发送、结束等); 3. 发起呼叫的用户别名、用户号码; 4. 接收呼叫的用户别名、用户号码; 5. 呼叫发起用户所在基站别名、基站 ID	
互联呼叫	1. 事件时间; 2. 呼叫事件(建立、开始发送、结束发送、结束等); 3. 无线用户别名、用户号码; 4. 电话用户号码; 5. 无线用户所在基站别名、基站 ID	指授权无线用户(一般情况下为手持台用户)与电话用户之间的呼叫

当产生了新的录音数据,而系统存储容量不足时,系统能够自动覆盖最旧的录音数据,而存入新的录音数据,保证近期语音数据不会因为容量耗尽而丢失。

用户可以把系统中的录音数据导出存储到文件系统或者外部存储器上(例如移动硬盘),作为永久备份。

3)录音检索与回放

录音系统支持多种形式的检索和回放功能,满足用户的不同使用需求。

(1)单一检索

用户能够按照呼叫时间、呼叫类型、用户号码、基站 ID、节点 ID 等单个信息或者以上多个组合信息进行检索,以查找到满足需求的语音呼叫记录。

(2)场景检索

用户能够按照起始时间、结束时间检索系统数据库,查找该时间段系统范围内发生的呼叫活动,形成基于场景的检索结果。

(3)语音回放操作

用户能够直接在检索结果中点击、选择对应的呼叫活动对其进行回放操作,系统支持播放、暂停、回退、快进等语音回放操作。系统支持用户对检索结果进行二次选择,以确定是否回放检索到的各条语音信息。

4)管理功能

录音系统能够实现灵活的用户权限管理与控制,允许管理员为系统添加多个用户,并为每个用户分配不同的操作管理权限,典型权限包括:系统用户管理权限;基础信息配置权限;录音资源范围与优先级配置权限;检索与回放操作权限;导出存储操作权限和统计报告管理权限。

录音系统支持多种形式的统计报告,以便于用户根据这些统计报告进一步了解和优化系统应用。系统支持的典型统计报告包括:某个时间范围内组呼、私密呼叫和电话互联呼叫次数统计;某个时间范围内各基站用户发起呼叫的次数统计;某个时间范围内单位时间呼叫次数统计。

录音系统支持日志生成,能够自动记录用户的各种典型操作,包括用户权限管理、基础信息配置、录音资源范围管理和优先级配置、导出存储等操作,便于用户事后查看。

5)其他功能

录音系统支持专用无线网管的管理,能够向网管上报系统内故障告警,告警范围包括录音Web服务器软件、录音服务软件、接口软件、录音数据存储模块的工作状态等。

录音系统支持系统对时功能,能够接收处理时钟系统提供的对时信息,完成内部时间统一,支持NTP协议或私有协议。

12.2.4 录音技术发展趋势

现代通信网络向着IP化的趋势演进,现代录音系统跟随通信网络同步演进,采用全IP架构,录音系统与通信业务紧密融合,依靠IP网络实现全网录音。

第13章 干扰分析

13.1 分析思路

地铁无线通信系统的干扰分析,是一个大题目,应当包括各系统内部的干扰分析和系统之间干扰分析。由于篇幅所限,本章仅就地铁专用无线通信系统(无线专网)和地铁民用无线通信系统(无线公网)的相互干扰进行分析,其他分析请参阅《现代地铁民用无线通信》一书及相关专著。

在对无线公网与无线专网相互干扰的分析中,采用如下思路:

(1)重点关注杂散发射和互调产物所带来的干扰。这是因为,虽然干扰种类较多,但杂散发射和互调产物是最为常见最有威胁的两种干扰。例如,接收机阻塞是一种干扰,但在实际发生的可能性很小,不是主要威胁。

(2)分析杂散发射干扰时,首先要建立干扰传输模型,弄清干扰源和干扰路由。在明确干扰源功率大小和可容忍干扰程度基础上,科学估算抗干扰能力。

(3)分析互调干扰时,要着重研究公网下行互调产物,看它们是否落在专网上行频带之内,反之亦然。

(4)重点关注800MHz、900MHz频域的干扰。这是因为:

①无线专网工作在800MHz频段,无论2G、3G还是4G时代,与之靠近的依然是无线公网800MHz、900MHz频段。

②地铁防干扰的基本方法是频域隔离和空域隔离,其次是强度隔离(屏蔽、滤波和接地/搭接),而且以频域隔离为基础。

(5)干扰对上行的影响远大于对下行的影响。这是因为,基站的发射功率(一般10~25W),远大于移动台的发射功率(一般1~3W)。

以深圳地铁一期工程为例进行分析。这是因为,随者地铁建设的进展,十几年来上述5种情况并未改变。

13.2 三大系统的电磁兼容性

13.2.1 800MHz移动系统电磁兼容性

为限制800MHz系统和G900MHz系统的相互干扰,我国通信行业标准和法规要求:

(1)CDMA 系统基站和直放机在带外各频段杂散发射的核准限值应符合规定(表 13-1)。这就意味着:

①在地铁全部频段,要求 CDMA 基站和直放机的杂散发射≤ - 36dBm/1MHz(峰值);

②在集群 800 和 GSM900 上行频段,要求杂散发射≤ -67dBm/100kHz(有效值);

③在 1700 ~ 1920MHz 频段,要求杂散发射≤ -47dBm/100kHz(峰值)。

CDMA 系统基站和直放机在带外各频段杂散发射的核准限值 表 13-1

频　率　范　围	测试带宽	极限值	检波方式
9 ~ 150kHz	1kHz	-36dBm	峰值
150kHz ~ 30MHz	10kHz		
30MHz ~ 1GHz	100kHz		
1 ~ 12.75GHz	1MHz		
806 ~ 821MHz	100kHz	-67dBm	有效值
855 ~ 915MHz			
930 ~ 960MHz		-47dBm	峰值
1.7 ~ 1.92GHz			
3.4 ~ 3.53GHz			
发射工作频带两边各加上 1MHz,过渡带内的噪声电平		-22dBm	有效值

(2)800MHz 频段 CDMA 系统的发射天线和 900MHz 频段 GSM 统的接收天线之间水平距离与加装滤波器值的关系应符合规定(表 13-2)。这就意味着,在地铁应用中,两系统间必须有远大于 15dB 的隔离度。

800MHz 频段 CDMA 系统的发射天线和 900MHz 频段 GSM 统的接收天线之间水平距离与加装滤波器值的关系 表 13-2

CDMA 在 885 ~ 915MHz 频段带外杂散发射限值	两系统天线之间水平距离	需加装滤波器值
-67dBm/100kHz	50m 以上	不需加装滤波器
	20 ~ 50m	10dB
	10 ~ 20m	15dB

(3)800MHz 频段 CDMA 直放站的杂散发射,除工作载频及正常调制相关边带外频率上的辐射,应符合规定值(表 13-2)。

(4)800MHz 频段 CDMA 直放站的互调衰减指标应符合规定值(表 13-3)。它规定了对互调产物的抑制能力。

(5)800MHz 频段 CDMA 直放站的带外抑制指标应符合规定值(表 13-4)。它规定了对偏离 CDMA 指配频率有效占用频段以外信号的抑制能力。

800MHz 频段 CDMA 直放站互调衰减指标表 表 13-3

项　目		指标要求
互调衰减	工作频带内	≤ -15dBm/30kHz
	工作频带外(偏离工作频带边缘 1MHz 之外)	9kHz ~ 1GHz：-36dBm/100kHz 1 ~ 12.75GHz：-36dBm/1MHz

800MHz 频段 CDMA 直放站带外抑制指标 表 13-4

项　目		指标要求	
		前　向	后　向
带外抑制	每信道	偏离 CDMA 指配频率≥1.98MHz： ≤ -44dBc 或 -17dBm/30kHz	偏离 CDMA 指配频率≥1.98MHz： ≤ -38dBc 或 -13dBm/30kHz
	每频段	偏离工作频带边缘≥2.5MHz： ≤ -40dBc 或≤ -13dBm/30kHz	偏离工作频带边缘≥2.5MHz： ≤ -40dBc 或≤ -13dBm/30kHz
		偏离工作频带边缘≥10MHz： ≤ -60dBc 或≤ -33dBm/30kHz	偏离工作频带边缘≥10MHz： ≤ -60dBc 或≤ -33dBm/30kHz

13.2.2　900MHz 移动系统电磁兼容性

根据我国通信行业标准要求，900MHz 频段 TDMA 基站和移动台的电磁兼容性应符合规定(表 13-5)。其要点如下：

(1)在下行频段(935 ~ 960MHz)内，基站发射机的杂散发射≤ -103dBm，移动台发射机的杂散发射≤ -57dBm(最高要求)。

(2)在下行和上行频段外，基站发射机的杂散发射≤ -36dBm(9kHz ~ 1GHz)，移动台发射机的杂散发射≤ -57dBm(9kHz ~ 1GHz)。

(3)直放站的杂散发射≤ -36dBm(9kHz ~ 1GHz)或≤ -30dBm(1 ~ 12.75GHz)。

900MHz TDMA 电磁兼容性 表 13-5

参 数 名 称		基　站		移　动　台		
		发射机	接收机	发射机		接收机
				发射状态	空闲状态	
频率范围(MHz)		935 ~ 960	同移动台发	890 ~ 915		同基站收
频带宽度(MHz)		25		25		
发射功率		43dBm(5 级) 40dBm(6 级) 37dBm(7 级)		37dBm(3 级) 33dBm(4 级) 29dBm(5 级)		
杂散发射	9kHz ~ 1GHz	≤ -36dBm	≤ -57dBm	≤ -36dBm	≤ -57dBm	同基站接收机
	1 ~ 12.75GHz	≤ -30dBm	≤ -47dBm	≤ -30dBm	≤ -47dBm	
	890 ~ 915MHz(上行)	≤ -103dBm				
	935 ~ 960MHz(下行)			≤ -76dBm(功率级 1) ≤ -84dBm(功率级 2 ~ 5)		

续上表

参数名称		基站		移动台		
		发射机	接收机	发射机		接收机
				发射状态	空闲状态	
互调衰减	100kHz~890MHz及915MHz~12.75GHz(带外)	不超过Max[70dBc,-36dBm]				
	890~925MHz(带内)	不超过-103dBm				
同频干扰保护比			9dB			同基站接收机
邻频干扰保护比(200kHz)			-9dB			
邻频干扰保护比(400kHz)			-41dB			
接收机参考灵敏度			-104dBm			-102dBm

13.2.3 800MHz集群系统电磁兼容性

根据我国通信行业标准要求,800MHz TETRA数字集群通信系统的电磁兼容性要求,应符合规定(表13-6)。

800MHz TETRA电磁兼容性 表13-6

分类	参数名称	单位	设备名称			
			中继器	基站	车载台	手持机
发射机	频率范围	MHz	下行851~866 上行806~821	851~869	806~825	
	载波输出功率	dBm	下行36/载频 上行27/载频	≥47	5.6W	30
	靠近载波无用发射	dBc		≤60		
	远离载波无用发射	dBm		≤-36		
	宽带噪声	dBc		≤80		≤75
	互调衰减	dBc	36	≥70	≥60	
	带外抑制	dB	≥45			
	噪声系数	dB	5			
接收机	频率范围	MHz		806~824	851~870	
	接收灵敏度	dBm		-115(静态) -106(动态)	静态-112 动态-103	
	同道抗扰性	dB		优于19		
	邻道抗扰性	dB		优于45		
	寄生响应抗扰性	dB		≥70	≥67	
	互调响应抗扰性	dB		≥65		
	阻塞电平	dBm		40	25	
	无用传导发射	dBm		≤-57		
	无用辐射发射	dBm		≤-57		

要点如下：

(1)发射机载波输出功率，基站为50W，车载台为5.6W，手持机为1W。

(2)发射机无用发射，靠近载波≤60dBc，远离载波≤-36dBm。

(3)发射机宽带噪声≤80dBc(基站和车载台)，或≤75dBc(手持机)。

(4)发射机互调衰减≥70dBc(基站)，或≥60dBc(车载台和手持机)。

(5)基站接收灵敏度：-115dBm(静态)或-106dBm(动态)。

(6)车载台和手持机接收灵敏度：-112dBm(静态)或-103dBm(动态)。

(7)接收机同道抗扰性优于19dB，邻道抗扰性优于45dB。

(8)接收机阻塞电平40dBm(基站)或25dBm(车载台和手持机)。

(9)接收机无用发射≤-57dBm。

13.3 杂散发射干扰分析

13.3.1 公网对专网的杂散发射干扰分析

1)干扰传输模型

在地铁每个车站，无线公网基站和专网基站，无论是否安装在同一个通信机械室，由于机柜和电缆的密封屏蔽通常很好，公网基站杂散发射进入专网基站接收的途径，主要是漏缆耦合与天线耦合。因此，干扰传输便有两种模型：漏缆耦合型(模型Ⅰ)和天线耦合型(模型Ⅱ)。

公网对专网干扰传输模型Ⅰ(漏缆耦合型)如图13-1所示。

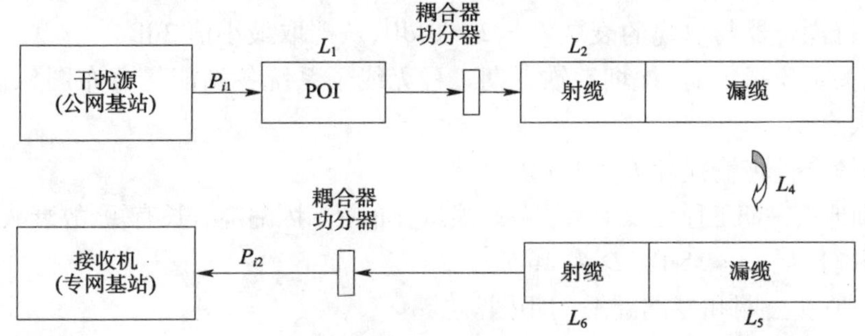

图13-1 干扰传输模型Ⅰ(公网对专网，漏缆耦合)

公网对专网干扰传输模型Ⅱ(天线耦合型)如图13-2所示。

图13-1和图13-2中，把产生杂散发射的公网基站视为干扰源，把装在附近的专网基站接收机视为干扰对象。P_{i1}是干扰源的杂散发射功率，P_{i2}是专网基站接收机输入端的干扰功率，单位都是dBm。其他符号的含义是：

L_1——POI带外抑制，dB；

L_2——公网下行耦合器与射缆的衰减，dB；

L_3——公网漏缆全长传输损耗，dB；

L_4——漏缆隔离损耗，dB；

L_5——专网漏缆传输损耗，dB；

L_6——专网馈线损耗,dB;

L_7——公网分布式天馈线衰减,dB;

L_8——公网天线至专网(集群)天线的传输损耗,dB;

L_9——专网天线和射缆的损耗,dB。

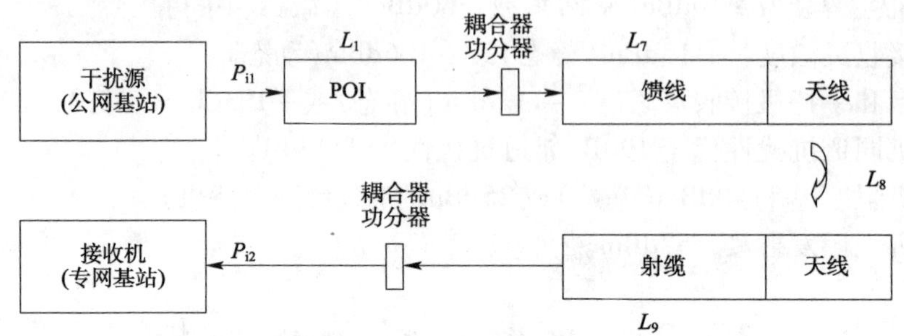

图 13-2 干扰传输模型Ⅱ(公网对专网,天线耦合)

2)数据核定

分析中,使用以下数据:

①杂散发射功率 $P_{i1}=-36$dBm。

②POI 带外抑制 $L_1>80$dB,可取 80dB,现取 70dB。

相关企业标准《公网 POI 技术指标要求》规定:

POI 下行带外抑制:GSM,f@ ≤821MHz,>80dB;CDMA,f@ ≤821MHz,>80dB。而集群 TETRA800 基站的上行频率为 806~821MHz。

③公网下行耦合器与射缆的衰减 $L_2=2\sim10$dB,从严取最小值 2dB。

依据是相关企业提供的《深圳地铁一期工程无线子系统各站能量分布图》,因射缆有长有短,故衰减有大有小。

④公网漏缆全长传输损耗 $L_3\geq18$dB。

依据《深圳地铁一期工程无线子系统各站能量分布图》,因漏缆有长有短,故衰减有大有小。

⑤漏缆隔离损耗 $L_4=58$dB(D 为 2m)。

图 13-3 是地铁公网和专网漏缆间距图。

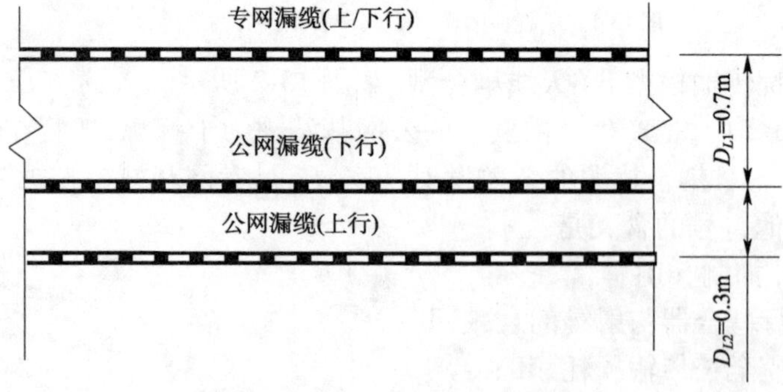

图 13-3 地铁漏缆间距图

漏缆隔离损耗计算公式为：

$$L_4 = 64 + 20\lg\left[\frac{D(m)}{0.3}\right] \quad (\text{dB}) \tag{13-1}$$

计算结果载于表 13-7（不同间距下的漏缆隔离损耗），绘于图 13-4（漏缆距离与隔离损耗的关系曲线）。

不同间距下的漏缆隔离损耗 表 13-7

两漏缆距离 D(m)	0.1	0.2	0.3	0.4	0.5	0.6	0.7	0.8	0.9	1.0
隔离损耗(dB)	54.5	60.5	64	66.5	68.4	70	71.4	72.5	73.5	74.4

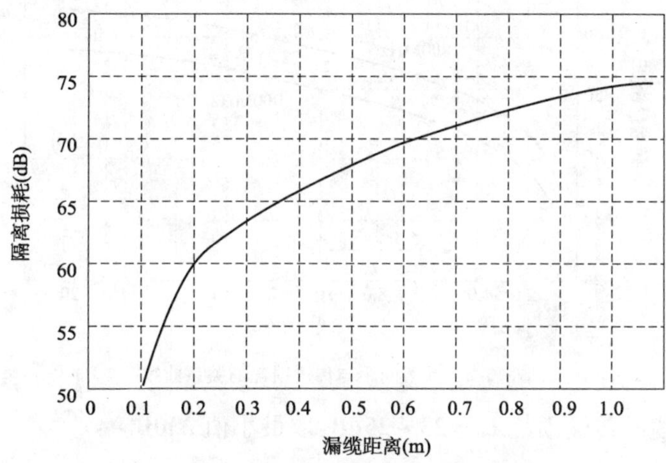

图 13-4 漏缆距离与隔离损耗的关系曲线

①分布式天馈线衰减 $L_7 = 22 \sim 33$dB，从严取最小值 22dB。

②公网天线至专网天线的传播损耗 L_8，取 38dB。

图 13-5 是公网和专网吸顶天线相对位置示意图。

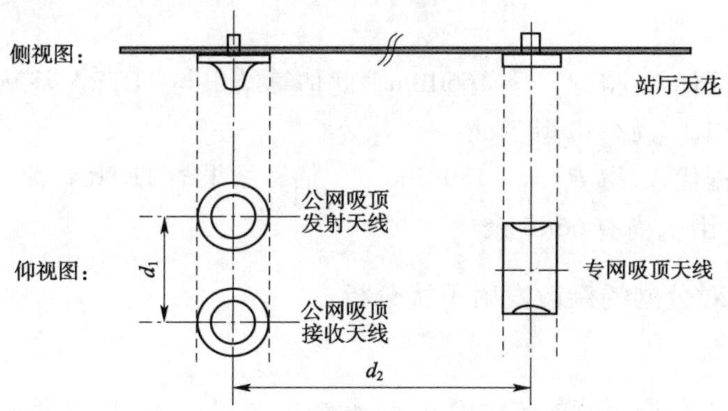

图 13-5 公网和专网吸顶天线相对位置示意图

公网天线至专网（集群）天线传播损耗的计算公式：

$$L_8 = 92.4 + 20\lg f + 20\lg d \quad (\text{dB}) \tag{13-2}$$

典型计算值载于表 13-8，绘于图 13-6（传播损耗与天线间距的关系）。在相同的天线间距下，1800MHz 传播损耗要比 900MHz 高 6dB 左右。在相同的传播损耗下，1800MHz 的天线间距要比 900MHz 小 4 ~8m。

传播损耗与天线间距的关系　　表 13-8

天线间距 d(m)		1.0	1.5	2.0	2.5	3.0	4	6	8	10	12	14	16
传播损耗(dB)	0.9GHz	31.4	34.9	37.4	39.4	40.9	43.4	47	49.4	51.4	53	54.4	55.4
	1.8GHz	37.4	40.9	43.4	45.4	46.9	49.9	53	55.4	57.4	59	60.4	61.4

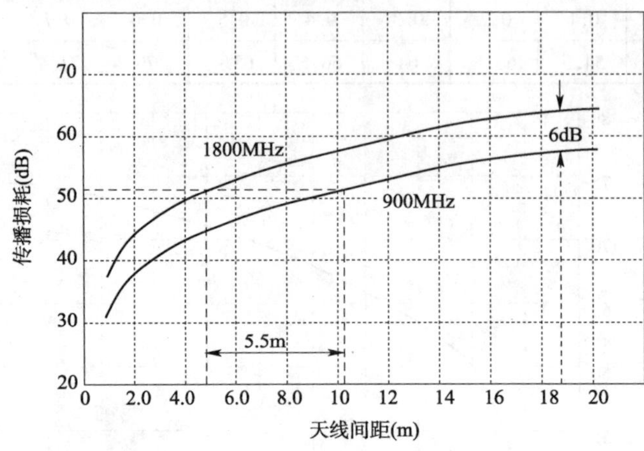

图 13-6　天线间距与传播损耗的关系曲线

专网天线和射缆的传输损耗 $L_9 = 23 \sim 25$dB，取最小值 23dB。

3）估算结果

经漏缆输入 TETRA 基站的干扰 P_{i2} 的估算公式：

$$P_{i2} = P_{i1} - L_1 - L_2 - L_4 \tag{13-3}$$

经天线输入 TETRA 基站的干扰 P_{i2}^* 的估算公式：

$$P_{i2}^* = P_{i1} - L_1 - L_7 - L_8 - L_9 \tag{13-4}$$

4）分析

将上述有关数据代入，得 $P_{i2} = -166$dBm。此估算结果与 TETRA 基站接收机可容忍的干扰 $P_{i0} < -123$dBm 相比，尚有 43dB 余量。

将上述有关数据代入，得 $P_{i2}^* = -189$dBm。此估算结果与 TETRA 基站接收机可容忍的干扰 $P_{i0}^* < -123$dBm 相比，尚有 66dB 余量。

13.3.2　专网对公网的杂散发射干扰分析

1）干扰传输模型

图 13-7 是专网对公网干扰的传输模型Ⅲ（漏缆耦合型）。图 13-8 是专网对公网干扰的传输模型Ⅳ（天线耦合型）。

专网对公网干扰的传输模型，与公网对专网干扰的传输模型基本相同，区别在于传输方向相反。此时，把产生杂散发射的专网基站视为干扰源，把装在附近的公网基站接收机视为干扰对象。P_{i1} 是干扰源的杂散发射功率，P_{i2} 是公网基站接收机输入端的干扰功率，单位都是 dBm。其他符号的含义与前相同。

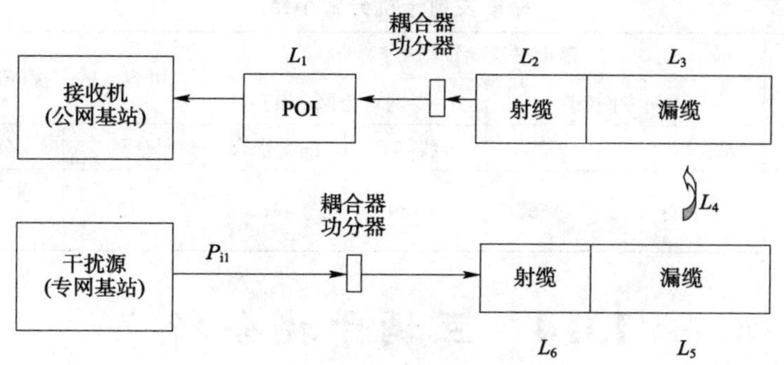

图 13-7 干扰传输模型Ⅲ(专网对公网、漏缆耦合)

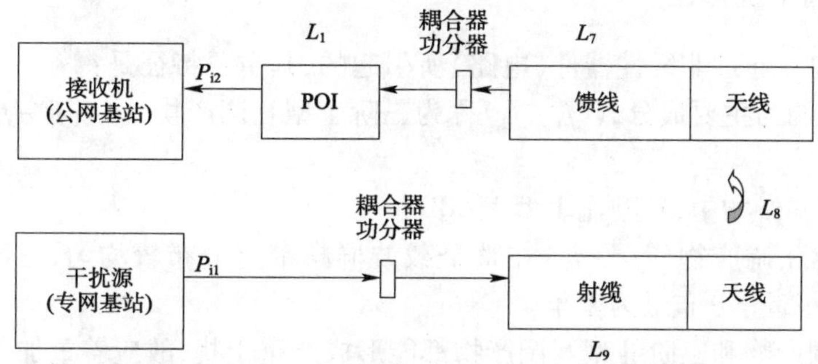

图 13-8 干扰传输模型Ⅳ(专网对公网,天线耦合)

2)数据核定

杂散发射功率 $P_{i1} = -36\text{dBm}$;

输入公网基站的干扰记为 P_{i2};

其余同前。

3)估算结果

经漏缆进入公网基站的干扰 P_{i2} 估算公式:

$$P_{i2} = P_{i1} - L_1 - L_2 - L_4 \tag{13-5}$$

经天线进入公网基站的干扰 P_{i2}^* 估算公式:

$$P_{i2}^* = P_{i1} - L_9 - L_8 - L_7 - L_1 \tag{13-6}$$

4)分析

将上述有关数据代入,得 $P_{i2} = -166\text{dBm}$。此估算结果与 CDMA 和 GSM 基站接收机可容忍的干扰 $P_{i0} < -120\text{dBm}$ 相比,尚有 46dB 余量。

将上述有关数据代入,得 $P_{i2}^* = -189\text{dBm}$。此估算结果与 CDMA 和 GSM 基站接收机可容忍的干扰 $P_{i0}^* < -120\text{dBm}$ 相比,尚有 69dB 余量。

13.3.3 分析小结

公网和专网之间的杂散发射干扰分析小结,载于表 13-9。它说明,在满足上述数据的技术状态下,公网和专网的杂散发射,不会给对方造成干扰,并有一定余量。

杂散发射干扰分析小结　　表 13-9

干扰源(dBm)	最大干扰估算结果				可容忍的干扰(dBm)		结论
	公网对专网(dB)		专网对公网(dB)				
	天线耦合	漏缆耦合	天线耦合	漏缆耦合	专网	公网	
-36	-189	-166	-189	-166	-123	-120	不会相互干扰

13.4　互调干扰分析

13.4.1　互调干扰特征

互调干扰是信号通过非线性器件(电路)所引起的,其主要特征是:

(1)以三阶互调为主要成分,($2f_1-f_2$)称为三阶Ⅰ型互调产物,($f_1+f_2-f_3$)称为三阶Ⅱ型互调产物。

(2)在三阶互调产物中,Ⅱ型比Ⅰ型大6dB。

(3)三阶Ⅰ型互调产物($2f_1-f_2$)在整个载波群频带上分布较均匀,三阶Ⅱ型互调产物($f_1+f_2-f_3$)在中央部分分布最为密集。

三阶Ⅰ型互调产物和三阶Ⅱ型互调产物都能形成严重干扰,故应着重加以分析。

13.4.2　互调干扰区

1)互调干扰情况

为了分析无线公网和无线专网之间的互调干扰,应当关注无线专网附近的局部频谱图(图 13-9)。

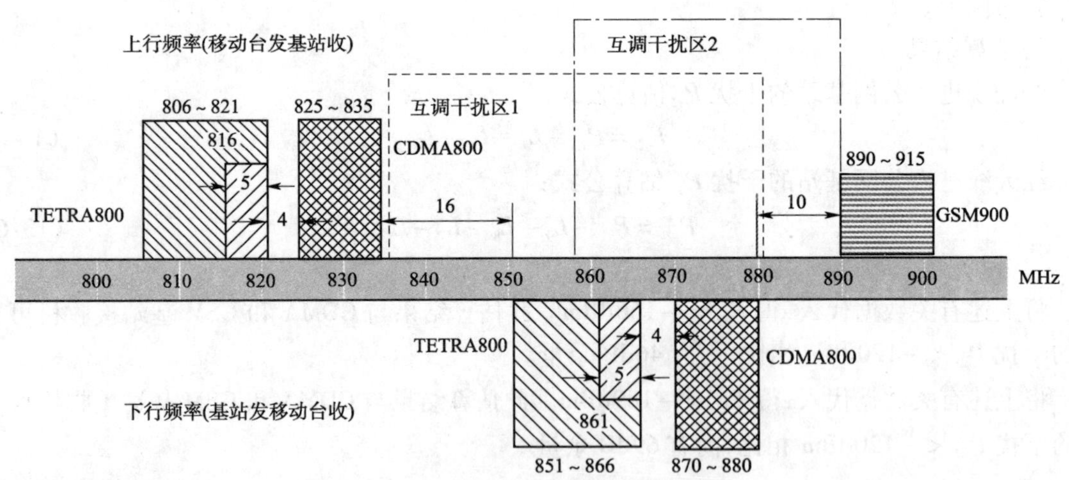

图 13-9　地铁无线专网和公网互调干扰区图

从图 13-9 可见:

(1)无线专网数字集群通信 TETRA800 的频率范围,上行和下行均为 15MHz。无线公网联通 CDMA800 的频率范围,上行和下行均为 10MHz。两者上行与下行的频率间隔均为 4MHz。

(2)TETRA800 频段高于 CDMA800 频段。TETRA800 下行频段与 CDMA800 上行频段相距 16MHz,CDMA800 下行频段与 TETRA800 上行频段相距 49MHz。因此,TETRA800 下行三阶互调产物对 CDMA800 上行的威胁,大于 CDMA800 下行三阶互调产物对 TETRA800 上行的威胁。

(3)紧靠 TETRA800 下行的,还有 GSM900 上行,它们相距 24MHz,因此 GSM900 上行受互调干扰的可能性小于 CDMA800 上行。

2)对互调干扰的分析

对无线公网和无线专网之间的互调干扰,采用如下分析思路:

(1)首先分析 TETRA800 下行对 CDMA800 上行的互调干扰,然后分析 CDMA800 下行对 TETRA800 上行的互调干扰。如果干扰不存在或者可以容忍,则不比继续分析。如果干扰不可容忍,则必须继续分析下去。

(2)分析从两个方面进行:一是频域分析,看下行的互调频率是否落在对方的上行频带内;二是幅度分析,看互调产物是否高于允许值。

(3)频域分析时,采用计算互调产物最高频率和最低频率的方法,即算出互调频率的范围。

计算公式为:

$$\left.\begin{aligned} F_{max} &= 2f_{max} - f_{min} \\ F_{min} &= 2f_{min} - f_{max} \end{aligned}\right\} \tag{13-7}$$

其中,F_{max} 和 F_{min} 分别是互调产物的最高频率和最低频率;f_{max} 和 f_{min} 分别是下行频带的最高频率和最低频率。

(4)互调干扰的幅度分析,可以列入对杂散发射的分析之中,而不单独进行。这是因为,互调干扰主要来自发射机,其限值和传输途径与杂散发射相同,干扰的分析也相同。

13.4.3 800MHz TETRA 下行的互调干扰频率

按国家无线电管理委员会规定,800MHz TETRA 下行(基站发射)的频率范围是 851 ~ 866MHz,这也是 f_1、f_2、f_3 的取值区间。

为求($2f_1-f_2$)的最小值,取 $f_1=851$MHz(最小值)和 $f_2=866$MHz(最大值),算得 $(2f_1-f_2)_{min}=2\times851-866=836$(MHz)。为求($2f_1-f_2$)的最大值,取 $f_2=851$MHz(最小值)和 $f_1=866$MHz(最大值),算得 $(2f_1-f_2)_{max}=2\times866-851=881$(MHz)。

可见,互调干扰频率范围为 836 ~ 881MHz,称作互调干扰区 1,如图 13-9 虚线所示。此区在 800MHz CDMA 上行(基站接收)频率范围 825 ~ 835MHz 之外,比其上限高 1MHz。

同样,为求($f_1+f_2-f_3$)的最小值,取 $f_1=f_2=851$MHz(最小值)和 $f_3=866$MHz(最大值)。为求($f_1+f_2-f_3$)的最大值,取 $f_1=f_2=866$MHz(最大值)和 $f_3=851$MHz(最小值)。得到相同结果。

在深圳地铁一期工程中,800MHz TETRA 实际使用的频率是:下行 861.3625 ~ 865.3625MHz;上行 816.3625 ~ 820.3625MHz。

因此,800MHz TETRA 下行产生的互调干扰频率范围为 857.3625 ~ 869.3625MHz,在

800MHz CDMA 频段(825 ~ 835MHz)之外,比其上限高 22MHz。

13.4.4 800MHz CDMA 下行的互调干扰频率

按国家无线电管理委员会规定,800MHz CDMA 下行(基站发射)的频率范围是 870 ~ 880MHz,这也是 f_1、f_2、f_3 的取值区间。

为求 $(2f_1 - f_2)$ 的最小值,取 $f_1 = 870$MHz(最小值)和 $f_2 = 880$MHz(最大值),算得 $(2f_1 - f_2)_{min} = 2 \times 870 - 880 = 860$(MHz)。

为求 $(2f_1 - f_2)$ 的最大值,取 $f_2 = 870$MHz(最小值)和 $f_1 = 880$MHz(最大值),算得 $(2f_1 - f_2)_{max} = 2 \times 880 - 870 = 890$(MHz)。

可见,互调干扰频率范围为 860 ~ 890MHz,称作互调干扰区 2,如图 13-9 点划线所示。此区在 800MHz TETRA 上行(基站接收)频率范围 806 ~ 821MHz 之外,比其上限高 39MHz。

同样,为求 $(f_1 + f_2 - f_3)$ 的最小值,取 $f_1 = f_2 = 870$MHz(最小值)和 $f_3 = 880$MHz(最大值)。为求 $(f_1 + f_2 - f_3)$ 的最大值,取 $f_1 = f_2 = 880$MHz(最大值)和 $f_3 = 870$MHz(最小值)。得到相同结果。

13.4.5 分析小结

互调干扰分析结果,载于表 13-10。它清楚表明,无论公网还是专网,下行互调频率都未落在对方的上行频带内,因此不会带来互调干扰。

互调干扰的频域分析结果　　表 13-10

互调干扰频率范围(MHz)		上行频率范围(MHz)			结论
TETRA800 互调产物	CDMA800 互调产物	TETRA800	CDMA800	GSM900	
836 ~ 881(实际 857 ~ 869)	860 ~ 890	806 ~ 821	825 ~ 835	890 ~ 909	范围不重叠

13.5 直放站时延分析

直放站,又称中继器,用来延伸基站的覆盖区域。

直放站,分射频直放站和光纤直放站。

光纤直放站,由光近端机、光远端机和光纤组成。

如果存在来自同一基站两个不同路径的信号重叠区域,则时间延迟非常重要。比如,一个信号来自基站,另一个信号来自该基站后面的直放站,如图 13-10 所示。

两个带有不同延迟的数字信号,会引起信号重叠,从而带来解调的不确定性——会导致高误码率的。

如图 13-11 所示,两重叠信号的延迟时间之差超过 1/4 信号周期 T 会产生误码,因此不应超过 1/4 信号周期 T。

TETRA 信号速率为 18kb/s,信号周期约为 56μs。

不同路径延迟之差应 $< 56\mu s/4 = 14\mu s$。

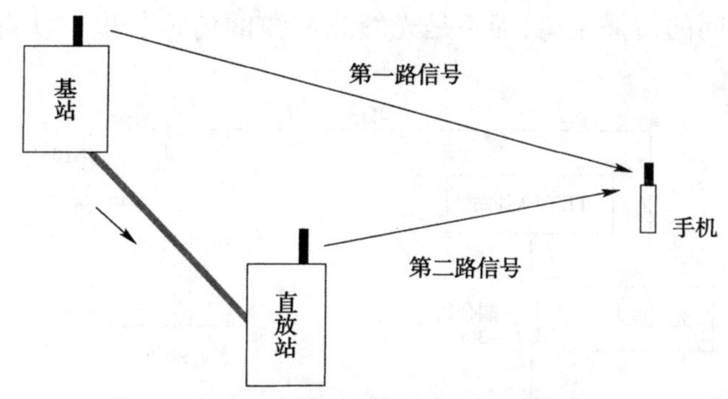

图 13-10 来自同一基站两个不同路径的信号

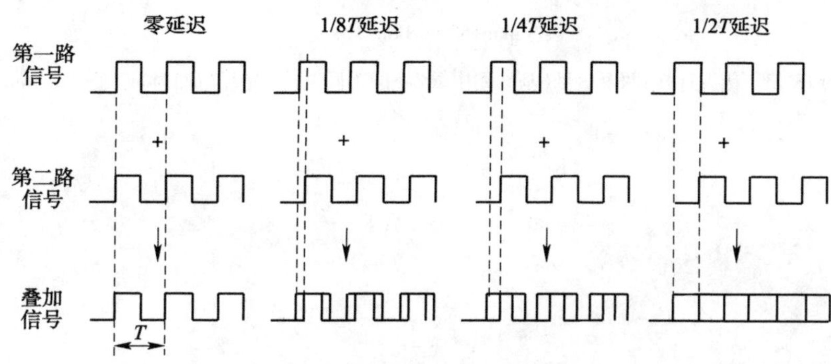

图 13-11 来自同一基站两个不同路径信号的叠加

电磁波在自由空间的传播速度为 30 万 km/s,传播时间为 3.3μs/km。

电磁波在光纤或漏缆中的传播速度低于在自由空间的传播速度,传播时间为 5μs/km。对应 14μs 的不同路径延迟差,电磁波在光纤或漏缆中的传播距离为 2.8km。

鉴于此,为了防止不同路径延迟差超过 14μs,光近端机和光远端机应做类似图 13-12 所示的正确连接,此时电磁波在光纤和漏缆中的传播距离差仅 2.6km,低于 2.8km。不能做类似如图 13-13 所示的错误连接,此时电磁波在光纤和漏缆中的传播距离差达 3.5km,高于 2.8km。

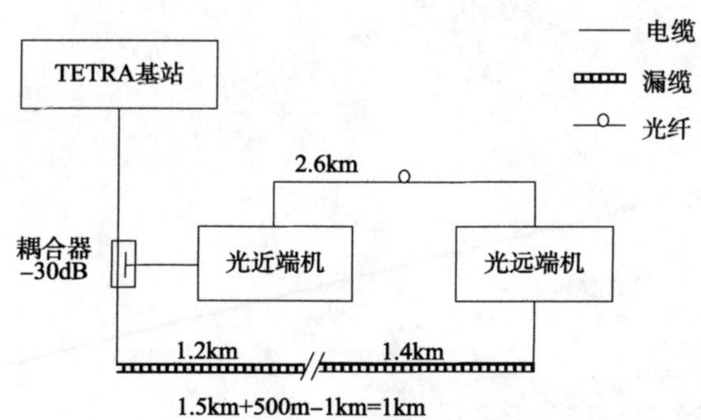

图 13-12 正确连接:两个信号(基站到中继器)的不同路径(光纤与漏缆)差不超过 2.8km

应当指出,不要将时间延迟同基站最大覆盖范围(也称延迟限制范围)混淆,因为基站最大覆盖范围是自由空间的传播距离,而不是光纤或漏缆的传输长度。实际上,前者大于后者,前者是后者的1.5倍。

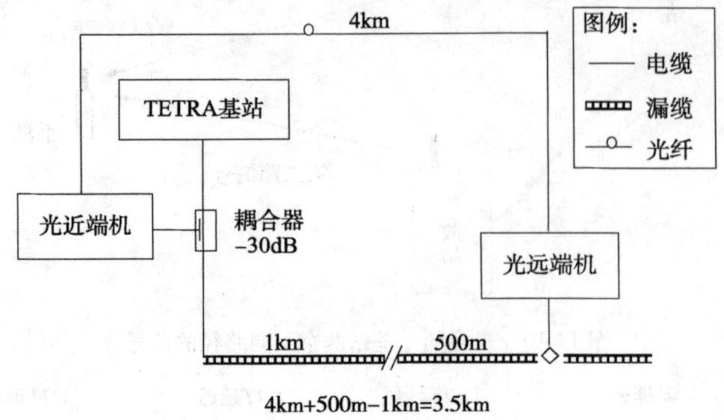

图13-13 错误连接:两个信号(基站到中继器)的不同路径(光纤与漏缆)差超过2.8km

第14章 系统发展展望

随着我国城市化进程的飞速发展，作为城市的重要交通工具，地铁建设也进入了健康、有序、快速的发展时期。地铁专用无线通信系统，势必也随着地铁建设的快速发展得到快速的完善和发展。

展望未来地铁专用无线通信系统的发展趋势，主要包括了标准化、网络化、国产化和宽带化 4 个方面的内容。

14.1 地铁专用无线通信系统的标准化

标准是各领域应对社会化、市场化、专业化和国际化的技术依据，是技术成果转化为生产力过程中决定生产效率的要素之一。标准化是促进相关产业发展和提高技术水平的重要途径，而行业标准是除了劳动力投入之外对行业竞争力的正向影响最显著的因素，地铁建设的高速发展对于地铁专用无线通信系统的加速发展和标准化提出了迫切的要求。

14.1.1 专用无线通信系统标准化现状

1998 年 3 月，国际电信联盟（ITU）根据各国提交的集群通信系统标准制定了 APCO 25（PROJECT 25）、TETRAPOL、EDACS（增强型数字接入通信系统）、TETRA（陆地集群无线电系统）、DIMRS（iDEN）、IDRA（综合调度无线电系统）、FHMA（跳频多址集群系统）7 个数字集群通信系统的国际标准，作为世界各国数字专用无线通信系统建设所参照的标准。

这 7 个标准中，APCO 25、TETRAPOL、EDACS 等 3 个为采用频分复用（FDMA）技术标准；TETRA、DIMRS（iDEN）、IDRA 等 3 个为采用时分复用（TDMA）技术标准，FHMA 为采用跳频多址技术的标准。TETRA 原为泛欧集群无线电系统，后已改为陆地集群无线电系统，是欧洲电信标准组织（ETSI）制定的数字集群通信系统标准。DIMRS 为摩托罗拉推出的系统，后改名为 iDEN 标准，也是应用相对广泛的标准。

鉴于 TETRA 数字集群标准开放性好，在技术、接口、标准、系统集成方面成熟度高，组网灵活，在全球范围内 TETRA 数字集群系统得到最好的发展与应用。国外多个厂家研发了符合 TETRA 标准的系统并推向世界，比如：法国 EADS 公司、美国 Motorola 公司、西班牙 TELTRONIC 公司、意大利 SELEX 公司、荷兰 ROHILL 公司、法国 THALES 公司、丹麦 DAMM 公司、英国 SEPURA 公司等。截至 2009 年 5 月，全球有 105 个国家使用 TETRA 标准的数字集群，其中有 66 个国家为欧洲之外的国家。目前除了北美采用 APCO 25 标准外，TETRA 标准的数字集群系统遍布世界各大洲。

在国内,从1997年开始,信息产业部就专门组织了数字集群通信标准组来制定中国的数字集群通信标准,并于2000年12月28日发布了中国《数字集群移动通信系统体制》标准,但这是一项电子行业推荐性的部颁标准,还不是国家标准。此标准主要参照国际标准TETRA(体制A)和Motorola公司提出的美国国家标准iDEN(体制B),确定了两种集群通信体制。2004年3月19日,中兴通讯股份有限公司在京宣布成立其数字集群系统GoTa产业联盟;两个月之后,华为技术有限公司在京宣布GT800数字集群系统产业联盟成立。上述4个标准均成为中国国家的数字集群标准,是中国数字专用无线通信系统建设所参照的标准。

14.1.2 地铁专用无线通信系统的标准化趋势

截至目前,地铁专用无线通信系统采用的数字集群设备主要由美国Motorola公司和欧洲EADS公司提供,近年来中国电子科技集团公司第五十四研究所、河北远东通信系统工程有限公司等国产厂家的设备也逐步在地铁专用无线通信系统中得到了应用。

多个不同厂家设备的应用,对专用无线通信系统的标准化,尤其是针对地铁应用的数字集群设备的标准化提出了迫切的要求。制定地铁专用无线通信系统相关行业标准将会大大提升相关产业的发展高度,推动整个相关产业的技术创新进程,并对我国地铁专用无线相关设备的后续演进和发展,提供强有力的保证和支持。

从目前地铁专用无线通信系统的应用情况来看,标准化和统一化主要需要改善的问题集中在系统互联互通接口,网络管理,调度应用开发等方面。地铁业主和广大通信设备厂家应合力推动以TETRA标准为基础,结合地铁行业的特殊应用需求和应用场景,制定地铁专用无线通信系统的统一行业标准,并制定和明确地铁专用无线通信系统的演进方向和愿景,以适应当前和未来地铁专用无线通信系统飞速发展的需要。

14.2 地铁专用无线通信系统的网络化

14.2.1 地铁专用无线通信系统网络化的概念和需求

随着城市化进程的加快,我国城市轨道交通进入了健康、有序、快速的发展时期,同一城市内的地铁线路越来越多,城市轨道交通建设正在由单纯的“线路型”向“网络化”转变。也只有完成了这一转变,才能真正体现出城市轨道交通“大运量、便捷、安全、准点”的优势,才能使轨道交通在城市综合交通体系中发挥出核心作用。

城市轨道交通网络化的核心,是要保证整个网络的安全性、可靠性和高效性。网络安全性,包括乘客乘车的安全、车辆运行的安全和网络系统运转的安全。网络可靠性,是指整个网络运转平衡和网络运转系统的稳态。网络高效性,是指网络管理界面分明、层次清晰、体系科学、流程顺畅、交互准确、传递及时、成本合理。

地铁专用无线通信系统网络的需求正是随着城市轨道交通网络化的进程应运而生的,需要满足城市轨道交通网络化的各项需求。具体地说,地铁专用无线通信系统网络化的目标是:

(1)追求真正意义的全网“互联互通”;

(2)实现最大限度的全网“资源共享”。

14.2.2 地铁专用无线通信系统的互联互通

1)互联互通的基本概念和存在问题

互联,是指物理上的连接。互通,是指上功能的实现。互联是基础,互通是目的。

假设地铁1号线、3号线和5号线所建立的专用无线通信网,分别称为A网、B网和C网,并在换乘站附近重叠。又设各网的移动用户编号分别为100×、300×和500×,如图14-1所示。

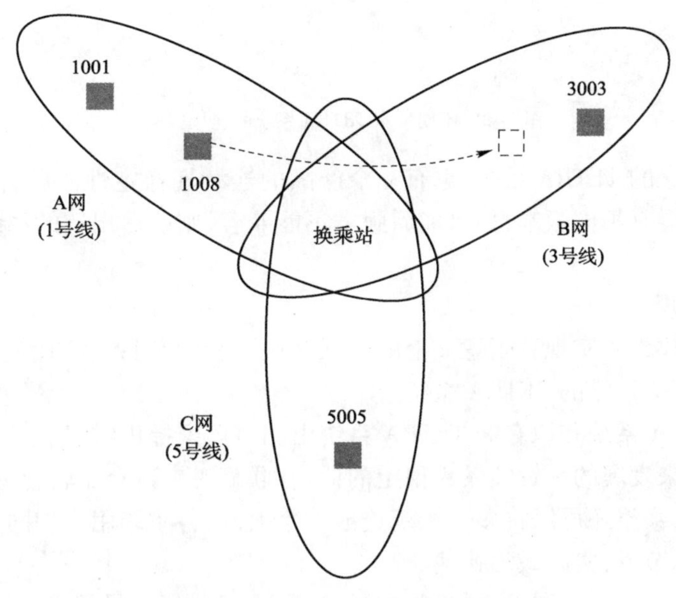

图14-1 TETRA移动用户跨网漫游

为实现网络化,要求A网用户(例如1008)从A网进入B网后,不但享有B网用户(例如3003)的同等待遇,而且还能和A网、C网其他用户(例如1001、5005)正常通信,功能不减,性能不降,无缝连接,平滑过渡。也就是说,能像公众移动通信那样,实现跨网漫游。这就是地铁最终用户所追求的真正意义上的互联互通。

在目前我国地铁建设中,专用无线通信系统已普遍采用TETRA系统,TETRA系统已经成了地铁专用无线通信系统的代名词。

在TETRA标准中,互联互通是一个子集,其主要特点是:

只限于系统之间的接口标准,不涉及系统内部设计。

只限于一对一的两个系统,系统多了不行。

只限于4个最基本的功能,即组呼、个呼、短信和漫游。

需有厂家配合,进行并通过兼容性测试。

在技术层面上,有两种实现方式,即:

①IP方式,又叫广域网或路由器方式。

②电路方式,在交换机中用信令连接。

目前市场上的TETRA系统互联互通存在的主要问题主要有两方面:

要把两个不同厂家的两个TETRA系统连接起来,必须在两系统之间设置一个“转换器”,这个转换器可以是系统互联网关或者是类似产品,但此转换器的研发至今缺少推动力。图14-2说明了这种转换。

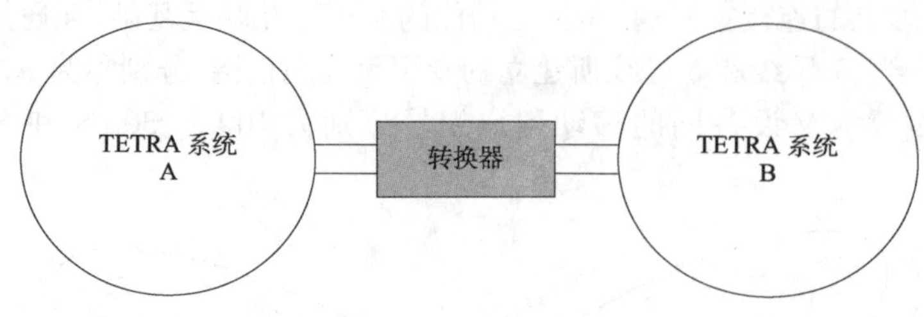

图14-2 不同厂家TRTRA系统的连接转换

即使是同一厂家的TETRA系统,也有一个产品的连续性稳定性问题,例如不同时期出厂的控制交换机软件会有不同版本,如果前后版本不能兼容,则前后出厂的系统就很难互联互通不起来。

2)互联互通的现状

为了在网络化建设中实现真正意义上的互联互通,地铁专用无线通信系统有两种方案:

方案一:采用同一厂家的TETRA系统

当新建的TETRA系统和原有的TETRA系统由同一厂家提供时,如果该TETRA厂家系统设计的平滑性和未来发展的一致性较为稳定的话,互联相对来讲会比较容易实现,用户能够获得最好的网间服务,甚至还可以将多个系统连成一个大网,各系统用户如同活动在一个网络之中。而且,投资最为节省,实施最为快速。

在这种情况下,地铁用户需要着重关注的是,TETRA厂家所提供的TETRA系统结构是否具有很好的稳定性。如果不具备很好的稳定性,即如果后续版本与先前的老版本根本不能兼容的话,即使是由同一个厂家提供的两个不同版本的TETRA系统之间也难以实现无缝平滑的互联。

摩托罗拉在上海地铁,欧洲宇航在深圳地铁,中国电子科技集团公司第五十四研究所远东通信在石家庄地铁都是这种多条线路采用同一厂家TETRA系统设备实现互联互通的例子。上述系统均有以下特点:TETRA系统都应当是一个统一的体系,硬件平台完全一致,不同系统版本之间硬件完全兼容,支持不同版本之间连续的、平滑的软件升级,即老版本可以平滑升级到新版本。因此,基于不同的TETRA系统,才可以非常方便地实现系统之间的互联。

方案二:采用不同厂家的TETRA系统

是在同一个地铁线网中,各条线采用不同厂家的TETRA系统,除解决好前后版本的兼容问题外,还要解决好不同厂家交换设备的接口问题。例如,北京地铁和广州地铁均同时采用摩托罗拉和欧洲宇航的TETRA系统,在一定程度上解决了已有网络的互联互通问题。

解决互联互通问题又有以下两种方案。

(1)交叠覆盖

例如,在北京10号线和5号线换乘站区域,将10号线TETRA系统的无线信号覆盖到5号线站台,同时将5号线TETRA系统的无线信号覆盖到10号线站台。这样,当10号线TETRA用

户漫游到5号线站台时，他仍然处在10号线系统的覆盖范围内，仅使用了一个无线信道资源。

此方案虽然在小范围内解决了"不掉话"问题，但未实现跨网漫游，回避了网间互联互通，而且增加了覆盖设备和建设成本。

(2)手动漫游

A网授权漫游用户的数据要事先存入B网计算机，当该用户需漫游到B网时，可通过菜单选择它在B网的号码，手动切换网络，从而变成B网用户，这类似于有线电话的人工接续。此方案只适用于少量跨网漫游情况，离不开人工干预。

3)地铁专用无线通信系统互联互通的趋势和展望

按照TETRA MOU规定的ISI网间互联标准，可以实现两个采用不同厂家TETRA系统的TETRA网络的互联，以实现地铁用户跨线漫游和指挥调度通信。

采用ISI网间互联过渡阶段方案实现与其他线路的互联，包括：

①根据TETRA MOU的TIP规范TTR 001第六部分"空中接口迁移"实施（迁移在TETRA中指从一个网络漫游到另一个网络）；

②迁移用户可以使用基本的本地业务；

③迁移用户数据需要在两个网络都进行配置；

④网络无须QSIG信令链路；

⑤网络间的模拟4线音频链路作为通话组通信的方案；

⑥个呼通过PSTN/PABX来实现；

⑦两个系统需要相互认可的编号方案。

此方案已通过由TETRA MOU主持的三个国家（比利时、荷兰、德国）互联试验的测试。

此方案要求跨线漫游的无线用户同时在两个TETRA网络内建立相应的用户数据，并在终端上写入这两个TETRA网络的识别码。由于TETRA无线终端均工作在800MHz全频段内，并且支持在一个终端配置多个TETRA网络的网络标识号，所以这一点不成问题。

此方案系统互联后，支持下列四种功能：

(1)跨网漫游

在这种互联方式下，TETRA终端跨线路/网络移动漫游的能力，原则上可以通过以下两种机制实现：

①几条线合建的TETRA网络，能接受其他网络码（采用其他系统的其他线路）的终端登记。其他线路的终端，在失去与本线路的TETRA网路联系时，可以选择在另一个网络进行登记（需要确认是否其他手机支持自动网络选择）。

②用户终端支持多个国家和网络代码（用户能够手动/自动选择网络）。在不同线路覆盖的边缘地区，终端对网络的选择，原则上能够自动完成。当几条线合建TETRA网络的用户终端失去与原有网络的联系时，能够登记到其他线路的TETRA网络。用户还可以手动选择网络，以便在接近边界地区时，能够控制网络的选择。

(2)跨网组呼

在不同链路的网络间，创建跨网络的通话组并进行呼叫联系，要通过四线音频接口来实现。有跨网通信需求的通话组，需要在两个TETRA系统中有独立的音频四线接口模块。通过这种方式，能够实现跨网络的组呼，并能保证当用户漫游至其他地铁线路时，能够维持组呼连接。

(3)跨网个呼

TETRA 无线用户间一对一的呼叫,通过两系统间 PSTN/PABX,使用拨号来实现。

(4)跨网短数据

通过两个系统间的数据网关接口实现。第三方开发的信息应用程序支持 2 个 TETRA 网络之间的短数据信息传送。

将不同厂家提供的两个或几个 TETRA 网络组成一个大的网络,目前只能采用 ISI 互联互通过渡方案来实现。尽管这个方案比较成熟并获得三个国家试验网的实际验证,但毕竟是 ISI 过渡方案,互联用户只能获得基本有限的组呼和个呼服务。由于组呼是通过 4 线音频接口实现,而且两个系统间没有采用任何的信令交互,因此无法实现用户的移动性管理,TETRA 组呼的很多功能也无法得到实现,只能进行简单的语音组呼,无法实现真正意义上的互联互通。而且在具体实施时需要各方面的配合特别是不同的系统厂家之间的配合。

有鉴于此,在地铁专用无线通信系统的发展趋势上应当继续坚持追求真正意义上的互联互通,各个 TETRA 系统厂家应该就进一步加强互联互通制定统一的标准,明确互联互通的接口,最终实现真正的互联互通。

14.2.3 地铁专用无线通信系统的资源共享

在地铁网络化建设过程中,多条线路会同期同步推进,各线路车站交通功能因轨道网络交叉而定位为换乘站(接驳站)车也会增多,换乘车站设备系统技术接口和资源共享问题日益凸显。另外地铁专用无线通信系统交换中心的容量通常远远大于单条线路基站和终端数量,因此对于多条线路来讲,交换中心的资源共享可以值得认真考虑的问题。就上述地铁专用无线通信系统的资源共享问题,重点有以下几个方面要考虑:

1)树立网络化统筹设计理念

轨道交通将从“线路型”进入“网络化”发展的新阶段,面临着后建线路与运营线路间的系统兼容、既有线系统升级改造、资源整合共享、设备互联互通等问题。因此,树立网络化统筹考虑和资源共享的设计理念,对保证网络建设和运营的安全、可靠和高效,十分重要。

2)多种资源合理综合利用

交换中心在设计阶段要充分考虑整体规划和未来线路的接入预留问题,对系统规模和容量,接口预留和施工安装要详细计算和考虑。

换乘站在设计阶段要充分考虑近期工程与预留工程的关系,要充分考虑设备系统互联互通接口的设置,保证车站运营的统一管理和控制。

同时,要注重将所集合的多种资源合理综合利用,如部分管理用房合用,设备共享,可有效减小车站规模,减少设备投入,减少能耗,实现投资效益的最大化,降低轨道交通建设及运营成本,提高运营效益,实现单线局部最优和网络整体最优的有机结合。

3)系统设计过程中把握资源共享的基本设计要求

在多线路共用交换中心和换乘站设计过程中,宜注重把握以下基本设计要求:

(1)确定换乘站运营管理的责任主体。

(2)确定合设与分设的设备系统。通过对设备系统整合,实现资源共享与集约化使用。

(3)确定设备系统的管理责任。分别考虑同期建设和不同期建设的换乘站的设备系统设

计、采购、安装及调试问题。

(4)确定投资分摊。

14.3 地铁专用无线通信系统的国产化

14.3.1 地铁专用无线通信系统的国产化需求

目前国内地铁各条线路中，专用无线通信系统已经普遍采用了TETRA数字集群系统，TETRA系统已经成了地铁专用无线通信系统的代名词。

然而由于TETRA系统技术难度大，市场应用范围小，国内企业研发投入及重视程度均不够，目前的主要供应商有两家：欧洲宇航公司(EADS)和美国摩托罗拉(中国)电子有限公司，两家公司的产品占有了地铁专用无线通信系统市场90%以上的市场份额。

同时，国内企业在地铁专用无线通信系统主要承担行业应用开发与集成的角色，项目利润低下，盈利能力受限，造成整个国内相关行业发展无法进入良性循环。

而通信系统主要采用国外设备，造成通信系统建设投资成本高，设备采购周期长，售后服务跟不上等问题，严重影响了我国地铁工程的建设和后续的运营管理工作。

综上，地铁专用无线通信系统急需加速核心设备和外围产品的全面国产化，通过国产化和产业化进程，降低和生产成本，向市场推出适合中国地铁行业应用需求的具有价格竞争力和优质快速服务TETRA数字集群系统设备，必将为中国地铁专用无线通信系统的广泛应用和快速发展起到推动作用。

14.3.2 地铁专用无线通信系统的国产化发展及展望

受我国地铁通信系统起步较晚的因素影响，我国地铁专用无线通信系统设备研发及生产一直处于落后状态。在近年来的地铁建设中，许多通信系统设备集成商面对地铁通信系统行业的广阔前景投入到地铁专用无线通信系统设备的研发与生产行业中。经过不懈的努力，目前中国电子科技集团公司第五十四研究所、河北远东通信系统工程有限公司已经成功研发出自主知识产权的TETRA数字集群系统，并且成功应用于北京地铁7号线、北京地铁燕房线、石家庄地铁1号线和3号线的专用无线通信系统中。

展望未来，国家一直以来都在倡导自主品牌数字集群通信系统的发展，并制定了相关政策和出台相关文件，从保护和振兴民族通信产业的角度出发，国产化地铁专用无线通信系统将得到政府的大力支持。

同时，随着中国城市轨道交通的高速发展，必将有越来越多的地铁线路的专用无线通信系统采用国产化设备。各个国产TETRA系统厂商应该抓紧目前的有利机会，加快产业化进程。主要包括以下几个方面：

(1)加快自主研发、本土生产，加速产业化，降低产品价格，提高产品性价比。

(2)结合国内厂家丰富的工程和应用开发经验，深入了解地铁行业用户的具体需求，保证国产化产品更能满足中国地铁行业用户的特殊要求，更符合中国行业用户的操作习惯。

(3)加快对地铁专用无线通信系统设备的测试和检测，以此为基础提高设备的使用安全性、可靠性和耐用性，保障地铁运行安全。同时提高提高社会及地铁建设企业，系统集成企业对设备的认可，促进地铁专用无线通信系统设备国产化的推进。

(4)加强与地铁建设企业，系统集成企业的沟通和交流。同时，通过宣传工作的开展提高社会对国产设备的认识和了解，推动地铁专用无线通信系统国产化设备的应用。

(5)对于涉及国家公共安全的行业对 TETRA 数字集群的通信安全性、保密性要求很高，国外设备供应商的系统设备在类似敏感行业并不适合，只有国产化自主知识产权的 TETRA 系统才能更好地满足特殊行业需求，这为自国产化 TETRA 数字集群系统设备的产业化创造了有利条件和市场推广空间，也会有力促进 TETRA 系统在地铁专用无线通信系统应用的发展。

14.4 地铁专用无线通信系统的宽带化

14.4.1 专网无线通信的宽带化趋势

随着公网无线通信从 2G 时代向 3G/4G 时代的加速过渡，宽带化，多媒体化已经成为整个无线通信领域的大势所趋。相比公网无线通信领域，专网无线通信技术更新相对缓慢，虽然专网有其特殊性，但是不可否认，专网无线通信的技术演进从模转数，向宽带化发展的趋势同样是不可逆转。

目前，在我国行业专网中，政务网、公共安全、轨道交通以及电力、石油、机场、港口等大型行业对实时视频业务、多媒体集群业务、M2M 业务等宽带应用的需求十分强烈。在普通宽带数据和应用的基础上，对于移动视频监控，多媒体集群指挥调度，基于地图信息的协同作业，城市应急联动等业务也有明确的需求。专网的宽带化带来的移动互联管理和崭新功能，对各个行业的管理手段和方法均是革命性的。

结合目前专网宽带化的实际应用情况来看，TD-LTE 作为国际主流的第四代移动通信标准，在公网通信中已经得到了应用验证，具有高速率、大带宽、高频谱效率等诸多优点，基于 TD-LTE 体制进行专网无线通信系统的宽带化演进，已经基本称为产业界共识。美国率先开展 LTE 公共安全全国专网的建设。我国在北京、天津等主要城市开展了 TD-LTE 政务网试验，率先制定了 TD-LTE 宽带集群技术标准，宽带专网无线通信的市场和产业开始起步，并正在加速发展。

表 14-1 是目前世界常用的专网无线通信体制的基本情况对比。

专网常用窄带和宽带无线通信制式对比　　表 14-1

参　数	TETRA	Mcwill	Wimax	TD-LTE
多址方式	TDMA	CS-OFDMA/TDMA	OFDMA	OFDMA/SC-FDMA
调试技术	π/4-DQPSK	QPSK/8PSK/16QAM/64QAM	BPSK/QPSK/16QAM/64QAM	BPSK/QPSK/16QAM/64QAM
空口工作带宽	25kHz	5MHz	5MHz/10MHz	5/10/20MHz
理论最大数据速率	28.8kbps	15Mbps	15Mbps/40Mbps	20/45/100Mbps
覆盖距离	10～30km	1～2km	1～2km	1～2km

专网无线通信宽带化演进不可逆转的前提下，演进路线显得尤为重要，目前产业界对此尚

有不同的认识。

与公网发展以技术驱动、厂商不断地开发新技术，以满足运营商和客户的需求的情况不同，专网通信领域更多的是业务驱动，对技术并不敏感，当前专网只相当于公网的2G网络水平。而且不同于公网的集中化运营，专网十分分散、小众，各行业客户的需求也更加多元化，客户对于专网无线通信设备的成本和实际使用效果也更为敏感。

从表14-1可见，以TETRA为代表的窄带系统速率低，但覆盖范围非常大，宽带系统速率很高，但相应地，覆盖范围急剧下降。带来的很重要的影响是，需要建设的基站数量成平方指数增加，对建网的成本压力也急剧增加。

业界有看法认为，基于建设成本，商业模式，频谱资源，终端与应用等方面的挑战，现在断言TD-LTE宽带无线通信专网将会取代以TETRA为代表的窄带集群系统为时尚早。在很长一段时间内，宽带和窄带专网无线通信系统共存和"宽窄融合"是专网无线通信发展的必经之路。

业界还有看法认为，宽带专网无线通信频谱需求大，在目前频谱供应日益紧张的情况下，频谱规划和申请十分困难，这就决定了不可能像窄带系统那样，为每个行业分配一些频率，而更应该走一条"专业共网"的道路。然而行业间的整合，需要政府的引导、协调和规划，也需要用户逐步形成统一认识，在这些方面，还需要做更多的工作。

综上，虽然基于TD-LTE宽带无线通信发展仍面临各种问题和挑战，需要产业界合作、探索和创新。但是，在专网通信市场宽带需求增加及公网4G技术快速发展的推动下，以TD-LTE为基础的专用无线通信宽带化发展已经成为产业界共识，基于该技术无线专网的频谱分配和技术标准也将逐渐明确，专网无线通信宽带化浪潮必将很快来临，并将对传统的专网无线通信产生革命性的深远影响。

14.4.2 地铁专用无线通信系统宽带化需求

随着轨道交通快速发展，支撑安全运营生产业务不断增加，对车地通信功能和性能要求不断提升。车地无线通信宽带化，高速化，实现多业务承载不仅具有技术优势，符合技术发展方向，也是轨道交通运营的迫切需要。在同一张宽带网络上，通过综合承载技术整合宽带视频监控上报，PIS(Passenger Information System，旅客信息系统)的视频分发，列车状态监控信息，CBTC(Communication-Based Train Control，基于无线通信的列车自动控制系统)列车控制信息，集群语音业务和集群视频业务等，为车载传输系统的简化提供了便利，已经成为下一代地铁专用无线通信系统网络的现实需求。同时，支持多级QoS算法，支持更高列车运行速度下的移动性管理，支持比现有车地无线通信系统更远距离的覆盖和更好的切换性能，支持专用频段下的更好的抗干扰技术，支持多种工作带宽可配置以满足地铁应用中的不同业务需求对频率灵活性的要求，支持上下行业务变化的灵活配置等功能需求也是地铁专用无线通信系统向宽带化演进的明确要求。

在地铁专用无线通信系统宽带化的发展过程中，曾经出现了Mcwill、WLAN和无线图传系统等不同制式通信系统的解决方案，但这些制式都存在或多或少的问题，实际应用并不很成功。

而基于TD-LTE技术开发的地铁宽带专用无线系统除了具有标准TD-LTE系统具有更大的信道容量、更高的频谱利用率、更高的传输速率和更低的传输延时，采用低成本、可伸缩、可配置的全IP无线多媒体架构，并能够实现平滑演进等优点外，与传统无线解决方案相比，更具有全网配置完全冗余，确保单点故障下信号系统安全，更为可靠的抗干扰能力、高效的多业务优先级保障机制、高速移动下的稳定传输等诸多优点。这些优点与前述地铁专用无线通信的需求高度匹配,可以很好地满足地铁建设和日常运营生产中对于专用无线通信系统的宽带化要求。

14.4.3 宽带专网无线通信系统的相关标准

为了推动新一代宽带无线接入技术(含数字集群功能)的行业应用,国家在政策和频率上也给予大力支持。针对行业信息化应用的新需求,2008 年无线电管理局发布了工信部无〔2008〕332 号文和工信部无〔2008〕333 号文,其中 332 号文扩展了 1785 ~ 1805MHz 频段的业务应用范围,不仅可以开展语音、低速数据等窄带应用,也可以开展无线视频传输等宽带应用。

2009 年国家发展改革委、工信部联合发布了《电子信息产业技术进步和技术改造投资方向(2009—2011)》,在通信设备领域,重点支持具有自主知识产权的宽带无线接入系统、终端及核心芯片研发及产业化,推动新一代宽带无线接入技术(含数字集群功能)在重点领域的行业应用。

2015 年上半年,无线电管理局又相继发布了工信部〔2015〕59 号文《工业和信息化部关于 1447 ~ 1467MHz 频段宽带数字集群专网系统频率使用事宜的通知》和工信部无〔2015〕65 号文《工业和信息化部关于重新发布 1785 ~ 1805MHz 频段无线接入系统频率使用事宜的通知》,其中后者明确提出了 1785 ~ 1805MHz 频段用于满足城市轨道交通行业专用通信网的应用需求。

目前,国家为 TD-LTE 宽带无线专网分配了专用频段,为宽带无线数据应用提供了保障。我国主要 TD-LTE 设备商也都已研发或推出 TD-LTE 专网宽带集群产品,但是由于标准缺失,设备商技术方案不一致,无法实现不同设备商终端与网络、网络与网络之间的互联互通,影响了用户使用和网络建设规模,我国 TD-LTE 专网宽带集群技术仍急需标准化。

2012 年 11 月召开的 CCSA(China Communications Standards Association,中国通信标准化协会)无线通信技术工作委员会(TC5)TD-SCDMA&WCDMA 工作组(WG9)第 48 次工作组会议决定,由工业和信息化部电信研究院联合主要用户单位和设备商,在 CCSA 积极开展 TD-LTE 专网宽带集群标准化工作。

该标准分两个阶段推进。第一阶段标准定位 TD-LTE 专网宽带集群本地组网,保持对 TD-LTE R9 的后向兼容性,并进行集群功能增强,标准化侧重终端与网络接口、调度台与网络接口的开放,以降低终端成本;第二阶段标准将定位在规模组网和漫游功能,以支持核心网网元间的互通、不同网络间的漫游。

2013 年 12 月 CCSA 完成《基于 TD-LTE 技术的专网宽带集群系统总体技术要求(第一阶段)》通信行业标准报批稿的编制工作,2015 年 5 月,CCSA 完成了《基于 TD-LTE 技术的专网宽带集群系统总体技术要求(第一阶段)》通信行业标准的正式发布,并开始了《基于 TD-LTE 技术的专网宽带集群系统总体技术要求(第二阶段)》通信行业标准的编制工作。

2015 年 4 月,中国城市轨道交通协会联合主要用户单位、轨道交通信号系统设备商和通信系统设备商,开展了针对城市轨道交通宽带专用无线通信系统的《城市轨道交通车地综合通信系统(LTE-M)规范》的制定和标准化工作。

该规范设计城市轨道交通车地无线通信的系统需求、产品、接口、测试、工程实施等多方面内容,主要目标是实现城市轨道交通专用车地通信系统的互联互通、生产的规范化和工程实施的标准化,为 LTE-M 网络规划、产品开发、工程设计、设备配置、运行管理等提供技术依据,形成 LTE-M 网络规划与建设、管理和维护的指导性文件,为各地铁公司 LTE-M 网络规划与建设

提供指导,促进城市轨道交通通信系统的创新和技术进步。

14.4.4 地铁专用无线通信系统宽带化发展

从2013年起,以TD-LTE标准为基础的地铁宽带专用无线通信系统开始逐步在国内多个城市的多条线路上投入试商用和商用,并取得了较好的技术成效和社会效益,有效地推动了地铁专用无线通信系统的宽带化发展。

1)北京地铁TD-LTE车地无线数据通信系统应用论证和测试情况

北京地铁2014年上半年开始进行TD-LTE车地无线数据通信系统应用的论证和测试,充分论证了车地无线数据通信系统的需求,TD-LTE系统应用于车地无线通信系统的可行性,存在问题及相应的解决方案等关键技术问题,确定测试实施方案,并组织了在北京交通大学进行的实验室测试和在铁道科学研究院东郊分院环形铁路的实验段测试。

其中,实验室测试主要以仿真和模拟为主,采用信道模拟器、可调衰减器、网络分析软件等测试仪器和工具,初步明确了TD-LTE车地无线数据通信系统应用的可行性。

实验段测试则采用实际设备进行测试,测试先后在1.4GHz和5.9GHz频段进行,为满足CBTC的可靠性需求,测试采用A、B双网交织方案,使用了2套TD-LTE核心网设备、多套TD-LTE基站设备以及PIS、视频监控等相关设备,测试区间全部用泄漏电缆进行覆盖。

北京地铁TD-LTE车地无线数据通信系统应用测试内容见表14-2。

北京地铁TD-LTE车地无线数据通信系统应用测试的初步的测试结果见表14-3。

北京地铁TD-LTE车地无线数据通信系统应用试验测试项 表14-2

测试项	传输性能	综合承载传输性能	设备稳定性及单网故障性能	网络极限性能
测试内容	传输时延	综合承载下的CBTC业务传输性能	设备稳定性	同频干扰最强点的极限传输性能
	传输带宽	PIS/视频监控业务吞吐量	核心网单网故障	视频监控业务极限传输性能
	切换时延		BBU单网故障	单/双漏缆传输性能对比测试
	丢包率		RRU单网故障	

北京地铁TD-LTE车地无线数据通信系统应用试验测试结果 表14-3

测试内容	测试结果	测试内容	测试结果
丢包率	小于0.1%	PIS视频效果	4级
切换时延	小于70ms	核心网单网故障	不影响CBTC传输
15MHz频宽上行平均吞吐量	11Mbps	BBU单网故障	不影响CBTC传输
15MHz频宽下行平均吞吐量	19Mbps	RRU单网故障	不影响CBTC传输
CBTC传输时延	小于40ms	同频干扰最强点的极限传输性能	不影响CBTC传输
列车运行状态监测传输时延	小于40ms		
紧急文本传输时延	小于50ms	视频监控业务极限传输性能	承载8路CCTV视频上传
视频监控视频效果	4级	单/双漏缆传输性能对比测试	最小吞吐量相差4倍

经过试验段测试,初步确认了 TD-LTE 车地无线数据通信系统综合承载 CBTC、PIS、车载视频监控以及其他数据传输业务在地铁中应用的可行性。

在试验段测试的基础上,2015 年,北京地铁燕房线正式开始建设采用 TD-LTE 技术承载 CBTC、PIS、车载视频监控等综合承载的车地宽带无线数据通信系统。

2)其他城市线路地铁专用无线通信系统的宽带化发展

郑州地铁 1 号线 2013 建成采用 TD-LTE 技术的车地无线数据通信系统,承载 PIS、车载视频监控、数据传输,为车地之间数据、视频等多种业务提供双向、连续、高可靠的无线传输通道,郑州地铁 1 号线是 TD-LTE 系统首次应用于轨道交通车地无线通信系统,验证了 TD-LTE 系统在轨道交通行业中应用的可能性。

2015 年,温州轨道交通 S1 线开始建设采用 TD-LTE 技术的车地宽带无线通信系统,除承载 PIS、车载视频监控、数据传输等业务外,首次承载集群语音调度业务用于地铁列车调度。

截至目前,杭州地铁、南京地铁、兰州地铁、重庆地铁、乌鲁木齐地铁、长沙地铁等都在进行基于 TD-LTE 的地铁宽带专用无线通信系统方案设计、招标和建设工作。

14.4.5 几个需要重点思考的问题

虽然基于 TD-LTE 的地铁宽带专用无线通信系统已经开始在国内不同城市的多条线路上得到了应用,但是在地铁专用无线通信系统的宽带化发展的过程中,仍然存在很多问题和挑战值得我们思考和研究,需要整个产业界持续进行探索和创新。下面列出了几个在地铁专用无线通信宽带化发展中需要重点考虑的问题:

1)频谱资源紧张,申请压力大

在窄带集群时代,TETRA 系统使用 800MHz 频段的多对频点进行通信,WLAN 车地无线则使用 2.4G 的开放频段进行通信,频率资源都是相对紧张的。而目前工信部无〔2015〕65 号文,分配 1785 ~ 1805MHz 频段用于 TD-LTE 系统在城市轨道交通行业专网,但是结合 TD-LTE 系统在地铁中的实际应用情况,频率资源的瓶颈问题仍然十分突出:

(1)根据目前测试的结果,至少需要单网 10MHz 带宽及以上,才能满足地铁车地通信综合承载的需要,否则 PIS 和视频监控通道的数量和质量都会受到影响。

(2)1785 ~ 1805MHz 频段紧邻公网中国移动 DCS1800 下行频段和中国电信 FDD LTE 上行频段,考虑到频段的上、下两端的保护间隔问题,很可能无法使用全部频率。

(3)工信部无〔2015〕65 文分配 1785 ~ 1805MHz 频段并不是专用于轨道交通行业专网,电力和石油行业也可以使用;同时,在这一频段各城市以前已经有部分频率被分配给其他行业用户,使得此段频率资源满足地铁专用无线通信系统的需求愈加捉襟见肘。

(4)承载 CBTC 等列车安全相关业务,要求必须是物理隔离的 A、B 双网,双网采用异频组网会进一步加剧频率资源紧张,频率申请难度加大,在这种情况下,在有限的频率带宽下综合承载压力较大。

2)地铁行车安全需综合考虑

在 TD-LTE 网络上承载 CBTC 等列车安全关键任务,意味着对系统的可靠性和安全性提出了很高的要求,需要进一步研究和改善系统冗余等安全性措施,更好的保障安全关键业务的正常工作。

列车调度集群通信业务和CBTC业务同时在TD-LTE网络上进行承载的问题也需要认真研究。为了保证在承载网络故障的情况下,仍然有人工语音调度列车运行作为保障,建议800MHz TETRA列车调度通信系统和TD-LTE系统应同时工作,共同保证列车正常运营。

3)系统互联互通和脱网直通问题

目前,主要TD-LTE厂商的系统设备之间,尚不能完全实现互联互通。在跨网络注册、移动性管理、互通等方面仍然有待制定统一的标准。不同厂家的不同系统的互联互通对于地铁线路"一线一网一中心"或"多线多网一中心"的运营工作模式来说,尤为重要。

当前版本的TD-LTE标准未规定终端的脱网直通模式(DMO),目前的TD-LTE终端也无法支持TD-LTE DMO模式,而是普遍采用了其他频段的窄带通信模块来解决DMO问题,业界同样需要尽快制定脱网直通的统一标准,完善TD-LTE终端的脱网直通功能。

4)换乘站和共线运营的同频干扰问题

和以前的窄带通信系统异频组网不同,TD-LTE普遍采用同频组网,在网络内的同频干扰主要依靠IRC算法和ICIC干扰协调来解决。当应用场景出现换乘站或共线运营时,在地铁站厅/站台和共线共同覆盖区间就会出现不同网络之间的较强同频干扰,对这些同频干扰的问题,还需要进一步改进和测试,对性能加以改善,以满足地铁应用的需求。

14.4.6 地铁专用无线通信系统宽带化展望

展望未来,尽管仍然面临着各种问题和挑战需要解决和应对,鉴于TD-LTE技术相对其他窄带/宽带无线通信技术在地铁专网应用上的巨大技术优势,基于TD-LTE技术的地铁宽带专用无线通信系统在轨道交通的大规模应用指日可待,并将对传统的地铁专网无线通信领域乃至地铁建设和运营产生深远的影响。

同时,随着移动通信技术的不断演进和发展,LTE-A技术乃至5G技术也必将应用与到地铁专用无线通信领域中来。

带宽更宽,速度更快,时延更低将是未来地铁专用无线通信系统的里程碑和关键词。

现代地铁常用英语缩略语

A

A (Ampere)　安培
A (Amplitude)　振幅
A (Area)　区域，范围，面积
AAA (Authentication Authorization Accounting)　认证、授权和计费
AAC (Activity Address Code)　有效地址代码
AAC (Automatic Amplitude Control)　自动幅度控制
AACH (Access Assignment Channel)　接入指配信道
AAR (Automatic Address Recognition)　自动地址识别
AAT (Average Access Time)　平均存取时间
AB (Address Bus)　地址总线
ABC (American Broadcasting Company)　美国广播公司
AC (Alternating Current)　交流电
AC (Analog Convert)　模拟转换
AC (Air Conditioning)　空调
AC (Air Compressor)　空压机
AC (Axle Counter)　信标、记轴器
ACB (Air Circuit Breaker)　空气断路器
ACC (AFC Clearing Center)　轨道交通 AFC 清算管理中心
ACCH (Access Control Channel)　接入控制信道
ACELP (Algebraic Code Excited Linear Prediction)　代数码本激励线性预测编码
ACL (Access Control List)　访问控制列表
ACLR (Adjacent Channel Leakage Ratio)　邻信道泄漏功率比
ACLR (Automatic overhead Contact Line Reclosing)　接触网自动重合闸装置
ACLRT (Automatic overhead Contact Line Reclosing Testing)　接触网自动检测装置
ACS (Adjacent Channel Selectivity)　邻信道选择性
ACS (Axle Counting System)　计轴系统
ACS (Access Control System)　门禁控制系统
ADC (Analogue to Digital Converter)　模数变换器
ADM (Administrator Workstation)　系统工作管理站
ADM (Add Drop Multiplexer)　分插复用器
ADM (Administration Manager)　系统管理器

ADP (Active Distance Proving)　活动距离验证

ADPC (Automatic Data Processing Center)　自动数据处理中心

ADSL (Asymmetric Digital Subscriber Line)　非对称数字用户线

ADU (Appear Display Unit)　特征显示单元

AE (Assistant Equipment)　辅助设备

AF (Audio Frequency)　音频

AF (Automatic Following)　自动跟踪

AFC (Auto Fare Collection)　自动售检票 (系统)

AFC (Automatic Frequency Control)　自动频率控制

AG (Auto Gate)　自动检票机/闸机

AGC (Automatic Gain Control)　自动增益控制

AGM (Automatic Gate Machine)　自动检票机

AGP (Accelerated Graphics Port)　加速图形端口

AGT (Automatic Guide way Transit)　自动导向交通系统

AGTU (Air Generation & Treatment Unit)　供风及供风处理单元

AGU (Air Generation Unit)　供风单元

AHS (Automated Highway System)　自动高速公路系统

AHU (Air Handling Unit)　空气处理机

AI/AO (Analog Input/Analog Output)　模拟量输入/模拟量输出

AIS (Alarm Indication Signal)　告警指示信号

AM (Amplitude Modulation)　调幅

AM (ATO Mode)　自动驾驶模式

AMI (Alternate Mark Inversion)　传号交替反转码

AMIS (Advanced Mobile Information System)　先进的车辆信息系统

AMR (Adaptive Multi-Rate)　自适应多速率

AMTICS (Advanced Mobile Traffic Information and Communication System)　先进的移动交通信息通信系统

AMU (ATO Matching Unit) ATO　匹配单元

AN (Access Network)　接入网

ANS (American National Standards)　美国国家标准

ANSI (American National Standards Institute)　美国国家标准委员会

AP (Access Point)　无线接入点/道旁无线单元

API (Application Programming Interface)　应用程序接口

APR (Absolute Position Reference)　绝对位置参考应答器、信标

APS (Automatic Protection Switching)　自动保护倒换

APU (Audio Power Unit)　音频功放单元

AR (Automatic Reversal)　自动折返

ARP (Address Resolution Protocol)　地址解析协议

ARS (Automatic Route Setting)　自动进路排列 (设定)

ARTS（Advanced Rural Transportation Systems） 先进的乡村运输系统
AS（Access Switch） 接入交换机
ASCII（America Standard Code for Information Interchange） 美国信息互换标准代码
ASD（Automatic Sliding Door） 滑动门
ASD（Automatic Synchronizing Device） 自动同步装置
ASIC（Application Specific Integrated Circuit） 专用集成电路
ASK（Amplitude-Shift Keying） 幅移键控
ASR（Automatic Speech Recognition） 自动语音识别
ASTM（American Society for Testing Materials） 美国材料与试验协会
AT&T（American Telephone and Telegraph） 美国电报电话公司
ATC（Automatic Train Control） 列车自动控制
ATC（Automatic Tone Correction） 自动音调调整
ATC（Automatic Tuning Control） 自动调谐控制
ATC（Aerial Tuning Capacitor） 天线调谐电容
ATI（Arrival Time Indicator） 到达时间指示器
ATIA（Audio Traffic Information Access） 语音业务数据存取
ATM（Asynchronous Transfer Mode） 异步传输模式/异步转移模式
ATO（Automatic Train Operation） 列车自动驾驶
ATP（Automatic Train Protection） 列车自动防护
ATPM（ATP Manual Mode） ATP 下的人工驾驶模式
ATR（Automatic Train Regulation） 列车自动调整
ATS（Automatic Train Supervision） 列车自动监控
ATT（Automatic Train Tracking） 列车自动跟踪
ATU（Air Treatment Unit） 供风处理单元
ATVM（Automatic Ticket Vending Machine） 自动售票机
AU（Administration Unit） 管理单元
AU-AIS（Administration Unit Alarm Indication Signal） 管理单元告警指示信号
AuC（Authentication Center） 鉴权中心
AUG（Administration Unit Group） 管理单元组
AU-LOP（Administration Unit Loss of Pointer） 管理单元指针丢失
AUP（Administration Unit Pointer） 管理单元指针
AUPTR（Administration Unit PoinTeR） 管理单元指针
AUS（Authentication Server） 鉴权服务器
AUW（All-Up Weight） 总重量/最大重量
AV（Audio Video） 音视频
AW（Actual Weight） 实际重量
AW（Average Weight） 平均重量
AW0 空载
AW1 每位乘客都有座位

AW2　每平方米 6 人
AW3　每平方米 9 人
AWC（Active Wire Concentrator）　集线器
AWG（American Wire Gauge）　美国导线量规
AXC（Axle Counter）　计轴器

B

BAS（Building Automation System）　车站设备自动监控系统
BATT（BATTERY）　电池
BBA（Broad Band Access）　宽带接入
BBS（Bulletin Board System）　公告牌系统/电子通知布告板/收集留言板
BC（Bar Code）　条形码
BCC（Basic Connection Components）　基本连接组件
BCC（Backup Control Center）　备用控制中心
BCCH（Broadcast Control Channel）　广播控制信道
BCD（Binary Coded Decimal）　二进制编码的十进制
BCIU（Bus Control Interface Unit）　总线控制接口单元
BCLK（Bus Clock）　总线时钟
BCU（Brake Control Unit）　制动控制单元
BER（Bit Error Rate）　误码率/误比特率
BF（Band Filter）　带通滤波器
BGP（Border Gateway Protocol）　边界网关协议
BHCA（Busy Hour Calling Amount）　忙时呼叫次数
BICC（Bearer Independent Call Control）　与承载无关的呼叫控制协议
BIP-N（Bit Interleave Parity N code）　比特间插奇偶校验 N 位码
BIOS（Basic Input/Output System）　基本输入/输出系统
BISCS（Backup ISCS）　备用综合监控系统
B-ISDN（Broadband-Integrated Services Digital Network）　宽带综合业务数字网
BITS（Building Integrated Timing System）　大楼综合定时系统
BLCH（Base station Linearization Channel）　基地台线性化信道
BLER（BLock Error Rate）　误块率
BLT（Build - Lease - Transfer）　建造 - 租赁 - 转让/建造 - 租赁 - 移交
BLU（Basic Link Unit）　基本链路单元
BN（Bit Number）　比特数
BNC（Bayonet Nut Connector）　细同轴电缆接头
BNCH（Broadcast Network Channel）　广播网络信道
BOM（Booking Office Machine）　半自动售票机

BOOST（Build-Own-Operate-Subsidize-Transfer） 建造-拥有-经营-补贴-转让/移交
BOT（Build-Own-Transfer） 建造-拥有-转让/建造-拥有-移交
BOT（Build-Operate-Transfer） 建造-经营-转让/建造-经营-移交
BP（Brake Pipe） 制动管/列车管
bps（Bits per second） 比特/秒
B/s（Bytes per second） 字节/秒
BPSK（Binary Phase-Shift Keying） 二进制相移键控
BQ（Bill of Quantity） 工程量清单
BR（Base Radio） 基站收发机
BRI（Base Rate Interface ） 基群速率接口
BRT（Build-Rent-Transfer） 建造-租赁-转让/建造-租赁-移交
BS（Backbone Switch） 骨干交换机
BS（Base Station） 基站
BSC（Bus System Control） 总线系统控制
BSCH（Broadcast Synchronization Channel） 广播同步信道
BSI（British Standards Institution） 英国标准学会
BSS（Base Station System） 基站子系统
BSS（Broadband Switching System） 宽带交换系统
BT（Build-Transfer） 建造-转让/建造-移交
BTM（Borne Transponder management） 应答器车载查询器
BTN（Backbone Transfer Network） 骨干传输网络
BTO（Build-Transfer-Operate） 建造-转让（移交）-经营
BTS（Base Transceiver Station） 基站收发机
BUMA（Bus Management ） 总线控制板
BV（Butterfly Valve） 蝶阀

C

CA（Certificate Authority） 证书认证
C/A（Coarse/Acquisition code） 粗搜索码
CA（Central Autocontrol） 中央控制模式
CAD（Card Acceptance Device） 卡读写设备
CAD（Computer Aided Dispatch） 计算机辅助调度
CAD（Computer Aided Design） 计算机辅助设计
CAE（Computer Aided Engineering） 计算机辅助工程
CAL（Centralized Alarm system） 集中告警系统
CAM（Computer Aided Manufacturing） 计算机辅助制造
CAN（Controller Area Network） 控制区局域网

CAR (Committed Access Rate)　承诺接入速率

CAS (Computer Aided Signaling)　计算机辅助信号

CAS (Control Automatic System)　自动化控制系统

CATV (Cable Television)　有线电视

CAZ (Conflict Area Zone)　冲突防护区域

CB (Control Bus)　控制总线

CB (Catch Basin)　集水池

CB (Circuit Breaker)　断路器

CBD (Central Business District)　商业中心区

CBI (Computer Based Interlocking)　计算机连锁

CBN (Communication Background Network)　后台通信网络

CBR (Constant Bite Rate)　恒定比特率

CBTC (Communications-Based Train Control)　基于通信的列车控制

CC (Carborne Controller)　车载控制器

CC (Central Computer)　中心计算机/中央计算机

CC (Central Controller)　总（维）调

CCC (China Compulsory Certification)　中国强制认证

CCD (Charge Coupled Device)　电荷耦合器件

CCGW (Conventional Channel Gate Way)　常规信道模拟网关

CCH (Control Channel)　控制信道

CCIB (China Commodity Inspection Bureau)　中国国家商检局

CCIR (Consultative Committee of International Radio)　国际无线电咨询委员会

CCITT (Consultative Committee for International Telegraph and Telephone)　国际电信电报电话咨询委员会

CCR (Central Control Room)　中央控制室

CCS (Common Channel Signaling)　公共信令

CCTE (Carbone Controller)　车载控制器

CCTV (Closed Circuit Television)　闭路电视

CD (Compact Disc)　光盘

CD (Carry Detection)　进位检测、载频检测模块

CDDS (Configuration and Data Distribution Server)　配置及数字分配服务器

CDM (Code Detection Module)　电码检测模块

CDMA (Code Division Multiple Access)　码分多址

CD-ROM (Compact Disc Read-Only Memory)　光盘只读存储器

CDT (Central Data Transfer)　中央数据传输系统

CE (Control Equipment)　控制设备

CED (Contract Effective Date)　合同生效日期

CER (Control Exigency Room)　控制室

CESB (Central Exigency Stop Button)　中央紧急停车按钮

CFSU (Center Failure Storage Unit) 中央故障存储单元
CG (Code Generator) 编码发生器
CGI (Common Gateway Interface) 公共网关接口
CI (Computer Interlocking) 计算机连锁
CIECC (China International Engineering and Consulting Corporation) 中国国际工程咨询公司
CIF (Cost Insurance and Freight) 到岸价(含货价、运费和保险费)
CIS (Computer Interlocking System) 计算机连锁系统
CISC (Complex Instruction Set Computer) 复杂指令集计算机
CISCS (Central Integrated Supervision and Control System) 中央综合监控系统
CIU (Communication Interface Unit) 通信接口单元
CLC (Circuit Line Controller) 线路控制器
CLCH (Common Linearization Channel) 公共线性化信道
CLI (Command Line Interface) 命令行界面
CLK (Clock) 时钟系统/时钟
CM (Code Mode) 编码人工驾驶模式
cm (Centimeter) 厘米
CMCS (Central Main Control System) 中央主控系统
CMI (Coded Mark Inversion) 编码传号反转码
CMOS (Complementary Metal Oxide Semiconductor) 互补金属氧化物半导体
CN (Core Network) 核心网
C/N (Carrier-to-Noise ratio) 载噪比
CNE (Central Network Equipment) 中央网络设备
CoC (Communication Controller) 通信控制器
COCC (Coordinating Operating and Controlling Center) 网络运营协调中心
CODEC (Coder/decoder) 编/解码器
COM (Communicate-Output Management) 通信输出管理器
CoP (Coefficient of Performance) 性能系数
CORBA (Common Object Request Broker Architecture) 通用对象请求代理体系
CoS (Class of Service) 服务类别
COTS (Commercial Off The Shelf) 商业现货
CPCH (Control Physical CHannel) 控制物理信道
CPCI (Compact Peripheral Component Interconnect) 紧凑型外部控制器接口
CPL (Computer Program Language) 计算机编程语言
CPS (Condition Power Supply) 条件电源板
CPS (Central Processing System) 中央计算机系统，中央处理系统
CPU (Central Processing Unit) 中央处理器
CR (Core Router) 核心路由器
CRA (Carborne Radio Antenna) 车载无线电天线
CRC (Cyclic Redundancy Check) 循环冗余校验

CRT（Cathode Ray Tube） 阴极射线管
CRU（Carborne Radio Unit） 车载无线单元
C/S（Client/Server） 客户机/服务器
CS（Circuit Switched） 电路交换
CS（Central Server） 中央服务器
CSC（Contactless Smart Card） 非接触智能卡
CSD（Computer Self-Defense） 安全计算机
CSEX（Code Simulation EXpand） 电码系统模拟器扩展
CST（Contactless Smart Token） 非接触智能筹码
CT（Current Transformer） 电流互感器
CTC（Central Traffic Control） 中央调度
CTC（Centralized Traffic Control） 集中调度
CTI（Computer Telephony Integration） 计算机与电话集成技术
CTP（Computer To Plate） 计算机直接制板，电脑直接制板
CTS（Clear To Send） 清除发送
CTS（Cable Transfer System） 光数据传输系统
CU（Control Unit） 控制单元
CVM（Card Vending Machine） 自动加值机
CVO（Commercial Vehicle Operations） 商业车辆营运系统
CW（Continuous Wave） 连续波
CW（Contact Wire） 接触线
CWH（Contact Wire Height） 接触线高度
CWTS（China Wireless Telecommunication Standard group） 中国无线通信标准研究组

D

DA（Data Administrators） 数据管理者
DAC（Digital-to-Analog Converter） 数模转换器
dB（decibel） 分贝
DB（Data Bus） 数据总线
DB（Distribution Box） 配电箱
DBS（Direct Broadcast Satellite） 直接广播卫星
DBV（Drivers Brake Vale） 驾驶员制动阀
DC（Direct Current） 直流电
DCA（Dynamic Channel Allocation） 动态信道分配
DCA（Data Communication Adapter） 数据通信适配器
DCC（Depot Control Center） 车站控制中心，车辆段控制中心
DCC（Data Control Channel） 数据控制信道

DCC（Depot Control Center） 车辆段、停车场控制中心
DCE（Data Circuit Equipment） 数据电路端接设备
DCE（Data Communication Equipment） 数据通信设备
DCK（Derived Cipher Key） 导出密钥
DCM（Data Conversion Module） 数据转换模块
DCN（Data Communication Network） 数据通信网
DCR（Depot Comprehensive Room） 车站综合控制室
DCS（Data Communication Subsystem） 数据通信子系统
DCS（Distributed Control System） 分布式控制系统
DCU（Door Control Unit） 闸门控制单元
DCU（Data Component Unit） 数据存储单元
DCU（Drive Control Unit） 驾驶控制单元
DDB（Distributed Data Base） 分布式数据库
DDC（Direct Digital Controller） 数字直接控制器/直接数字控制器
DDE（Dynamic Data Exchange） 动态数据交换
DDF（Digital Distribution Frame） 数字配线架
DDP（Distributed Data Processing） 分布式数据处理
DDRP（Domain to Domain Routing Protocol） 域间路由协议
DDS（Digital Data Synthetize） 数字频率合成技术
DDU（Diagnose Data Unit） 诊断和数据上载单元、诊断和数据更新单元
DEA（Data Encryption Algorithm） 数据加密算法
DEC（Digital Equipment Corporation） 数字设备公司
DEM（Demodulator） 解调器
DES（Data Encryption Standard） 数据加密标准
DG（Data Gateway） 数据网关
DHCP（Dynamic Host Configuration Protocol） 动态主机配置协议
DI/DO（Digital Input/Digital Out） 数字量输入/数字量输出
DI（Depart Input） 安全型输入、列车发车时刻显示器
DID（Direct In-Dialing） 直接拨号
DIN（Deutsche Industrial-Norm） 德国工业标准
DIP（Dual Inline Package） 双列直插式封装
DIS（Detailed Interface Specification） 详细接口规范
DISCS（Depot Integrated Supervision and Control System） 车辆段综合监控系统
DITP（Detailed Interface Test Plan） 详细接口测试计划
DLM（Design Liaison Meeting） 设计联络会议
DLP（Digital Light Processing） 数字光处理
DMB-TH（Digital Multimedia Broadcasting TV/Handle） （中国）数字电视地面广播标准
DMCS（Depot Main Control System） 车辆段主控系统
DMO（Direct Mode Operation） 直通模式工作

DMVT（Digital Meter Value Transfer） 数字表值转换

DMU（Diesel Motor Unit） 内燃动车组

DNS（Domain Name System） 域名服务器/域名系统

D-NET(Device-NET) 设备网络

DOA（Direction Of Arrival） 到达方向

DOC（Drive Output Copy） 驱动输出模块

DOD（Direct Outward Dialing） 直接外线拨号

DOS（Disk Operating System） 磁盘操作系统

DP（Data Packet） 数据包

DPS（Data Processing System） 数据处理系统

DPSK（Differential Phase Shift Keying） 差分调相/差分相移键控

DPU（Depot Program Unit）车辆段程序单元

DQPSK（Differential Quadrature Phase Shift Keying） 差分四相移相键控

DR（Dynamic Report） 动态报告

DRC（Design Review Conference） 设计评审会议

DRGS（Dynamic Route Guidance System） 动态路线诱导系统

DRIVE（Dedicated Road Infrastructure Vehicle Safety in Europe） 欧洲车辆安全专用公路基础设施建设计划

DSD（Digital Signal Distributor） 数字信号分配器

DSP（Digital Signal Proceed/Processor） 数字信号处理/处理器

DSS（Decision Support System） 决策支持系统

DSSS（Driving Safety Support System） 安全驾驶支持系统

DSS1（Digital Subscriber Signaling System No.1） 1号数字用户信令

DSSS（Direct Sequence Spread Spectrum） 直接序列扩频

DSU（Database Storage Unit） 数据库存储单元

DT（Double Taxation） 双重税

DT（Data Terminal） 数据终端

DT（Data Transfer） 数据传输

DTC（Digital Track Circuit） 数字轨道电路

DTC（Depot Train Controller） 车辆段列车管理员

DTE（Data Terminal Equipment） 数据终端设备

DTI（Departure Time Indicator） 发车计时器，发车时间显示器

DTMF（Dual Tone Multi-Frequency） 双音多频（信号）

DTS（Data Transfer System） 光纤网、数据传输系统、光纤通信系统读点

DTV（Digital Tele Vision） 数字电视

DUP（Data User Part） 数据用户部分

DV（Digital Video） 数字视频

DVB（Digital Video Broadcasting） 数字电视广播

DVC（Digital Video Camera） 数字摄影机

DVD（Digital Versatile Disk） 数字通用光盘（碟）

DVI（Digital Video Interface） 数字视频接口

DVD-ROM（Digital Versatile Disk-ROM） 数字通用光盘只读存储器

DVM（Digital Voltmeter） 数字式电压表

DVR（Digital Video Recorder） 数字视频录像机（硬盘录像机）

DWE（Depot Workshop Equipment） 车辆段设备

DWDM（Dense Wavelength Division Multiplexing） 密集型波分复用

DXC（Digital Cross Connect） 数字交换连接

E

EAF（Exhaust Air Fan） 排风机

EAI（Enterprise Application Integration） 企业应用集成

EAM（Enterprise Asset Management） 企业资产管理

EAS（Environment Alarm System） 环境报警系统

EB（Emergency Brake） 紧急制动

EBCU（Electronic Brake Control Unit） 电子控制制动单元

EBR（Emergency Bake Relay） 紧急制动继电器

EBTS（Enhanced Base Transceiver Station） 增强型基站收发信机

EC（Echo Cancellation） 回声消除器

ECC（Element Control Computer） 部件（单元）控制计算机

ECC（Embedded Control Channel） 嵌入控制信道

ECMS（Engineering Construction Management System） 工程建设管理系统

ECS（Electronic Commence System） 电子商务系统

ECS（Environment Control System） 环境控制系统

ECU（Electronic Control Unit） 电子控制单元

ECU（Equipment Control Unit） 设备控制单元

ED（Electro Dynamic brake） 电制动

EDI（Electronic Data Interchange） 电子数据交换

EDP（Electronic Data Processing） 电子数据处理

EDS（Electro Dynamic Suspension） 电动悬浮

EED（Emergency Escape Door） 紧急逃生门/应急门

EFO（Excess Fare Office machine） 人工补票机

EGD（Ethernet Global Data） 以太网全局数据

EI（Electronic Interlocking）电子连锁

EIA/TIA（Electronic Industries Association /Telecommunication Industries Association） 美国电子工业协会/电信工业协会

EIB（European Installation Bus） 欧洲安装总线

EIP（Enterprise Information Portal） 企业信息门户系统

EIRP（Equivalent Isotropic Radiated Power） 等效全向辐射功率

ELCB（Earth Leakage Circuit Breaker） 漏电开关

E& M（Electrical and Mechanical） 机电

EMC（Electro Magnetic Compliance/ Compatibility） 电磁兼容性/电磁兼容能力

EMCS（Electrical and Mechanical Control System） 车站设备监控系统/机电设备监控系统

EMI（Electro Magnetic Interference） 电磁干扰

EMS（Electromagnetic Susceptibility） 抗电磁干扰能力

EMS（Electromagnetic Suspension） 电磁悬浮

EMS（Electronic Mail Service） 电子邮件业务

EMU（Electro Motor Train Unit） 电动车组

E/O（Electronic/Optical） 电/光

EOD（Equipment Operating Data） 设备运行参数

EP，E/P（Electro Pneumatic） 电-气动的，电-气压的

EPL（Ethernet Private Line） 以太网专线业务

EPM（Electro Pneumatic Modulator） 电-气调制器

EPMS（Environment Protection Management System） 环境保护管理系统

EPROM（Erasable and Programmable Read Only Memory） 可擦除可编程只读存储器

EPS（Electronic Power Steering） 电子动力转向

EPS（Emergency Power Supply） 应急电源

ER（Exit Router） 出口路由器

ERGS（Electronic Route Guidance System） 电子路线引导系统

ESB ESP EMP（Emergency shut down button） 紧急关闭按钮

ESN（Electronic Sequence Number） 电子序列号

ESP（Emergency Stop Plunger） 紧急停车按钮

ESR（Erroneous Second Ratio） 错误的秒比率

ESS（Emergency Stop Switch） 紧急停车按钮

EST（Edwards System Technology） 爱德华系统技术

ESTI（European Telecommunication Standards Institute） 欧洲电信标准化协会

ESTT（Electronic element interface module ） 电子元件接口模块

ETC（Electronic Toll Collection） 电子收费

ETC（Emergency Treating Center） 应急指挥中心

EU（Electron Unit） 电子单元

EU（Expansion Unit） 扩展单元

EVPL（Ethernet Virtual Private Line） 以太网虚拟专线业务

F

F（Fahrenheit） 华氏度数

F or f. (farad) 法拉
FA (Factory Automation) 工厂自动化
FAC (Final Acceptance Certificate) 最终验收证书
FACCH (Fast Associated Control CHannel) 快速随路控制信号
FAN (Fiber Access Network) 光纤接入网
FAQ (Frequently Asked Question) 常见问题回答
FAS (Fire Alarm System) 火灾自动报警系统
FAT (Factory Acceptance Test) 工厂验收检验
FAT (File Allocation Table) 文件分配表
FAW (Frame Alignment Word) 帧定位字
FBD (Function Block Diagram) 功能方块图/功能框图
FC (Fiber Channel) 光纤通道
FCH (Fundamental Channel) 基本信道
FDCA (Fast Dynamic Channel Allocation) 快速动态信道分配
FDD (Frequency Division Duplexing) 频分双工
FDDI (Fiber Distributed Data Interface) 光纤分布式数额接口
FDM (Frequency Division Multiplexing) 频分复用
FDMA (Frequency Division Multiple Access) 频分多址
FDU (Frontal Display Unit) 前部显示单元
FE (Fast Ethernet) 快速以太网
FEBE (Far End Block Error) 远端块误码
FEC (Forward Error Correction) 向前纠错
FEP (Front End Processor) 前端处理器（前端通信机）
FER (Frame Error Rate) 误帧率
FFT (Fast Fourier Transform) 快速傅立叶变换
FG (Flood Gate) 防淹门
FHSS (Frequency-Hopping Spread Spectrum) 跳频扩频
FIFO (First In First Out) 先进先出
FISU (Fill-In Signal Unit) 填充信令单元
FM (Frequency Modulation) 调频
FMS (Financial Management System) 财务管理系统
FOB (Free On Board) 离岸价（船上交货）
FPGA (Field-Programmable Gate Array) 现场可编程门阵列
FR (Frame Relay) 帧中继
FSK (Frequency-Shift Keying) 频移键控
FSOS (Fail-Safe Operation System) 故障-安全操作系统
FTA (Fault Tree Analysis) 故障树分析
FTP (File Transfer Protocol) 文件传输协议
FTT (Fault Tolerance Technology) 容错技术

FXO（Foreign Exchange Office） 外部交换局
FXS（Foreign Exchange Station） 外部交换总机/外部交换站

G

GB（Giga Byte） 千兆字节
GCC（Graphic Control Computer） 图形监视计算机
GCC（Graphic Control Center） 图形控制中心
GCS（Ground Communication System） 地面通信系统
GDI（Graphics Device Interface） 图形设备接口
GDP（Gross Domestic Product） 国内生产总值
GE（Gigabit Ethernet） 千兆以太网
GEV（General Exhaust Ventilation） 全面排风
GFP（Generic Framing Procedure）通用成帧规程
GIS（Gas Insulating Switchgear） 气体绝缘开关柜
GIS（Geographic Information System） 地理信息系统
GOT（Graphical Operating Terminal） 图形操作终端
GoTa（Global open Trunking architecture） 全球开放式集群架构
GR（Gateway Router） 网关路由器
GPRS（General Packet Radio Service） 通用分组无线业务
GPS（Global Position System） 全球定位系统
GSM（Global System for Mobile） 全球移动通信系统
GSM（Group Station Manager） 站区长
GTO（Gate Turn-Off thyratron） 大功率晶闸管
GTO（Gate Turn-Off） 门极可关断
GTSI（Group TETRA Subscriber Identification） TETRA 用户群（组）身份码
GUI（Graphical User Interface） 图形用户界面/图形用户接口
GW（Gate Way） 网关
GWS（Graphic Work Station） 图形工作站
3G（Third Generation） 第三代移动通信
3GPP（Third Generation Partnership Project） 第三代合作项目

H

HCI（Human Computer Interface） 人机接口
HDB（Home Date Base） 内部数据库
HDB3（High Density Bipolar 3） 三阶高密度双极性码
HDDR（High Definition Digital Recorder） 高清晰度数字录像机

HDLC（High Level Data Link Control） 高级数据链路控制协议
HDTV（High Definition Television） 高清晰度电视/高清电视
HDX（Half DupleX） 半双工
HF（High Frequency） 高频
HFC（Hybrid Fiber Coax） 混合光纤同轴电缆
HLR（Home Location Register） 归属用户寄存器
HMI（Human Machine Interface） 人机界面/人机接口
HPA（High order Path Adaptation） 高阶通道适配
HPC（High Path Connection） 高阶通道连接
HP-RDI（High order Path-Remote Defect Indication） 高阶通道接收缺陷指示
HP-REI（High order Path-Remote Error Indication） 高阶通道远端错误指示
HPT（High Path Termination） 高阶通道终端
HRMS（Human Resource Management System） 人力资源管理系统
HSCB（High Speed Circuit Breaker） 高速断路器/主控开关
HSDL（High Speed Data Link） 高速数据链
HV（High Voltage） 高压
HVAC（Heating Ventilating Air Conditioning） 暖通空调
HWDS（Hardware Design Specification） 硬件设计规范
Hz（Hertz） 赫（兹）

I

IAG（Integrated Access Gateway） 综合接入网关
IAS（Integrated Automation System） 综合自动化系统
IBM（International Business Machines） 美国国际商用机器公司
IBP（Integrated Backup Panel） 综合后备盘
IC（Integrated Circuit） 集成电路
ICM（Input Control Module） 输入控制模块、输入模块
ID（Inside Diameter） 内径
ID（IDentification/ IDentity） 标识/身份
IDC（Intermodality Data Center） 清结算数据中心
IDS（Intelligence Data System） 智能数据系统
IDE（Integrated Drive Electronic） 电子集成驱动器
iDEN（integrated Digital Enhanced Network） 集成数字增强型网络
IDN（Integrated Digital Network） 综合数字网
IDU（Internal Display Unit） 内部显示单元
IEC（International Electrician Commission） 国际电工委员会
IEEE（Institute for Electrical and Electronic Engineers） 国际电子与电气工程师协会

IF (Intermediate Frequency)　中频
IFCMS (Intelligent Fare Collection Management System)　智能收费管理系统
IGBT (Insulated Gate Bipolar Transistor)　绝缘栅极晶体管
IIIS (Intelligent Integrated ITV System)　智能图像处理系统
ILC (Interlocking Controller)　连锁控制器
IM (Interface Management)　界面管理/接口管理
IM (Instant Message)　即时消息
IMS (IP Multimedia Subsystem)　IP 多媒体系统
IN (Intelligent Network)　智能网
IN (Integrated Network)　集成网
in. (inch)　英寸
INAP (Intelligent Network Application Protocol)　智能网应用规程
Inc. (Incorporated)　有限责任公司
I/O (Input/Output)　输入/输出
IOCP (Input/Output Control Protocol)　输入/输出控制协议
IOCS (Integrated Operations Control System)　综合运营控制系统
IP (Internet Protocol)　网络间互联协议 (互联网协议)
IP (Intellectual Property)　知识产权
IPD (Integrated Product Development)　集成产品开发
IPTS (Integrated Public Transport System)　一体化公共交通系统
IR (Infrared Radiation)　红外辐射
IRA (International Reference Alphabet)　国际参考字母表
IRF (Intelligent Resilient Framework)　智能弹性架构
IRS (Interface Requirement Specification)　接口需求说明书
IRU (Interface Relay Unit)　接口继电器单元
ISCS (Integrated Supervision and Control System)　综合监控系统
ISDN (Integrated Services Digital Network)　综合业务数字网
ISDS (Integrated Security Defense System)　综合安防系统
ISP (Internet Service Provider)　因特往服务提供商
ISUP (ISDN User Part)　ISDN 用户部分
ISI (Inter-System Interface)　系统间接口
ISM (Industry Science Medical)　工业科学医用 (工业、科学、医用频段)
ISO (International Organization For Standardization)　国际标准化组织
ISUP (ISDN User Part)　ISDN 用户部分
ISS (Information Sharing System)　信息共享平台
IT (Information Technology)　信息技术
IT (Isolating Transformer)　隔离变压器
ITCS (Intelligent Traffic Control System)　智能交通控制系统
ITSI (Individual TETRA Subscriber Identity)　单独的 TETRA 用户身份码

ITS-UMT (Intelligent Transportation System for Urban Mass Transit)　城市轨道智能交通系统

ITU (International Telecommunication Union)　国际电信联盟

ITU-R (International Telecommunication Union-Radio)　国际电信联盟-无线

ITU-T (International Telecommunication Union-Telecom)　国际电信联盟-通信

ITU-T (ITU-Telecommunication Standardization Secter)　ITU 电信标准化部门

IVHS (Intelligent Vehicle Highway System)　智能车辆道路系统

IVR (Interactive Voice Response)　交互式语音应答

J

JEF (JEt Fans)　射流风机

JF (Journal File)　日志文件

JISC (Japanese Industrial Standards Committee)　日本工业标准调查会

JOF (Job Output File)　作业输出文件

JPEG (Joint Photographic Experts Group)　联合图像专家组

JPP (Joint Power Plan)　动力连接图

JTC (Jointless Track Circuit)　无绝缘轨道电路

K

K (Kelvin)　绝对温度

kB (kiloByte)　千字节 (二进制)

KBC (Keyboard Controller)　键盘控制器

KBPS/Kbps (Kilobits Per Second /Kilobits per second)　千位/秒

kcal. (kilocalorie)　千卡，大卡

kg (kilogram)　千克，公斤

KIU (Keyboard Interface Unit)　键盘接口单元

km (kilometer)　千米，公里

kV (kilovolt)　千伏 (特)

kW (kilowatt)　千瓦 (特)

L

LA (Lightning Arrester)　避雷器

LA (Logical Architecture)　逻辑框架

LADT (Local Area Data Transport)　本地数据传输

LAN (Local Area Network)　局域网

LAPS (Link Access Procedure-SDH)　SDH 上的链路接入规程

LAT (Local Area Transport)　本地传输
LAWN (Local Area Wireless Network)　无线局域网
LC (local control)　局部控制/车站控制/本地控制
LC (Line Center)　线路中心
LCAS (Link Capacity Adjustment Scheme)　链路容量调整机制
LCB (Local Control Box)　本地控制盒
LCC (Linshi Control Center)　临时控制中心
LCC (Life Cycle Cost)　寿命周期成本
LCC (Local Control Console)　本地控制台
LCD (Liquid Crystal Displayer)　液晶显示器
LCH (Linearization Channel)　线性化信道
LCP (Lighting Control Panel)　照明控制盘
LCP (Local Control Panel)　本地控制盘/局部控制台
LCU (Locomotive Control Unit)　机车控制单元
LCU (Logic Control Unit)　逻辑控制单元
LCX (Leaky CoaXial cable)　泄漏同轴电缆
LD (Laser Diode)　激光二极管
LDR (Lighting Distribution Room)　照明配电室
LD (Ladder Diagram)　梯形图
LDTS (Local Data Transmission System)　现场数据传输系统
LE (Local Exchange)　本地交换
LED (Light Emitting Diode)　发光二极管
LEU (Lineside Electronic Unit)　道旁电子单元
LF (Low Frequency)　低频
LF (Line Filter)　线路滤波器
LFU (Loop Feed Unit)　环路馈送单元
LN (Loop Network)　环形网络
LO (Local Oscillator)　本地振荡器/本振
LOF (Loss of Frame)　帧丢失
LOI (Letter of Interest)　意向书
LOM (Local Operation Management)　现场操作工作站
LOP (Loss of Pointer)　指针丢失
LOS (Loss Of Signal)　信号丢失
LOW (Local Operator Workstation)　本地工作站/现场工作站
LPA (Low order Path Adaptation)　低阶通道适配
LPC (Low order Path Connection)　低阶通道连接
LPMS (Lost Property Management System)　失物管理系统
LPS (Line Per Second)　行/秒
LPT (Low order Path Termination)　低阶通道终端

LPU（Local Program Unit） 车站程序单元
LR（Location Register） 本地存储器
LR（Linear Relationship） 线性关系
LRT（Light Rail Transit） 轻轨交通/城市轻轨系统
LRU（Line Replaceable Unit） 在线可换单元，线路可替换单元
LRV（Light Rail Vehicles） 轻轨车辆
LS（Location Server） 定位（位置）服务器
LS（Local Site） 有线台（本地台）
LS（Local Switcher） 本地（端局）交换机
LS（Limit Switch） 限位开关
LSC（Local Switching Center） 本地交换中心
LSIC（Large Scale Integration Circuit） 大规模集成电路
LSP（Layered Service Provider） 分层服务提供程序
LST（Local Site Trunk） 本地站集群
LSSU（Link Status Signal Unit） 铁路状态信号单元
LTU（Line Termination Unit） 有线终端设备
LV（Low Voltage） 低压
LVL（LV power supply and Lighting） 低压供电和照明
LVPS（Low Voltage Power Supply） 低压动力电源
LZB（Continuous automatic train control system） 连续式列车自动控制系统

M

M（Mach） 马赫
M（Mega） 兆[10^6]
m（meter） 米
m（mile） 英里
m（milli） 毫[10^{-3}]
m（minute） 分钟，分
M（Motor Car） 动车/不带受电弓的动车
MAC（Message Authentication Code） 信息鉴别码/校验码
MADM（Multiple-ADM） 多分插复用
MAL（Movement Authority Limit） 移动授权
MAN（Metropolitan Area Network） 城域网
MAP（Mobile Application Part） 移动通信应用部分
MB（Mega Bytes） 兆字节/兆位
MBN（Main Backbone Network） 骨干网
MC（Master Controller） 主控器

MC（Metro Corporation） 地铁公司
MCB（Miniature Circuit Breaker） 袖珍式断路器/小型断路器
MCBF（Mean Cycles Between Failure） 平均无故障周期/运行设备两次损坏之间的次数
MCC（Maintenance Control Centre） 运营管理中心
MCC（Main Control Channel） 主控信道
MCCH（Main Control Channel） 主控信道
MCS（Main monitor&Control System） 主监控系统/综合监控系统
MCU（Multipoint Control Unit） （视频会议）多点控制器
MD（Modulation Detection） 调制检测模块
MDBF（Mean Distance Between Failures） 平均无故障距离
MDF（Multiplex Distribution Frame） 综合配线架
MES（Manufacture Executing System） 制造执行系统
MF（Medium Frequency） 中频
MFC（Multi-Frequency Control） 多频控制
MG（Media Gateway） 媒体网关
MGC（Media Gateway Controller） 媒体网关控制
MGCP（Media Gateway Control Protocol） 媒体网关控制协议
MHz（Megahertz）兆赫
MIB（Management Information Base） 管理信息库
MIMO（Multiple Input Multiple Output） 多输入多输出
min（minimum） 最小值，最小的
min（minute） 分钟，分
MI（Manual Interlocking） 连锁单元
MIS（Management Information System） 管理信息系统
MITS（Metro Intelligent Transportation System） 地铁智能交通系统
ML-PPP（Multilink Point-to-Point Protocol） 多链路点对点协议
mm（millimeter） 毫米
MMC（Maintenance Management Center） 维修管理中心
MMI（Man-Machine Interface） 人机界面/人机接口
MMS（Maintain Manager System） 维护管理系统
MMS（Main Monitor System） 主监控系统
MN（Management Network） 管理网
MNC（Mobile Network Channel） 移动网络信道
MOC（Ministry Of construction） 建设部
MODEM（Modulator-Demodulator） 调制解调器
MOM（Minutes Of Meeting） 会议记录
MOU（Memorandum Of Understanding） 理解备忘录
MOV（Motor Operation Valve） 电动阀
Mp（Motor Car With Pantograph） 带受电弓的动车

MP（Main Pipe） 主管道
MPC（Multimedia PC） 多媒体计算机
MPEG（Moving Pictures Experts Group） 动态图像专家组
mph（mile per hour） 英里/小时
Mps（Megabits per second） 兆位/秒（兆比特/秒）
mps（meter per second） 米/秒
MPI（Mimic Panel Interface） 模拟屏接口
MPLS（Multi-Protocol Label Switching） 多协议标签交换
MPM（Main Progress Module） 主处理机模块
MPS（Main Power Station） 主变电站
MPT（Metallic Plastic Tape） 金属化塑料带
MPU（Main Processor Unit） 主处理单元
MR（Mount Radio） 车载无线电
MRS（Manual Route Setting） 人工设置进路
MRT（Mass Rapid Transit） 大运量快速运输，新加坡城市捷运系统（即地铁）
MS（Mobile Station） 移动台
MSA（Multiplex Section Adaptation） 复用段适配
MSAG（Multimedia System Access Gateway） 多媒体接入网关
MS-AIS（Multiplex Section-Alarm Indication Signal） 复用段警告指示信号
MSC（Mobil Switching Centre） 移动交换中心
MSK（Minimum Shift Keyboard） 最小移频键控
MSS（Maintenance Support Subsystem） 维护支持子系统
MSS（Max Safe Speed ） 最大安全速度
MST（Multiplex Section Termination） 复用段终端
MSTP（Multi-Service Transport Platform） 多业务传输平台
MSU（Message Signalling Unit） 信息信令单元
MT（Mass Transit） 城市轨道交通、轨道连锁
MTBF（Mean Time Between Failures） 平均无故障运行时间
MTBSF（Mean Time Between Service Failures） 平均无故障服务时间
MTC（Manual Train Control） 手动列车控制（装置）
MTIB（Mobile Train Initial Beaconing） 移动列车初始化信标
MTO（Manless Tran Operation） 无人驾驶
MTP（Message Transfer Part） 信息传输部分
MTR（Mass Transit Railway） 大运量轨道交通
MTTR（Mean Time To Repair） 平均维修时间
MTU（Mobile Terminal Unit） 移动终端单元
MU（Multiple Unit） 多个单元/复合单元
MUD（Multi-User Detection） 多用户检测
MUL-DEM（MULtiplexer-DEMultiplexer） 复用器-解复用器

MUX（Multiplexer） 多路复用器
MVB（Multifunction Vehicle Bus） 多功能车辆总线
mV(millivolt) 毫伏（特）
MW（Multi-Window） 多窗口
mW(milliwatt) 毫瓦（特）
MXL（Multiplex Link） 多路复用链路

N

N（Neutral） 中性（线）
NA（Network Adapter） 网络适配器
NAF（Network Access Facility） 网络接入设备
NAP（Network Access Point） 网络接入点
NATM（New Austria Tunneling Method） 新奥地利隧道施工法/新奥法
NBBS（Network Board Band Services） 网络宽带业务
NC（Normal Close） 常闭型（电磁阀）
NC（Network Computer） 网络计算机
NCC（Network Control Center） 网络控制中心
NCS（ Network Control System） 网络控制系统
NCS（Network Control Station） 网络控制工作站
NCU（Network Control Unit） 网络控制单元
NDO（Non-safety Digital Output） 非安全数字输出板
NEMA（National Electrical Manufactures Association） 国际电气制造协会
NFPA（National Fire Protection Association） 美国全国防火协会
NFS（Network File System） 网络文件系统
NGN（Next Generation Network） 下一代网络
Ni-Cd（Nickel Cadmium） 镍镉
NIC（Network Interface Card） 网络接口卡
N-ISDN（Narrowband Integrated Services Digital Network） 窄带综合业务数字网
NISAL（Numerically Integrated Safety Assurance Logic） 数字集成安全保障逻辑
NMS（Network Management System） 网络管理系统
NNI（Network Node Interface） 网络节点接口
NO（Normal Open） 常开型（电磁阀）
NP（Neutral Point） 中性点
NRM（Not Restricted in Manual ） 非限制人工驾驶模式
NRZ（Not Return to Zero） 不归零单极性码
NRZI（ Nonreturn to Zero Inverted） 不归零倒置
NSS（Network Supply System） 网络支持系统

NT（Network Termination） 网络终端

NTC（Negative Temperature Coefficient） 负温度系数

NTH（Non Traffic Hours） 非运营时间

NTP（Network Time Protocol） 网络时间协议

NTSC（National TV Standards Committee） 国家电视标准委员会

NVO（Insecure Output） 非安全型输出

NVR（Network Video Recorder） 网络录像机/网络视频记录仪

O

O/D（Origin/Destination） 起点/终点

OA（Office Automatic） 办公自动化

OAM（Operation Administration Maintenance） 操作、管理和维护

OBB（Operating Bus Bar） 工作母线

OBCU（On-Board Control Unit） 车载控制单元

OBE（On-Board Equipment） 车载设备

OBS（Organizational Breakdown Structure） 组织分解结构

OCC（Operating Control Center） 运营控制中心

OCI（Open Case Inspection） 开箱检查

OCL（Overhead Contact Line） 架空接触网

OCM（ Output Control Module） 输出控制模板、输出模块

OCR（Overhead Contact Rail） 架空接触轨

OCR（Optical Character Recognition） 光字符识别

OCS（Overhead Contact System） 架空接触网

OD（Outside Diameter） 外径

ODBC（Open Data Base Connectivity） 开放式数据库互联

ODF（Optical Distribution Frame） 光配线架

ODI（Operation/Display Interface） 操作/显示接口

ODMS（Operational Data Management System） 运营数据管理系统

ODVA（Open Device net Vender Associations） 开放设备网供应商协会

O/E（Optical/Electrical） 光/电转换器

OFDM（Orthogonal Frequency Division Multiplexing） 正交频分复用

OFTL（Optical Fiber Transmission Line） 光纤传输线

Oh（ohm） 欧（姆）

OH（Operator Handbook） 操作员手册

OHA（Overhead Access） 开销接入

OHL（Overhead Line） 架空线

OLM（Optical Link Module） 光连接模块

ift Keying ） 相移键控
Screen Door Local Control Panel ） 安全门站台操作盘，就地操作盘
hift Method ） 相位偏移法
Switched Telephone Network ） 公用电话交换网
upply Unit ） 供电机组，电源单元
Transformer ） 电压互感器
Temperature Coefficient ） 正温度系数
ble Ticket Check Machine ） 便携式检票机
Train Identification ） 正确列车辨识
e Telephone system ） 专用电话系统
e Telephone Network ） 专用电话网
nger Train Operator ） 旅客列车驾驶员
c Transportation Priority Systems ） 公交优先系统
To-Talk ） 按键讲话
, Telegraph and Telephone ） 邮政、电报和电话总局
nit to Work ） 工作许可
Unblocking Key ） PIN 码解锁密码
vinyl chloride ） 聚氯乙烯
manent Vehicle Identification ） 永久车辆标识
table Verifying Unit ） 便携式验票机
lse Width Modulation ） 脉冲宽度调制
rsonal Wireless Telecommunication ） 个人无线通信

Q

ality Assurance ） 质量保证/服务保证
uality Assurance Plan ） 质量保证计划，服务保证计划
ality Control ） 质量控制，服务控制
ality Index ） 质量指标
uality Management ） 质量管理/服务管理
Quality Management Plan ） 质量管理计划，服务管理计划
Quality of Service ） 服务质量，服务等级
uality Plan ） 质量计划
(Quadrature Phase-Shift Keying ） 正交相移键控
Quick Response ） 快速响应
Quality System ） 质量系统
(Q Signaling ） Q 信令
Quality Technical Report ） 质量技术报告

OLP (Optical Link Plug ） 光连接插头
O&M (Operation and Maintenance ） 运营与维护
OM (Operation Manager ） 运营经理
OMC (Online Management and Control ） 在线监控
OMC (Operation & Maintenance Center ） 运行维护中心
OMR (Optical Mark Recognition ） 光学符号识别技术
OMS (Operation Management System ） 运营管理系统
OMS (OTN Management System ） OTN 管理系统
OMS (Order Management System ） 订单管理系统
ONU (Optical Network Unite ） 光网络单元
OOF (Out Of Frame ） 帧失步
OPG (Odometer Pulse Generator ） 里程脉冲发生器，速度传感器
OPM (Overall E& M Project Management ） 机电项目全面管理
OPS (Overview Projection System ） 大屏幕系统
OS (Operation Station/Operating System ） 操作站/操作系统
OSI (On-Site Inspection ） 工地检查
OSI (Open System Internet ） 开放式系统互联
OSN (Optical Switch Network ） 光交换网络
OSPF (Open Shortest Path First ） 开放式最短路径优先
OSS (Operation Support System ） 运营支撑系统
OTDR (Optical Time Domain Reflector ） 光时域反射器
OTE (Over Track Exhaust ） 轨上排风机
OTN (Open Transport Network ） 开放式传输网络
OTR (Optical Transceivers ） 光收发机
OVPN (Optical Virtual Private Network ） 光虚拟专用网
OWT (One-Way Transmission ） 单向传输

P

PA (Physical Architecture ） 物理框架
PA (Public Address ） 有线广播系统/公共广播系统/广播系统
PABX (Private Automatic Branch Exchange ） 专用自动小交换机
PAC (Provisional Acceptance Certificate ） 临时（初步）验收证书
PAC (Platform ATO Communicator ） 环路调制解调器
PAL (Platform ATO Logic ） 逻辑处理模块
PAL (Phase Alternative Line ） 逐行倒相彩色电视制
PAM (Pulse Amplitude Modulation ） 脉冲幅度调制/脉冲调幅
PAN (Pantograph ） 受电弓

PAS（Public Address System） 公众广播系统
PB（Powered Bogie） 动车转向架
PB（Parking Brake） 停车制动
PBS（Public Broadcasting Service） 公共广播服务
PC（Personal Computer） 个人电脑/个人计算机
PC（Point Control） 道岔控制
PC（Point Centre） 道岔中心
PCA（Portable Card Analyzer） 手持检票机
PCB（Printed Circuit Board） 印制电路板
PCD（Proximity Coupling Device） 邻近耦合设备（阅读器）
PCI（Peripheral Component Interconnect） 外设部件互连
PCM（Pulse Code Modulation） 脉冲编码调制
PCU（Process Control Unit） 过程控制单元
PD（Polynomial Divider） 多项式除法器
PDA（Personal Digital Assistant） 掌上电脑
PDCH（Packet Data Channel） 分组数据信道
PDF（Portable Data File） 便携数据文件
PDG（Packet Data Gateway） 分组数据网关
PDI（ Platform Departure Indicator ） 站台发车指示器
PDN（Public Data Networks） 公共数据网
PDP（Plasma Display Panel） 等离子显示屏
PDS（PTT Dispatch Server） 一键通调度服务器
PDU（Protocol Data Unit） 协议数据单元
PE（Personal Error） 人为误差
PE（Point End） 道岔终点
PE（Polyethylene） 聚乙烯
PEB（ Platform Emergency Button ） 站台紧急按钮
PED（Platform Edge Door） 站台端门
PEDC（Platform Electrical Door Controller） 屏蔽门主控器
PEI（Peripheral Equipment Interface） 外围设备接口
PESB（Platform Emergency Stop Button ） 站台紧急停车按钮
PF（Pulse Frequency） 脉冲频率
PFC（Power Factor Correction） 功率因素校正法
PFM（Pulse Frequency Modulation） 脉冲频率调制
PI（Platform Isoelectric） 站台显示器
PIC（Person In Charge） 主管
PICC（Proximity IC Card） 邻近卡（应答器）
PID（Passenger Information Device） 乘客向导系统
PID（Proportional-Integral-Differential） 比例积分微分调节

PIDS（Passenger Information Distribute Syste
PIIS（Passenger Information and Indication Sy
PIM（Passenger Interface Module） 乘客接口
PIN（Personal Identification Number） 个人身
PIS（Passenger Information System） 乘客资讯
PJM（Phase Jitter Modulation） 相位抖动调制
PLC（Programmable Logical Controller） 可编程
PLL（Phase-Locked Loops） 锁相环
PLS（Power Lighting Substation） 动力照明变电
PM（Point Machines） 岔道转辙机
PM（Phase Modulation） 调相
PMV（Predicted Mean Vote） 预期平均评价
PN（Pseudo-Noise） 伪噪声
POE（Power Over Ethernet） 以太网供电技术
POI（Point Of Interface 或 Point Of Interconnection
POH（Path Overhead） 通道开销
POP（Post Office Protocol） 邮局协议
PPD（Predicted Percentage of Dissatisfied） 预期不满
PPE（Personal Protection Equipment） 个人安全保护装
PPI（PDH Physical Interface） PDH（准同步数字序列）
PPM（Polypropylene metal） 聚丙烯金属
PPM（Pulse Position Modulation） 脉冲位置调制
PPP（Point to Point Protocol） 点对点协议
PPS（Pulses Per Second） 秒脉冲
PPSN（Public Packed Switched Network） 公共分组交换
PQSS（Power Quality Supervision System） 电能质量管理
P&R（Park and Ride） 停车换乘
PRF（Pulse-Recurrence Frequency） 脉冲重复频率
PRI（Primary Rate Interface） 主速率接口
PRNM（Private Radio Network Management） 专用无线通
PROM（Programmable Read Only Memory） 可编程只读存
PS（Particular Specification） 特殊规格书
PS（Point Start） 道岔始点
PSC（PSD System Center） 屏蔽门中央控制盘
PSCADA（Power SCADA） 电力监控系统
PSD（Platform Screen Door） 站台屏蔽门，安全门
PSDN（Public Switched Data Network） 公共交换数据网
PSDN（Packet Service Digital Network） 分组业务数字网
PSI（Pre-Shipment Inspection） 装船前检查

PSK（Phase-Sh
PSL（Platform
PSM（Phase S
PSTN（Public
PSU（Power S
PT（Potential
PTC（Positive
PTCM（Porta
PTI（Positive
PTEL（Privat
PTN（Private
PTO（Passe
PTPS（Publi
PTT（Push-T
PTT（Posta
PTW（Perm
PUK（PIN
PVC（Poly
PVID（Per
PVU（Por
PWM（Pu
PWT（Per

QA（Qu
QAP（Q
QC（Qu
QI（Qu
QM（Q
QMP（
QoS（
QP（Q
QPSK
QR（Q
QS（Q
QSIG
QTR

QTT (Quasi Transmission Trunk) 准传输集群

R

RA (Random Access) 随机存取

RACS (Road/Automobile Communication System) 路车通信信息系统

RAG (Resource Allocation Group) 资源分配组

RAID (Redundant Array of Independent Disks) 冗余磁盘阵列

RAM (Random Access Memory) 随机存储器

RAM (Real Address Mode) 实地址模式

RAMS (Reliability , Availability , Maintainability , Safety) 可靠性、可用性、可维护性、安全性

RB (Relocate Beaconing) 重定位信标

RBC (Radio Block Centre) 无线闭塞中心

RC (Route Control) 路由控制

RCC (Remote Communication Controller) 远程通信控制器

RCI (Remote Control Interlocking) 遥控连锁

RCM (Radio Control Manager) 无线电控制管理器

RCS (Remote Control System) 远程控制系统

R&D (Research and Development) 研究与开发

RDA (Remote Data Access) 远程数据访问

RDI (Remote Defect Indication) 远端失效指示

REF (Returned Exhaust Fan) 回排风机

REG (Regenerative repeater) 再生中继器

RF (Radio Frequency) 射频

RFCH (Radio Frequency Channel) 无线频率信道

RFDS (Radio Frequency Distribution System) 射频分配系统

RFI (Radio Frequency Interference) 射频干扰

RFID (Radio Frequency Identification) 射频识别

RGB (Red Green Blue) 红绿蓝，模拟视频接口

RH (Relative Humidity) 相对湿度

RIA (Railway Industry Association) 铁路工业协会

RIMS (Road Information Management System) 道路信息管理系统

RI/O (Remote Input/Output) 远程输入/输出

RIOM (Remote Input Output Module) 远程输入输出模块

RIP (Routing Information Protocol) 路由信息协议

R-LOF (Loss Of Frame) 帧丢失

R-LOS (Loss Of Signal) 信号丢失

RM (Restricted Manual Mode) 限速人工驾驶模式

RMC（Receiver Multi Coupler） 接收机多路耦合器
RMS（Resource Management System） 资源管理系统
RMS（Root Mean Square） 均方根
RNG（Radio Network Gateway） 无线网关
RNS（Radio Network Subsystem） 无线网络子系统
ROM（Read Only Memory） 只读存储器
R-OOF（Out Of Frame） 帧失步
ROW（Right Of Way） 通行权
RPM，rpm（Revolutions Per Minute） 转/分
RPR（Resilient Packet Ring） 弹性分组环技术
RS（Replay Station） 中继站（重放站）
RSM（Radio Subsystem Management） 无线子系统管理
RSS（Rectifier Substation） 整流变电所
RST（Rolling Stock） 车辆
RTF（Reader Talk First） 阅读器先讲
RTP（Real-time Transport Protocol） 实时传输协议
RTOS（Real-Time Operating System） 实时操作系统
RTS（Request To Send） 请求发送信号
RTU（Remote Terminal Unit） 远程终端单元
RV（Relay Vale） 中继阀
RVC（Reference Value Converter） 参考价值转换
RX（receive） 接收

S

SA（Service Architecture） 服务框架
SA（Surge Arrester） 电泳放电器
SABP（Service Area Broadcast Protocol） 业务域广播协议
SACE（System Auxiliary Control Element） 系统辅助控制单元
SAM（Security Access Module） 安全存取模块/安全接入模块
SAN（Small Area Network） 小区网络
SAP（Service Access point） 服务接入点
SAS（Self-Adaptive System） 自适应系统
SAT（Site Acceptance Test） 现场验收测试
SAW（Surface Acoustic Wave） 声表面波
SB（Secure Base） 脚踏器
SBO（Secure Base of Operations） 操作安全基数
SC（Station Controller） 值班站长

OLP (Optical Link Plug)　光连接插头

O&M (Operation and Maintenance)　运营与维护

OM (Operation Manager)　运营经理

OMC (Online Management and Control)　在线监控

OMC (Operation & Maintenance Center)　运行维护中心

OMR (Optical Mark Recognition)　光学符号识别技术

OMS (Operation Management System)　运营管理系统

OMS (OTN Management System)　OTN 管理系统

OMS (Order Management System)　订单管理系统

ONU (Optical Network Unite)　光网络单元

OOF (Out Of Frame)　帧失步

OPG (Odometer Pulse Generator)　里程脉冲发生器，速度传感器

OPM (Overall E& M Project Management)　机电项目全面管理

OPS (Overview Projection System)　大屏幕系统

OS (Operation Station/Operating System)　操作站/操作系统

OSI (On-Site Inspection)　工地检查

OSI (Open System Internet)　开放式系统互联

OSN (Optical Switch Network)　光交换网络

OSPF (Open Shortest Path First)　开放式最短路径优先

OSS (Operation Support System)　运营支撑系统

OTDR (Optical Time Domain Reflector)　光时域反射器

OTE (Over Track Exhaust)　轨上排风机

OTN (Open Transport Network)　开放式传输网络

OTR (Optical Transceivers)　光收发机

OVPN (Optical Virtual Private Network)　光虚拟专用网

OWT (One-Way Transmission)　单向传输

P

PA (Physical Architecture)　物理框架

PA (Public Address)　有线广播系统/公共广播系统/广播系统

PABX (Private Automatic Branch Exchange)　专用自动小交换机

PAC (Provisional Acceptance Certificate)　临时（初步）验收证书

PAC (Platform ATO Communicator)　环路调制解调器

PAL (Platform ATO Logic)　逻辑处理模块

PAL (Phase Alternative Line)　逐行倒相彩色电视制

PAM (Pulse Amplitude Modulation)　脉冲幅度调制/脉冲调幅

PAN (Pantograph)　受电弓

PAS（Public Address System） 公众广播系统
PB（Powered Bogie） 动车转向架
PB（Parking Brake） 停车制动
PBS（Public Broadcasting Service） 公共广播服务
PC（Personal Computer） 个人电脑/个人计算机
PC（Point Control） 道岔控制
PC（Point Centre） 道岔中心
PCA（Portable Card Analyzer） 手持检票机
PCB（Printed Circuit Board） 印制电路板
PCD（Proximity Coupling Device） 邻近耦合设备（阅读器）
PCI（Peripheral Component Interconnect） 外设部件互连
PCM（Pulse Code Modulation） 脉冲编码调制
PCU（Process Control Unit） 过程控制单元
PD（Polynomial Divider） 多项式除法器
PDA（Personal Digital Assistant） 掌上电脑
PDCH（Packet Data Channel） 分组数据信道
PDF（Portable Data File） 便携数据文件
PDG（Packet Data Gateway） 分组数据网关
PDI（ Platform Departure Indicator ） 站台发车指示器
PDN（Public Data Networks） 公共数据网
PDP（Plasma Display Panel） 等离子显示屏
PDS（PTT Dispatch Server） 一键通调度服务器
PDU（Protocol Data Unit） 协议数据单元
PE（Personal Error） 人为误差
PE（Point End） 道岔终点
PE（Polyethylene） 聚乙烯
PEB（ Platform Emergency Button） 站台紧急按钮
PED（Platform Edge Door） 站台端门
PEDC（Platform Electrical Door Controller） 屏蔽门主控器
PEI（Peripheral Equipment Interface） 外围设备接口
PESB（Platform Emergency Stop Button ） 站台紧急停车按钮
PF（Pulse Frequency） 脉冲频率
PFC（Power Factor Correction） 功率因素校正法
PFM（Pulse Frequency Modulation） 脉冲频率调制
PI（Platform Isoelectric） 站台显示器
PIC（Person In Charge） 主管
PICC（Proximity IC Card） 邻近卡（应答器）
PID（Passenger Information Device） 乘客向导系统
PID（Proportional-Integral-Differential） 比例积分微分调节

PIDS（Passenger Information Distribute System） 乘客资讯发布系统，乘客信息发布系统
PIIS（Passenger Information and Indication System） 旅客向导系统，旅客向导显示牌
PIM（Passenger Interface Module） 乘客接口模块
PIN（Personal Identification Number） 个人身份号码
PIS（Passenger Information System） 乘客资讯系统，乘客信息系统，导乘信息系统
PJM（Phase Jitter Modulation） 相位抖动调制
PLC（Programmable Logical Controller） 可编程序控制器
PLL（Phase-Locked Loops） 锁相环
PLS（Power Lighting Substation） 动力照明变电所
PM（Point Machines） 岔道转辙机
PM（Phase Modulation） 调相
PMV（Predicted Mean Vote） 预期平均评价
PN（Pseudo-Noise） 伪噪声
POE（Power Over Ethernet） 以太网供电技术
POI（Point Of Interface 或 Point Of Interconnection） 多系统接入平台
POH（Path Overhead） 通道开销
POP（Post Office Protocol） 邮局协议
PPD（Predicted Percentage of Dissatisfied） 预期不满意百分比
PPE（Personal Protection Equipment） 个人安全保护装置
PPI（PDH Physical Interface） PDH（准同步数字序列）物理接口
PPM（Polypropylene metal） 聚丙烯金属
PPM（Pulse Position Modulation） 脉冲位置调制
PPP（Point to Point Protocol） 点对点协议
PPS（Pulses Per Second） 秒脉冲
PPSN（Public Packed Switched Network） 公共分组交换网
PQSS（Power Quality Supervision System） 电能质量管理系统
P&R（Park and Ride） 停车换乘
PRF（Pulse-Recurrence Frequency） 脉冲重复频率
PRI（Primary Rate Interface） 主速率接口
PRNM（Private Radio Network Management） 专用无线通信网络管理
PROM（Programmable Read Only Memory） 可编程只读存储器
PS（Particular Specification） 特殊规格书
PS（Point Start） 道岔始点
PSC（PSD System Center） 屏蔽门中央控制盘
PSCADA（Power SCADA） 电力监控系统
PSD（Platform Screen Door） 站台屏蔽门，安全门
PSDN（Public Switched Data Network） 公共交换数据网
PSDN（Packet Service Digital Network） 分组业务数字网
PSI（Pre-Shipment Inspection） 装船前检查

PSK（Phase-Shift Keying） 相移键控
PSL（Platform Screen Door Local Control Panel） 安全门站台操作盘，就地操作盘
PSM（Phase Shift Method） 相位偏移法
PSTN（Public Switched Telephone Network） 公用电话交换网
PSU（Power Supply Unit） 供电机组，电源单元
PT（Potential Transformer） 电压互感器
PTC（Positive Temperature Coefficient） 正温度系数
PTCM（Portable Ticket Check Machine） 便携式检票机
PTI（Positive Train Identification） 正确列车辨识
PTEL（Private Telephone system ） 专用电话系统
PTN（Private Telephone Network） 专用电话网
PTO（Passenger Train Operator） 旅客列车驾驶员
PTPS（Public Transportation Priority Systems） 公交优先系统
PTT（Push-To-Talk） 按键讲话
PTT（Postal，Telegraph and Telephone） 邮政、电报和电话总局
PTW（Permit to Work） 工作许可
PUK（PIN Unblocking Key） PIN 码解锁密码
PVC（Polyvinyl chloride） 聚氯乙烯
PVID（Permanent Vehicle Identification） 永久车辆标识
PVU（Portable Verifying Unit） 便携式验票机
PWM（Pulse Width Modulation） 脉冲宽度调制
PWT（Personal Wireless Telecommunication） 个人无线通信

Q

QA（Quality Assurance） 质量保证/服务保证
QAP（Quality Assurance Plan） 质量保证计划，服务保证计划
QC（Quality Control） 质量控制，服务控制
QI（Quality Index） 质量指标
QM（Quality Management） 质量管理/服务管理
QMP（Quality Management Plan） 质量管理计划，服务管理计划
QoS（Quality of Service） 服务质量，服务等级
QP（Quality Plan） 质量计划
QPSK（Quadrature Phase-Shift Keying） 正交相移键控
QR（Quick Response） 快速响应
QS（Quality System） 质量系统
QSIG（Q Signaling） Q 信令
QTR（Quality Technical Report） 质量技术报告

QTT (Quasi Transmission Trunk)　准传输集群

R

RA (Random Access)　随机存取

RACS (Road/Automobile Communication System)　路车通信信息系统

RAG (Resource Allocation Group)　资源分配组

RAID (Redundant Array of Independent Disks)　冗余磁盘阵列

RAM (Random Access Memory)　随机存储器

RAM (Real Address Mode)　实地址模式

RAMS (Reliability , Availability , Maintainability , Safety)　可靠性、可用性、可维护性、安全性

RB (Relocate Beaconing)　重定位信标

RBC (Radio Block Centre)　无线闭塞中心

RC (Route Control)　路由控制

RCC (Remote Communication Controller)　远程通信控制器

RCI (Remote Control Interlocking)　遥控连锁

RCM (Radio Control Manager)　无线电控制管理器

RCS (Remote Control System)　远程控制系统

R&D (Research and Development)　研究与开发

RDA (Remote Data Access)　远程数据访问

RDI (Remote Defect Indication)　远端失效指示

REF (Returned Exhaust Fan)　回排风机

REG (Regenerative repeater)　再生中继器

RF (Radio Frequency)　射频

RFCH (Radio Frequency Channel)　无线频率信道

RFDS (Radio Frequency Distribution System)　射频分配系统

RFI (Radio Frequency Interference)　射频干扰

RFID (Radio Frequency Identification)　射频识别

RGB (Red Green Blue)　红绿蓝，模拟视频接口

RH (Relative Humidity)　相对湿度

RIA (Railway Industry Association)　铁路工业协会

RIMS (Road Information Management System)　道路信息管理系统

RI/O (Remote Input/Output)　远程输入/输出

RIOM (Remote Input Output Module)　远程输入输出模块

RIP (Routing Information Protocol)　路由信息协议

R-LOF (Loss Of Frame)　帧丢失

R-LOS (Loss Of Signal)　信号丢失

RM (Restricted Manual Mode)　限速人工驾驶模式

RMC（Receiver Multi Coupler） 接收机多路耦合器
RMS（Resource Management System） 资源管理系统
RMS（Root Mean Square） 均方根
RNG（Radio Network Gateway） 无线网关
RNS（Radio Network Subsystem） 无线网络子系统
ROM（Read Only Memory） 只读存储器
R-OOF（Out Of Frame） 帧失步
ROW（Right Of Way） 通行权
RPM，rpm（Revolutions Per Minute） 转/分
RPR（Resilient Packet Ring） 弹性分组环技术
RS（Replay Station） 中继站（重放站）
RSM（Radio Subsystem Management） 无线子系统管理
RSS（Rectifier Substation） 整流变电所
RST（Rolling Stock） 车辆
RTF（Reader Talk First） 阅读器先讲
RTP（Real-time Transport Protocol） 实时传输协议
RTOS（Real-Time Operating System） 实时操作系统
RTS（Request To Send） 请求发送信号
RTU（Remote Terminal Unit） 远程终端单元
RV（Relay Vale） 中继阀
RVC（Reference Value Converter） 参考价值转换
RX（receive） 接收

S

SA（Service Architecture） 服务框架
SA（Surge Arrester） 电涌放电器
SABP（Service Area Broadcast Protocol） 业务域广播协议
SACE（System Auxiliary Control Element） 系统辅助控制单元
SAM（Security Access Module） 安全存取模块/安全接入模块
SAN（Small Area Network） 小区网络
SAP（Service Access point） 服务接入点
SAS（Self-Adaptive System） 自适应系统
SAT（Site Acceptance Test） 现场验收测试
SAW（Surface Acoustic Wave） 声表面波
SB（Secure Base） 脚踏器
SBO（Secure Base of Operations） 操作安全基数
SC（Station Controller） 值班站长

SC (Station Computer)　车站计算机
SCADA (Supervision Control and Data Acquisition)　监控和数据采集
SCC (Station Control Computer)　车站控制计算机
SCC (Satellite Control Centre)　分控制中心
SCH (Signalling Channel)　信令信道
SCI (System Control Interface)　系统控制接口
SCI (safety computer interlocking)　安全计算机连锁
SCM (Supply Chain Management)　供应链管理系统
SCR (Station Control Room)　车站控制室
SCSI (Small Computer Serial Interface)　小型计算机串联接口
SD (Safety Distance)　安全距离
SDCA (Slow Dynamic Channel Allocation)　慢速动态信道分配
SDH (Synchronous Digital Hierarchy)　同步数字序列，同步数字传输系统
SDL (Specification and Description Language)　技术规范与描述语言
SDI (Serial Digital Interface)　串行数字接口
SDLC (Synchronous Data Link Control)　同步数据链路控制
SDMA (Space Division Multiple Address)　空分多址
SDR (Short Data Router)　短数据路由器
SDS (Short Data Service)　短数据业务
SDTS (Short Data Transfer Service)　短数据传送服务
SDU (Service Data Unit)　服务数据单元
S&D (Service and Diagnosis)　服务诊断系统
SECAM (Sequential Coleur Avec Memoire)　行轮换调频制
SEF (Smoke Exhaust Fan)　排烟风机
SEMF (Synchronous Equipment Management Function)　同步设备管理功能
SEMI-TVM (SEMI Ticket Vending Machine)　半自动售票机
SER (Signal Equipment Room)　信号设备室
SES (Severely Errored Second)　严重误码秒
SESR (Severely Errored Second Ratio)　严重误码秒比率
SETPI (Synchronous Equipment Timing Physic Interface)　同步设备定时物理接口
SETS (Synchronous Equipment Timing Source)　同步设备定时源
SFC (Sequence Flow Chart)　顺序流程图
SFD (Smoke and Fire Dampers)　防烟防火阀
SFT (System Fault Tolerance)　系统容错
SFTP (Shielded Foil Twisted Pair)　屏蔽金属箔双绞电缆
SG (Signaling Gateway)　信令网关
SG (Switch Gear)　开关机构
SG (Synchronous Generator)　同步发电机
SH (System Height)　结构高度

SI（Standard International） 国际标准
SI（System Integration） 系统集成
SICAS（Siemens Computer Aided Signaling） 西门子计算机辅助信号系统
SIC（Station Interface Case） 车站接口箱
SID（System Identification） 系统识别
SIG（signalling） 信令系统
SIL（Safety Integrity Level） 安全综合水平，安全完整度等级
SIM（Subscriber Identity Module） 用户身份识别模块（卡）
SIO（Serial Input/Output） 串行输入输出
SIOM（ Serial Input/Output Module） 串行输入/输出模块
SIP（Session Initiation Protocol） 会话发起协议
SIR（Signal to Interference Ratio） 信干比
SIR（Safety Interlocking Relay） 安全连锁继电器
SISCS（Station Integrated Supervisory Control System） 车站综合监控系统
SIU（Standard International Unit） 国际标准单位
SJT（Single Journey Ticket） 单程票
SLA（Service Level Agreement） 服务等级协议
SLC（Synchronization Loops Conductor） 同步环线
SLE（Station Level Equipment） 站级设备
SLM（Speed and Location Module） 速度和位置模块
SM（Smart Media） 智能媒体卡
SM（Station Manager） 站长
SM（Synchronous Motor） 同步电机
SMC（System Management Center） 系统管理中心
SMCS（Station Main Control System） 车站主控系统
SMD（Surface Mounted Device） 表面安装装置
SMP（Symmetrical Multi Processor） 对称多处理器
SMS（Short Message Service） 短消息业务
SMTP（Simple Mail Transfer Protocol） 简单邮件传输协议
SNA（System Network Architecture） 系统网络结构
SNMP（Simple Network Management Protocol） 简单网络管理协议
SNR（Signal to Noise Ratio） 信噪比
SNTP（Simple Network Time Protocol） 简单网时间协议
SO（Station Officer） 站务员
SOE（Sequence of Event） 事件序列
SOH（Section Overhead） 段开销
SOMS（Station Operations Management System） 车站运作管理系统
SONET（Synchronous Optical Network） 同步光纤网络
SP（Switching Post） 开闭所

SPC (Stored Program Controlled)　存储程序控制

SPI (SDH Physical Interface)　SDH 物理接口

SPM (Standard Propagation Model)　标准传播模型

SPS (Station Processing System)　车站处理系统

SQL (Structured Query Language)　结构化查询语言

SRS (Station Radio Set)　车站无线电台

SS (Station Supervisor)　车站督导员

SS7 (Signaling System No7)　七号信令

SSF (Service Switching Function)　业务交换功能

SSIC (Small Scale Integration Circuit)　小规模集成电路

SSS (Subway Station Subsystem)　车站子系统

SSVS (Super Smart Vehicle System)　超智能车辆系统

ST (Structured Text)　结构化文本

STA (Station Antenna)　基站天线

STB (Set Top Box)　机顶盒

STCH (Stealing CHannel)　借用信道

STDM (Synchronous Time Division Multiplexing)　同步时分复用

STEKOP (Interface module for digital Input/Output)　数字输入/输出接口模块

STG (Synchronous Timing Generator)　同步定时发生器

STIB (Static Train Initializes the Beacon)　静态列车初始化信标

STM (Synchronous Transfer Mode)　同步传输模式

STMS (Station Ticket Management System)　车站票务管理系统

STP (System Test Platform)　系统测试平台

STP (Simulation and Test Platform)　模拟测试平台

STP (Shielded Twisted Pair)　屏蔽双绞线

STP (Spanning Tree Protocol)　生成树协议

SV (Stored Value)　储值

SVC (Switched Virtual Connection)　交换虚连接

SVCD (Super Video Compact Disc)　超级视频光盘

SVT (Stored Value Ticket)　储值票

SW (Smart Way)　智能道路

SW (Soft Ware)　软件

SWDS (Software Design Specification)　软件设计说明书

SWG (S/G) (switchgear)　开关柜

SYL (Synchronization Loop)　同步开环

SYN (Synchronization Loops)　同步环

SZMC (Shen Zhen Metro Corporation)　深圳地铁公司

T

T（Trailer） 拖车（不带驾驶室的拖车）

TAC（Transaction Authentication Code） 交易认证码

TBS（TETRA Base Station） TETRA 基站

TBD（To be Defined） 待定义，待规定

TBEx（Trailer Bogie-External） 拖车外转向架

TBIn（Train Bogie-Intermediate） 拖车中间转向架

TBM（Tunnel Boring Machine） 隧道掘进机

TBS（TETRA Base Station） TETRA 基站

TBTC（Track circuit Based Train Control） 基于轨道电路的列车控制

TBU（Tread Brake Unit） 踏面制动单元

TC（Track Circuit） 轨道电路

TC（Traffic Controller） 行车调度员

TC（Training Center） 培训中心

TCB（Trackside Connection Box） 道旁连接盒

TCB（Transmission Control Block） 传输控制块

TCC（Traffic Control Center） 轨道交通指挥中心

TCC（Transmission Control Center） 输电调度中心

TCH（Traffic Channel） 业务信道

TCM（Terminal-to-Computer Multiplexor） 终端到计算机的多路转换器

TCM（Ticket Checking Machine） 自动验票机/读票机

TCM（Track Coded Modulation） 轨道编码调制

TCM(Track Code Module) 轨道编码模块

TCMS（Train Control & Monitoring System） 列车控制和监控系统

TCP/IP（Transmission Control Protocol/ Internet Protocol） 传输控制协议/网络互联协议

TCS（Transportation Card System） 一卡通系统

TCU(Traction Control Unit) 牵引控制单元

TCU（Train Control Unit） 列车控制单元

TD（Train location Detect） 列车位置检测

TDB（Lines Data Base） 线路数据库

TDCS（Train Date Control System） 列车数据设置控制系统

TDD（Time Division Duplexing） 时分双工

TDM（Time Division Multiplexing） 时分复用

TDMA（Time Division Multiple Access） 时分多址

TD-SCDMA（Time Division-Synchronous Code Division Multiple Access） 时分同步的码分多址

TDT（ Train Departure Time display） 列车发车计时器、列车出发计时显示器

TE (Traffic Engineering)　流量工程
TE (Terminal Equipment)　终端设备
TEL (Telecommunication)　通信/电信
TETRA (Trans European Trunked Radio System)　陆上集群无线电通信系统（欧洲数字集群标准）
TFDS (Tunnel Fire Detection System)　隧道火灾探测系统
TFT (Thin Film Transistor)　薄膜晶体管
TG (Trunk Gateway)　中继网关
TIC (Train Integrity Check)　列车完整性检测
TID (Train Input Data)　列车输入数据模块
TIM (Trace Identifier Mismatch)　追踪识别符失配
TIMS (Train Integrated Management System)　列车综合管理系统，综合管理系统
TIS (Trin borne Information System)　车载信息系统
TM (Terminal Multiplexer)　终端复用器
TMC (Ticket Management Center)　票务管理中心，票务中心
TMN (Telecommunication Management Network)　电信管理网
TMO (Trunked Mode Operation)　集群工作方式
TMS (Training Management System)　培训管理系统
TMT (Train Monitoring and Tracking)　列车监视和追踪
TNC (Terminal Network Controller)　终端网络控制器
TOA (Time Of Arrival)　到达时间
TOC (Test On Completion)　完工测试
TOD (Train Operator Display)　司机显示器，列车输出数据模块
TOF (Top Of Floor)　地板表面
TOM (Ticket Office Machine)　票房机
TOR (Top Of Rail)　轨顶
TP (Target Point)　目标点
TPC (Transmit Power Control)　发射功率控制
TPCH (Traffic Physical CHannel)　业务物理信道
TPH (Trains Per Hour)　每小时列车开行对数
TPLS (Traction Power Lighting Substation)　牵引动力照明变电所
TPS (Traction Power Supply)　牵引供电
TPU(Ticket Processing Unit)　车票处理单元
TQC/TQM (Total Quality Control/ Total Quality Management)　全面质量管理
TR (Top of Rail)　轨面
T-R (Transmit-Receive)　收-发
TRC (Train Route Computer)　列车进路计算机
TRD (Train Radio Distribution)　列车无线分配
TRF (Train Radio Function)　列车无线功能
TRW (Track Works)　轨道工作/线路工作

TS（Time Slot） 时隙
TS（Transmit System） 传输系统
TS（Transmission Stream） 传输码流
TS（Target Speed） 目标速度
TSC（TETRA Site Controller） TETRA 站控制器
TSC（Time-Shared Computer） 分时计算机
TSDS（Train Security Defense System） 列车安防系统
TTE（Time Table Editor） 时刻表编辑器
TTL（Transistor-Transistor Logic） 晶体管-晶体管逻辑电路
TU（Traction Unit） 牵引单元
TU（Track Unit） 调谐单元
TUG（Tributary Unit Group） 支路单元组
TU-LOM（TU-Loss Of Multi-frame） 支路单元复帧丢失
TUP（Tributary Unit Pointer） 支路单元指针
TUP（Telephone User Part） 电话用户部分
TVF（Tunnel Ventilation Fan） 隧道可逆转轴流风机/隧道通风机
TVM（Ticket Vending Machine） 自动售票机
TVP（Track Vacancy Processing） 轨道空闲处理
TVS（Transient Voltage Suppressor） 瞬态电压抑制器
TWC（Train-Way Communication） 车-地通信
TWC（Two-Way Communication） 双向通信
TX/RX（Transmit/Receive） 发送/接收

U

UAT（Unavailable Time） 不可用时间
UTP（Unshielded Twisted Paired） 非屏蔽双绞线
UCS（Ultra Contrast Screen） 超高对比度屏幕
UCS（Universal Character Set） 通用字符集
UDP/IP（User Datagram Protocol/Internet Protocol） 用户数据报协议，因特网互联协议
UE（User Equipment） 用户设备
UES（User Electronic Signature） 用户电子签名
UHF（Ultra High Frequency） 特高频（超高频）
UNEQ（Unequipped） 未装载
UNI（User Network Interface） 用户网络接口
U/O（UPE/OTE） 车站轨道排风机
UP（User Part） 用户部分
UPE 或 U（Under Platform Exhaust） 轨底排流风机，站台下排风

UPS（Uninterrupted Power Supply） 不间断电源
UPS（Uninterrupted Power System） 不间断电源系统
URI（Uniform Resource Identifier） 统一资源标识符
URM（Unrestricted management） 非限制人工驾驶
URT（Urban Rail Transit） 城市轨道交通
USB（Universal Serial Bus） 通用串行总线
USW（Ultrashort Wave） 超短波
UTMS（Universal Traffic Management Systems） 通用交通管理系统
UTP（Unshielded Twisted Pair） 非屏蔽双绞线

V

VAN（Value-Added Network） 增值网络
VAP（Value-Added Process） 增值处理
VAS（Value-Added Server） 增值服务
VAS（ Vehicle Advisory System） 车辆报告系统
VAV（Variable Air Volume） 变风量
VBR（Variable Bit Rate） 可变比特率
VBS（Virtual Block System） 虚拟闭塞系统
VC（Virtual Channel） 虚拟通道
VC（Virtual Circuit） 虚拟电路
VCC（Vehicle Control Center） 车辆控制中心
VCD（Video Compact Disc） 音像光碟（盘）
VCO（Voltage Controlled Oscillator） 压控振荡器
VCR（Video Cassette Recorder） 盒式磁带录像机
VCS（Vehicle Communication System） 车辆通信系统
VDB（Visited Data Base） 受访数据库
VDF（Voice Distribution Frame） 音频配线架
VDI（vital Digital Input） 安全数字输入板
VDO（vital Digital Output） 安全数字输出板
VDT（Video Display Terminals） 视频显示终端
VDU（Video Display Unit） 视频显示单元
VG（Video Gateway） 视频网关
VGA（Video Graphic Adapter） 图像适配器
VGA（Video Graphics Array） 视频图形阵列
VHF（Very High Frequency） 甚高频
VHPN（Vehicle Position Number） 车辆位置编号
VICS（Vehicle Information and Communication System） 车辆信息和通信系统

VID（Vehicle Identity） 车辆识别号
VIS（Video Information System） 视频信息系统
VLSI（Very Large Scale Integration） 超大规模集成
VL（Video Library） 视频库
VLAN（Virtual Local Area Network） 虚拟局域网
VNCS（Video Network Control Server） 视频网络控制服务器
VOBC（Vehicle On Board Computer） 车载计算机
VOBC（vehicle on-board controller） 车载控制器
VOD（Video On Demand） 视频电点播（系统）
VPF（Variable Primary Flow System） 一次泵变频（变流量）系统
VPI（Vital Processer Interlocking） 安全型计算机连锁
VPI（Vacuum Pressure Impregnation） 真空压力浸渍
VPI（Visual Passenger Information） 可视乘客信息
VPN（Virtual Private Network） 虚拟专用网
VRD（vital relay driver） 安全型继电器驱动器
VRID（Virtual Route IDentifier） 虚拟路由标识符
VRLA（Valve-Regulated Lead Acid Battery） 阀控式密封铅酸蓄电池
VRRP（Virtual Route Redundancy Protocol） 虚拟路由器冗余协议
VRS（Vehicle Radio Set） 车载无线电台
VRV（Variable Refrigerant Volume） 变频多联式空调机组
VSC（vital Serial controller） 安全型串行控制器
VSWR（Voltage Standing Wave Ratio） 电压驻波比
VTR（Video Tape Recorder） 磁带录像机
VVVF（Variable Voltage-Variable Freguency） 变压变频

W

WAE（Wireless Application Environment） 无线应用环境
WAG（Wireless Access Gateway） 无线接入网关
WAP（Wireless Application Protocol） 无线应用协议
WAN（Wide Area Network） 广域网
WBS（Work Breakdown Structure） 工作分解结构
WCDMA（Wideband Code Division Multiple Access） 宽带码分多址
WCC（Wayside Communication Controller） 轨旁通信控制器
WCN（Wayside Control Network） 轨旁控制网络
WCU（Wayside Control Unit） 轨旁控制单元
WDM（Wavelength Division Multiplexing）波分复用
WE（Wayside Equipment） 轨旁设备

WiFi（Wireless Fidelity） 无线上网
WLAN（Wideband Local Area Network） 宽带局域网
WLL（Wireless Local Loop） 无线本地环路
WMS（Warehouse Management Systems） 仓库管理系统
WRA（Wayside Radio Antenna） 轨旁无线天线
WRD（Wayside Radio Distribution） 轨旁无线分配
WRF（Wayside Radio Function） 轨旁无线功能
WRS（Wayside Radio Set） 轨旁无线台
WRU（Wayside Radio Unit） 轨旁无线单元
WS（Work Station） 工作站
WSL（Westinghouse Signals Ltd） 西屋信号有限公司
WSP（Wheel Speed Sensor） 轮速传感器
WTB（Wire Train Bus） 绞线式列车总线
WWAN（Wireless Wide Area Network） 无线广域网
WWVC（World Wide Video Communication） 互联网视频通信
WWW（World Wide Web） 万维网

X

XDR（eXternal Data Representation） 外部数据显示
XIOS（eXtensible Input/Output System） 扩展的输入输出系统
XMM（eXtensible Memory Manager） 扩展内存管理器

Z

ZAC（Zero Address Code） 零地址码
ZC（Zero Compression） 零压缩
ZC（Zone Controller） 区域控制器
ZDS（Zone Database Server） 区域级数据库服务器
ZLC（Zone logic Controller） 本地连锁
ZSS（Zone Statistical Server） 区域统计服务器
ZVR（Zero Velocity Relay） 零速继电器

参考文献

[1] 北京城建设计研究总院有限公司,中国地铁工程咨询有限公司. GB 50157—2013 地铁设计规范[S]. 北京:中国建筑工业出版社,2013.

[2] 住房和城乡建设部地铁与轻轨研究中心. GB 50490—2009 城市轨道交通技术规范[S]. 北京:中国建筑工业出版社,2009.

[3] 李伟章,等. 城市轨道交通通信[M]. 北京:中国铁道出版社,2008.

[4] 朱宏,林瑜筠. 城市轨道交通概论[M]. 北京:中国铁道出版社,2011.

[5] 姚林泉,汪一鸣. 城市轨道交通概论[M]. 北京:国防工业出版社,2012.

[6] 周顺华. 城市轨道交通设备系统[M]. 北京:人民交通出版社,2009.

[7] 郑祖辉,等. 数字集群移动通信系统[M]. 3 版. 北京:电子工业出版社,2008.

[8] 简炼. 地铁智能交通系统研究与实践[M]. 北京:中国铁道出版社,2007.

[9] 魏晓东. 城市轨道交通自动化系统与技术[M]. 北京:电子工业出版社,2004.

[10] 刘晓娟,等. 城市轨道交通智能控制系统[M]. 北京:中国铁道出版社,2008.

[11] 吴伟陵,牛凯. 移动通信原理[M]. 北京:电子工业出版社,2008.

[12] 北京邮电大学无线新技术研究所. TD-SCDMA 无线网络优化及无线资源管理[M]. 北京:人民邮电出版社,2007.

[13] [美]William Stalling. 数据通信[M]. 4 版. 刘家康,译. 北京:人民邮电出版社,2005.

[14] 韩斌杰. GSM 原理及其网络优化[M]. 北京:机械工业出版社,2001.

[15] 闵丽平. 城市轨道交通专业英语[M]. 北京:中国铁道出版社,2006.

[16] 铁道第二勘察设计院. 汉英英汉地铁轻轨词汇[M]. 成都:西南交通大学出版社,2003.

[17] 王立宁,等. WCDMA 无线接入网原理与应用[M]. 北京:人民邮电出版社:2009.

[18] 冯建和,等. CDMA2000 网络技术与应用[M]. 北京:人民邮电出版社,2010.

[19] 高峰,等. WLAN 技术问答[M]. 北京:人民邮电出版社,2012.

[20] 高峰,等. 无线局域构建及应用[M]. 北京:国防工业出版社,2008.

[21] 蒲先俊. 地铁调度通信系统现状及发展研究[J]. 专业无线通信,2009.

[22] 蒲先俊. 地铁无线通信的现状与发展探讨[J]. 专业无线通信,2011.

[23] 蒲先俊. 漏缆极化和辐射方向性剖析[J]. 专业无线通信,2010.

[24] 黄亮,韩月,蒲先俊. 地铁专用传输系统技术特征分析[J]. 专业无线通信,2011.

[25] 黄亮,蒲先俊. 地铁 PIS 系统车地无线通信应用分析[J]. 专业无线通信,2011.

[26] 蒲先俊. 让多个无线通信系统在地铁合睦相处[J]. 专业无线通信,2013.

[27] 肖远强,许琳,蒲先俊. 如何正确使用 2.4GHz 免费频段[J]. 专业无线通信,2013.

[28] 韩月,蒲先俊. 地铁专用无线通信系统覆盖解决方案浅析[J]. 专业无线通信,2013.

[29] 蒲先俊. 论地铁无线调度通信网络化发展[J]. 专业无线通信,2010.

[30] 虞龙强,蒲先俊. 地铁无线专网越区切换分析[J]. 专业无线通信,2011.

[31] 许琳. 浅析深圳轨道交通 800M 频率规划原则[J]. 专业无线通信,2011.

[32] 许琳. 深圳地铁录音系统改进方案[J]. 专业无线通信,2011.

[33] 任博. 深圳地铁 800M 无线调度通信系统实现 5 条线路互联互通[J]. 专业无线通信,2012.

[34] 深圳地铁. 深圳地铁一期工程管理与实践[M]. 北京:人民交通出版社,2007.

[35] 深圳地铁. 深圳地铁 2 号线工程创新与实践[M]. 北京:人民交通出版社,2013.

[36] 上海地铁轨道交通培训中心. 城市轨道交通通信技术[M]. 北京:中国铁道出版社,2012.

[37] 吉树新. 基于嵌入式 Linux 的车载电台软件架构设计与实现[J]. 计算机与网络,2010.

[38] 吉树新. TETRA 数字集群在演练信息系统中的应用研究[J]. 计算机与网络,2010.

[39] 吉树新. TETRA 全 IP 分布式网络体系结构研究[C]//第二十五届全国通信与信息技术发展学术研讨会论文集,2010.

[40] 吉树新. 轻量级数字集群电话网关的设计与实现[J]. 无线电工程,2015,45(4):5-8.

[41] 吉树新. TETRA 交换管理中心系统架构设计[J]. 无线电工程,2015,45(5):1-3.

[42] 吉树新. 一种数字集群优先呼叫业务的设计与实现[J]. 无线电通信技术, 2015,41(3):89-92.

[43] 蒋国华. 轨道交通领域 TETRA 指挥调度系统设计[J]. 计算机与网络,2011,13:40-43.

[44] 蒋国华,郭俊利. TETRA 数字集群在公共安全领域的应用[J]. 无线电工程 2010,41(8):62-64.

[45] 占伟辉,潘景剑,马彦波. TETRA 数字集群全网录音设计及实现[J]. 无线电通信技术,2013,39(3):79-82.

[46] 占伟辉,潘景剑,马彦波. TETRA 数字集群呼叫控制协议适配的设计与实现[J]. 无线电工程,2013,43(6):1-3.

[47] 李保全. 基于数字集群的地铁车站广播系统设计[J]. 无线电工程,2011,41(6):25-28.

[48] 陈明,杜彪. 手持台广播功能在地铁广播中的应用[J]. 机械与电子,2011,23:139-140.

[49] 张文虎. 基于 TETRA 的地铁车站电台的设计与实现[J]. 数字技术与应用 ,2013,6:189-190.